国家社科基金
后期资助项目
GUOJIA SHEKE JIJIN HOUQI ZIZHU XIANGMU

组织生态学理论研究

Research on Organizational Ecology

彭璧玉　著

ZHEJIANG UNIVERSITY PRESS
浙江大学出版社
·杭州·

图书在版编目(CIP)数据

组织生态学理论研究/彭璧玉著.—杭州:浙江
大学出版社,2023.9
ISBN 978-7-308-22273-0

Ⅰ.①组… Ⅱ.①彭… Ⅲ.①组织学－生态学－研究
Ⅳ.①C936

中国版本图书馆 CIP 数据核字(2022)第 010660 号

组织生态学理论研究

彭璧玉　著

策划编辑	吴伟伟
责任编辑	陈逸行
责任校对	沈巧华
封面设计	周　灵
出版发行	浙江大学出版社
	(杭州市天目山路 148 号　邮政编码 310007)
	(网址:http://www.zjupress.com)
排　　版	杭州星云光电图文制作有限公司
印　　刷	浙江新华数码印务有限公司
开　　本	710mm×1000mm　1/16
印　　张	23
字　　数	450 千
版 印 次	2023 年 9 月第 1 版　2023 年 9 月第 1 次印刷
书　　号	ISBN 978-7-308-22273-0
定　　价	88.00 元

浙江大学出版社市场运营中心联系方式:0571－88925591;http://zjdxcbs.tmall.com

国家社科基金后期资助项目
出版说明

    后期资助项目是国家社科基金设立的一类重要项目，旨在鼓励广大社科研究者潜心治学，支持基础研究多出优秀成果。它是经过严格评审，从接近完成的科研成果中遴选立项的。为扩大后期资助项目的影响，更好地推动学术发展，促进成果转化，全国哲学社会科学工作办公室按照"统一设计、统一标识、统一版式、形成系列"的总体要求，组织出版国家社科基金后期资助项目成果。

全国哲学社会科学工作办公室

前　言

组织生态学在国外发展了 30 余年,取得了丰硕的研究成果,并已成为产业组织理论的重要门派。国内对组织生态学的研究已历时 10 余年,首届"组织生态学学术会议"也已于 2011 年召开,学术反响很好。本书的出版试图为推动组织生态学研究在国内的发展做出努力。

组织生态学的开山之作当属迈克尔·汉南和约翰·弗里曼合著的《组织生态学》。该书以组织生态位、组织种群密度等核心概念为基础,从理论背景、研究方法、实证结论这三个维度来谋篇布局,开创性地介绍了组织生态学的研究内容和研究成果,奠定了组织生态学的理论基础。本书在总结组织生态学研究基础和理论脉络的基础上,遵循组织设立、组织成长、组织变革、组织死亡等过程来分析组织种群的演化特征,突出分析在不同的生态化过程和制度化过程中组织种群演化的时间异质性和空间异质性。

本书首先总结了组织生态学理论的发展阶段,概括了组织生态学的研究内容,分析了组织生态学的研究假设和研究方法,比较了组织生态学与产业组织理论的异同;其次在界定组织和组织种群概念的基础上,分析了组织种群的时间特征、空间特征和数量特征,引入了组织种群密度和组织生态位这两个核心概念,刻画了基于组织设立率和组织死亡率的组织种群动态过程,以及基于生态位重叠和生态位分离的组织种群之间的竞争和合作关系。

组织设立理论、组织成长理论、组织变革理论和组织死亡理论是本书的主体内容。这些内容构建于统一的逻辑框架之中,即首先分析影响组织设立、组织成长、组织变革和组织死亡等组织种群演化过程的组织个体微观因素,其次分析影响组织种群演化的生态化过程,再次分析影响组织种群演化的制度化过程,最后分析影响组织种群演化的空间化过程。在组织个体微观因素中,组织年龄、组织规模、组织生态位、组织族系、组织性质、组织经验、组织惰性等是最主要的影响因素;而组织种群密度、组织生态位宽度和组织生态位重叠度、资源分割特性等是分析组织种群演化生态化过程的主要因素;在制度化过程的分析中,组织之间的制度性联系、组织与环境的关系密度、制度环境、制度规制、社会资本等是最重要的影响变量;组织种群演化的空间化过程受到聚集经济性、社会网络、密度依赖的空间传染和空间竞争、组织种群的全球动态、生态化过程和制度化过程的空间边界等因素的制约。

在分述组织设立至组织死亡等组织种群演化过程的基础上,本书以密度依赖原理为核心来统筹组织种群演化理论,分析了密度延迟、种群规模、竞争强度等因素对密度依赖演化效应的调节作用,探讨了组织种群灭绝的机制,并进行了计算机仿真模拟。

在继承和发扬前人研究成果的基础上,本书探索了以下几个新的研究主题。

第一,组织种群密度与组织生态位宽度的互动演化机制。前期研究鲜见将组织种群密度和组织生态位宽度结合起来分析组织种群演化的文献。事实上,市场需求既可以通过提高产品多样化程度,即扩大在位组织的生态位宽度来满足,也可以通过增加企业数量,即提高组织种群密度来满足。因此,组织种群密度与组织生态位宽度之间存在着替代关系。将两者结合起来分析组织种群演化,能将组织特性纳入传统的密度依赖模型,弥补密度依赖原理仅仅将个体组织当作数量单元而忽视组织特征的缺陷,在组织种群特性与组织个体特性之间建立联系,有利于深入探讨组织种群密度演化的微观组织基础。

第二,亚种群—混合种群竞争演化效应。传统的组织生态学理论主要考虑本种群密度对组织种群演化的影响,较少研究密度依赖的离群效应。本书将组织种群划分为若干亚种群,分析某一亚种群密度对其他亚种群以及混合种群组织设立率、组织成长性和组织死亡风险的影响,概括亚种群—混合种群的竞争演化效应。

第三,组织族系的演化效应。组织族系是一个尚未引起关注的主题。组织族系由母体组织、后裔组织、同代组织等行为主体构成,在这些行为主体之间存在着资源转移、资源竞争、互利合作等行为方式,资源转移和特定的组织行为方式会影响组织的成长速度和存活概率,因此,组织族系会对密度依赖效应产生很强的调节作用。

第四,组织种群灭绝的生态学机制。与个体组织的死亡相比,对组织种群灭绝的研究需要从种群之间的资源竞争、组织种群的边界扩展、组织存活的最低数量、组织群落的密度依赖等方面寻求解释,并抽象出引发组织种群灭绝的关键因素,构建分析组织种群灭绝的理论模型。

目　录

第一章 绪 论

20 世纪 70 年代中后期,组织理论领域产生了四个新的理论,即 Williamson (1975)提出的市场和层级理论、Meyer 和 Rowan(1977)提出的组织制度理论、Hannan 和 Freeman(1977)提出的组织种群生态理论(population ecology of organizations),以及 Pfeffer 和 Salancik(1978)提出的资源依赖理论。组织生态学(organizational ecology)是借鉴生物学、生态学、社会学等学科的知识,结合企业管理和新制度经济学等学科的理论而发展起来的一门新兴交叉学科。它主要研究组织个体的发展以及组织之间、组织与环境之间的相互关系。经过 30 多年的发展,组织生态学已成为组织理论的一个重要分支,其主要思想已开始对企业战略管理理论和产业组织演化理论等产生重要的影响。

第一节 组织生态学的发展

一、组织生态学的研究层次

按照研究层次的不同,可将组织生态学分为组织人口统计学(organizational demography)、组织种群生态学(organizational population ecology)和组织群落生态学(organizational community ecology)(Hannan,Freeman,1977,1989)。在不同的研究层次上,组织生态学的研究视角、研究逻辑、研究主题和研究方法均有区别。这三者的简单区别是:组织人口统计学主要研究某一特定组织种群内组织数量的波动和组织关系、组织结构的演变;组织种群生态学主要研究组织种群之间的竞争和合作关系;而组织群落生态学则主要探讨组织种群的形成以及由不同组织种群形成的组织群落的演化规律。当前的研究主要集中在组织人口统计学和组织种群生态学,对组织群落生态学的研究非常少见。

(一)组织人口统计学

在特定的区域和特定的产业内,组织存在着多种多样的表现形式。例如,在硅谷的企业群落中,既存在着像惠普、英特尔这样的大型企业,这些企业占据着产业中的核心地位长达几十年之久；也存在着像思科系统公司、太阳微系统公司和甲骨文公司这样迅速成长起来的公司，这些公司在其成立的前 10 年内就成为所在行业的世界领袖。与此同时，千千万万的新创企业在成立不久后即烟消云散。还有为数众多的企业一直以很小的规模在很窄的市场范围内运营，成长速度很慢。在这些技术创新驱动型的企业中，有些致力基础技术的突破，有些致力现有技术的改良，以便更好地迎合用户的需求，还有一些则试图为用户提供定制化的服务，并建立广泛的联系网络。在这样的情况下，很难对什么是典型的硅谷公司进行定义，也很难对这些纷繁复杂的企业进行简单的分类。然而，硅谷内的企业具有明显的人口统计学特征，即高度的组织形式多样性和高度的组织流转率（公司的进入率和退出率）。组织人口统计学试图通过分析组织设立（organizational founding）和组织死亡（organizational mortality）等过程来研究组织种群（organizational population）随时间的变化而变化的基本规律。

Carroll 和 Hannan（2000a）认为，组织人口统计学研究具有以下方面的特点：一是从组织种群的角度来分析问题。组织人口统计学并不怎么关注某些特定的单个组织，它试图解释整个组织种群的特性，例如组织种群的构成、组织种群的年龄分布和成长率等。二是重点检验事件的发生。组织人口统计学主要研究关于组织设立和组织死亡的存活事件（vital events）。其他引起组织种群变化的组织迁入和迁出事件也会得到特别的关注。三是时间是组织人口统计学研究的重要维度。在不同时间发生的存活事件对组织种群的结构具有不同的影响。在研究组织的死亡率时，往往将年龄别死亡率和其他特性的死亡率结合起来进行分析。四是通过计数方法，将单个组织出现的事件与种群层面的分析结合起来。种群层面的指标计算是以种群内单个组织的事件发生数量为基础的。例如，组织种群规模的扩大和缩小就是种群内组织的设立数量和死亡数量的直接反映。

(二)组织种群生态学

组织种群生态学是研究组织种群的数量、分布以及组织种群与环境中的其他因素和其他组织种群之间的相互作用的科学。组织种群生态学与组织人口统计学的研究内容有很大程度的交叉和重叠，但组织种群生态学的研究内容要广泛得多。

首先，组织种群生态学试图解释的基本问题是：为何有这么多类型的组织。对此，Aldrich（1979）将选择理论和组织理论联系起来，充实了组织种群生态学的演化逻辑，提出了组织类型形成的三个阶段，即变异（variation）、选择（selection）和留存（retention）。变异是组织形式的创造或创新过程。这一过程既可以是计划的，也可以是非计划的。在组织演化模型中，战略选择仅仅是变异的一种可能来源，随机过程、偶然事件甚至故意的错误都可能是变异的来源。

选择是组织与环境互动的结果。选择的关键过程是特定环境中由资源约束触发的组织之间的竞争。留存是指确保将被选择出来的结构进行保存或复制的活动。其关键过程是合法性（legitimation）。合法性是指对这些被选择出来的组织形式的接受程度。奥尔德里奇（Aldrich）把新生组织的合法性分为两种形式：认知合法性（cognitive legitimacy）和社会政治合法性（socio political legitimacy）。前者是指新生组织被当作环境中的正常产物而被接受，后者是指新生组织的正当性被重要的风险投资家、一般公众、重要的意见领袖和政府所认可。奥尔德里奇的观点形成了组织种群生态学的基本逻辑。

其次，组织种群生态学不仅关注组织设立和组织死亡，而且关注组织成长（organizational growth）、组织衰退（organizational decline）、组织转型（organizational transformation）等组织变化的过程。事实上，这些组织变化过程之间存在着复杂的替代关系或互补关系。例如，在特定的条件下，在位组织的成长可以替代新组织的设立，成功的组织转型可以避免组织的死亡。这说明组织种群的动态特征不仅是组织种群因出生率、死亡率、迁入率和迁出率等因素的变化而显示出来的数量特性，而且是组织之间竞争和合作关系的反映。此外，组织种群生态学不仅关注组织种群在时间维度上的演化过程，而且关注组织种群在空间结构上的变化趋势。

最后，组织种群生态学重视组织的异质性。组织人口统计学研究建立在同质性假设的基础之上，它认为引起组织种群存活率变化的唯一因素是组织年龄，组织规模、组织的技术特征、组织性质、组织的空间位置等其他组织特性往往被假定为是同质的。组织种群生态学通常会放松这一假设，它认为组织种群内的组织在很多方面是异质的，比如组织个体在种群结构中的位置以及个体组织的内生特征。

（三）组织群落生态学

组织群落被定义为生存在同一地区的所有组织种群的集合（Roughgarden，1979）。组织群落生态学将组织种群当作分析单元，应用宏观演化方法（macroevolutionary approach）来研究组织形式（organizational form）的出现和消失。当组织群落由组织种群组成为新的层次结构时，便产生了一系列新的群体特征，诸如群落的结构、演替、多样性、稳定性等。当前组织群落生态学的研究重点是组织群落的组成和群落结构的决定。

Astley（1985）认为，组织种群生态学不能解释异质性组织种群的产生和演化现象。而组织群落生态学可以克服这一局限。组织群落生态学将组织种群作为最基本的分析单元，研究组织种群的产生、兴起和衰落，并解释引起组织种群内部同质性和组织种群之间异质性的主要原因。技术通常被认为是导致组织种群内部同质性和组织种群外部异质性并存的重要因素。同一种群内的组织依赖于共同的技术基础和技术诀窍，组织之间的同质性有利于它们构建共同的技术开发和应用平台,获得知识外溢和专业化生产的优势;同时,技术的差异性在不同的组织种群之间构筑了技术转移的壁垒,使得不同的组织种群之间呈现出明显的异质性。不同组织种群之间在技术上的相互依赖将这些组织种群融合在一起,构成了组织群落。

与组织种群生态学相比,组织群落生态学研究具有四个明显的特征。

第一,强调组织群落演化的断点均衡(punctuated equilibrium)。组织种群生态学研究在特定的组织种群内部新组织对老组织的替代过程,即所谓的种系渐变论(phyletic gradualism)。在这一过程中,组织种群的内部成员按照单一的世系(lineages)一个一个地被逐渐选择。因此,组织种群生态学既不能解释全新的组织种群的形成过程,也不能解释业已存在的组织种群的灭绝。组织群落生态学坚持点断平衡论,即认为组织种群演化是突变间断与渐变平衡的结合,一个组织种群能在较短时期内迅速分化成一个或若干个新的组织种群,在以后很长的一段时间内这些新的组织种群会保持相对稳定。同时,新的组织种群不一定通过一种稳定的转型取代在位组织种群,而是形成新的分支,实现与在位组织种群的共存,直到在位组织种群突然灭绝。Mensch(1979)应用断点均衡模型从技术创新的角度描述了产业结构的演化。他将技术创新分为改善式创新和基本创新两类,前者指对现有技术的累积性提炼,后者指通过开设新市场和新的产业分支而开发一个新的活动领域。假设不同的产业分支必须由不同类型的组织种群组成,则可将基本创新的出现视为一个新的组织世系的创立,而将改善式创新的出现视为在特定组织世系内部的种系渐变。

第二,强调组织种群演化方向的多变性。种系渐变论认为,种系演化受到特定因素的约束,组织种群只能通过累积性创新沿着既定的方向演化。但断点均衡论认为,在组织种群的演化过程中存在着大量的随机因素,组织种群的演化方向受到多种机会事件的影响,某一新的组织形式的出现可能会引致组织种群朝着这个方向来演化,因此,组织种群的演化方向是难以预测的。Piore和Sabel(1984)对产业演化的研究表明,产业结构在很长时间内的稳定性会被突然发生的创新性突破所破坏,使产业组织朝着一个全新的方向演化。

第三,重视组织种群形成的随机性和快速性,即量子式组织形成(quantum speciation)。在组织种群内部,一些偶然的因素会引发新的市场机会或技术创新,从而形成新的组织形式。这些新的组织形式一旦得以存活,就会迅速利用技术差异性或市场差异性将其与组织种群内的其他组织区分开来,即形成变异(mutation);同时利用其专业化优势和地理区位差异将其与种群内的其他组织隔离(isolation)。在变异和隔离的双重作用下,新的组织种群就会迅速形成。

美国集成电路产业和随后发展起来的微处理器产业的成长印证了这种量子式的组织形成。这些产业成功形成的关键并不是它们对现存市场进行了细分,而是它们成功地开辟了全新的市场。例如,仙童(Fairchild)公司是一家小型企业,致力开发平面处理器。其中的一部分雇员分离出来,设立了英特尔公司来从事微处理器的开发。这群与原有公司准隔离(quasi-isolation)的人利用与仙童公司相同的知识基础和同一个地理位置,将一些公司从原来产业的制度约束中解放出来,形成了新的组织种群。这一案例表明,隔离是产业演化过程中的重要因素。

第四,强调环境的开放性。变异的组织形式通过隔离机制的作用可能会形成新的组织种群。但新组织种群的存活需要足够的环境机会(ecological opportunity)(Stanley,1981)。也就是说,新环境的竞争程度还较低,存在大量的未被填满的生态空间。Brittain和Freeman(1980)在研究美国半导体产业的演化时指出,开放的环境空间可通过以下途径来取得:一是每一项技术创新都会打开一个新的环境空间。因为在种群密度和竞争效应增强以前,先发优势(first mover advantages)已使组织获得了足够的生存和发展机会。二是创新活动会同时创造很多不同的生态位和不同的组织形式。这意味着环境是开放的,且能被许多随机发生的变化所感知。这表明半导体产业之所以成长,在很大程度上是因为产业内部的公司具备产生和发展技术机会的潜力,而不仅仅是由外部环境因素诱导的,即经济学所谓的技术推动(technology-push),而不是需求拉动(demand-pull)(Kamien,Schwartz,1982)。换句话说,当新的组织种群进入一个开放的环境空间时,并不需要它们与新的环境之间形成最优的适合度。相反,它们可能会与其他已经存活的组织种群并行发展。这样,组织种群生态学关于组织与环境同形关系的假设在组织群落生态学中就不一定适用。组织种群生态学通常假定组织所依赖的生态位是事先存在并等待组织去占领的。组织群落生态学则认为组织生态位的大小和实现取决于组织的行为,组织不是幸运地去占有某一事先已定义好的生态位,它们会创造机会去开拓自己的经营领域。

在上述理论假设的基础上,组织群落生态学特别关注以下几个重要的主题。

第一,群落关闭(community closure)。群落内的组织种群不仅从群落环境中获得生态机会,而且从组织种群的互动和交换中获取资源。随着时间的推移,组织群落中的某些组织种群就能主要依靠组织种群之间的资源交换来运行,从而在一定程度上脱离组织群落的外部环境。这种基于功能性互动的内部结构越多,组织群落与外部环境之间的交流就越少。当大多数的组织种群被锁定到一套既定的互动关系时,组织群落就差不多关闭了。在这样的组织群落边界内,只存在为数不多的生态位。随着组织群落趋于关闭,生态位被迅速填满,饱和性竞争会逐渐阻止新的组织种群出现。群落关闭是调控开放环境空间可得性的主要因素。群落关闭通过所谓的接替(succession)机制来演化。在接替过程中,组织种群内部的关系结构和组织种群之间的关系结构同时发生变革,使组织群落沿着竞争和共生(symbiotic)这两个轴心来演化。

第二,种群共生。组织种群之间的共生性相互依赖伴随着它们之间的竞争而发生。当新的组织种群从原有的组织种群中分离出来,并利用与原有种群不同的资源时,这种共生关系就开始了。在组织群落形成的早期阶段,存在许多可资利用的生态位,新组织种群的分离活动以及外部组织种群的入侵活动都经常发生。随着组织群落的进一步发展,组织种群之间的功能性竞争和相互依赖被迅速放大。当组织群落规模达到一定程度后,其内部关系复杂性的增加就必然会损害组织群落的功能和效率。此时,新的组织种群的加入就会停止,组织群落进入均衡状态,形成一个关闭的,自我控制、自我维持的系统。在这一群落内,组织形式的数量和每一个组织种群内的组织数量都是稳定的。Chandler(1977)以美国铁路的发展为例,描述了这种共生性的相互依赖在产业演化中的重要作用。在相互关联的运输和通信系统中,铁路处于中心的位置,它为电报和电话线路的铺设提供了合适的条件,并促进了现代邮政系统的形成。此外,铁路的运营线路非常靠近美国国内轮船的运行线路,火车站变成了城市运输系统的中心点。依靠电报和邮政系统来进行信息沟通、依靠铁路和船运来实现发送的配送企业和运输企业大量兴起。随后,百货公司、邮购公司、连锁商店等也开始利用这种大容量、高流转率的运输和分发系统,这反过来又给很多制造商开发了国内市场。在制造业内部,消费品制造业的发展主要依赖于化学和炼油产业、金属机器和工具生产业以及其他生产资料(producer-goods)产业的发展。总之,美国早期的经济发展依赖于不同产业之间的共生关系。

第三,群落稳定性(community stability)。群落稳定性是指组织群落抑制组织种群波动和从环境扰动中恢复平稳状态的能力。它包括组织群落现状稳定性、时间过程稳定性、抗扰动能力稳定性和扰动后恢复平稳的稳定性等4种情况。一般认为,组织群落的结构越复杂,多样性越高,组织群落也越为稳定。但也有学者认为,随着内部复杂性程度的提高,组织群落趋于关闭,组织群落逐渐稳定。但由此达成的群落稳定异常脆弱,任何一个超过临界值的环境扰动都可能在多米诺骨牌效应(Domino effect)的影响下使组织群落瓦解和崩溃。崩溃的组织群落会释放出环境空间,使新的组织种群得以进入。这些新的组织种群通过竞争和共存又逐渐演化到一个关闭的状态。

二、组织生态学的发展阶段

根据研究内容的不同,可将组织生态学研究分为三个基本的阶段。

(一)初始阶段

初始阶段的研究集中在1977—1988年完成。这一阶段的研究主要集中在组织进入、组织退出、组织存活率(vital rate)、组织设立和组织死亡率等方面。

此时,组织变革并未被纳入组织生态学的研究前沿。Carroll(1984)认为,基于组织变革的适应模型不适合引入组织生态学。他认为适应性变革(adaptive change)很罕见,并受到严格的约束。绝大多数组织变革是组织选择和组织替代(replacement)过程的结果,而不是组织内部转化和适应的过程。因此,组织生态学发展最初十年的一个重要划分标志是区分生态理论和适应理论(adaptationist theories),比如资源依赖理论和战略管理理论。

在此阶段,交易费用理论、制度理论并未作为明显的特征变量被纳入组织生态学的研究范畴。尽管卡罗尔(Carroll)等组织生态学家认为,效率和效力可能是影响组织选择过程的重要因素(比如在竞争性行业中的盈利企业),但它们可能与其他企业完全无关。这一阶段的另一个重要特点是研究方法的一致性。大家普遍认为,组织生态学理论的建立需要纵向的数据和模型来进行动力学分析。

(二)组织演化阶段

Singh(1990)将组织生态学的核心定义为研究社会环境如何影响组织的创建和死亡、组织的设立和死亡率以及组织形式的变化率,组织变革被纳入组织生态学的研究领域,并提出了组织进化的概念。与第一阶段相比,本阶段的研究内容和方法发生了较大的变化。研究内容从选择性转向既定模型,比如从确定风险选择转移到新组织生存不利性模型(liability-of-newness model),从选择的群体依赖转移到密度依赖模型(density-dependence model)。仿真技术得到新的应用,队列分析(tabular analyses)和适合度测试(goodness-of-fit tests)等常规的分析技术再次得以引入。

第二阶段的另一个明显变化是理论性、经验性文献的比例大大增加,它意味着该项研究已从纯生态学观点转向了进化观点,理论性研究开始关注物种形成(speciation)、战略制定、群落生态(community ecological)和演化经济学等。但此阶段的实证模型鲜有理论背景。在此阶段,适应与选择之间的关系被有机地结合在一起,并被当作一个重要的理论观点。这使得组织生态学与其他组织理论领域之间的界线开始模糊,组织生态学与交易费用理论、资源依赖理论、战略管理理论之间出现了研究内容的交叠。

(三)组织演化动力学阶段

第三阶段研究的主要内容是组织、种群和群落演化。演化经济学、战略管理、制度理论、技术和创新管理等理论被吸纳到组织生态学领域。Baum 和 Oliver(1992)认为,密度依赖模型的一个主要缺陷是其忽略了组织种群与其制度环境之间的演化。事实上,当组织与社区或政府的关系很密切时,这些制度行动者就会通过改变对稀缺资源的竞争规制以及组织种群的合法性程度而对组织环境产生深刻的影响。因此,此后的研究开始关注制度因素对组织种群演化的影响。例如,在对孩童日间照看中心的研究中引入了关系密度(relational density)的概念来衡量组织种群与制度环境之间联系的数量;在对汽车制造业的研究中引入了许可证竞争(Rao,1994)。这些方法被认为直接抓住了组织种群合法性效应的本质特征。

随着这些理论的发展,在这一阶段形成了三个明显的研究领域:一是组织制度生态学(institutional ecology)(Baum,Oliver,1996),该理论试图将制度理论和组织生态学理论结合起来,研究组织存活和组织变革的制度根植性;二是组织演化生态学(evolutionary ecology)(Barnett,Burgelman,1996),该理论试图将演化理论的思想(Nelson,Winter,1982)融入组织生态学理论,并将研究层次拓展到组织内部和组织群落;三是组织竞争生态学(competition ecology)(Barnett,1997;Baum,Mezias,1992),该理论试图将组织生态学理论发展成为更为复杂的竞争模型。

三、组织生态学的研究展望

目前,组织生态学研究呈现出两个主要的发展方向:一是研究新型组织的生态学问题,如网络组织生态学等;二是将组织生态学原理应用到其他学科的研究之中,形成一个新的分析视角和研究框架,如组织制度生态学、职业发展生态学和组织战略生态学等。

(一)网络组织生态学

介于市场与科层组织之间的网络组织的快速成长会带来大量的补充资产、协调、合法性短缺等问题,会引起中介组织的兴起和死亡,这为组织生态学研究提供了巨大的空间。当前,网络组织生态学需要重点研究以下问题:一是基于生物链原理的网络组织生成机制研究;二是网络组织之间特有的合争关系(co-petition)对组织竞争性和合法性以及组织成长性的影响;三是网络组织边界的开放性对组织设立、组织适应和组织演化的影响。

(二)组织制度生态学

新制度理论已成了组织生态学研究的重要理论基础。决定组织设立、成长和死亡的合法性、影响组织结构趋同现象的制度性同形(institutional isomorphism)等概念就直接来自新制度理论。反过来,组织生态学对制度理论的影响也日渐显现,这些影响表现在以下方面:一是利用组织选择理论来研究组织形式的配置对现存制度安排的破坏和对组织—制度共同进化(co-evolution)的影响;二是利用生态位重叠理论和共生理论来研究组织之间对制度资源的竞争,以明确制度环境与制度安排的生态学基础;三是利用种群演化理论来研究制度演进的规律,以建立基于自然选择过程的制度演化研究框架;四是以家庭选择(family selection)、亲属选择(kin selection)和群体选择(group selection)为基础,研究进化利他主义(revolutionary altruism)和本土利他主义(vernacular altruism)的制度基础;五是利用生物多样性原理来研究组织制度的分化和组织多样性的形成机制。

(三)职业发展生态学

组织生态学研究与职业研究之间的融合日益加强。Abbott 和 Hrycak (1990)认为,职业内部的竞争和职业之间的差异在职业发展中扮演着关键的角色。组织生态学的分析已证明,基于密度依赖的合法性和竞争性会影响职业的优势。当前,职业发展研究可从以下方面借鉴组织生态学理论:一是利用组织生态位原理来研究雇员职业选择的策略,分析组织生态位重叠、生态位分离、生态位压缩对雇员职业发展的影响;二是分析雇员密度、组织密度对雇员工资水平和工资结构的影响,建立密度依赖的工资决定模型;三是利用种群动态原理来研究组织设立、组织成长和组织死亡对雇员迁移率的影响;四是利用竞争性—合法性范式来研究职业演化和职业衰退;五是利用种群结构理论来研究劳动力市场中性别分布和年龄分布的不均衡性。

(四)组织战略生态学

组织生态学对企业战略研究也能产生影响。Freeman 和 Boeker(1984)研究了种群动态的战略含义,并认为基于组织种群的实证研究能提高战略研究的水平。Carroll(1984)强调,报纸印刷业、酿酒业、音乐唱片业和图书出版业等组织应采取专一化战略。Aldrich 和 Auster(1986)说明了年龄依赖死亡率和规模依赖死亡率的战略含义。

但基于组织生态学的战略观与主流的战略理论存在较大的差异。主流的战略理论强调个体组织对竞争与环境的适应,它要求组织具有很强的学习能力和变革能力,且认为组织的学习能力与变革能力越强,组织的业绩就越好。而组织生态学的观点与此不同,它强调对环境的适应过程发生在种群和产业层次,而不是在组织个体层次。组织战略生态学是一种社会化的组织理论,它认为进化动态会对具有结构惰性(structural inertia)的组织产生有利的影响。结构惰性能提高组织的生存能力,而组织的核心变革会破坏结构惰性,并降低组织绩效。因此,组织战略生态学对战略的解释与高绩效的组织结构惰性相关。当前,组织战略理论对组织生态学理论的借鉴表现在如下方面:一是借鉴组织生态位定位模型来分析公司战略经营领域的确定,建立基于组织种群层次的战略选择理论;二是将组织种群的空间特征、数量特征和遗传特征融入行业环境分析之中,拓展波特(Potter)提出的"五种力量"分析框架;三是将组织种群的年龄结构类型(稳定型、增长型和衰退型)与组织战略的发展态势设计结合起来,建立基于组织种群寿命周期的组织战略演化框架;四是将组织生态位宽度模型与组织战略类型设计结合起来,分析通用型战略和专一化战略设计的组织种群生态学基础。

第二节 组织生态学的研究内容

一、组织生态学的研究视角

组织生态学遵循组织宏观社会学的研究方法,它建立在普通生态学与演化模型的基础之上。这一研究的目标是要理解在一个较长的时间跨度内影响组织结构和组织种群演化的主要因素。一方面,组织生态学致力解释那些现存社会学理论、经济学理论和管理学理论不能很好地解释的组织现象;另一方面,组织生态学不寻求用生物学理论来解释组织的变革,也不主张将生物种群的理论直译为组织种群理论。

在组织生态学发端的 20 世纪 70 年代中期,组织社会学正在重点研究环境对组织结构和组织功能的影响。该时期的绝大多数研究将组织视为理性的、有弹性的个体,并假定组织能实时响应环境的变化。但这一研究方法对组织结构的解释并不完全符合实际。事实上,由于各种沉没成本和法律关系的存在,组织的结构弹性往往受到严格的约束,大量的组织在面临环境的变化时会表现出稳定的结构偏好,形成简单的反应机制。组织生态学试图在组织与环境的关系上构建出基于变革—惰性互动关系的二元研究视角。

此外,很多理论致力于描述和解释单个组织面对特定环境的行为。但这一研究视角具有很大的局限性。因为任何组织处理环境问题的策略都必然受系统内其他组织的影响,因此应将对此类问题的分析提升到组织种群的层面。虽然单个的组织都具有独特的演化特征,但种群层面的研究有助于解释一些特殊的现象,这些现象在组织个体层面无法进行合理分类,因而难以得到很好的解释。比如,如何解释在组织种群内部其他组织的生存机会很低的情况下,某些形式的组织仍有很长寿命的现象?从组织种群的角度来看,这种现象是高的组织设立率与高的组织死亡率相互平衡的结果。

组织生态学利用种群生态学理论和模型来分析组织的变革,但并不是对这些模型进行简单的移植或套用,而是将影响组织变革的制度因素和技术因素等嵌入分析模型之中,以便使组织的各种社会学特征得到充分的体现。例如,在研究组织种群间的竞争对组织种群设立率和死亡率的影响时,标准的种群生态学以 Lotka-Volterra 模型为基础,假定生物数量的增加会降低生物种群的出生率,提高死亡率,且这种影响是近似线性的。而组织生态学的竞争性和合法性模型表明,组织密度对组织种群存活率的影响是非单调和非线性的(Hannan,1986;Hannan,Freeman,1988)。组织生态学也不认为组织化过程和生态化过程遵循同一的规则。例如,关于死亡率的年龄依赖问题,组织生态学认为随着年龄的增长,组织的死亡率降低。但大多数生物种群的死亡率会随着年龄的增大而提高。目前,组织生态学已形成了一套解释组织死亡率年龄依赖模型的社会学理论(Hannan,Freeman,1984)。

二、组织生态学早期的研究主线

早期的组织生态学研究遵循以下5条研究主线(Hannan,Freeman,1977)。

第一条研究主线是利用 Lotka-Volterra 模型的变量来检验相互作用的组织种群之间的竞争。Nielsen 和 Hannan(1977)、Carroll(1981)分析了教育组织种群的膨胀和收缩。Brittain 和 Wholey(1988)研究了半导体制造商亚种群之间的互动关系。McPherson(1983)利用 LV 模型中的均衡思想,分析了志愿者协会之间的生态位重叠和竞争问题。McPherson 和 Smith-Lovin(1988)用5个国家的数据验证了这些研究结论。

第二条研究主线是分析组织年龄的生态学意义。虽然早就有了关于新组织生存不利性(liability of newness)的推断(Stinchcombe,1965),但只有组织生态学家通过适当的数据和方法对这一主题进行了深入研究。Carroll 和 Delacroix(1982)发现,阿根廷和伊朗报业组织在19世纪和20世纪都存在新组织生存不利性现象。Carroll(1983)在分析零售商店、药品制造商、酒吧等56个种群的数据时也发现了这一现象。Freeman、Carroll 和 Hannan(1983)探讨了这一年龄效应的形成与组织规模对组织死亡率的影响之间的关系,以及组织规模与组织年龄之间的关联。对报业公司种群、半导体制造商种群和工会组织种群的研究表明,规模的调整不会降低组织年龄对死亡率的影响。

第三条研究主线是研究环境扰动对组织设立率和死亡率的影响。Carroll 和 Delacroix(1982)发现,在政治混乱和革命时期,报业组织的设立率和死亡率上升。对1840—1975年旧金山报纸印刷业(Carroll,Huo,1986;Carroll,1987)、1771—1963年芬兰报纸印刷业、1880—1915年美国其他种类的报业组织(West,Olzak,1987)的研究均验证了这一研究结论。在这一点上,组织生态理论和资源机动理论(resource-mobilization theory)的观点相一致,两者均认为在政治动乱时期需要发生多种变化来实现各利益集团之间的力量平衡。新的利益集团会设立报纸来宣传其政治观点,扩大其政治影响。因此,在政治动乱时期,报纸的设立率比平均死亡率要高。

另一种类型的环境扰动是技术变革和政策改变。很多学者研究了微机业、平板玻璃业、水泥业、电话业、半导体制造业等行业内技术变革对组织设立率和死亡率的影响。Hannan 和 Freeman(1988)还研究了法律变化对劳动力工会地位的影响。Singh(1986)研究了资助的改变对社会服务业的影响。Barnett 和 Carroll(1987)研究了政府规制的改变对电话业的影响。Hannan 和 Freeman(1988)在对劳动力工会组织的设立率和死亡率进行研究时,估计了移民、工资、失业率、GNP、商业失败率和资本投资等变量的影响。大多数研究分析了环境条件、时间趋势和时期效应、年龄、种群内部或种群之间的竞争行为等多个因素的影响。

第四条研究主线是探讨为何现代社会活动不能被一种组织形式所囊括。对该问题的分析需考虑通才组织(多样化条件下的广适应力)与专才组织(有限环境条件下的高成长率)之间的平衡(trade-off)。Carroll(1984)关于产业集中对通才组织与专才组织生存机会的影响模型也涉及这一主题,并被认为是对组织生态学的重要贡献。组织社会学的一个主要观点是,环境变化通常对通才组织有利。但对 19 座城市酒店业死亡率的研究表明,环境变化并不总是对通才组织有利。变化的效果依赖于变化的纹路(grain)(Freeman,Hannan,1983,1987),纹路指组织变化的周期数以及每一个周期的时长。对半导体产业的研究也证实了这一结论(Hannan,Freeman,1989)。

第五条研究主线是研究种群内部竞争与种群之间竞争对组织设立率和死亡率的影响。为此,组织生态学已开发出了密度依赖模型。密度是指种群中组织的数量。在密度依赖模型中,竞争过程和合法性过程被表示为密度的函数。对美国劳动力工会组织的研究发现,密度对组织设立率(Hannan,Freeman,1988)和组织死亡率(Hannan,Freeman,1988)具有非单调的效应。研究者还将密度依赖模型推广应用到了其他组织种群。Hannan 和 Freeman(1989)研究了美国半导体制造业 1945—1980 年的退出问题。Barnett 和 Carroll(1987)研究了艾奥瓦州几个县独立的本地电话公司 1900—1917 年的设立率和死亡率。Delacroix、Swaminathan 和 Solt(1989)研究了 1940—1985 年加利福尼亚州葡萄酒业的组织退出问题。

三、组织生态学近期的研究主线

20 世纪 90 年代以来,随着技术变革速度的加快和世界经济一体化程度的提高,组织环境的多变性特征日益明显,不同产业之间的互动关系也日趋复杂。与此相对应,组织生态学研究形成了一些新的研究主线。

第一条研究主线是研究组织生态位变化对组织存活的影响。组织生态位收缩和组织生态位膨胀是组织应对环境变化的基本方法之一。大量的实证研究(Dobrev, Kim, Hannan, 2001; Dobrev, Kim, Carroll, 2003)表明,组织生态位的改变一般会给组织带来有害的影响,而组织生态位的膨胀则会降低组织在变革期内的存活概率。这是因为,组织需要较长的时间才能将现有资源从正在运营的活动中转移到新开发的活动中来。此外,在新的市场位置上实现组织重构也将使组织面临合法性和竞争性的双重压力。

第二条研究主线是研究组织种群内部亚种群之间的关系以及组织种群之间的互动关系。这类研究是通过亚种群密度依赖效应和密度依赖的离群效应(supra-population effect)加以体现的。早期的密度依赖演化模型将组织种群视为同质组织的集合。事实上,也可依据不同的逻辑基础将某一个特定的组织种群划分为若干个不同的亚组织种群。不同亚种群的密度不仅对本亚种群内部的组织设立、组织成长和组织死亡具有直接的影响,而且会间接影响到组织种群内部其他亚种群的演化;同理,在一个由相互关联的多个组织种群构成的组织群落中,某一特定组织种群的密度也会对其他组织种群的演化产生影响,即存在组织种群密度的离群效应。

第三条研究主线是研究组织种群演化的空间特征。早期的组织生态学研究仅仅将空间当作外生变量来看待,认为在不同的空间环境下,同一种组织种群的演化具有不同的表现形式。近期的研究则把空间因素当作组织种群演化的内生条件,认为空间既决定着资源聚集的经济性,也决定着组织密度的竞争性和合法性。在市场全球化进程中,组织种群的空间概念还拓展到了国家层面和洲际层面。

第四条研究主线是研究组织种群演化的时间效应。在组织生态学的前期研究中,只把组织年龄当作最主要的时间维度。近期的研究则开始关注制约组织种群演化的各种生态化机制的时期效应。例如,组织种群演化模型区分了密度依赖的当期效应和延期效应;产业寿命周期理论和组织种群演化理论之间也出现了契合;探索组织种群规模随时间而变化的组织种群演化模型也得以开发。

第五条研究主线是研究组织种群各生态化特征之间的交互效应。组织规模、组织年龄、组织生态位、组织种群密度等因素对组织种群演化的独立影响在早期的研究中得到了充分的反映。近期的研究注意到了这些因素之间的互动机制。除组织年龄与组织规模之间显而易见的同向演进关系之外,组织规模分布与组织种群密度之间、组织年龄与组织种群密度之间复杂的联系方式也得到了探讨。

第三节　组织生态学的研究方法

一、组织生态学的研究假设

(一)一致性假设

组织生态学主要的研究对象是具有相同价值活动的组织的集合或者是同属于相同产业的公司所组成的组织种群。组织生态学假设组织种群内的个体是同质的。同质性(homogeneity)是指在某个种群内的众多的组织拥有类似特征的现象(Oliver,1988)。这一假设也可解释为组织种群内的个体具有相同的生态位,也就是相同种群内的组织个体对外在环境的变化具有相似的反应。异质性(heterogeneity)是指同一名目群体(nominal group)内,组织成员之间差异的程度(Blau,1987)。Bidwell 和 Kasarda(1987)则直接将异质性界定为空间中构面的数目,认为构面数愈多,组织之间的异质性愈高。

组织间的同质、异质状态会影响组织间的竞争合作行为(Chen,1996;Porter,1980)以及组织绩效(Cool,Schendel,1988;Dooley,Fowler,Miller,1996)。Hannan 和 Carroll(1992)指出,组织的存活机会受到组织种群内合法性及竞争性这两种力量的影响,种群内组织数目愈多,组织群的合法性愈高,但同时竞争也会愈激烈。因此,当组织需要合法性支持时,应该设法提高其他组织和组织自身之间的同质性;当竞争过于激烈时,组织应设法凸显组织自身与其他组织之间的异质性。

(二)可分类假设

正确的组织分类是组织生态学研究的基础。组织生态学研究必须能够利用有意义的信息、精确的方式来描述组织的特征,亦即能够将不同的组织以精确的标准分类出来。例如,可按组织所生产的产品范围的宽窄,将只生产一种产品的组织定义为专一型组织,将生产多种产品的组织定义为多样化组织。由此,组织种群也可划分为专一型组织种群和多样化组织种群。还可以在同一组织种群内,按照产品和服务的特性,将该组织种群划分为若干亚种群。例如,可将汽车零部件制造业种群划分为汽车发动机生产企业、轮胎生产企业和车桥生产企业等 31 个亚种群。

(三)结构惰性假设

在组织种群中,某些组织的核心能力、组织结构及所属产业的特征具有相对的结构惰性(structure inertia),亦即它们并不容易发生快速、剧烈的变革。组织的结构惰性主要来自内部限制(如沉没成本、决策者的有限理性及信息不充分、执行单位对改变的抗拒等)与外部压力(制度环境层面,如法律、财务等)(Hannan,Freeman,1977)以及决策者选择能力的限制(如成长背景与经验范围等)(Aldrich,1979)。虽然组织个体可根据自己的意志改变其经营策略或组织结构,使得组织生态模式变得更为复杂,但产业环境所形成的自然选择力量倾向于选择结构惰性较高的组织。也就是说,具有较为稳定的核心能力的组织将会在竞争中存活下来。

(四)自然选择假设

组织生态学理论建立在组织是被环境选择的假设之上。例如,它认为与环境要求相吻合的组织就能存活,而不适应环境的组织最终将会消亡。可靠性(reliability)和解释性(accountability)是环境选择组织的两个最重要的维度(Hannan,Freeman,1984;Kieser,Woywode,2006)。可靠性是指一个组织保持其质量和业绩稳定性的能力。由于未来是不确定的,因此与组织效率等其他组织特性相比,组织中的代理者、投资者和顾客一般会对可靠性给予更多的关注;可解释性则是指组织提供理性观点并能解释其行为的能力(Carroll,Hannan,2000b)。这一假设建立在四个基础之上:一是组织惯例会强化组织的可靠性和解释性;二是可靠性和解释性需要组织结构具有高的可复制性;三是对相同惯例的复制是形成组织惰性的原因,而惰性被视为选择的结果;四是环境将选择高惰性的组织。

二、组织生态学的研究逻辑

研究逻辑要解决的是研究主题由哪些要素构成,以及不同的构成要素之间存在哪些互动关系。Carroll 和 Hannan(2000b)概括了组织生态学分析的一般逻辑结构,如图 1-1 所示。它包含了四个基本的概念成分:①社会结构安排或类型;②特定组织种群或亚种群(subpopulations)内的组织集;③基于种群特性的存活率(vital rates);④驱动存活率提高或下降的环境条件。在图 1-1 中,实线箭头表示因果关系的方向。很多研究孤立地探讨了这些实线箭头之间的关系,并将它们之间的因果关系当作外生因素,尤其是在分析种群特定的存活率时。公司人口统计学则重点研究该系统中的反馈机制,由点线表示。该系统中也存在着长期反馈机制,由虚线表示。

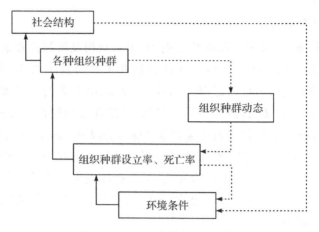

图 1-1　组织生态学的一般逻辑

资料来源：Carroll G R，Hannan M T，2000. The Demography of Corporations and Industries[M]. Princeton：Princeton University Press.

在实际的研究过程中，组织生态学往往遵循以下逻辑框架，如图 1-2 所示。由图 1-2 可知，组织生态学要研究的主题是组织设立、组织成长、组织变革和组织死亡等基本的组织过程，在特定的组织种群内部，这些过程的综合作用推动着组织种群的演化；组织设立等组织过程受到组织种群的生态化特征、制度化特征、空间化特征和人口统计学特征等四大类因素的综合影响。其中，组织种群的生态化特征由组织种群密度、组织生态位等因素构成，这些因素决定了在特定的组织种群环境容量里，组织数量和组织平均规模之间的替代关系，演绎出密度依赖规律和竞争排除规律；组织种群的制度化特征由组织关系密度、制度环境和制度规制等因素构成，这些因素影响到组织的资源获取能力和组织的变革条件，受关系密度原理和结构惰性原理的制约。例如，Pennings 等（1998）分析了 1880—1990 年荷兰会计公司的产业变动状况，结果发现人力资本及社会资本两者的独特性及所有权归属可以用来预测组织的死亡概率。格拉汉姆（Graham）则以群落生态学的观点探讨了组织演化问题。他将组织演化视为一个由多样的种群（具有内部同质性，例如部门）结构所组成的群落。组织的演化同时也就是部门内同质性及部门间多样性的变动。在组织的演化过程中，外在的环境变化是驱动组织演化的主要力量；组织种群的空间化特征由组织种群的空间位置、组织种群内部的组织的空间层次、邻近种群的数量等因素构成，它们决定了组织种群内部合法性和竞争性的空间边界，也决定了制度性因素的空间异质性。

组织种群的空间特征和时间特征往往综合发生作用，使组织种群的演化表现出显著的复杂性；组织种群的人口统计学特征是指组织种群内部组织之间在组织规模、组织年龄、组织族系、产品和服务特性等方面的差异性，这些差异影响到特定组织的资源竞争力，进而影响到组织的成长速度和生存概率。

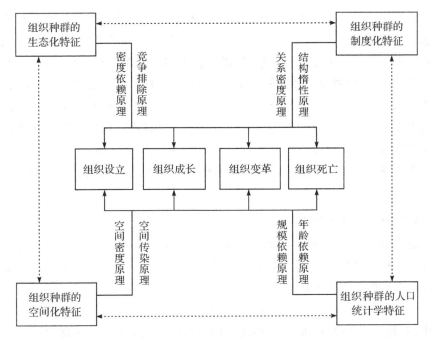

图 1-2 组织生态学的一般研究框架

值得注意的是,组织种群的生态化过程、制度化过程、空间化过程以及组织种群的人口统计学特征之间存在着复杂而多变的互动关系。例如,特定组织种群内组织年龄分布会影响到组织规模分布,而组织规模分布又会影响到市场集中度,从而影响到组织种群的密度;产品特性不同的企业,例如专一化企业和多样化企业拥有不同的生态位宽度,在环境容量一定的条件下,多样化组织的增多往往会降低组织种群的密度。空间化过程和生态化过程之间也存在交互作用。在不同的空间层次上,密度依赖的组织设立率、组织成长率和组织死亡率都具有很大的强度差异。

三、组织生态学的研究方法

与传统组织分析将理论研究和实证研究(empirical research)分立开来的做法不同,组织生态学研究将理论、模型和实证研究紧密地结合在一起。实证研究是组织生态学研究的主要方法。已涉及的典型的实证研究领域包括建立在美国的日本汽车零部件供应商、美国研究型大学、旧金山地区的医院组织(Ruef,Scott,1998)、美国酿酒行业(Wade et al.,1998)、美国无线电行业(Greve,1999)和美国个人电脑行业(Henderson,1999)等。此外,实证研究的地域空间也不断扩大,如从德国的酿酒行业、荷兰的审计行业拓展到了欧洲的汽车制造业。

组织生态学的实证研究策略有四个显著的特征：①由于早期的事件对种群动态具有持续的效应，因此组织生态学通常会检验组织种群发展的整个历史；②收集组织种群的全寿命历史数据，既包括著名的大型组织，也包括小型的和不出名的组织，以避免选择性偏差（selectivity bias）；③详细地记录组织进入（包括新进入、从其他产业进入、合并等）和退出（包括解散、收购、转型等）的信息；④利用事件史法（event-history methods）估计组织特性、种群特性和环境特性对组织进入和退出风险的影响。

根据研究对象的特性和研究目标的不同，组织生态学研究通常采用以下数量分析方法。

(一)最大似然事件史法

最大似然事件史法（maximum-likelihood event-history method）通常用来估计组织种群的死亡率（Allison，1984；Yamaguchi，1991）。组织死亡的危险率可以用下面的方程式来表示：

$$P_{it} = \Pr(T_I = t \mid T_i \geqslant t, X_{it}) \tag{1-1}$$

其中，T 是一个离散性（discrete）的随机变量，代表第 i 个厂商的死亡时间；t 是某个特定的时间点，而 X_{it} 则是代表自变量的矩阵。这个方程试图说明，在控制了其他自变量的情况下，如果第 i 个厂商存活到 t 的话，那它在这个时间点上死亡的条件式概率为何。可用 Logistic 模型来推估相关的系数，模型如下：

$$\ln \frac{p_{it}}{1 - p_{it}} = \alpha_1 + \beta_1 x_{it1} + \cdots + \beta_k x_{itk} \tag{1-2}$$

其中，下标 i 代表个别厂商，而下标 t 则代表历年。

在事件史分析中自变量分成两种：一种是时间依赖（time-dependent）的；另外一种是非时间依赖（time-independent）的。例如，一个工厂的创办日期不会随时间改变，而员工人数则每年不同。下标 t 反映了这个变化。模型中的系数 β 代表了自变量在控制了其他的自变量之后对因变量的效果，它的诠释只需要把原始的系数做一个简单的转化：对于连续变量，$100(e^{\beta} - 1)$ 就是组织死亡比在控制了其他自变量之后，一单位的特定自变量所带来的因变量的百分比变化，比的概念是事件发生的概率对事件不发生的概率；而就虚拟变量而言，$100(e^{\beta} - 1)$ 是变量值为 1 和变量值为 0 相比，组织死亡比增加的百分比。

(二)泊松回归和负二项回归

泊松回归（Poisson regression）通常用来估计密度依赖的组织设立率。使用泊松模型，因变量为组织设立率 $\lambda_i(t)$，自变量为组织密度 N 和密度的平方 N^2，模型所用公式为：

$$\lambda_i(t) = \exp[(\beta_0 + \beta_1 t)N_{it} + (\delta_0 + \delta_1 t)N_{it}^2] \cdot \varepsilon_{it} \tag{1-3}$$

为了分析组织生态位宽度的变化对不同类型组织设立的影响,例如对专一型组织设立率和多样化组织设立率的不同影响,可采用下列泊松模型,公式为:

$$\lambda_i(t) = \exp[N_1 + \beta_1 N_t^2 + \beta_2 \lambda_{i(t-1)} + \beta_3 I_t + \beta_4 D_t] \qquad (1-4)$$

其中,$\lambda_i(t)$表示某种类型组织的设立率,类型用下标i来区分,比如可分为专一型组织和多样化组织;N_t表示当前的种群密度;N_t^2为种群密度平方;$\lambda_{i(t-1)}$为该类型组织前一年的设立率;I_t表示种群生态位宽度扩充的次数;而D_t表示种群生态位宽度收缩的次数。

如果还要检验组织生态位重叠密度、组织生态位非重叠密度、生态位非重叠/重叠率以及组织族系等其他变量对特定种群组织设立数量的影响,仍然可采用泊松模型。模型的因变量是组织设立率$\lambda_i(t)$,自变量是组织生态位宽度重叠密度 OD、生态位非重叠密度 NOD 和组织族系强度 OG。但由于组织设立率的方差通常会大于平均数,因此过度分散的特性会导致参数的标准差被低估而系数的显著性被高估(Ranger-Moore et al.,1991)。要修正过度分散的问题,可采取更为适合的负二项回归(negative binominal regression)。整体回归模型如下:

$$\lambda_t = \exp(\pi \boldsymbol{X}_t) \in t \qquad (1-5)$$

其中,$\boldsymbol{X}_t$是包含了上述四个变量的矩阵。

(三)聚类分析

聚类分析(clustering analysis)是根据一定的标准或特征将组织种群内的个体进行分类,以使集群(cluster)内的个体同质性很高而集群之间的异质性很高的方法。聚类分析的分析步骤是:选择分析样本→界定衡量这些样本的变量→利用相关分析、欧几里得距离(Euclidean distance)及其他技术来计算个体之间的相似性→选择互斥的集群(使得群内同质性、群间异质性极大化的集群)或层级式排列的集群→集群间比较与验证。

聚类分析根据相似性原则来对目标进行分类。相似性指两个目标之间的距离范围。n单位在x数据矩阵中的距离被称为距离矩阵。数据矩阵的元素表示为d_{ij}。元素之间的相似性程度表示为 Sim(相似性矩阵)和元素 Sim_{ij}。单位(个体)的相似性用以下公式计算:

$$\text{Sim}_{ij} = 100(1 - d_{ij}/\max d_{ij}) \qquad (1-6)$$

可采用模糊聚类方法(fuzzy clustering method)和欧几里得距离来计算。欧几里得距离用以下公式计算:

$$d_{jk} = \left[\sum (x_{ij} - x_{ik})^2\right]^{1/2} \qquad (1-7)$$

式中,d_{jk}表示就变量i而言个体j和k之间的总距离。

除了以上所列的典型的数量分析方法,计算机仿真技术也是组织生态学研究可以使用的分析方法。计算机仿真是指以计算机为主要工具,运行真实系统或预研系统的仿真模型,通过对计算机输出信息的分析与研究,实现对实际系统运行状态和演化规律的综合评估与预测。Barnett(1997)就利用计算机仿真技术模拟了美国酿酒业组织种群的演化轨迹。

(四)组织生态学实证研究的难点

受研究对象的特性以及研究方法适用条件的限制,组织生态学的实证研究通常面临三个主要的问题:数据收集、对异质性的观察不完整、不同的人口统计学过程同时发生(Carroll,Khessina,2005)。对组织种群的数据收集存在三个关键的问题。首先,组织种群具有不同层次的组织结构,这些结构构成了几个不同的分析单位,研究者必须在其中进行选择。例如,就商业组织而言,组织结构的选择的范围就包括机构层面、特许经营组织、分公司、战略商业单位、部门、公司和商业企业集团等。Carroll 和 Hannan(2000a)认为,分析单位的选择对如何定义和计量事件具有重要的意义,为此必须遵守两条基本的原则:一是对组织人口统计学事件的定义必须符合该事件在现实世界中的概念或(和)其理论概念的意义;二是推动组织种群活动的过程必须具有足够的稳定性,以确保对它们的识别和系统性分析。其次,对组织种群的研究需要构建共同的变量,这些变量需要种群中每一个成员的信息。例如,在理论分析中被经常使用的结构惰性、密度依赖和定位竞争(localized competition)等即属此类,需要在整个组织种群中收集信息。最后,组织生态学研究所需的信息一般具有很长的时间跨度,这是因为某些相关的过程,如惰性、合法化、集中等需要很长的时间才能形成。

不能被观察的异质性(unobservable heterogeneity)是组织生态学研究面临的第二个问题。组织理论专家一般认为,组织之间的异质性要大于人群之间的异质性。为了解决这个问题,在研究过程中一般采取统计控制和研究设计控制的方法,即将研究对象集中到某一特殊的组织类型之中,如啤酒酿造商、汽车制造商和半导体制造商等。组织生态学中另一种形式的异质性是组织活动定义的多样性。例如,Carroll 和 Hannan(2000a)在对美国和欧洲汽车制造业种群的研究中就区分了 7 种类型的组织设立事件,包括重新设立(de novo founding)、重新进入(de alio entry)、合并、收购、破产后的重新开业、再次进入、组织分立(split,spin-off)等,以及 7 种类型的组织死亡事件,包括解散、退出并进入其他产业、合并、收购、被债权人接管、国有化、因战争而结束等。如要全面地分析,这些数据能产生 49 种可能的组织生命转换。

同时性(simultaneity)是组织生态学研究面临的第三个问题。组织生态学一般单独研究组织种群的存活率。研究者一般先研究设立率,然后研究成长率,最后才研究死亡率。然而,这些事件很可能是相互依赖的。例如,组织理论学家通常会认为,随着市场的成长,与组织种群相关的环境承载力也会相应增长。但事实上,这种环境承载力的增长可能会被新设立的组织以及现存组织的扩张吸收掉。这就是说,随着市场的扩张,在组织设立过程与组织成长过程之间存在着相互依赖的平衡关系,一个过程的发生会直接影响另一个过程,导致同时性问题的发生。组织生态学研究尚未很好地处理这一问题。这通常是由于度量的类型不同,例如,对组织设立的度量是离散的,而对组织成长的度量是连续的。或者是因为这些过程发生在不同的分析水平上,例如,组织设立问题通常在种群层面上分析,而组织成长问题只在组织层面上分析。

第四节　组织生态学的学科特性

组织生态学要研究的大多数问题在管理学、经济学和社会学等学科的研究中已有涉及。组织生态学要解释的社会经济现象本身具有客观规律性。但组织生态学从其自身独特的视角出发,采用不同的分析方法来对这些既存的社会经济现象进行解读,一方面可丰富现有的理论内容,另一方面它也能概括一些不同的结论。组织生态学理论与产业组织理论存在着研究领域的交叉,但组织生态学在研究层面、研究假设、研究主题、研究维度等方面形成了明显的分野,也遵循着不同的研究范式。

一、组织生态学与产业组织理论的交叉

产业组织理论着重研究企业的行为特征以及这些特征所引致的市场结构的变化。组织生态学与产业组织理论之间存在很多的交叉领域,例如生态位与市场竞争、合法性与标准化、产业集中与市场结构、结构惰性与锁定等。

(一)生态位与市场

生态位概念和市场概念看起来相似,但组织生态学和产业组织理论对这两个概念的理解方式存在极大的差别。

首先,组织生态学通常认为每一个组织种群都拥有其自己的生态位,并关注生态位的宽度与组织生态位重叠程度。产业组织理论则通常探讨某一特定公司的市场,并与其他公司尤其是竞争者的市场区分开来。产业组织理论将市场视为一个能够容纳多种类型公司的平台,且特定的多家公司可以同时占据相同的市场范围。就产业组织理论而言,市场的基本特征是外生的,而在市场中运行的公司的数量和相对规模是内生的。

其次,产业组织理论用需求来衡量市场界限,认为高交叉需求弹性的产品属于同一市场。产业组织理论通常通过估计交叉弹性、观测剩余需求曲线、分析相似产品价格变动的相关性等方法来检验市场界限。产业组织理论认为,市

场由一系列的需求替代连接起来,它使得价格竞争的效应得以扩散。对市场的这种理解所带来的问题是大多数市场的参与者是制造商、贸易商和消费者,这意味着供应方在决定市场边界方面起着潜在的重要作用。尤其是当存在较大的规模经济效应时,公司可以通过增加产品数量来降低成本,这时低价市场的规模必须扩大。同样,当存在范围经济时,销售系列相关产品的公司要比专一化公司具有较低的成本,这同样会导致低价市场边界的扩张。

最后,技术变革所引起的产品或过程创新也会改变市场边界。与产业组织理论强调市场需求不同,生态位理论注重研究在环境容量一定的条件下,资源供给对产业组织演化的影响。

(二)竞争排除与生态位创造

竞争排除原理认为,当公司之间为了同一资源展开竞争时,它们将开始实行专一化,将其产品或服务提供给不同的消费者,使用不同的供应商来生产同样的产品或有些差异的产品。组织生态学通常在资源分割(resource partitioning)的名义下来讨论此类问题。产业组织理论倾向于将此视为一个市场分割的过程或创造市场缝穴的过程。但这两者之间基本上是一致的。市场分割(market segmentation)一般指将产品或服务提供给不同的消费者群体(如高端客户和低端客户等),市场缝穴(market niches)一般用公司产品的差异性来区分(如定制的服装和名牌香水等),这些产品一般销售给规模较小的消费者群体。不管如何,市场分割或市场缝穴的产生都是内生的,它反映了基于资源争夺而形成的竞争压力。

竞争会鼓励公司在最小的市场分割或市场缝穴中实现专一化,即产业组织理论所谓的战略市场(strategic market)。战略市场被定义为一家公司为了维持长期生存而必须服务的最小产品和地理区域的集合。战略市场的规模受到需求量、市场中的竞争程度和固定成本的大小等因素的影响,并取决于规模经济(economies of scale)、范围经济(economies of scope)和消费者偏好的多样性。如果所有的消费者偏好相同的产品变量,且规模经济性大,则市场的地理空间就很广(甚至可达全球),但产品的范围窄。在这样的市场中,那些只为小规模消费者群体提供服务的公司总是容易受到大制造商的伤害,因为大制造商可利用其大的规模基础来求得规模经济与低成本、低价格之间的平衡。同时,当消费者的偏好呈现多样化且规模经济较小时,小的公司能通过给规模较小的消费者群体提供他们偏好的产品而获得生存。如果规模经济性大,则这些公司就不得不生产范围更宽的产品以使自己免受产品线较宽的制造商的竞争袭击。就像动物界的生态位分割一样,市场分割成一系列的战略市场可能反映了在那个市场中公司之间资源竞争的程度。当越来越多的公司试图挤进一个特定的市场时,就会达到极限,那个市场里所有的战略市场都会被填满,正的净进入就会停止。

(三)合法性与标准化

组织生态学利用合法性概念来解释新组织的发展过程为何十分缓慢,产业组织理论则用扩散乘积模型(epidemic model of diffusion)、优势设计假设(dominant design hypothesis)和标准化来解释新产品为何要花很长时间才能在市场中建立起来。事实上,这两种解释范式具有共同的逻辑基础。

扩散乘积模型试图解释新产品的认购率(take-up rate)为何开始上升继而下降,随时间变化而呈现出 S 形曲线(Rogers,1995;Stoneman,1983;Geroski,2001)。扩散乘积模型建立在信息扩散的基础上,它认为潜在信息采用者需要对其拟采用的重要信息进行明智的决策,这些信息既是经验性的,也是默会的。因此,它可能仅仅通过其他使用者的口头来传播,这意味着新产品的认购速度取决于现有使用者的数量。当新产品刚在市场上出现时,早期使用者很少,难以对大量的非使用者产生和传递信息。但随着使用者与非使用者之间联系的增多,使用者的数量增多了,影响率也会提高。最后,组织种群中非使用者的数量减少,使用者很难发现新的非使用者来传递信息,因此影响率又会降低。事实上,信息扩散理论是密度依赖理论的特例。

优势设计假设的基本观点是,新产品一般来源于范围很宽的各种各样的原型产品。在非常年轻的市场中,这些产品设计彼此竞争,同时也刺激和促进消费者对多种产品特性的学习(例如,他们会学习哪些产品特性最有价值,如何有效地使用产品)。随着时间的推移,产品市场的竞争会逐渐形成消费者偏好的产品。而那些能准确预见消费者需求趋势的企业会提前进行投资,以获得规模经济优势和产品价格优势。最终,大多数新产品会被淘汰,巨大的市场上只会留下一到两个优势的产品。显然,优势设计假设正是组织生态学理论中竞争排除原理的体现。

关于新产品要花费较长时间才能建立起来的第三种理论解释涉及标准的设立。一项产品的标准定义了该产品如何与其他产品一起配合使用,它是生产指南,也是其他投资者和零配件供应商的投资标准。既然标准能使各种各样的市场参与者协调行动,那么要使所有的参与者在一套特定的规范上达成一致则是一个困难和复杂的过程。有时候,标准需要费时良久方可建立,而这一缓慢的选择就会延缓新产品的市场建立进程。标准化过程就是组织生态学强调的合法化的过程。

(四)产业集中与市场结构

组织生态学和产业组织理论都研究产业集中度和市场结构。产业组织理论一般利用规模经济效应、沉没成本、市场规模和竞争程度等因素来分析市场集中度的提高,且这些驱动市场集中的因素会使存活的企业有能力提高产品的价格。因此,市场集中度实际上反映的是市场势力的分布。与此不同的是,组织生态学将市场的集中理解为组织多样性的反映,它认为不同的组织追求不同的发展战略,需要不同的资源,因此它们对环境的变化具有不同的反应。当某种类型的公司获得了更多的环境支持时,市场的集中度就可能被提高,这一现象被称为资源分割。

但这两个理论之间也存在着共性,它们基本上都是在描述两个或多个组织种群如何占领一个单一的市场。产业集中的过程也是组织规模不均等的过程和组织数量减少的过程。因此,要解释产业集中的水平,就必须解释公司之间差异的出现。而这可通过两条途径来实现:其一,公司改变其自身特性,如进行广告投资以创立品牌或加强研发投入来进行产品创新或过程创新;其二,假设公司的特性是相对固定的,随着时间的推移,市场中不同类型公司的比例发生了变化。显然,产业组织理论一般遵循第一条路径,而组织生态学则会选择第二条路径。

(五)结构惰性与锁定

组织生态学的一个基本命题是组织不具有易变性,也就是说,组织特征的变化要慢于新组织的形成。因此,当外部冲击来临,需要改变产业结构时,就会依靠新组织的设立和老组织的死亡来完成这一转变,亦即选择主导适应。

但产业组织理论家一般假设组织具有高度的柔性和适应性。他们将限制组织变革的那些因素归入调整成本(adjustment costs),而将阻止企业进入市场以取代低效在位企业的因素归入进入壁垒(barriers to entry)。进入壁垒通常被视为一项稳定的市场特征,而调整成本通常被认为会大于组织变革所增加的利润。许多关于竞争战略的理论都鼓励在位企业采取先发制人的策略来阻碍新的进入者,例如,可以通过迅速扩大在位企业的产品规模来使市场饱和,从而使新的进入变得毫无意义。显然,这种认为企业具有充分适应性的观点与组织生态学家的观点是相反的。

但这两种观点也有可能相容。首先,作为一种变革的机制,选择和适应并非一定是替代性的,也可能是互补性的。这是因为,进入壁垒通过阻止新进入者的加入而降低了选择的压力,从而弱化了受到保护的在位企业对变革的激励,其结果是降低了适应的速度。如果选择和适应是替代性的,那么,当环境发生变化时,要么是选择机制,要么是适应机制来引导市场达到一种新的均衡。然而,由于进入壁垒阻止了新的进入者并降低了在位企业的适应速度,那么就可能出现或者没有变革或者新企业的进入和在位企业的变革同时发生的情况。当进入壁垒太高时,变革较少或没有变革;当进入壁垒较低且退出成本也低时,则会发生选择性变革;当进入壁垒较低且调整成本也较低时,就会发生适应性变革。

其次,随着时间的推移,公司的可变性和进入壁垒的高低可能出现系统性变化,从而使两者呈现出互补性而非替代性。在市场形成的早期阶段,许多技

术性机会未被开发,消费者偏好也未定型,新进入的企业规模较小,进入壁垒也较低。由于产品特性尚未确定,企业愿意开发新的产品来迎合市场的发展。但到了某一特定阶段后,由于某种优势设计的出现或者由于消费者对多样化产品的需求,市场的规模就会迅速扩大。为了应对这种情况,生产商只能成比例地扩大自己的产销规模。而这需要巨大的投资,并要开发和管理分销渠道,创设新的商号。为了适应这一情况,组织必须设计出一系列刚性的惯例,在组织内部培育团队,并与外部合作者建立良好的关系以获取足够的资源。这些措施会开始引致锁定。最早开始这些投资的企业通常会较其对手获得永久的先发优势(first mover advantage)。从这个意义上看,选择的压力会促使企业进行投资,以便将其锁定在特定的市场。这些投资同时也形成了进入壁垒,迫使新进入者以较大的规模进入,或者花费较大的投资来应对在位企业业已形成的产品差异化优势和成本领先优势。

二、组织生态学与产业组织理论的差异

(一)研究对象概念的差异

就同一现象而言,组织生态学和产业组织理论所使用的概念和术语有所不同。首先,两者对组织概念的理解有不同的侧重点。例如,产业组织理论会根据营利性将组织区分为公司和非市场组织,但组织生态学只将公司理解为组织的特定形式,研究它与劳动力工会、孩童日间照看中心等非市场组织具有的共同特性。

其次,组织生态学研究中的种群具有组织活动或生产过程等方面的同质性,而产业组织理论则强调在同一市场中公司之间的异质性。但组织生态学也重视产品的差异化和专一化,因为在一个较长的时间内,它们会影响组织种群的密度。

再次,组织生态学关注组织的设立和失败,而产业组织理论则重点研究市场的进入和退出。这两者之间显然存在着重叠和交叉,但市场进入不仅可通过设立新公司而达成,而且可通过产品多样化(product diversification)或在其他区域市场设立分公司等方式实现。市场退出与公司失败之间的区别也存在类似的情形。

最后,市场形态和市场结构是产业组织理论研究的基本落脚点,但组织生态学研究不太重视市场。组织生态学重视组织竞争,但其竞争的含义更广。更一般地说,理性行为、利润最大化等理念不被当作影响公司存活和发展的主要因素,取而代之的是自然选择和组织惰性的力量。此外,组织生态学对研究对象采用的时间跨度通常很大。例如,在巴伐利亚酿酒产业演化的密度依赖模型中,研究的时间跨度就从 16 世纪持续至今。组织生态学的最初目标就是试图

发现能应用于不同产业、不同时期的组织种群演化规律。

(二)研究重点的差异

产业组织理论并不直接研究产业组织的设立、成长和死亡等演化过程,但它认为市场竞争的结果就是这些过程的综合反映。所以,组织设立并不是产业组织理论中一个重要的主题,相关的研究集中在市场进入的研究领域内。市场进入一般是指既存企业进入新的市场,而组织设立则特指新组织的诞生,这两个概念存在着内涵上的极大差别。施蒂格勒(1968)认为,市场进入问题要回答的基本问题是:企业规模是由规模经济、进入壁垒还是其他因素决定的? 因此,市场进入理论并不关注在一个较长的时间序列内整个产业中新设组织的变化轨迹,也不关注产业组织进入率与产业组织成长率、死亡率之间的关系。

产业组织理论对组织成长的研究主题比较零散。其中,组织年龄和组织规模对组织成长的影响较早地引起了研究者们的关注。大多数研究认为,当公司规模不变时,公司的成长率随着公司年龄的增长而降低。而组织成长的学习模型(learning model)在对技术和能力分布做了一系列假设以后说明,对于成熟的公司和在同一时间进入产业的公司而言,公司的成长与公司规模是无关的。Nelson 和 Winter(1982)讨论了公司成长率开始时随着公司规模的增长而提高,然后随着公司规模的增长而下降的情况,他们用寿命大于或等于 20 年的公司对公司规模与公司成长率之间的这种凹性关系作了回归。由此可见,产业组织理论对组织成长的研究是基于被研究组织本身的特性的,对其他组织的影响不太关注。组织生态学遵循适应论研究范式,将组织年龄、组织规模和产品特性当作企业的内生化因素,将产业组织中的企业数量当作最基本的企业外在因素,并把这些因素结合在一个模型中进行分析。与马里斯企业成长模型相比,组织生态学模型具有两个方面的优点:一是可解决多纳得·海和德里克·莫瑞斯提出的难以将企业外部环境和企业内部条件同时内部化的问题;二是放松了多纳得·海和德里克·莫瑞斯分析框架中将所有企业视为多产品企业的严格假设,可分析产业组织数量的变化对单产品企业和多产品企业成长性的不同影响。

产业组织理论对组织死亡的研究建立在市场充分竞争的假设上。产业组织理论认为,市场力量能使有效率的公司将那些无效率的公司逐出市场(Tirole,1988)。随着市场中竞争程度的提高,迫使低效率公司退出的压力也会持续增强。古典产业组织理论则把企业组织的死亡归因于管理者的能力有限,认为管理者的行动和知觉缺陷是组织失败的根本原因(Mellahi,Wilkinson,2004)。这些理论对引致组织死亡的组织之间的资源竞争因素并不十分关注。

(三)研究层面的差异

产业组织理论一般从产业组织个体层面来分析组织的行为策略,组织生态学则从组织种群的层面来分析产业组织的演化过程。与产业组织理论将竞争概念的范围集中在产业内部的组织之间的做法不同,组织生态学还强调组织种群之间的资源竞争。为了获取组织种群演化所必需的资源条件,组织种群必须具有一定的个体数量,所以客观上存在一个维持种群延续性的最低种群存活规模。低于此规模临界值的组织种群不但享受不到寡占和垄断带来的优势,反而会遭受灭绝的命运。产业组织理论也将行业内厂商的数量及其相对市场份额作为划分市场结构的首要因素,但它强调的是垄断和寡占组织对产品的定价能力。与产业组织理论从市场边界和企业边界的角度来分析产业组织之间的产品竞争行为相比,组织生态学以组织种群为边界来分析产业之间的资源竞争,这更能体现产业内部组织之间的合作行为。

同样,产业组织理论也分析空间因素对组织行为的影响,但主要分析空间差异化竞争。霍特林(Hotelling)的线性城市模型说明,消费者的赶路成本越高,每个商店的利润就越高。为了增强差异化,商店之间的距离应该拉开。而组织生态学则将产业组织的空间聚集当作增强组织合法性的重要手段,认为空间聚集的组织之间具有更强的制度性联系和社会性功能,它们之间的竞争水平要低于空间分散的组织。这一分析逻辑能更好地解释组织之间的空间聚集。

(四)对产业组织演化动因理解的差异

组织生态学将产业组织的演化视为一个内稳定过程(homeostatic process)。组织生态学与产业组织理论都认为产业规模(组织种群规模)与产业集中度(组织种群密度)之间存在着互动关系,但这两种理论对产业组织演化的过程分析存在着根本性分歧。在组织生态学中,组织种群的演化是一个密度依赖的内稳定过程。当组织种群达到一定规模时,某些与密度相关的因素就会发生作用,借助于降低出生率和提高死亡率来抑制组织种群的增长。如果种群数量降到了一定水平以下,出生率就会提高,死亡率就会下降。这样一种反馈机制将会导致组织种群数量的上下波动。一般情况下,波动将发生在组织种群的平衡密度周围,平衡密度的维持是靠新的个体不断出生以便取代因死亡而减少的组织数量。对种群平衡密度的任何偏离都会引发调节作用或补偿反应,由于时滞效应的存在(对种群密度做出反应需要时间),组织种群很难保持在平衡密度的水平上。

而在产业组织理论中,产业组织的演化是一个外源性调整过程。市场规模的变化、经济发展周期、技术体系的差异等外部因素被认为是推动产业组织演化的关键因素。因此,通过调整外生的市场结构政策就能实现对产业组织演化的调控。而制定市场结构政策的目的有两个:一是防止垄断,形成有效竞争;二是形成规模经济,防止过度竞争。政府运用的市场结构政策主要有企业兼并政策、企业联合政策、经济规模与直接管制政策、反垄断政策和中小企业促进政策等。

坚持内源调节论的组织生态学以环境承载力为约束,以组织种群的数量波动为手段,通过组织密度的变化来达到组织与环境的平衡。这样一种分析思路使组织设立、组织成长和组织死亡等基本的组织演化过程具备了统一的逻辑基础。

(五)对环境特性的理解差异

组织生态学认为组织环境具有一定的内生性(endogeneity)。产业组织理论认为,环境会约束产业组织的演化,但产业组织不会影响环境,环境资源约束对产业组织动态的影响是外在的。但组织生态学中的系统依赖选择理论(Lomi,Larsen,Freeman,2005)却认为,组织与其资源环境之间存在着反馈机制,组织不仅是环境资源的消耗者,而且是环境资源的生产者,现存组织的资源生产能力使得组织种群的环境承载力具有一定的内生性。组织种群与其资源环境之间的反馈途径很多,最主要的是对资源丰富度的直接反馈。例如,组织种群的扩张会通过互利共生而刺激资源库(resource pool)的发展(例如,硅谷中的风险资本家和以技术为基础的企业组织)。组织种群会通过贸易协会等形式组织起来,通过劳动力培训和有利的税收政策来扩大其资源基础。它们还能通过自己的人力资源系统培养出管理骨干和技术骨干,使得开办相似类型的新公司变得更加容易。组织种群的扩张还能传递出成功机会较多的信号,为其他组织的生存和发展扩展资源空间。

因此,在系统依赖演化模型中,组织种群的环境承载力是变动的,且变动率与组织密度紧密相关。组织存活率的变化是现存密度与环境承载力之间距离的函数。由于组织存活率对资源环境的反应存在着信息延迟和实体延迟,组织设立、组织成长和组织死亡等活动往往会超出环境承载力的制约。一般而言,当种群达到密度顶点时,设立活动不会立即降低至零。例如,Hannan(1997)对法国汽车制造业的研究表明,该种群于1922年达到了150家公司的密度顶点,但在该年以后仍有27%的设立活动在该种群中发生。因此,当组织设立活动的延迟期很长时,组织种群就可能因为对环境资源的过度利用而招致组织种群的灭绝。这一分析思路能解释传统产业组织理论难以解释的两个现象:一是组织种群为何会突然灭绝(如比利时汽车制造业);二是为什么在产业组织数量已经很多且出现了密度拐点的情况下,还有大量的新组织加入某一特定的产业中。

对组织环境特性的理解差异会导致研究方法的差异。例如,在产业发展的早期阶段,成长性是企业追求的重要目标。在经典的产业组织理论中,企业成长被描述为经理人追求工资、地位、权力和安全的结果。著名的马里斯模型则将产品需求、管理资源和财务资源当作约束企业成长的基本因素。这种研究思路是将组织成长当作一个可由经理人根据自身意愿和自身条件而进行调整的主动性过程。多纳得·海和德里克·莫瑞斯认为,该方法最大的缺陷是它将企业外部环境完全外生化了。因此,他们在马里斯模型的基础上建立了一个将企业外部环境内生化的分析框架。但他们承认,他们建立的这一分析框架没有提供一个可操作的模型,且必须假定产业内的企业都是多产品企业。组织生态学与产业组织理论对产业组织演化的研究对比如表 1-1 所示。

表 1-1　组织生态学与产业组织理论对产业组织演化的研究对比

比较内容		组织生态学	产业组织理论
对产业组织概念的理解		强调组织种群内组织之间组织活动或生产过程等方面的同质性,重视组织种群密度对产业组织演化的影响	强调在同一市场中公司之间的异质性,重视产品的差异化对组织竞争行为的影响
研究假设		强调产业组织之间既有对资源的竞争,又有在产品市场的互利共生	强调产业组织在产品市场上的价格竞争
组织设立	研究目标	整个组织种群的新组织设立率	单个组织对新市场的进入概率
	主要研究变量	组织种群密度、组织生态位、环境承载力	行业进入壁垒、行业盈利特性
	基本研究方法	基于资源竞争的密度依赖理论	基于价格竞争的博弈论
组织成长	研究目标	组织种群的成长速度与单个组织的成长速度	单个组织的成长速度
	主要研究变量	组织种群密度、组织生态位、环境承载力	沉没成本、研发投资、组织创新
	基本研究方法	基于环境承载力的 Logistic 成长模型	基于技术基础的柯布—道格拉斯(Cobb-Douglas)模型、基于组织规模的吉布拉(Gibrat)定律
组织死亡	研究目标	组织种群的死亡风险分布	单个组织的死亡风险
	主要研究变量	组织种群密度、组织生态位、环境承载力	市场竞争、管理者能力
	基本研究方法	组织死亡对组织生态位重叠度和种群密度的敏感性	组织死亡对组织业绩的敏感性

三、组织生态学的理论意义

(一)组织生态学对产业组织理论的借鉴意义

组织生态学研究能在多个方面对产业组织理论研究提供有意义的借鉴。首先,组织生态学理论有助于产业组织理论运用演化的观点来解释研究对象。产业组织理论十分关注均衡的存在和均衡的跳跃,但不太关心均衡的形成。在外部性很强的市场中往往会产生多重均衡,此时需要理解市场是如何变化以达成最终均衡的。例如,如果这一过程是路径依赖(path dependent)的,那么路径就与最终的稳定状态一样重要,这在新技术的扩散和新产品的认购过程中表现得尤为突出。产业组织理论一般将此类情况视为需求现象。但组织生态学重视从供给方面来研究市场结构的演化,并认为需求和供给其实是共同演化的,描述新产品扩散的S形曲线与描述种群数量的S形曲线应该是相关的。

其次,组织生态学一般会在一个较长的时间维度上,用全寿命周期的观点来研究产业组织的演化。组织生态学和产业组织理论都在组织设立率和组织退出率方面做了很多研究,其中很多研究主题是相同的(例如组织年龄对组织存活的影响)。但大多数产业组织理论文献对组织设立和组织退出的研究在本质上是一种跨部门研究。因此,应该借鉴组织生态学观察整个产业寿命周期的方法来研究特定产业内的组织进入和组织退出。

再次,产业组织理论可以利用竞争排除原理来更容易地解释市场中产品差异性和产品专一性的来源和结构。在传统的理论中,只要产品的价格高于平均成本,就会刺激新企业进入,生产与在位企业一样的产品,并促使价格下调。但竞争排除原理对完全竞争理论提出了挑战。如果承认竞争排除规律,则新进入者就不会与在位企业展开面对面的竞争,而是通过各种产品差异化方法将自己与在位企业区别开来,没必要驱使产品价格下降。竞争排除意味着市场分割和市场缝隙的创造是竞争过程的内生特性。

竞争排除能形成和扩大企业之间的差异化,这隐含着市场集中度的提高。因此,为了解释市场的集中化过程,就必须先解释企业之间的差异化过程。对产业组织理论而言,这是非常困难的。因为这必须假定市场是由多种不同类型的企业种群构成的,需要分析不同类型的企业种群之间的竞争情况。不同的企业实施不同的战略,经营不同的产品,采用不同的分销结构。与组织生态学模型相比,现有的产业组织理论模型对这些问题的研究尚不充分。

最后,产业组织理论应该认真对待组织的结构惰性问题。在现实中可经常发现,组织很难进行战略调整和结构重组。这意味着组织在任何特定时点的选择会长久地制约其创新能力和对成功的竞争对手的模仿能力。因此,需要对引致调整成本和制约组织变革的各种因素进行更深入的研究。企业理论主要讨论企业为什么存在这一主题。后续研究应该将主题扩展到企业如何成长和发展这些方面来。这些研究有助于理解选择压力主导适应这一变革机制会在何时发生作用。

(二)对组织生态学研究的争论

对组织生态学的批评主要集中在以下方面:坚持生态决定论的理论设想、对适应和变革缺乏足够的关注、研究对象集中于小型组织、理论构造与实证检验之间的分歧等(Singh,Lumsden,1990)。

很多战略研究者对组织生态学中的决定论(determinism)持批评态度。他们认为,与传统管理理论崇尚的意志论(voluntarism)相反,组织生态学理论否定了管理者的自由意志。但汉南(Hannan)和弗里曼(Freeman)认为,组织生态学并不是任何意义上的决定论者,因为组织管理者可以制定组织战略来帮助组织适应环境。事实上,他们还将其他组织当作组织环境的重要组成部分,所以环境的影响也部分地反映了其他组织的行为。

有些学者批评组织生态学忽视了对组织变革和适应的分析。组织生态学家认为,组织与环境的关系既包括选择,也包括适应。选择和适应是互补的,但选择能较好地解释组织种群的变革。组织生态学承认组织变革的现实性,但同时指出,惰性的组织能从选择过程中获益。

对组织生态学的另一种批评是,组织生态学的研究对象大多是不太重要的小型组织,如工会组织、幼儿园、报业组织等,而不是具有重大经济影响力的大型企业。大型的、有影响力的组织能对环境产生巨大的影响,而不是像那些无数的小型组织那样仅仅屈从于选择的压力。组织生态学的后续研究加强了对大型企业组织的关注,同时发现,与小型组织相比,大型组织并不具有对选择压力的免疫力。即使是财富500强的企业群体,也是一个巨大的波动群体。例如,经过5年时间的选择,1989年的财富500强企业中就有100家企业通过合并、兼并、杠杆收购或缩减规模等方式被淘汰出了这一群体。

组织生态学被认为过分依赖密度依赖原理来解释产业组织的动态。批评者认为,在简单的生态学模型中,这是可行的。但人类组织的行为具有战略性,组织管理者当前做出的市场进入或退出决策可能是为了应对未来的竞争,而跟当前的组织种群密度无关。组织生态学在组织种群密度与组织合法性之间建立了联系,认为组织种群密度越大,组织的合法性就越高。但批评者认为这一分析逻辑过于简单。事实上,合法性不仅与组织数量有关,而且与组织性质有关。例如,在中国的企业种群中,国有企业、外资企业和民营企业就拥有先天性的合法性差异。更为重要的是,在建立合法性的过程中,先发优势和其他竞争策略比组织种群的密度要重要得多。

四、本书的主要目标

(一)系统地梳理组织生态学的研究成果

组织生态学的研究文献日渐丰富,大量高水平的研究成果发表在《美国管理学会学报》(*Academy of Management Journal*)、《管理学季刊》(*Administrative Science Quarterly*)、《美国社会学杂志》(*American Journal of Sociology*)等权威刊物上,影响深远。组织生态学的专门著作并不多见。开山之作当属Hannan 和 Freeman(1989)合著的《组织生态学》(*Organizational Ecology*)。

该书利用种群生态学中的互动竞争模型,分析了合法化过程和竞争性过程对组织种群进入率和退出率的影响。与传统组织理论很少进行实证研究不同,该书将理论、模型与实证研究结合得非常紧密。此后出版的代表性著作包括《组织种群动态》(*Dynamics of Organizational Populations*)(Hannan, Carroll, 1992)、《企业与产业的人口统计学》(*The Demography of Corporations and Industries*)(Carroll, Hannan, 2000a)、《组织理论的逻辑》(*Logics of Organization Theory*)(Hannan, Pólos, Carroll, 2007)等。

本书试图在消化、吸收现有研究成果的基础上,概括组织生态学的理论渊源和学科特点,分析组织种群的基本属性,并按照生态化过程、制度化过程和空间化过程三个维度来描述组织设立、组织成长、组织变革和组织死亡等组织种群演化现象与演化机制。

(二)探索组织生态学理论研究的新主题

组织生态学理论研究已经日臻完善,但仍然存在许多颇具研究价值的新领域。本书试图在吸取前人研究成果的基础上,对一些尚未被充分研究的主题展开新的探索,这主要表现在以下几个方面:一是组织种群密度与生态位宽度的互动演化机制。探讨组织种群密度与组织生态位宽度发生相互作用的基础、条件和过程,分析不同的条件下这些互动效应对组织成长和组织死亡风险的影响,并概括出若干典型的密度—生态位组织演化模式。二是亚种群—混合种群竞争演化效应。传统的组织生态学理论只考虑组织种群内部组织密度和组织生态位宽度对组织种群演化的影响,产业组织理论也只考虑产业内部组织之间的产品竞争,它们均不研究种间竞争对产业组织演化的影响。本书试图按照特定维度,将组织种群划分为若干亚种群,再由亚种群组成混合种群,分析某一亚种群密度对其他亚种群以及混合种群组织设立率、成长性和死亡风险的影响,概括亚种群—混合种群竞争演化效应。三是组织族系对产业组织演化的影响。组织族系是一个尚未引起关注的主题。组织族系由母体组织、后裔组织、同代组织等行为主体构成,在这些行为主体之间存在着资源转移、资源竞争、互利合作等行为方式,资源转移和特定的组织行为方式会影响组织的成长速度和存活概率,因此,组织族系会对密度依赖效应产生很强的调节作用。四是组织种群灭绝的生态学机制。与个体组织的死亡相比,对组织种群灭绝的研究需要从种群之间的资源竞争、组织种群的边界扩展、组织存活的最低数量、组织群落的密度依赖等方面来寻求解释,并抽象出引发组织种群灭绝的关键因素,构建分析组织种群灭绝的理论模型。

(三)推动组织生态学理论与中国企业情景的结合

组织生态学研究发端于美国,斯坦福大学是最重要的研究基地。国内对组织生态学的研究起步于2000年左右,研究主题集中在对组织生态学理论的述评(梁磊,2004;彭璧玉,2006c)、组织生态环境变迁(徐艳梅,2004)、特定产业的发展(刘桦,2008)等方面。要推动组织生态学研究在中国的发展,就应该将中国企业的特定情景融入组织生态学的研究之中。中国企业的情景具有以下特性:一是中国的市场经济制度还在不断发展和完善之中,与西方国家相比,市场竞争对企业存活的影响较小,企业之间的资源竞争经常异化为关系竞争。二是不同所有制性质的企业具有不同类型和不同程度的制度性缓冲,因此,利用西方组织生态学理论来研究中国的企业死亡,必须强化对制度性因素的分析。三是中国企业"小而全"的现状仍未得到根本性改善,企业之间的分工和协作关系不强,由社会规则、社会关系等组成的企业网络对企业存活的支撑作用不明显。四是区域性壁垒仍然较强,区域之间的经济发展水平差距较大,经济发展的方式也不尽相同,研究企业设立、成长和存活的空间特性具有特别重要的意义。

(四)提炼组织生态学理论的应用价值

组织生态学蕴含着丰富的企业战略含义和产业组织管理含义,很多组织生态学的理论假设和实证结果都可以引申或转化为企业的竞争战略和政府的产业政策。例如,通过分析企业年龄、企业规模、企业生态位宽度、企业族系等企业自身因素对企业成长和死亡的影响,可在寿命周期管理、规模管理、产品多样化管理、企业合并和分立、企业存活等方面进行相应的企业战略设计;通过分析密度依赖效应及其时间异质性和空间异质性,可概括出包括产业组织数量、产业空间分布、产业分工和产业结构等方面在内的产业组织政策建议。

第二章   组织种群

与生物组织相比,社会组织具有更强的能动性和制度性,其组织形式也更具多样性。社会组织与环境之间的交互关系更容易突破时间序列与空间隔离,组织种群的动态更容易受到意志和制度的调整。但社会组织同样具备组织年龄、组织规模、组织基因等类生物属性,组织种群同样遵循资源竞争和互利共生等自然演化法则。

第一节   组织及组织特性

一、组织的内涵

组织是一系列社会关系的产物,同时也受到诸多社会关系的约束。社会性是组织最基本的特性。但根据研究目的的不同,组织通常被赋予其他一些不同的内涵。Aldrich(2008)认为,组织生态学研究所谓的组织是一个具有目标导向和维持边界的活动系统。目标是组织存在的前提,边界确定了组织动员资源的范围,活动是组织实现其目标的过程和途径。这一定义将组织视为一个连续的过程,有利于对组织变革和组织演化进行专门的研究。

组织生态学虽然借鉴了生态学中的理论逻辑和研究思路,但组织生态学所研究的社会组织具有与生物组织完全不同的特性。Carroll 和 Hannan(2000a)将这种区别概括为以下八个方面:一是社会组织设立和死亡的方式更多。例如,企业组织可通过分立的方式来设立新的组织,也可通过合并来使另一个组织消亡。二是与生物组织的有限寿命相比,某些正式的组织形式不一定走向消亡,可能永续存留下来。例如,很多企业组织能在其初创人员更替了若干代以后,仍然保持良好的发展势头和运行状态。三是社会组织往往缺乏清晰的门第(parentage)和来源。虽然有些组织可能会由同一个创业者设立,但大多数组织不是由门第内的组织自然繁殖的,而是由多种性质完全不同的投资者和发起者组建而成的。四是与生物组织的基因决定论不同,基因遗传不是社会组织形成的必要条件。五是正式的社会组织结构可进行多层面的、多部分的分解。研究者可根据需要将某一类型的社会组织分解为若干研究单元。例如,可根据创建地的不同,将企业组织分为本地企业和外地企业;还可根据经营方式的不同,将企业分为特许经营商、分公司、战略经营单位和公司内部部门等。六是社会组织种群内部存在着巨大的异质性。同一领域内的社会组织往往在组织规模、组织年龄、组织资源、组织形式和组织经验等方面存在着极大的差异,这些差异会影响到组织的竞争能力、成长速度和存活概率。七是社会组织具有改变自身和改变种群的能力;社会组织可以通过规模的增减、结构的改变或活动速度的调整来改变自身与环境的关系,以提高对环境的适应能力。八是社会组织所依赖的环境具有潜在的较高水平的内生性,即社会组织不仅受到环境的制约,而且会改变环境。技术和制度一方面能改变环境的容量,另一方面能改变同一环境容量下的组织存活数量。

二、组织的特性

对组织特性的理解取决于研究的目的。一般组织理论注重研究组织内部的集权与分权、协调与冲突、等级与幅度等表征组织运行效率的主题。为了突出组织种群的演化特性,组织生态学则主要研究组织年龄、组织规模、组织基因、组织柔性与组织惰性等生态化特征。

(一)组织年龄

组织年龄是指组织自设立之日起所经历的时间长度,它表明组织的存活过程。由于基于时间维度的单一的年龄含义不足以全面地反映组织所具有的社会性和竞争性,研究者还会从其他多个方面来界定组织年龄的内涵。例如,为了综合反映企业的经营状况及发展态势,可引入企业的商业年龄这一概念。企业的商业年龄是由企业的经营业绩决定的,它应该全面反映企业的发展速度、竞争能力、管理能力和经济效益等经营业绩方面的信息,与企业存活时间的长短没有必然的关系,且具有可逆性(韩福荣,徐艳梅,2002)。

将特定时期内同一产业内或同一区域内的组织年龄集合起来,就能显示特定组织的年龄分布。图2-1显示的是2002年英国78911家制造企业的年龄分布。由图可见,只有小部分企业的年龄能超过20年。

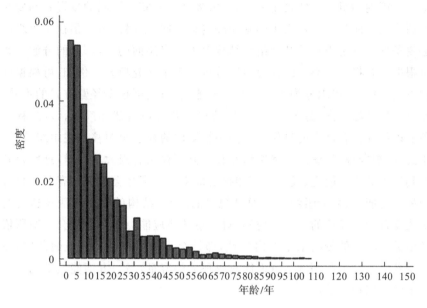

图 2-1　2002 年英国制造企业的年龄分布

资料来源：Hutchinson J，Konings J，Walsh P P，2010. The firm size distribution and inter-industry diversification[J]. Review of Industrial Organization,37(2):65-82.

但确实有一些企业基业长青，经久不衰。《跨越世纪的成功》一书指出，世界上最长寿的公司是日本大阪寺庙建筑企业金刚组，它成立于公元 578 年。欧洲最长寿的公司是法国的古拉尼公司，创建于公元 1000 年，经营葡萄园，现在拥有博物馆和蝴蝶农场。美国最长寿的公司建立于 1623 年，经营的业务是制作和销售打击乐器，产品包括铙钹和鼓槌。北京同仁堂创建于 1669 年。全球创建百年以上的著名企业还有瑞典的斯多拉公司（创建于 1288 年）、杜邦公司（创建于 1802 年）、花旗银行（创建于 1812 年）、宝洁公司（创建于 1837 年）、西门子公司（创建于 1853 年）、柯达公司（创建于 1880 年）、奔驰汽车公司（创建于 1883 年）、可口可乐公司（创建于 1886 年）、强生公司（创建于 1886 年）、通用电气（创建于 1887 年）、通用汽车（创建于 1892 年）、3M 公司（创建于 1902 年）、福特汽车公司（创建于 1903 年）、IBM 公司（创建于 1911 年）等。

组织年龄是影响组织成长和组织变革的重要因素。年龄较大的组织会通过长期的演化过程而在组织内部形成明确的分工体系和例行的组织惯例，在组织之间构筑稳定的业务合作平台和知识分享机制，有利于其竞争优势的维持；但高龄组织对惯例和程序的过分依赖又会阻碍其对环境变革做出合理的反应。因此，组织年龄对组织竞争力和存活力具有非线性的影响，行业特性和环境特性是重要的调节变量。

(二)组织规模

组织规模(organizational size)的概念具有相对性和多义性。一般来说,可从要素、能力和影响范围等方面来分析组织规模的大小。对同一产业内的企业组织而言,可用场地大小、雇员人数、资产与设备、生产能力、分支机构、销售额、利润、市场占有率等指标来衡量其绝对规模和相对规模。

在不同的组织寿命周期阶段,组织的成长率具有很大的差异性,因此,组织规模会随着组织年龄的变化而变化。Cabral 和 Mata(2003)以及 Hutchinson等(2010)的研究表明,在特定的年龄段内,组织规模服从正态分布。随着组织年龄的增加,组织规模的正态分布曲线会向右移动。也就是说,随着组织年龄的增长,组织的平均规模扩大,组织之间的规模差异也会扩大,如图 2-2 所示。

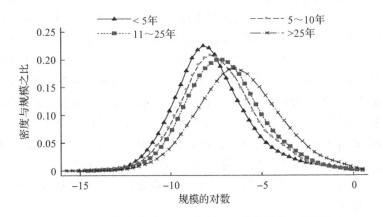

图 2-2　2002 年比利时 21697 家制造企业的年龄—规模分布

资料来源:Hutchinson J, Konings J, Walsh P P, 2010. The firm size distribution and inter-industry diversification[J]. Review of Industrial Organization,37(2):65-82.

组织规模与组织结构之间存在着互动关系。企业组织规模大小的变化将引起组织结构的变化。当组织规模增大时,组织的专业化程度、工作地的空间距离、新的部门、管理层次、管理幅度等都将以递减的速度提升或增加。而Aldrich(2008)则认为,组织结构的变化也会引起组织规模的变化,小规模的组织倾向于横向发展,而大规模的组织则多选择纵向发展。

另一个与组织规模相关的概念是组织复杂性(organizational complexity),组织复杂性是指组织内部细分化的程度,即由劳动分工、管理层次、空间分割所决定的组织部件的数量的多少。霍尔(2003)认为,影响组织复杂性的三个基本要素是水平差别因素、垂直差别因素和空间分割因素。组织规模也会对管理强度(administrative intensity)产生影响。帕金森定律(Parkinson's law)说明,当组织规模增大时,管理和参谋人员会以更高的比例增加。

随着知识和技术外溢效应的加强,组织获得要素和资源的范围越来越广。

全球经济一体化程度的提高更为企业组织通过并购而迅速扩大规模提供了便利的条件。与此同时,组织所面临的竞争环境也空前复杂,固化的组织规模既不利于组织利用专业化分工的优势,也不利于组织规避动荡环境所带来的经营风险,而基于网络的无界限组织和战略联盟则能将大量小规模的专业化组织集合为一个规模巨大的虚拟企业(virtual enterprise)。在网络经济条件下,单纯地用组织雇员数量、资产总额或生产能力来衡量组织规模已经不够全面。一些原来要素规模很大的企业,通过将设计、采购、生产、营销、物流和服务等环节外包(outsourcing)给特定的提供商,也能在缩减要素规模的条件下实现经济规模的扩大。

波音 787 飞机制造中的业务外包就是一个很好的例证。2009 年 12 月 15 日,波音 787 飞机试飞成功。在波音 787 项目上,波音首次采取了全球供应链的战略,除了自己的工厂,波音只面对全球 23 个一级供应商。核心供应商数量与过去相比大为减少,但整体外包合作商的数量大幅增加。在 20 世纪 50 年代,波音 707 飞机只有约 2% 的零件是在美国以外生产的,而波音 787 飞机是波音公司在全球外包生产程度最高的机型。为了减少投资和降低成本,波音还史无前例地将 787 的部分设计和机身制造进行外包。按价格计算,波音公司本身只负责生产大约 10% 的垂直尾翼和最后组装,其余零部件是由 40 家合作伙伴提供的,机翼是在日本生产的,碳复合材料机身是在意大利和美国其他地方生产的,起落架是在法国生产的。与此同时,波音公司的雇员人数由 2001 年的 18.80 万人减少到 2009 年的 15.71 万人。波音公司正从飞机制造公司向"系统组装公司"转变。

(三)组织基因

最早提出组织遗传基因(organizational DNA)概念的是电脑专家艾伦·凯(Alan Kay),他曾经是苹果电脑研发的主力战将,后被聘为迪士尼公司的"幻想工程师"。肯·巴斯金(Ken Baskin)则在《公司 DNA:来自生物的启示》一书中更详尽地论述了组织的 DNA 问题。一般认为,组织的遗传基因是指组织赖以生存的组织愿景和组织价值,它表现为特定的组织文化和组织精神。

组织基因需要特定的组织遗传物来传承。Nelson 和 Winter(1982)在《经济变化的演化理论》一书中提出了组织惯例(organizational routines)的概念。他们认为,组织惯例在组织演变过程中扮演的角色,相当于基因在生物进化过程中所起的作用,一旦形成,往往比较持久,而且可以遗传,不会随着环境的改变而轻易地变化。他们还将组织惯例分为三种类型:决定企业运作特性的短期程序、企业进行投资决策的程序以及随着时间的推移用以调整短期程序的企业运作程序。正像 DNA 分子的物种特性由四个核苷酸的序列决定一样,组织DNA 的四个要素是结构、决定权、动力和信息,它们通过多种组合方法,形成了组织的独特性。

组织的创建者和领导者对组织基因的形成起着关键的作用。他们构造了组织的结构,设计了组织的产品、服务和商号,定义了组织的价值体系和相关政策。他们还能通过具体的组织管理行为来识别和强化组织的价值提升行为。但组织的核心价值和组织哲学最终要通过组织雇员的具体行为体现出来,并对供应商、消费者以及其他利益相关者产生直接的影响。组织基因可以维持组织的稳定性,它使组织不因其创立者的离去而偏离现有的轨道,不因微小的环境波动而改变既定的价值目标。在组织种群中,基因明确的组织具有稳定的产品和服务取向、固定的资源利用方式以及始终一致的竞争策略。组织基因是组织结构惰性形成的重要基础。

(四)组织柔性与组织惰性

在动态和高度不确定性的环境中,组织柔性是组织获得生存和发展的重要能力特征。组织柔性是组织通过改变其内部的资源组合、结构特征、管理流程以及反应方式,以尽可能快的速度和尽可能低的成本来满足环境中多变需求的能力。对组织柔性的研究也在随着环境的变化而演进。早期对于柔性的研究主要是关注生产和制造柔性,后来研究者们将柔性研究的焦点逐渐转移至战略层次和其他职能层面,包括研发、组织结构、人力资源管理和营销等职能柔性。近年来,柔性研究越来越关注组织的系统柔性(徐健,2006)。

组织惰性是指组织在适应环境的过程中保持其基本的要素特征、结构特征和管理特征,并对环境变化做出选择性响应的能力。组织惰性来自组织的遗传基因,受到组织战略稳定性和长期性的影响,也受到组织技术结构的制约。组织惰性与组织柔性并不对立,组织惰性是组织柔性的基础。组织柔性的实现需要可集成的技术结构、可重构的生产单元和具有高度责任心与多种能力特征的组织雇员,只有通过这三类具有适度惰性的要素的紧密结合,组织柔性才能发挥最佳的整体效益。也就是说,只有那些保持核心资源和核心优势不变的组织,才能用最有效率的方式对有限的环境变化做出适度的反应。组织柔性和组织惰性直接影响组织对环境的反应方式和反应程度,对组织成长和组织存活具有重要的影响。

三、组织形式

组织具有各种各样的存在形态。既有企业组织,也有社会志愿组织、政治运动组织和公共管理组织等。组织形式(organizational form)是组织类型的某些抽象特征。现代组织社会学的创始人 Weber(1968)概括了官僚组织中理性—合法(rational-legal)组织形式的特征。他用组织职权、组织程序和雇佣关系等来定义组织的形式,以便将法理型组织形式跟与克里斯玛型权威相适应的神秘主义组织形式、与传统型权威相适应的传统的组织形式等其他官僚组织形式区别开来。根据特定的组织形式来进行研究,一方面可以将纷繁复杂的组织世界进行分类,以清晰地体现组织的多样性和独特性;另一方面可以将不同历史时期和不同空间范围内的组织置于同一个研究视角,有利于总结组织演化的一般规律。

研究者可根据研究需要,从不同的维度对组织形式进行定义。最常见的是从组织特征来定义组织形式。在这一定义框架下,研究者将组织特征分为核心特征和外围特征两类,且将核心特征相同的组织定义为一种特定的组织形式。但组织生态学家 Hannan 和 Freeman(1986)认为,组织形式应从其社会边界(social boundaries)的清晰度和强度来进行定义。社会网络联结、组织之间的人员流动、技术的非连续性等因素对组织社会边界的形成和再造至关重要,当这些过程的作用非常强烈时,不同的组织就能形成某种特定的组织形式。这一定义框架更加强调组织之间的社会网络关系。

与其他组织理论相比,组织生态学对组织形式概念的运用还具有两个显著的特点:一是组织生态学所谓的组织形式是一组具有选择优势(selection-favored)的组织特征的集合。一种新的组织形式的出现总是意味着这种形式的组织具有更强的环境适应性,例如最近十多年兴起的网络组织形式(network form)。二是组织生态学重视对组织构造(organizational architectures)的研究。组织构造与组织形式具有不同的意义。同一组织形式内的组织可能具有不同的组织构造。例如,波音飞机公司在保留系统集成和组装的基础上,将大部分飞机制造业务外包给了其他设计和制造企业;但空中客车公司就保留了更多的设计和生产环节,并习惯于跟其他飞机制造商组建合资企业来生产飞机零部件。因此,与波音公司相比,空中客车公司的组织构造要复杂得多。组织构造之所以重要,是因为很多组织可以在不改变其本质特征的条件下,仅仅通过改变组织构造就适应组织环境的变化。这种组织核心特征的惰性和组织外围特征的可变性正是组织生态学研究组织变革的基本逻辑基础。

第二节　组织环境

环境(environment)是指某一特定组织或组织种群以外的空间,以及直接、间接影响该组织或组织种群生存和发展的一切事物的总和。组织环境由许多要素构成,这些环境要素被称为环境因子(environmental factors)。环境因子可分为条件(conditions)和资源(resources)两类:不可消耗的称为条件,如组织所在地区的社会经济发展水平、文化特征以及政府规制等;可被消耗的称为资源,如人力、技术、资金等。其中,资源、政治力量、技术和种族特性是影响组织种群演化的最重要的环境因素。

组织和组织种群的环境既是组织获取生存和发展资源的场所,又是组织必须面临的选择压力的来源。组织生态学认为,环境是推动组织变革的重要力量。在环境的压力下,选择过程就会发生。只有那些适合环境的组织、结构和活动才会被选择出来。

环境对组织演化的影响会通过环境印记(environmental imprinting)发生作用。环境印记是指发生在组织某一特定发展阶段的事件会对组织的后续发展乃至组织的整个生命周期产生影响。也就是说,特定时刻的环境特征会映射在组织的结构上,并对组织的发展和存活产生影响。组织设立时的环境印记对组织演化的影响最为明显。Stinchcombe(1965)在产业层面检验了雇佣关系的印记过程。他发现,在不同的世纪形成的产业发展到今天还存在它们在产业形成时期的某些特征。例如,在那些形成于 19 世纪末 20 世纪初组织革命(organizational revolution)后的产业中,管理人员的比例比那些在此之前形成的产业要高得多。

一、组织环境的维度

环境维度用来描述资源在环境中的分布状况。不同的环境维度意味着不同的组织结构和组织活动。Aldrich(2008)认为,与选择过程相关的环境维度可概括为六个方面。

(一)环境容量

环境容量(environment capacity)是指组织在环境中的资源可得性,它决定了组织经营领域的扩张范围。环境容量有丰裕和贫瘠之分。丰裕的环境容量能使组织获得更多的资源,但也会吸引更多的组织进入。在贫瘠的环境容量中,组织之间更易形成割喉式竞争,但也有利于提高资源的使用效率。在贫瘠的环境容量里,组织要么向丰裕的环境里迁移,要么发展出更有效率的结构,比如改善运营活动、与其他组织合并、通过实施专业化战略而将自己置身于一种受保护的亚环境之中。

环境容量决定了组织种群的规模大小。假设组织的规模一致、环境资源恒定,且新组织的设立很容易(如饭店和限价商店),那么组织种群的成长就可用以下 Logistic 方程来描述:

$$\frac{\mathrm{d}x}{\mathrm{d}t} = ax - bx^2 \tag{2-1}$$

式中,x 是在特定时点的组织数量,a 是组织种群在没有资源约束条件下的内禀增长率(intrinsic rate of increase),b 是种群间竞争的抑制效应,$\frac{a}{b}$ 是组织规模不变条件下的环境容量，$\dfrac{\mathrm{d}x}{\mathrm{d}t}$ 是单位时间内新增的组织数量。

式（2-1）表明，在开始阶段，组织种群的成长速度很快，但随着与环境容量上限的接近，组织种群的成长速度就会降下来，并进入一个稳定的状态，如图 2-3 所示。当组织种群的成长进入稳定状态后，环境容量可能会因为发现了新的资源或者对现有资源进行回收而扩大，也可能因为资源的不可置换和不可再生而降低；组织种群内组织的平均规模既可能因为某些组织被淘汰出局而扩大，也可能因技术创新、产品分割而缩小。

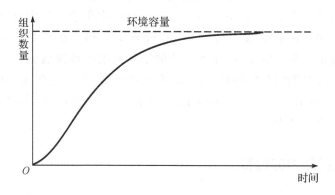

图 2-3　组织规模一致、环境资源恒定条件下的组织种群成长速度

（二）环境同质性—异质性

环境的同质性—异质性（environmental homogeneity-heterogeneity）是指组织种群面临的各种要素的相似程度和差异程度。同质化的环境有利于组织种群之间通过标准化的方式来建立联系，组织之间更易形成无差别的产品或服务；异质化的环境则会加剧组织内部的冲突。

环境的同质性—异质性维度可用来理解组织种群的多样性。竞争排除原理表明，只有当两种组织形式的种群依赖于不同的资源，或者有其他因素限制它们之间的竞争时，它们才可能共存于同一个环境中。法律、制度和规则是限制竞争和新组织设立的主要因素。显然，组织种群的多样性受到环境异质性的制约。随着制度趋同化趋势的加强，组织种群的多样性逐渐减弱。

（三）环境稳定性—易变性

环境稳定性—易变性（environmental stability-instability）描述的是环境要素的变化程度。稳定的环境意味着组织可以发展固定的惯例来处理环境中的问题，相对正式的组织结构更容易被环境选择出来。组织在稳定的环境中留存的时间越长，组织成员从环境中学习到的经验就越多。因此，在稳定的环境中，老组织比新组织具有更大的优势。相反，当环境由稳定变为不稳定时，老组织的内部惯例往往会成为其组织变革的障碍，而新组织对变革的环境具有更强的适应能力。环境的稳定性也能影响组织规模的分布。在一个长期稳定的环境中,组织种群会通过充分竞争而形成组织数量较少、组织平均规模较大的格局。而在一个多变的环境中,组织更容易通过缩减规模的方式来应对环境的挑战。

(四)环境集中度—分散度

环境集中度—分散度(environmental concentration-dispersion)描述的是环境资源在环境范围内是均匀分布的还是集中在某些特定的区域。如果资源是随机分布的,则组织学习就很难形成;如果环境资源集中在某些特定的单元,组织就可以据此设计出它的区位选择战略。在资源集中的环境中,组织位置在环境选择过程中的意义更加重要。例如,大都市里的零售商必须精心地选择商店的位置,以尽可能多地吸引那些分散的人群;在欧美等发达国家和地区中,社会经济团体在城市和乡村之间的地理分布的改变也引起了商店位置的改变。高收入的消费者从城市中分流出来,在乡村里重新集中。与此相适应,一些商家追随这部分人口也来到了更加富裕的乡村,而另一部分商家则留在了位于城市中心区域的购物中心。购物中心通过扩大购物通道而集中了大多数人群。从顾客的角度来看,购物中心是在一个最容易到达的地方集中了最基本的零售商和服务商。

(五)领域认可—领域排斥

领域认可—领域排斥(domain consensus-dissensus)是指一个组织对某一特定领域的声明被包括政府代理者在内的其他组织认可抑或争议的程度。这一概念主要与非营利组织和政府服务部门有关,因为商业组织一般会在同一个领域内展开大范围的竞争。为了占领一个领域,一个组织总是试图通过实施差异化战略来将其与目标相同的其他组织区别开来。但一个组织要有效地获取资源,除了发现一个它具有竞争优势的生态位,还要从政府和优势组织同盟等关键的社会控制机构那里获得合法性。领域认可的获得包括谈判、调解、承诺和冲突等过程。

商业活动中的领域防御现象会在各种层面上发生。在国家层面上,要想在管制行业里获得开发资源的机会,就必须获得管制当局的许可;在国际层面上,要想进入别国的市场也要获得东道国的许可,符合相关的国际条约并与东道国的文化以及习俗相容。在世界经济一体化背景下,很难通过各种显性的贸易保护政策来构筑本国企业的商业领域,但根植在一个国家和地区的商业文化和商业习惯却能对外来企业产生强烈的排斥作用。

例如,当肯德基炸鸡(KFC)和通用汽车(GM)正在中国不断刷新销售纪录时,同样来自美国的、全球销售额居前的电器零售商——百思买(Best Buy),却不得不在进军中国市场5年之后狼狈地撤退。从2011年2月开始,百思买关闭了其在中国的全部9家商店和设在上海的零售总部。分析人员表示,百思买在中国市场上斩获的份额不到 1%，难以与更灵活、更咄咄逼人的本土竞争对手竞争。百思买在美国成功运用的商业模式——在营销中提供比竞争对手更好的服务，在中国遭遇了"水土不服"。百思买曾相信，它可以通过提供优质服务与良好的购物体验来夺得中国市场的份额。但是，左右中国消费者购买决策的是价格，而非服务。百思买的门店策略也与中国本土习惯不符。中国零售商通常按领先品牌（而非种类）陈列电器及其他大件商品；销售人员通常为制造商（而非零售商）工作。美英家居建材零售商家得宝（Home Depot）与翠丰集团（Kingfisher）的西式销售模式在中国也遭遇了瓶颈。与此形成对比的是，中国消费者更青睐沃尔玛（Walmart）、麦德龙（Metro）等国际零售商经营的现代超市与折扣店。

（六）环境扰动

环境扰动（environmental turbulence）是指环境互联的增多对环境产生干扰的程度（Emery，Trist，1965；Terreberry，1968）。一方面，随着环境容量的扩大，组织种群中的组织数量和组织形式的数量都会增多，组织规模和组织多样性可能同时增加。组织之间的互联关系数会随着组织数量的增多而呈指数化的增长趋势。这使得组织之间的竞争和合作关系异常复杂。另一方面，便利的通信条件、发达的运输系统、组织专业化程度的提高和分工关系的加强等因素都在客观上强化了组织之间的互联关系。组织之间的空间互联关系会因运输成本的降低而更加紧密，制度互联关系会因市场的融合而逐步加强。

二、组织环境的类型

将上述六个维度进行组合，就可以得到多种不同的类型。Emery 和 Trist（1965）用稳定性、集中度和扰动这三个维度构建了一个环境分析体系，用以说明环境中资源的分布对某些特定的组织结构和组织活动的有利影响。他们将环境分为以下四种类型，在不同的环境类型中，环境的复杂性和组织的复杂性都渐次提高。

（一）平稳随机型

平稳随机型（placid-randomized）是最简单的环境类型。在这种环境中，组织需要的各种资源按照不变的概率随机分布，组织不会改变目标。组织之间的特性和战略没有区别，组织的规模也很小。如果环境容量很小，则大规模的组织更易得到环境的选择，因为它们更能承受组织环境的随机扰动。稳定的环境不需要组织做出长远的战略规划，简单有效的战术行动更能适应环境的选择。

（二）平稳集聚型

在平稳集聚型（placid-clustered）环境下，资源的状态是连续的、可预测的。

但组织的目标不是随机的,它们会按照一定的方式聚集在一起。由于资源不是随机分布的,因此组织需要设计明确的战略规划来谋求资源优势。随着环境复杂性的增加,组织的复杂性也相应增加,组织规模日益扩大,中央集权和协调的重要性日益突出。

(三)干扰—反应型

干扰—反应型(disturbed-reactive)环境的动态性比平稳聚集型环境要强。在这一聚集的环境中,存在着多个具有相同类型的组织系统,某一组织的目标可能与其他类似组织的目标是完全相同的。这将迫使竞争者通过阻止其对手来获得自己的机会。因此,具有合理反应速度和行动能力的组织更能得到环境的选择。此时,组织分权和组织创新就变得非常重要。

(四)动荡型

动荡型(turbulent)环境的动态性是最高的。环境的动态性来自两个方面:第一,组织系统内的所有组织都在采取行动,组织之间的随机性互联关系骤然增多;第二,组织环境的基础发生了改变,环境的治理规则也随着环境不确定性的增大而发生了变化。在此环境中,个体组织无论其规模大小,都无法只通过组织之间的直接互联来适应环境,而必须具备强大的应对环境的能力。那些能有效地实施环境监测、环境扫描和建立有效的信息处理系统的组织更能获得环境的选择。

第三节　组织种群的特征

一、组织种群的概念

组织种群(organizational population)是组织生态学的重要概念之一,特指在一定时空中同种个体组织的组合。Hannan 和 Freeman(1977)认为,组织种群是组织形式在时间和空间维度上的体现;Carroll 和 Hannan(2000a)也认为,组织种群是具有共同形式的组织的集合。

但 Geroski(2001)认为,种群是组织的集合,这些组织具有相似的环境依存程度,对特定资源的共同依赖限制了它们的活动范围,并形成了它们的结构。这一概念是根据组织利用资源的类型和方式,而不是从组织的业务类型来定义的。在这一标准下,两个看起来相似和从事相同任务的组织,如果其资源需要不同,则可能属于不同的种群。例如,即使都属于零售业,图书零售商亚马逊公司(Amazon)和百货零售商沃尔玛(Walmart)就属于不同的组织种群。

二、组织种群的分类

组织种群是一种特殊组合,具有独特的性质、结构和机能,有自动调节大小的能力。组织种群的概念既有抽象性,又有具体性。例如,抽象的企业种群可泛指某一个特定的行业;具体的企业种群则特指时空约束下的某一个行业。确定和区分组织种群的方法主要有两种。第一种方法是根据各个组织的目标、战略和结构等方面的信息来确定(Hannan,Freeman,1977,1984);第二种方法是根据产生和消除社会界限的社会过程方面的信息来确定。这些过程包括技术改变、集体行动、合法性、个人在组织之间的机动性等。但由于界定组织形式和组织种群的特征边界非常困难,因此很多研究就利用常规产业分类来定义组织种群,如汽车制造商(Hannan et al.,1995)、艺术博物馆、审计事务所、银行(Barnett,Hansen,1996;Lomi,2000)、投资银行(Park,Podolny,2000)、报业(Carroll,1987;Dobrev et al..,2001)、半导体制造商(Podolny et al.,1996)、交响乐队(Allmendinger,Hackman,1996)和电视台(Sørensen,1999)等。

还有一些组织种群与产业中的生态位相对应,如产业中的特定分支行业。这些被研究到的分支产业种群包括棒球队(Land,Lee,1994)、小型酿酒商和小酒馆(Carroll,Swaminathan,2000)、生物工艺公司(Sørensen,Stuart,2000)、手工业者劳动工会(Hannan,Freeman,1989)、信用联合会(Barron et al.,1994)、种族报纸业(Olzak,West,1991)和农场葡萄酒酿造商(Swaminathan,1995)。但也有一些组织种群与常规的产业分类无关,它们或者是几个产业分类的交叉,或者不隶属于任何一个产业分类,如社会运动组织(Minkoff,1999;Olzak,Uhrig,2001)和工人合作社(Ingram,Simons,2000)。

组织种群与产业集群具有很大的概念差异。19世纪末,马歇尔从小企业群的角度提出了产业集群的理论。在他看来,产业集群有利于技能、信息、技术诀窍和新思想在集群内企业之间的传播和应用。Schmitz(1995)受意大利产业区鞋业产业群启发,在研究发展中国家的产业集群及其竞争优势和发展规律时,将产业集群定义为在地理和部门中集中的企业组群,组群之间的企业存在着范围广泛的劳动分工,并拥有参与本地市场竞争所必须具备的、范围广泛的专业化创新能力。波特的定义具有更强的代表性,他认为产业集群是在某一特定域内相互联系的、在地理位置上集中的公司和机构的集合。由此可见,产业集群内的企业组织可能在资源利用和产品或服务市场上具有极大的异质性,而组织种群内部的企业则是同质的。

组织种群与自然种群的相同之处在于,两者都是基于对资源和环境的共同依赖来定义的。但两者之间的区别很大。最重要的一点是,大多数自然种群的成员不具有战略性行为,因此,自然种群对资源的竞争可用相对简单的模型来描述;此外,与经济学理论相比,组织生态学理论具有更强的动态性。组织生态学家对引致均衡的过程很感兴趣,对均衡分析工具则不太关注。

组织种群是组织在社会经济系统中存在的基本单位。因为组成组织种群的个体组织是随着时间的推移而死亡和消失的,又不断通过新生个体的补充而持续。因此,组织种群既是一个演化单位,又是组织群落的基本组成单位。

三、组织种群的特征

组织种群虽然是由个体组成的,但组织种群具有个体所不具有的特征。如个体组织可以用设立、死亡、年龄、生命周期阶段来描述,但种群组织只能用这些特征的相应统计值来描述,如设立率、死亡率、年龄结构、平均寿命等。除此之外,组织种群作为一个更高的研究层次,还具有密度、扩散、集聚和数量动态等特征。概括来说,组织种群有空间特征、时间特征和数量特征。

(一)组织种群的空间特征

组织种群的空间特征是指组织种群内的组织在空间上的分布状况以及这种空间分布状况的演化趋势。组织种群的空间特征在很大程度上是由组织种群环境的空间特征决定的。不同的空间条件意味着不同的资源禀赋和竞争状况,因此组织种群的空间分布状况影响到组织种群的成长速度和存活概率,也影响到组织生态系统的稳定性。

组织种群的空间位置决定了组织种群内部种群密度和生态位重叠度的作用边界,也决定了组织制度环境的差异性。例如,Lomi(1995b)分析了区域依赖度及异质性对农业银行设立速度的影响,借此比较意大利13个地区在1964—1988年的银行分布状况。他的研究发现,银行种群的地理区域空间结构会影响到种群的演化。

组织种群具有明显的空间过程。空间过程研究组织种群沿时序轴的空间发生、发展、扩散和演替过程,包括空间增长和空间演替两个方面。空间增长侧重研究组织种群生态空间的快速变化过程,如帕克对社区生态过程的研究等;空间演替侧重研究在一个长期变化过程中,组织种群空间在特定生境中沿时序轴形成的演替系列。

不同的组织种群之间具有空间联系,它们表现为竞争与共生、吸引与排斥、供给与需求等关系,这些关系通过各种可见与不可见的网络相互作用,包括空间场、空间网络、空间竞争与共生等三方面的内容。这方面的典型理论是洛特卡(Lotka)的种群空间竞争理论。

(二)组织种群的时间特征

组织种群的时间特性是指在选择压力的作用下,组织种群密度、组织规模分布、种群年龄结构等组织种群内部因素随着时间的变化而不断变化的过程。组织种群的生命周期过程是组织种群时间特性的重要体现。完整的组织种群生命周期包括引入期、成长期、成熟期、衰退期等阶段,在不同的生命周期阶段,组织种群内部的组织设立率、组织成长率和组织死亡率大不相同,组织学习和组织创新的能力和方式也有很大差别。

(三)组织种群的数量特征

组织种群密度是组织种群最基本的数量特征。组织种群密度指单位面积或单位空间内同一组织种群内的组织数量。影响组织种群密度的两个参数分别是组织设立率和组织死亡率。组织种群内组织密度太小会降低资源的集约利用程度,不利于组织之间的知识外溢,并会提高投资者和求职者的搜寻成本。

第四节　组织种群动态

组织种群动态理论主要研究组织种群在数量和空间上的变动规律。主要内容包括组织种群的数量、密度、分布、扩散迁移和种群调节。研究影响组织种群数量和分布的组织生态因素具有重要的价值。例如,可以确定特定区域内某类企业的合理数量,分析同一类型的企业组织在不同区域的合理分布,确定产业转移的数量和转移方式以及产业保护的条件和程度等。

一、组织种群的密度

衡量组织种群大小的最常用指标是密度(density)。密度是最重要的组织种群参数之一。密度部分地决定着组织种群的价值流、资源的可利用性、种群内部竞争压力的大小以及种群的散布和种群的生产力。组织种群密度通常以单位面积(或空间)上的组织个体数目来表示,由此形成的组织种群密度称为组织种群的原始密度(crude density)。与生物组织不同的是,社会经济组织具有很大的流动性,同一组织种群内的个体在规模和能力等方面具有极大的差异,因此需要衡量组织的相对密度(relative density)。例如,可用单位区域内企业的平均产值规模来衡量区域内的相对企业密度。显然,在一个企业数量虽多但企业平均规模很小的生境中展开的竞争,并不一定比在一个企业数量虽少但企业平均规模很大的生境中展开的竞争更加激烈。

组织种群的密度会随着组织所在地的社会经济条件、自然条件、技术条件和其他因素的不同而发生很大的变化。就企业组织而言,企业种群密度的上限是由个体企业规模的大小、企业所在地生产要素的供给状况以及市场容量的大小等因素共同决定的。

二、组织种群的分布

组成组织种群的个体组织在其生存空间中的位置状态或布局,称为组织种群空间格局(spatial pattern)或内分布型(internal distribution pattern)。组织种群大体上有两种分布类型,即随机分布和集群分布。

(一)随机分布

如果每个组织个体的位置不受其他个体分布的影响,那么由此而形成的分布格局就称为随机分布(random distribution)。随机分布是罕见的。只有当环境均一、资源平均分配而且组织种群内组织间的相互作用并不导致任何形式的吸引和排斥时,才可能出现随机分布。Arthur(1994)认为,产业的空间模式是由偶然性(小的随机事件)和必然性(聚集经济)共同决定的。在早期阶段,每个地区起初处于同等发展水平,经过一段时期的演化调整之后,某个地区在偶然事件的影响下取得产业的领先位置,由于企业聚集给该地区带来了额外的优势,在越过区位门槛(同一地区的组织种群密度达到必要的数量)之后,领先地区逐渐变得更具吸引力,潜在企业的定位概率开始依赖于各地区企业数量的比重,产业的空间模式最终趋于稳定。

另外一种演化经济学的分析框架——定位机会窗口模型(WLO model),则将一个产业的空间演化分为两个阶段。在第一个阶段,地区差距对企业定位的影响相当有限,定位机会的窗口对所有地区都是敞开的,企业不可能从专业化供应商和熟练劳动力市场中受益。在第二个阶段,企业开始受益于地方专业化经济的外部性,随着产业逐渐成熟,企业的定位决策变得更具特异性,定位机会的窗口随之关闭,只有那些可以提供必要的企业集中度的地区才能具备持久吸引力(王剑,徐康宁,2004)。

(二)集群分布

集群分布(clumped distribution)是最普通的分布方式。这种分布方式是组织对环境差异发生反应的结果,同时也受自然、经济、社会、技术条件的影响。集群分布又可分为核心分布型和负二项分布型。

1.核心分布型

其特征是分布不均匀,组织个体形成很多小集团或核心,核心之间的关系是随机的。企业集团组织的集群分布形式往往具备核心分布型特征。集团的核心企业是由几个大企业按照专业化协作和规模经济的要求联合组成的。并以这几家大企业的系列产品为龙头,各自向外辐射,分别连接众多成员企业,形成多核心辐射型空间结构。在这种空间结构中,几家主导的大型企业是集团的极核点,各极核点分别连接成员企业,形成核心层、紧密层及松散层等空间结构层次。

浙江温岭的水泵企业种群就属于这种分布模式(朱磊,2002)。温岭的水泵企业可划分为三个层次:第一层次为大型成品生产企业。第二层次为小型成品生产企业,这类企业在市场需求量较大时,生产水泵成品;在市场需求量较小时,转而从事水泵零配件的生产。第三层次为零配件生产企业。从联系方式分析,每家大型成品生产企业分别连接众多的零配件生产企业,从而形成多核辐射型空间组织。在市场需求较为旺盛时,零配件企业也为小型成品生产企业提供配套。当市场需求低迷时,小型成品生产企业会转而生产水泵零配件,与几家主要的大型企业建立生产协作。

2.负二项分布型(嵌纹分布)

其特征是个体分布疏密相嵌,很不均匀。以市场联系为基础的产业集群最易形成负二项分布型组织空间模式。在此模式下,企业种群内的组成企业存在紧密的协作关系,但企业间不存在严格的等级划分,彼此不直接发生联系,而是通过中间者——专业市场——进行生产过程的物质交换和信息反馈,联结不同工序的生产企业,形成市场辐射型空间组织模式。温岭的鞋类企业群落属于这种组织模式。一般而言,鞋类生产大致要经过下料、担接、踏帮、验收、注塑、质检、包装等若干工序,单一企业往往只从事其中的某些过程。因此从整个生产系统的协调运作出发,不同工序企业间应当建立较为紧密的联系。但温岭的鞋类企业之间并不存在直接的关联,而是通过中间者——位于横峰的台州鞋革市场——进行原料、半成品、成品交换和信息交流。市场是整个生产过程的组织者,其作用主要体现信息与协调。

引起组织种群聚集分布的原因是多方面的。其中,产业地理聚集的引力有以下三个方面(高飞,2002)。

第一,自然优势聚集力(natural advantage agglomeration forces)。自然优势聚集力是产业地理集中的基本作用力之一。自然优势的含义相当广泛,它不但包括自然资源和自然环境单个方面的优势,还包括两者的组合优势以及自然形成的社会经济资源优势。埃利森(Ellison)和格莱泽(Glaeser)通过对美国产业聚集的实证分析认为,自然优势聚集力可以解释20%左右的产业聚集现象。自然优势可以说明种植业、酿酒业、食品制造加工业、旅游业、交通运输业、造船业、采掘业与冶炼业等原材料产业的聚集现象。

第二,外溢聚集力。这里的外溢是区位外溢,是指某一厂商的建成将降低其他厂商的成本或提高它们的竞争力的现象,包括物理外溢(比如一家厂商的建成降低了第二家厂商的运输成本)和智力外溢。智力外溢可以较好地解释高科技产业大量聚集于大学或研究机构附近的现象,如硅谷型聚集等。物理外溢在传统产业尤其是传统制造业中较普遍存在。

第三,人文凝聚力。人文环境不但是企业生存发展的基础资源,而且是一个区域经济发展的重要因素。如在全世界华人移居的地方都能形成有活力的华人经济区,美国的唐人街就是最典型的例子。这种聚集的基本动力就来自传统人文环境的吸引力。以血缘、亲缘、地缘为主要纽带聚集在我国的南方沿海地区,如浙江、福建、广东等的情况也很普遍,其中以家族团体(血缘、亲缘)为基础发展起来的簇群占主体。这种簇群产生的动力就是人文关系,系统赖以运行的基本因素是信任和承诺。

三、组织种群统计学

组织种群具有个体所不具备的各种群体特征,这些特征多为统计指标,大体上可分为三类:①基本特征指标——组织种群密度;②影响组织种群密度变化的指标——设立率和死亡率,可称为初级参数;③从这些特征导出的次级参数,如年龄分布(age distribution)和种群增长率等。组织种群统计学(organizational population demography)主要研究组织种群的设立率、死亡率、规模结构、年龄结构等特征。

(一)组织种群的设立率和死亡率

1.组织设立率

组织设立率是指组织种群中单位时间内新设组织与原有组织的比率。与设立率相近的概念是组织进入率,即现有组织对新市场的进入。通常需要利用特定的指标来衡量组织进入的程度。Dunne 等(1988)在研究美国制造业公司的进入率和退出率时使用了如下指标:设 $\mathrm{NE}_i(t)$ 为在年度 $t-1$ 和年度 t 之间进入产业 i 的公司数量;$\mathrm{NT}_i(t)$ 为年度 t 内产业 i 的公司总数,包括 $\mathrm{NE}_i(t)$;$\mathrm{NX}_i(t-1)$ 为在年度 $t-1$ 和年度 t 之间退出产业 i 的公司数量;$\mathrm{QE}_i(t)$ 为年度 t 内新进入产业 i 所有公司的总产出;$\mathrm{QT}_i(t)$ 为年度 t 内产业 i 所有公司的总产出;$\mathrm{QX}_i(t-1)$ 为在年度 $t-1$ 与年度 t 之间所有退出产业 i 的公司在年度 $t-1$ 的总产出。利用这些变量,就可将产业 i 在年度 $t-1$ 与年度 t 之间的进入率 $\mathrm{ER}_i(t)$ 和退出率 $\mathrm{XR}_i(t-1)$ 定义为:

$$\mathrm{ER}_i(t) = \mathrm{NE}_i(t)/\mathrm{NT}_i(t-1) \tag{2-2}$$

$$\mathrm{XR}_i(t-1) = \mathrm{NX}_I(t-1)/\mathrm{NT}_i(t-1) \tag{2-3}$$

由于进入和退出的公司一般规模较小,公司进入和退出就会影响到产业的产出分布。将进入和退出的公司在年度 $t-1$ 与年度 t 之间所占的市场份额分别定义为:

$$\mathrm{ESH}_i(t) = \mathrm{QE}_i(t)/\mathrm{QT}_i(t) \tag{2-4}$$

$$\mathrm{XSH}_i(t-1) = \mathrm{QX}_i(t-1)/\mathrm{QT}_i(t-1) \tag{2-5}$$

新进入公司相对于现存公司的平均规模(ERS)和现存公司相对于退出公司的平均规模(XRS)可分别定义为:

$$\mathrm{ERS}_i(t) = \frac{\mathrm{QE}_i(t)/\mathrm{NE}_i(t)}{[\mathrm{QT}_i(t)-\mathrm{QE}_i(t)]/[\mathrm{NT}_i(t-1)-\mathrm{NE}_i(t)]} \quad (2\text{-}6)$$

$$\mathrm{XRS}_i(t-1) = \frac{\mathrm{QX}_i(t)/\mathrm{NX}_i(t-1)}{[\mathrm{QT}_i(t-1)-\mathrm{QX}_i(t-1)]/[\mathrm{NT}_i(t-1)-\mathrm{NX}_i(t)]} \quad (2\text{-}7)$$

2. 组织死亡率(death rate, mortality rate)

组织死亡率则可根据不同的研究需要来设计不同的死亡率指标。组织粗死亡率(crude death rate),即组织死亡的频率和强度,也叫总死亡率(general death rate),是指一定时间内(通常为一年)死亡的组织与同期平均组织数或中期组织数之比,通常用‰来表示。其计算公式为:

$$\mathrm{CDR} = \frac{D}{P} \times 1000 \quad (2\text{-}8)$$

式中,CDR 为企业死亡率,D 为死亡企业数,P 为平均企业数。

为了从不同的方面分析组织死亡的属性,组织死亡率还可用年龄别死亡率(age-specific death rate)、标准化死亡率(standardized mortality rate)、新组织死亡率等差别死亡率(differential mortality)来表示。

图 2-4 显示的是 1977—1989 年英国大型卡车制造业的企业设立和死亡情况。由图 2-4 可见,企业设立的高峰年份是 1979 年,企业死亡的高峰年份是 1978 年;企业设立的低谷年份是 1982 年,企业死亡的低谷年份是 1986 年。总体上看,企业设立和死亡的趋势基本一致。

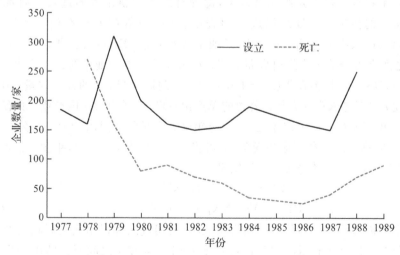

图 2-4　英国大型卡车制造业的企业设立和死亡情况(1977—1989 年)

资料来源:Silverman B S, Nickerson J A, Freeman J, 1997. Profitability, transactional alignment, and organizational mortality in the US trucking industry [J]. Strategic Management Journal, 18(S1):31-52.

(二)组织种群的年龄结构

任何组织种群都是由不同年龄的个体组织组成的,因此,各个年龄或年龄组在整个组织种群中都占有一定的比例,形成一定的年龄结构。由于不同的年龄或年龄组对组织种群的设立、成长和死亡有不同的影响,因此年龄结构对组织种群的数量动态具有很大的影响。

1.年龄金字塔

组织种群的年龄结构可用年龄金字塔(age pyramid)图形来表示:金字塔底部代表最年轻的年龄组;顶部则代表最老的年龄组;宽度则代表该年龄组组织个体数量在整个种群中所占的比例,比例越大图形越宽,比例越小图形越窄。因此,比较各年龄组图形的相对宽窄就可以知道哪一个年龄组的组织数量最多,哪一个年龄组数量最少。按锥体形状、年龄,锥体可划分为三个基本类型。

(1)增长型种群(increasing population)。锥体呈典型金字塔形,基部宽、顶部狭,表示组织种群中有大量新组织。组织种群的设立率大于死亡率,是迅速增长的种群。这就是一种增长型的年龄结构。

(2)稳定型种群(stable population)。锥体形状和老组织、中年组织、新组织的比例介于增长型种群和下降型种群之间。设立率与死亡率大致平衡,组织种群稳定。

(3)下降型(衰退型)种群(declining population)。锥体基部比较狭,而顶部比较宽。种群中新组织比例减小而老组织比例增大,组织种群的死亡率大于设立率。

2.组织生命表

组织简略生命表(abridged life table)以一定时间内(通常为一年)新设立的若干组织数(如1万户)为假定,通过某时期年龄别死亡率(可按5岁年龄组划分)导出各年龄的死亡概率,依据死亡概率秩序推算死亡概率、尚活组织数、死亡组织数、平均组织存活年数以及组织平均预期寿命等一系列函数。

生命表的第一列通常表示年龄、年龄组或发育阶段,从低龄到高龄自上而下排布。其他各列都记录着种群死亡和存活情况的观察数据或统计数据,并用一定符号代表。王立志和韩福荣(2003)设计了企业静态生命表,如表2-1所示。表中第1列为年龄区间,取区间长度为10。第2列 L_i 为 x 年的存活企业数。第3列 d_i 为年龄区间 $(x_i, x_{i+1}]$ 内死去的企业数。第4列 q_i 为 x 年存活的企业活到 $x+10$ 年时的死亡率。第5列是进入年龄 $(x_i, x_{i+1}]$ 所有企业在该区间内的存活年数,其计算公式为 $Y_i = \int_{x_i}^{x_{i+1}} L(x)\mathrm{d}x$,这里把 Y 看作在 $(x_i, x_{i+1}]$ 连续变化的函数,用期初和期末企业数的加权平均数来代替: $Y_i = 0.5(L_i + L_{i+1})$。第6列 T_i 是 L_i 家企业在 x_i 年后存活年数的总和, T_i 的计算公式为 $T_i = \sum_{n=i}^{\infty} Y_n$,它是计算期望寿命的基础。第7列 E_i 是指进入 x_i 年的企业,平均继续生存的年数的估计值,称为生命期望值,其计算公式为: $E_i = T_i/Y_i$。

表 2-1 企业静态生命表

年龄区间 (x_i, x_{i+1})/年	尚存企业数 L_i/家	企业死亡数 d_i/家	死亡率 q_i/%	平均生存企业年数 Y_t/年	总企业年龄 T_i/年	平均预期寿命 E_i/年
0～10	412	155	37.62	3345	9420	22.86
10～20	257	47	18.29	2335	6075	23.63
20～30	210	65	30.95	1775	3740	17.81
30～40	145	32	22.07	1290	1965	13.55
40～50	113	102	90.27	620	675	5.97
50～∞	11	11	100.00	55	55	5

资料来源：王立志，韩福荣，2003. 企业寿命结构分析方法研究[J]. 北京工业大学学报(1)：126-128.

第五节 组织种群之间的关系

一、组织种群相互关系的类型

两个组织种群可以彼此相互影响，也可以互不相扰。而相互影响既可能是有利的，也可能是有害的。如用（＋）表示有利，用（一）表示有害，而（0）表示无利也无害，则种群之间的各种相互关系就可以很方便地表示出来。例如，如果两个种群互不影响，就可以表示为（0,0）；互相有利可以表示为（＋,＋）；互相有害可以表示为（一,一）；对一方有利而对另一方有害可以表示为（＋,一）；其他的相互关系还有（一,0）和（＋,0）等。组织种群之间常见的四种基本关系如表 2-2 所示。

表 2-2 组织种群之间相关作用的主要类型

相互作用的类型	组织种群 A 的反应	组织种群 B 的反应
竞争	一	一
互利共生	＋	＋
偏害共生	一	0
偏利共生	＋	0

如果两个种群彼此发生有害影响，这种关系就是竞争（一,一）。竞争关系通常发生在两个组织种群共同利用同一短缺资源的情况下，此时每个种群的存在都会抑制另一种群的发展。中性关系是指两个种群彼此互不影响、毫不相干，这种关系在组织生态中极少或根本不存在，因为在任何一个特定的组织生

态系统中,所有的组织种群都可能存在着间接的相互关系。对两个组织种群都有利的相互关系可以表示为(＋,＋):如果这种关系是专性的(缺少一方,另一方也不能生存),就叫共生;如果这种关系是兼性的(解除关系后双方都能生存),就叫互利或原始合作。如果对一个组织种群有利而对另一个组织种群无利也无害(＋,0),这种关系就叫偏利共生。如果对一个组织种群有害而对另一个组织种群无利也无害(－,0),这种关系就叫偏害共生。在以上四种种群相互关系中,竞争最为常见,也最为重要。

二、组织种群的种间竞争

种间竞争(interspecific competition)是指两种或更多组织种群共同利用同一资源而产生的相互竞争作用。种间竞争的结果通常是不对称的,即一方取得优势,而另一方被抑制甚至被消灭。

(一)种间竞争的类型

种间竞争可以分为资源利用性竞争(exploitation competition)和相互干涉性竞争(interference competition)两类。在资源利用性竞争中,两个组织种群之间没有直接干涉,只有因资源总量减少而产生的对竞争对手的存活和成长的间接影响。相互干涉性竞争是指竞争个体之间的相互作用。如某些组织种群之间不仅竞争资源,而且有相互兼并对方的直接干扰。某些组织在其反收购策略中设计出"毒丸计划",以阻止其他组织对其施行并购行为,也属于相互干涉性竞争。

Lambkin(1988)利用种群生态位理论分析了组织进入新市场的先后顺序对它们经营绩效的影响,实证结果表明,先占优势是存在的。Lubatkin 等(2001)探讨了垂直整合对组织绩效的影响,结果发现,由于整合使组织生态位变大,组织可以获得更多的竞争优势。

Boeker(1991)分析了美国酿酒产业 1962—1979 年的变化,观察到了策略种群之间的冲突式竞争对于组织成长的影响。Barnett(1990)分析了美国电信业在科技变革条件下组织死亡率的变化,他发现,当技术规格标准化时,组织之间存在合作共生关系(mutualism);反之,当技术规格彼此不相容时,组织之间就会出现冲突式的竞争关系。

(二)种间竞争的特点

种群竞争的特点包括不对称性(asymmetry)和移植性。不对称性指竞争各方影响的大小和后果不同,即竞争后果的不等性。移植性指组织种群之间对一种资源的竞争,能影响对另一种资源的竞争结果。如在一个组织群落中,一个组织种群在人力资源的竞争方面所取得的优势,有助于其在技术、管理、成本等方面取得相关的竞争优势。

(三)Lotka-Volterra 竞争模型

Lotka-Volterra 竞争方程是描述组织种群竞争的最基本的理论模型,它是在 Logistic 方程的基础上建立起来的,它们具有共同的前提条件。设 N_1 和 N_2 分别为发生竞争的两个组织种群的数量,它们各自的环境容纳量为 K_1 和 K_2 (在不发生竞争的情况下),每个组织种群的最大瞬时增长率分别为 r_1 和 r_2。按 Logistic 模型:

$$\frac{dN_1}{dt} = r_1 N_1 (1 - N_1/K_1) \tag{2-9}$$

其中,$(1-N_1/K_1)$ 可理解为尚未利用的"剩余空间项",而 N_1/K_1 是"已利用空间项"。当两个组织种群竞争或利用共同空间时,对于种群 1,已利用空间项除 N_1 外还要加上 N_2,即:

$$\frac{dN_1}{dt} = r_1 N_1 (1 - N_1/K_1 - aN_2/K_1) \tag{2-10}$$

其中,a 是竞争系数,它表示每个 N_2 个体所占的空间相当于 a 个 N_1 个体。例如,N_2 个体大,消耗的资源相当于 10 个 N_1 个体,则 a 为 10。显然,a 可以表示每个 N_2 对于 N_1 所产生的竞争抑制效应。同样,对于组织种群 2:

$$\frac{dN_2}{dt} = r_2 N_2 (1 - N_2/K_2 - \beta N_1/K_2) \tag{2-11}$$

其中,β 为种群 1 对种群 2 的竞争系数。上述两个方程即为 Lotka-Volterra 种间竞争模型。从该模型可以推导出组织种间竞争的四种结局:

(a)当 $K_1 > K_2/\beta$,$K_2 < K_1/a$ 时,N_1 取胜,N_2 被排除;

(b)当 $K_2 > K_1/a$,$K_1 < K_2/\beta$ 时,N_2 取胜,N_1 被排除;

(c)当 $K_1 > K_2/\beta$,$K_2 > K_1/a$ 时,出现不稳定平衡点;

(d)当 $K_1 < K_2/\beta$,$K_2 < K_1/a$ 时,出现稳定平衡点。

$1/K_1$ 和 $1/K_2$ 两个值可分别作为种群 1 和种群 2 的种内竞争强度指标。因为在一个空间中,能容纳的同种个体越多(K_1 值越大),意味着其种内竞争相对地越小($1/K_1$ 值越小)。同样,β/K_2 值可作为种群 1 对种群 2 的种间竞争强度,a/K_1 值可作为种群 2 对种群 1 的种间竞争强度。这样,竞争的结果取决于种间竞争和种内竞争的相对大小。如果某组织种群的种间竞争强度大,而种内竞争强度小,则该种群取胜,反之被排除;如果两个种群都是种内竞争强度小,种间竞争强度大,则都有可能取胜,因而出现不稳定的平衡;如果两个种群都是种内竞争强度大,种间竞争强度小,彼此都不能排挤掉对方,就会出现稳定的平衡,即共存的局面。

与生物种群不同的是,技术创新会极大地促进组织种群之间的边界消融,从而改变组织种群之间的竞争态势。例如,一直以来,彩电业都显得非常传统和封闭,但在网络技术的冲击下,这一产业边界被迅速打破。IT、电信、互联网技术和广电技术的融合带来了电视功能的扩展和对通信设备的重新定义。这种改变是革命性的。苹果公司决定把苹果 TV 当成战略产品而不是"公司的业余爱好"，索尼正式展示了 Google TV，D-Link 发布了 Yahoo Connected TV。计算机芯片巨头英特尔则将电视芯片插入了索尼、三星、LG、夏普等一线大牌厂商的智能电视中。这些传统的 IT 巨头纷纷涌入，突然横亘在传统彩电厂商面前，而且带来了以它们为主导的新的行业竞争规则。

(四)竞争排除

当两个组织种群开始竞争的时候，一个组织种群最终会将另一个组织种群完全排除掉，并使整个系统趋向饱和，这一现象被称为竞争排除(competitive exclusion)。假设在一个容量很大的环境中存在两个不同的组织种群，其中每个组织种群只含有极少量的组织。起初，两个组织种群几乎都能呈指数增长，其增长速度取决于它们各自的最大瞬时增长率。随着环境容量逐渐被填满，两个组织种群的实际增长率就会越来越小。然而，它们各自的增长率、竞争能力和环境承载量不可能完全相同，因此必然会出现这样一个时刻，即一个组织种群的实际增长率已下降为零，而另一个组织种群却还在继续增长。此时是这两个组织种群竞争的转折点。第二个组织种群的继续增长不仅会强化其对第一个组织种群的竞争抑制作用，而且会使第一个组织种群的实际增长率降为负值。这样持续下去，第一个组织种群迟早会走向灭绝，这就是竞争排除现象。

根据以上现象，可概括出竞争排除原理的主要内容，即两个在主要资源基础和资源利用方式上完全相同的组织种群不可能同时、同地存活在一起，其中一个组织种群最终必将被另一个组织种群完全排除掉。因此，组织种群之间完全的生态重叠是不可能的。如果两个组织种群实现了在同一资源基础上的竞争性共存，那么在它们之间必然存在资源利用方式的差异。

三、组织生态位

(一)组织生态位的概念

组织生态位(organizational niche)概念最早是由 Hannan 和 Freeman (1977)提出的，用来反映生产能力与资源需求在组织层面的差异。组织生态位可分为基础生态位(fundamental niche)和现实生态位(realistic niche)。组织基础生态位是指组织或组织形式赖以成长的多维社会空间，它反映的是组织资源利用的类型。组织现实生态位是组织基础生态位的一个子集，是指组织在竞争环境下得以持续存在的社会空间。两个组织之间的资源竞争强度是用其基础生态位的重叠来衡量的，所以现实生态位一般会小于基础生态位。但合作这样的共生关系(symbiotic relations)能给组织带来另外的资源空间，在这种条件下,组织的现实生态位就可能大于其基础生态位。

种群中的每一个组织均占有一个生态位,它以一系列组织能力和资源空间定位为特征。组织的生态位不同,面临的竞争前景就不同。在同一生态位上经营的组织为了获取稀缺的资源就必须展开竞争。生态位不重叠的组织,互利程度就高。生态位部分重叠的组织则既有潜在的竞争,又有潜在的互利。由于组织是在产品、技术、人员等多维度开展竞争的,因此,组织所占据的生态位也在多个领域上。生态位的多维度性(dimensionality)使得要使用完整的一组维度来衡量组织生态位较为困难。与生态学中的生态位概念相比,组织生态位的概念具有更明显的多维性、能动性和迁移性。具体比较如表 2-3 所示。

在对产业组织的实证研究中,对组织生态位的定义常常根据研究对象的性质来确定。例如,Freeman 和 Hannan(1983)在对美国加州 18 个城市的 985 家餐厅的死亡率研究中,采用菜单、营业时间、座位数和员工数等指标来构建三种不同类型的组织形式:通用型(generalism)、专业型(specialism)和快餐导向(fast-food orientation)。他们的研究表明,变动小的环境对专业型组织有利,而变动大的环境对通用型组织有利。

表 2-3 组织生态位概念与生物生态位概念的差异

组织生态位	生物生态位
表征生态位的因素是多维的	表征生态位的因素是一维的
生态位的形成是竞争和组织自主选择的结合	生态位的形成由自然选择主导
能根据组织战略的变化而改变	很难自主改变
同一组织可在不同的区域选择生态位	单个生物体只能在同一地点形成生态位
相对稳定,时效性不强	一般是稳定的,时效性强
只能部分地解释组织之间的竞争与合作关系	能解释生物之间的大部分竞争与合作关系
生态位的压缩和释放较容易	生态位的压缩和释放较难

资料来源:闫安,达庆利,2005.企业生态位及其能动性选择研究[J].东南大学学报(哲学社会科学版)(1):62-66.

Carroll(1985)利用报纸提供的内容是否属于一般娱乐(general interest)来区分报业组织的生态位。McPherson(1983)利用志愿组织(voluntary association)成员的社会人口学(social demographic)特性分布来划分志愿组织的生态位。Baum 和 Singh(1994a)根据被准许照护的孩童的年龄范围来区分日间照护(day care)组织的生态位。Dobrev、Kim 和 Carroll(2001)用汽车制造商所有车型中的气缸容积(engine capacity)分布状况来建立生态位宽度概念。Rowan(2002)按照初始资源(primary resources)和交易资源(transactional resources)两个维度来划分美国学校促进产业的生态位。其中,初始资源维度包括资本(私人资本和在证券市场募集的资本)、会员费和捐赠。交易资源包括与当地学校系统的交换、与教育雇员的交换以及与代理机构的交换。据此,他将美国学校促进产业划分为 9 个潜在生态位,如表 2-4 所示。不同的生态位上活跃着许多不同的组织。例如,在第 1 个生态位上,课本出版商就是典型的代表;在第 5 个生态位上,存在着 567 个像教师工会这样的会员组织;在第 9 个生态位上,存在着靠资助来进行研究和提供技术服务的大学、非营利的研究和发展组织以及准政府的技术援助机构等。不同生态位上的组织具有不同的目标取向,因而会对产业组织演化产生不同的影响。

表 2-4　美国学校促进产业的基础生态位

组织类型	与学校系统的交易	与雇员的交易	与代理机构的交易
基于资本的组织	1	2	3
基于会员费的组织	4	5	6
基于捐赠的组织	7	8	9

资料来源:Rowan B,2002. The ecology of school improvement:Notes on the school improvement industry in the United States[J]. Journal of Educational Change,3(3):283-314.

Podolny 等(1996)指出,一旦组织辨识出了组织生态位和竞争领域的多样性,就有两个问题变得格外重要:一是在何种环境下,特定领域的竞争与组织生存机会最相关;二是组织生态位多重维度之间如何互动,如组织在技术领域的生态位如何影响其在产品市场的生态位。他们认为,在市场需求快速增长的时期,组织如果忽视对顾客的竞争而片面重视对技术的竞争,就会限制组织的成长。而组织在一个领域内的生态位可以协助定义出其在其他领域的生态位。

除了组织自身的微观生态位(micro-niches),组织种群还有其宏观生态位(macro-niche)(McKelvey,1982)。微观生态位是指在组织层次的资源需求及生产能力的变异,而宏观生态位则涵盖多重的微观生态位,亦即使组织种群的成长率不为负的环境条件(Hannan,Freeman,1989)。环境对组织种群具有特定的承载力(carrying capacity),此承载力是指环境对某一组织种群所能承载的最大数量(Hannan,Freeman,1989)。新的宏观生态位出现后,种群密度就会增加,当种群密度逐渐接近承载力时,组织之间的竞争会加剧,种群内的死亡率会增加(Petersen,Koput,1991)。所以,宏观生态位的出现、萎缩、扩大或消逝,对种群内的组织竞争及组织死亡具有重大影响。因此,唯有了解组织种群赖以生存的社会、经济和政治条件,才能界定组织种群的生态位,而且唯有了解组织种群的生态位,才能诠释组织种群的变迁过程。

(二)组织生态位的宽度

1.组织生态位宽度及其衡量

组织生态位宽度(niche width)是指组织资源利用的变异性(Hannan,Freeman,1977)。定义 F_i 为组织 I 的生态位宽度(组织生态位域),它表示组织

I 对 n 个环境生态因子的适应和利用范围,即一个组织所利用的各种环境资源的总和。例如,宝洁公司有一个很宽的生态位,它产品品种多,顾客种类也多,而可口可乐公司的生态位较窄,产品品种单一,主要客群为青年人。组织的生态位宽度可用如下公式表示:

$$F_i = \frac{P_i}{P_n} \qquad (2\text{-}12)$$

式中,P_i 为组织 I 所利用的资源种类,P_n 为资源的总种类。即:

$$F_i = \{X/f(x_1, x_2, \cdots, x_n) > 0, X = (x_1, x_2, \cdots, x_n)\} \qquad (2\text{-}13)$$

对于某一条件范围的组织环境,定义为该环境的"生态因子域":

$$E = I_1 I_2 \cdots I_i \cdots I_n$$

式中,I_i 表示组织的第 i 个环境生态因子在该环境中的范围值,$I_i = [a_i, b_i]$。若 $E \cap F \neq \varnothing$,则组织能在此环境中生存,否则不能。组织所在的某一具体环境有其生态因子域,若某组织的生态位宽度与其所处环境生态因子域重叠,则表明组织可在该种环境中生存。

Albarran 和 Dimmick(1993)提出了组织生态位宽度的另一个计算公式:

$$F_i = \frac{1}{\sum_{i=1}^{n} P i^2} \qquad (2\text{-}14)$$

式中,P 代表某一组织种群,i 代表资源。

在具体的研究中,生态位宽度的衡量和计算会根据研究对象性质的差异而有较大的差别。表 2-5 所示的是汽车制造企业生态位宽度的度量方法(Dobrev, Kim, Hannan, 2001)。

表 2-5　汽车制造企业生态位宽度、市场位置和市场位置变化的衡量

变量	定义
E_{it}^{max}	公司 i 在 t 时的最大引擎容积
E_{it}^{min}	公司 i 在 t 时的最小引擎容积
$E4_t^{max}$	4 家最大公司的最大引擎容量
$E4_4^{min}$	4 家最大公司的最小引擎容量
公司生态位宽度(w_{it})	$E_{it}^{max} - E_{it}^{min}$
公司生态位中点(M_{it})	$E_{it}^{min} + (E_{it}^{max} - E_{it}^{min})/2$
生态位宽度的变化($\Delta w_{it} = 1$)	$w_{it}/w_{i(t-1)} \leqslant 0.9$ 或 $w_{it}/w_{i(t-1)} \geqslant 1.1$
生态位膨胀	$w_{it}/w_{i(t-1)} \geqslant 1.1$
生态位收缩	$w_{it}/w_{i(t-1)} \leqslant 0.9$

资料来源:Dobrev S D, Kim T Y, Hannan M T, 2001. Dynamics of niche width and resource partitioning[J]. American Journal of Sociology, 106(5):1299-1337.

2.组织生态位宽度与组织资源利用策略

生态位宽度与组织对环境的适应度(fitness)之间存在着平衡(trade-off),生态位越宽,组织对环境的适应度就越高,这一关系被称为分配原则(principle of allocation)(Levins,1968;Freeman,Hannan,1983)。组织生态位宽度的差异隐含着组织资源利用策略的差异。通才组织的生态位较宽,所能利用的资源变动范围大。专才组织则在较紧的资源中求发展,它使用的资源变动范围小,生态位狭窄。生态位越宽,代表对环境变化的适应和容忍能力越强,但须付出额外的资源和能力;生态位越窄,虽然对环境变化的适应能力较差,但在特定的环境中会有较好的表现(Carroll,1985)。因此,是在一个较宽的生态位上保持较低的绩效,还是在一个较窄的生态位上保持较好的绩效是一个策略选择上的两难问题。根据不同的生态位宽度利用策略,Hannan 和 Freeman(1989)将组织形式划分为以下四种类型。

(1)s 型组织(专才组织)。此型组织选择较窄的生态位和固定的资源投入。选择的范围越窄,在特定条件下可分配到的资源投入就越多,可以积累的专业化程度也越高,故在选择的特定范围内,较有能力产生较高的绩效。然而,当环境条件改变而离开原有特定范围时,此型组织对改变的适应和容忍能力较差。

(2)g 型组织(通才型组织)。此型组织选择较宽的生态位,对环境变化的容忍能力较强。组织为了维持较宽的生态位条件,往往需要付出额外的资源以保有较宽的专长领域及较多的例行性作业规范,但在总资源固定且有限的条件下,在特定环境下由于资源的分散,不容易产生较高的绩效。

(3)r 型组织。此型组织是指使用最少的资源投入,以最简单的正式结构,在最短孕育期内形成的组织,是一种投机性策略。在变化快速且不确定性高的环境条件下,可运用最少的投入快速进入市场,风险较小,是最适当的组织形式。但由于资源有限,组织结构过于单纯,较难适应竞争激烈的环境。

(4)K 型组织。此型组织在单一个体上投入较多的资源,经过较长的孕育阶段而形成体质较健全且结构完整的个体。K 型组织由于资源较充裕且体质健全,即使在高度竞争的环境压力下,仍有能力成长与扩充。但其效率机制也相对容易产生结构惰性,使其应变弹性较差。此外,由于孕育期较长,投入的资源相对较多,且孕育阶段因组织结构尚未成熟,因此反而较为脆弱,属高危险期,投资风险也较大。

Zammuto(1988)以上述四种组织形式为基础,对照 Miles 和 Snow(1978)基于战略选择观念所提出的组织形式,提出了基于组织生态学观念的 r-g、r-s、K-g、K-s 四种组织形式。这四种组织形式的特性如表 2-6 所示。

表 2-6　基于生态位组合的组织形式

组织形式	特性说明
r-g 型	亦称为展望型(prospector),以较少的先期资源,保留较宽的生态位范围及较大的应变弹性,随时切入新出现的市场或产品,是市场的早期进入者
r-s 型	亦称为企业家型(entrepreneur),以较少的先期资源及较窄的生态位,快速有力地进入新的并且适当的市场。在相同的资源条件下,适应的范围比 r-g 型组织小,但在适当的特定范围,则具有较强的竞争能力
K-g 型	亦称为分析型(analyzer),以较大的资源投入,建立复杂的结构机制,并选择较宽的生态位,以效率和产能优势作为竞争的有利条件,因此需要较大的市场腹地作为生存空间。在资源分配上,选择较宽的生态位,虽然可以在较大的范围采取应变措施,争取较大的生存机会,但是机制维系成本相对较高,在特定领域的竞争优势相对较低
K-s 型	亦称为防御者(defender),以较大的资源投入,建立复杂的结构机制,但是选择较窄的生态位,在有利的范围内创造自己最好的竞争优势及领先地位。缺点是若选择的方向有偏差,或此一特定市场存续的期间太短,皆会造成应变的困难

　　r 型组织和 K 型组织是企业生态位选择中的两种极端形式,大多数组织介于这两种组织形式之间。有学者对 20 世纪 90 年代发达国家制造业的实证研究表明,在 8 个发达国家中,日本和意大利的企业偏重选择 r 型组织,其他 6 个国家的企业则倾向于选择 K 型组织。

(三)组织生态位的重叠与竞争

　　当两个组织利用同一资源或共同占有其他环境变量时,就会出现生态位重叠现象。假设环境已充分饱和,则任何两个组织生态位的重叠部分都必然要发生竞争排除作用。如果竞争是激烈的,那么在发生竞争的生态位空间内就只能保留一个组织。

　　组织生态位重叠度可用如下公式来计算:

$$Q_{ij} = \frac{\sum_{a=1}^{n} P_{ia} P_{ja}}{\sqrt{\left(\sum P_{ia}\right)^2 \left(\sum P_{ja}\right)^2}} \tag{2-15}$$

其中,Q_{ij} 代表组织 i 和 j 的生态位重叠,P_{ia} 和 P_{ja} 分别代表组织 i 和 j 对资源 $a(a = 1 \sim \infty)$ 的利用部分。生态位重叠值范围是 $0 \sim 1$,0 表示生态位完全分离,1 表示生态位完全重叠。该公式反映了生态位重叠和因此产生的竞争压力。

　　Albarran 和 Dimmick(1993)设计了一个简单的组织生态位重叠度计算公式:

$$Q_{ij} = \sum_{h=1}^{n} (P_{ih} - P_{jh})^2 \tag{2-16}$$

其中,i、j 表示某一组织种群,h 代表资源。Q_{ij} 的值越接近于 0,意味着组织生态位的重叠度越大。

组织生态位的重叠主要有以下五种情形。

第一,完全重叠生态位。两个组织的基础生态位有可能完全一样,即生态位完全重叠。虽然这种情况极不可能发生,但如果出现这种情况,具有竞争优势的组织就会把另一个组织完全排除掉。例如,沃尔玛的成功,在于它合理地选择与占据了生态位。沃尔玛往往选择没有大型超市的小镇,在那里首先建立自己的连锁店,超市的规模正好足够满足整个小镇的需求,该地区根本就无法容纳第二家大型超市,任何想与它竞争的超市都会发现,当地无法共存两家超市,否则结果是两败俱伤。通过竞争排除作用,沃尔玛把生态位与之重叠的超市排挤掉了。

第二,内包生态位。一个基础生态位有可能被完全包围在另一个基础生态位之内。在这种情况下,竞争结果将取决于两个组织的竞争能力。如果生态位被包在里面的组织处于竞争劣势,它最终就会消失,优势组织将会占有整个生态位空间。如果里面的组织占有竞争优势,它就会把外围组织从发生竞争的生态位空间中排挤出去,从而实现两个组织种群的共存,但共存的形式仍然是一个组织种群的生态位被包围在另一组织种群的生态位之中。

例如,中国电信公司的前身是中国邮电电信总局,在其长期的发展过程中形成了覆盖全国的邮政、电信业务。1994 年,中国联通公司成立,开展电信业务,此时,中国联通的生态位完全被包围在中国电信的生态位之内。但通过十多年的发展,中国联通公司通过引入第三代通信技术和美国苹果公司的通信设备,实施技术领先战略和品牌战略,其移动通信业务量迅速增长。截至 2014 年10 月,中国联通拥有移动用户 2.98 亿户,远远超过了中国电信1.82 亿户的用户规模。这两家公司移动通信业务的内包生态位变化情况如图 2-5 所示。

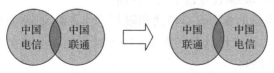

图 2-5　中国电信和中国联通移动服务生态位的变化(1994—2014 年)

第三,部分重叠生态位。两个基础生态位可能只发生部分重叠,也就是说,有一部分生态位空间是被两个组织种群共同占有的,其余则各自分别占有。在这种情况下,每一个组织种群都占有一部分无竞争的生态位空间,因此可以实现共存,但具有竞争优势的组织种群将会占有那部分重叠的生态位空间。

例如,京东网和当当网是当前具有很大影响力的电子商务网站(见图 2-6)。

当当网成立于1999年,最初的业务领域是图书销售,随后虽然也扩充到了美容化妆、母婴用品、家居用品、服装和3C电器等领域,但只有图书业务是其自营业务,其他业务当当网只提供虚拟店铺出租;京东网成立于2004年,最初的业务领域是3C电器,后来逐步扩展到日用百货、机票和酒店业务。2011年11月,京东网开通了图书频道,开始与当当网直接竞争;2012年3月,京东网扩展了电子书,京东网和当当网陷入了激烈的图书价格战之中。

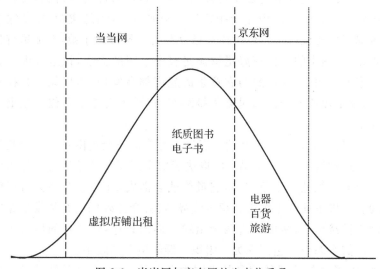

图2-6　当当网与京东网的生态位重叠

第四,邻接生态位。基础生态位也可能彼此邻接,两者不发生直接竞争。这种生态位关系很可能是回避竞争的结果。

第五,不重叠生态位。如果两个基础生态位是完全分开的,那么就不会有竞争,两个组织种群都能占有自己的全部基础生态位。

需要注意的是,生态位重叠并不一定必然伴随着竞争,研究生态位重叠度与组织竞争的关系,必须注意以下三个方面。

第一,当所考虑的资源没有稀缺到限制消费者时,即使完全重叠也不会导致竞争。资源量与供求比以及资源满足需要的程度对分析生态位重叠与竞争的关系是非常重要的。

第二,竞争强度取决于组织种群密度与资源密度之间的比例。如果所有的资源在数量上平分,竞争一般会更激烈。如果组织种群的密度很小,则组织生态位重叠引致的资源竞争程度要小于在组织种群密度较高的情况下组织生态位重叠引致的资源竞争程度。

第三,重叠是否引起竞争,要比较实际生态位重叠和基础生态位重叠情况。如果组织种群之间的基础生态位重叠度很高,但实际生态位重叠度不高,则组织种群之间的竞争不太激烈;如果组织种群之间的基础生态位重叠度和实际生态位重叠度都很高,则组织种群之间的竞争就会异常激烈。

余俊颖、李境展等应用 Dimmick 公式,对我国台湾地区 Hinet、和信与东森三家宽带 ICP 网站的生态位宽度与重叠度进行了分析。根据功能性、服务性原则,网站内容服务可分为以下 26 项:①影音新闻;②免费网页空间;③软件下载;④在线游戏;⑤影音聊天室;⑥一般讨论区;⑦网站搜寻引擎;⑧电子商务;⑨一般新闻;⑩个人发报台;⑪影音邮件;⑫贴图讨论区;⑬语音聊天室;⑭在线杀毒;⑮宽带网站搜寻;⑯电子博物馆;⑰在线 KTV;⑱电子书;⑲股票解盘;⑳影音节目;㉑投票区;㉒星座运势;㉓在线客服;㉔在线寻人;㉕在线求职;㉖免费邮箱。以此 26 个类别作为宽带 ICP 内容服务不同的 26 个资源,如果某网站的服务内容分布在 26 个类别中,其生态位宽度就为 26,表示生态位宽度大;反之,生态位宽度就小。三家网站的生态位宽度与生态位重叠度如表 2-7 所示。

表 2-7　我国台湾地区宽带网站的生态位宽度与生态位重叠度比较

比较内容	Hinet		和信		东森	
	会员	非会员	会员	非会员	会员	非会员
宽带、窄频内容服务/项	9	11	11	7	0	13
所有内容服务项目/项	20		18		13	
宽带服务生态位宽度/项	11		10		7	
会员宽带内容服务等生态位宽度	6		1		0	
宽带内容服务的生态位重叠度	55%(11)		55.6%(10)		53.8%(7)	
窄频内容服务的生态位重叠度	45%(9)		44.4%(8)		46.2%(6)	

资料来源:余俊颖、李境展等,2013.宽带内容网站之内容服务区位与宽带网络服务供货商用户成长关系之初探——以 Hinet、东森、和信为例[Z].台北:台湾大学.

由表 2-7 可知,三家宽带 ICP 网站中,Hinet 的生态位宽度最大,和信次之,东森最小,表示 Hinet 的服务最多元化。三家宽带 ICP 网站中使用宽带内容服务与窄频内容服务的比例相当接近,三家网站的生态位重叠度趋近于零,表示三家网站的竞争相当激烈。

图 2-7 显示的是法国汽车制造商在 1925 年生态位宽度和生态位重叠度的联合分布。它表明只有极端专业化的厂商(其生态位接近于 0)没有生态位的高度重叠。如果去掉纯专业化厂商的影响,则生态位的重叠度会随着生态位宽度的扩大而显著提高。

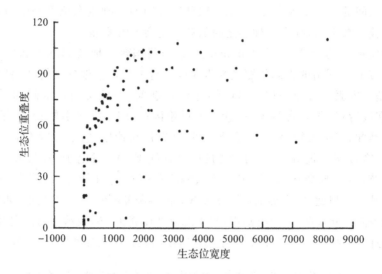

图 2-7　法国汽车制造商 1925 年的生态位宽度与生态位重叠度

资料来源：Dobrev S D，Kim T Y，Carroll G R，2001. Niche and scale in organizational evolution：A unified empirical model of automobile manufacturers in the US 1885－1981[R]. Anaheim：American Sociological Association.

(四)组织生态位分离

在现实生态位的形成中,与组织种群内部以及组织种群之间的竞争完全相反的作用力也发挥着重要作用。存活在同一群落中的不同的组织种群所起的作用是明显不同的,而每一个组织种群的生态位都同其他组织种群的生态位明显分开,这种现象就称为生态位分离(niche separation)。

在很多组织种群占有同一特定环境的情况下,资源常常被这些组织种群所瓜分,即全部资源将被充分利用并将容纳尽可能多的种群,同时还能使种间竞争降到最低程度。组织种群的生态位通常借助于以下几种方法发生分离:①不同的组织种群消耗不同的资源,如制衣业和食品加工业;②不同的组织种群消耗同一资源的不同物资形态,如制糖业用甘蔗制糖,酿酒业用蔗渣酿酒;③不同的组织种群对同一资源的利用程度不同;④不同的组织种群对同一资源的利用阶段不同,如对服装业资源,有的组织种群负责服装设计,有的组织种群负责生产,有的组织种群负责销售;⑤不同的组织种群对同一资源的利用时间不同,如初级教育、中等教育和高等教育;⑥不同的组织种群在任一特定的时间内分散在不同地点获取资源。

(五)生态位压缩和生态释放

生态位宽度表明了一个组织种群利用资源的情况。如果构成一个群落的组织种群都具有很宽的生态位,那么这个群落一旦遭到外来竞争组织种群的侵入,本地组织种群就会被迫限制和压缩它们对空间的利用,例如被迫把它们的资源获取活动或其他活动限制在那些可提供最适资源的环境内。这种情况就称为生态位压缩(niche compression)。

相反,当种间竞争减弱时,一个组织种群就可以利用那些以前不能被它所利用的空间,从而扩大了自己的生态位。由种间竞争减弱而引起生态位扩展就称为生态释放(ecological release)。如果把一个具有竞争性的组织种群从一个组织群落中移走,留下的组织种群就会进入以前它们无法占有的小环境,这种生态位扩展也是生态释放。

(六)生态位动态

大多数组织的生态位是依时间和地点而变化的。生态位的时间动态可发生在两种时间规模上:一是短期的生态规模,通常只涉及一个组织的寿命周期或少数几个世代;二是长期的进化规模,至少要涉及许多世代。

有些组织在生活史的不同时期,具有完全分离的不重叠的生态位。如跨国公司在直接进出口、直接投资和间接投资等不同的阶段就具有完全分离的生态位。实行了不相关多样化战略的组织也具有完全分离的生态位。有些组织的生态位在其生活史中的变化表现出渐近性和连续性,如实行专业化经营战略和相关多样化战略的组织。

一个组织种群的近邻生态位(通常是潜在的竞争者)有可能对该组织种群的生态位施加强大的影响,如家庭影像业对电影业。从理论上讲,种间竞争的减弱常会导致生态位的扩展。

四、组织共生

组织共生是指不同组织种群以不同的相互获益关系存活在一起,形成对双方或一方有利的生存方式。根据共生双方的利益关系,组织共生可以分为:共栖(commensalism)、互利共生和偏利共生。其中,共栖是指两个组织种群均因对方的存在而获益,但双方亦独立生存。互利共生是指两个组织种群均从对方获益,如一方不存在,则另一方不能生存。这种共生关系是永久性的,而且还具有义务性。两种组织种群的互利共生,有的是兼性的,即一种从另一种获得好处,但并未达到离开对方不能生存的地步;另一些是专性的,专性的互利共生也可分单方专性和双方专性。偏利共生是指两个组织种群,其中一个组织种群因联合生存而得益时,另一个组织种群并未受害。

丹麦卡伦堡公司出版的《工业共生》一书将工业共生定义为:工业共生是指不同企业间的合作,通过这种合作,共同提高企业的生存能力和获利能力,同时,通过这种共生实现对资源的节约和环境保护。在这里工业共生被用来着重说明相互利用副产品的工业合作关系。

根据共生参与企业的所有权关系划分,又可分为自主实体共生和复合实体共生。所谓自主实体共生,是指参与企业都具有独立的法人资格,双方不具有所有权上的隶属关系,均是独立的,它们的合作关系不是依靠上级公司的行政命令来约束的,完全是受利益机制驱动的,在利益得不到满足时,它们可以结束这种合作关系,当然,随着企业业务的扩展,为了满足其发展的要求,它们也可以寻找更多的伙伴加入这一"共生系统"中。复合实体共生是指所有参与共生的企业同属于一家大型公司,它们是该大型公司的分公司或某一生产车间。这种共生模式的组合与分散完全取决于总公司的战略意图,或者是出于总公司优化资源、整合业务的需要,或者是迫于环保要求的压力而进行的,参与实体往往没有自主权。

生态工业园是企业组织共生的典型区域。根据劳爱乐(Ernest Lowe)教授的定义,一个生态工业园区是一个由制造业企业和服务业企业组成的群落。它通过能源、水和材料等环境与资源方面的合作来实现生态环境与经济效益的双重优化,寻求比单家公司的个体效益的总和还要大得多的群体效益。

实体共生模式的代表性案例就是丹麦卡伦堡生态工业园。卡伦堡生态工业园被认为是世界上最早也最著名的生态工业园之一。卡伦堡是丹麦一个工业小城市。20世纪60年代初,这里的火力发电厂和炼油厂已经开始了工业生态方面的探索。通过6家公司缓慢但非常有效的拓展,最终形成了有益于环境的共生关系。截至2000年,卡伦堡生态工业园已有6家大型企业和10余家小型企业,它们通过"废物"联系在一起,形成了一个举世瞩目的工业共生系统。

卡伦堡工业共生系统的6个核心参与者为:阿斯内斯火力发电厂,丹麦最大的燃煤火力发电厂;斯塔托伊尔,丹麦最大的炼油厂,具有年加工320万吨原油的能力;济普洛克石膏墙板厂,具有年加工1400万平方米石膏板墙的能力;诺和诺德(novo nordisk),国际性制药公司,公司生产医药和工业用酶,是丹麦最大的制药公司;Jordrens,成立于20世纪90年代末期的一家土壤修复公司。卡伦堡市区有2万名居民,需要供热、供水。在过去,卡伦堡工业共生系统是由这些企业在自发的废物交换过程中发展起来的,并不存在总体网络的初始规划,对每个参与者来说只是经济意义上的一对一交易,对利益的追求驱使它们走在了一起。因此,卡伦堡生态工业园的成长过程恰恰体现了自主实体共生模式的特点。

卡伦堡工业共生系统内的企业是以能源、水和物资的流动为纽带联系在一起的,它们的共生关系体现在以下方面:诺和诺德制药厂的工艺废料和渔场水处理装置中的淤泥供附近农场施肥,这是整个卡伦堡交换网的一大部分,总计每年100万吨;水泥厂使用电厂的脱硫飞尘,阿斯内斯电厂将其烟道气中的二氧化硫与碳酸钙反应制得硫酸钙(石膏),再卖给济普洛克石膏墙板厂,能达到其需求量的三分之二;精炼厂的脱硫装置生产纯液态硫,用卡车将其运到硫酸制造商科密拉处；诺和诺德胰岛素生产中的剩余酵母被送到农场用作猪饲料；1999 年加入合作的 Jordrens 使用民用下水道淤泥作生物修复营养剂来分解受污土壤的污染物，这是城市废水的另一条物流的有效再利用。这个循环网络为相关公司节约了成本，减少了对该地区空气、水和土壤的污染。应该说，卡伦堡生态工业园区在实际上已基本形成了一种"工业共生体系"。

第三章　组织设立理论

在经典的产业经济学理论范畴中,组织设立(organizational founding)并不是一个重要的主题。与组织设立相关的讨论集中在市场结构—绩效的分析框架之中。Bain(1956)认为,进入壁垒(entry barriers)是影响组织进入的关键因素,其中主要的进入壁垒包括三个方面:一是现有销售者由于专利技术或对资源的优先权而获得的绝对成本优势;二是现有的产品差异优势,包括专利以及引导顾客建立对现有产品的偏好;三是现有的规模经济,包括绝对规模和与行业相比的相对规模。同时他认为,进入壁垒是收益的主要决定因素。进入壁垒越高,利润率越高。Mann(1966)的研究也支持了 Bain(1956)的结论。由此看来,进入壁垒越高的行业越具有投资吸引力,该行业的组织设立率也越高。但进入壁垒越高,组织设立的成本越大,障碍越多,组织设立的成功率越低。因此,在结构—绩效分析框架中,进入壁垒与组织设立之间的关系并未得到明确的阐述。

在产业经济学之外,还有大量的经济学、社会学和心理学文献分别从供给和需求角度对企业组织的设立进行了研究。这些研究认为,企业家的存在是企业设立的前提和基础。供给学派主要分析适合于承担企业家角色的个体的可得性,需求学派则集中研究需要实现的企业家角色的数量。供给学派对组织设立问题的研究集中在企业家的个体特征上,其基本观点是企业家必定具有特定的个性。个体在心理、社会、文化和道德特征上的差异会导致企业家在数量比例、形式和地域方面形成差异。心理学文献从成就需要、控制欲望、冒险倾向、解决问题的方式、创新精神、价值观和社会经历等方面分析了企业家与经理者之间的差异。社会学文献则分析了文化特性(Shane,1993)、社会等级、道德团体(Aldrich,Waldinger,1990;Light,Rosenstein,1995)对企业家行为的影响。尽管大多数对企业家的研究成果来自供给学派,但对该学派的批评也很多。主要的批评来源于认为该学派未能明确回答到底是优秀的企业家创造了成功的企业,还是成功的企业培养了优秀的企业家这一问题。需求学派用来检验组织设立的内容很多,例如组织新投资活动的产生(Freeman,1986)、职业的活动性(Wholey et al.,1993)、国家和地方政策(Dobbin,Dowd,1997)、市场发育(White,1981;King,Levine,1993)以及技术变革的出现等。

Aldrich(1990)认为,应该重点关注企业设立率,因为对企业家个性特征的研究不能反映出企业家赖以进行行动决策的环境内容的信息。Reynolds (1992)也认为,用组织生态学方法来研究企业设立问题是非常有效的。组织生态学借助于一系列严格的假设,并用计算机仿真技术和计量分析工具对这些假设进行检验,有助于人们在种群层次上对组织的设立率进行清晰的理解。组织生态学将组织设立当作组织种群的一种重要的种群动态调节手段。它没有遵循产业经济学和管理学基于成本—收益准则的决定论范式来研究组织设立,而是采取适应论范式来研究影响组织设立的种群环境因素。这些因素包括生态化过程、制度化过程和空间化过程这三个基本的方面。组织生态学与产业组织理论对产业组织设立的研究对比如表 3-1 所示。

表 3-1　组织生态学与产业组织理论对产业组织设立的研究对比

比较内容	组织生态学	产业组织理论
研究视角	强调组织种群内组织之间组织活动或生产过程等方面的同质性,重视组织种群密度对产业组织演化的影响	强调在同一市场中公司之间的异质性,重视产品的差异化对组织竞争行为的影响
研究假设	强调产业组织之间既有对资源的竞争,又有在产品市场上的互利共生	强调产业组织在产品市场上的价格竞争
研究目标	整个组织种群的新组织设立率	单个组织进入新市场的概率
主要研究变量	组织种群密度、组织生态位、环境承载力	行业进入壁垒、行业盈利特性
基本研究方法	基于组织合法性和资源竞争的密度依赖理论	基于价格竞争的博弈论

第一节　组织设立的内涵及其衡量

组织设立的途径包括新建组织和现有组织进入新行业这两个基本的方面。不同的设立方式对应着不同的设立条件,以不同方式设立的组织面临着不同的存活和成长趋势。

一、新建组织

新建组织是创业者动员资源、依靠契约将各种资源组织起来以形成生产或服务能力的过程。这一过程得以顺利实施的隐含条件是创业者的创业冲动、市场知识能与外部机会较好地吻合。Carroll 和 Khessina(2005)认为,成功的组织设立活动包括创业者的设立努力以及设立努力取得成功两个方面。因此,组织种群的设立率也取决于组织设立努力率和设立努力成功率这两个比率的综合作用。表 3-2 梳理了关于组织设立努力率和设立努力成功率的部分实证研究结论。

表 3-2　关于组织设立努力率和设立努力成功率的部分实证研究结论

设立努力率	努力成功率
潜在的创业者会对组织设立、组织失败和新的生态位信号做出反应(Delacroix,Swaminathan,Solt,1989)	能否成功地设立一个具体的组织取决于人力资源和物质资源的可获得性。资源水平的提高会促进组织设立率的提高(Hannan,Freeman,1987)
上一年的组织失败传递出环境不好的信号,会降低来年的组织设立率(Land,Lee,1994)	组织持续集中会释放外围资源,提高生态位外围的组织设立率(Swaminathan,1995)
只要组织种群的边界清晰,组织生态位的扩张就会刺激种群内的组织设立。当组织群落被极化后,建立和强化组织种群的边界就会变得危险(West,Olzak,1987)	竞争关系可能是不对称的。例如,一个组织种群的膨胀可能会提高另一个种群的合法性;而另一个种群的成长又可能会通过侵蚀第一个种群的资源基础而减少第一个种群的生存机会(Lomi,1995b)
由于难以获得外地的资源信息,潜在的组织设立者对有关合法性和竞争性的当地信息更加敏感(Lomi,1995b)	组织密度开始会增加组织设立的机会,但最终会消除这种机会(Minkoff,1997)
大多数新政策不会支配公司的行为,但会对其产生限制或刺激。管理者在引入新的商业战略时会考虑这些因素(Dobbin,Dowd,1997)	产业集群中的组织设立率较高,因为创业者更容易从这里获得开设新公司所需的资源(Stuart,Sorenson,2003)
州际水平的禁酒令释放了资源。邻近州的创业者会设立酿造厂。处于实施禁酒令的州的酿造厂也有将其生产转移到邻近州的冲动。禁酒令的实施使创业者担心投资失败,因而不太可能创立新的酿造厂(Wade et al.,1998)	
创业行为发生在社会关系的基础上。社会关系既有利于创业,又限制创业。结构类似的组织在某一地区的集中提高了该地潜在创业者的数量,因此会提高组织设立率(Sorenson,Audia,2000)	
政治环境的不稳定会导致经济衰退,经济衰退会导致未来的投资回报不确定,因而会降低创业者的投资意愿(Dobrev,Kim,Carroll,2001)	

资料来源：Alrarez S, Rajshree A, Dlav S, 2005. Handbook of Entrepreneurship Research: Interdisciplinary Perspectives[M]. New York：Springer.

概括地说,机会的类型、创业敏感性和个人特质、信息对称和前期知识、社会网络等四个方面对新建组织的可能性和成功率起着决定性的作用(Ardichvili et al.,2003)。机会是指未被定义的市场需求、未被利用的资源和未被开发的能力。当被定义的市场需求与特定的能力结合起来后,创造新的商业价值的组织就可能出现;创业者的敏感性是指创业者对机会做出反应的能力。创业者的人格特性以及地域特征(如发展历史、价值观、沟通的难易度等)对创业者的敏感性会产生重要的影响。创业者的敏感性越高,对机会的把握能力就越强;由于知识的不完备性和信息的不对称性,市场条件总是不均衡的。市场不平衡性越高,创业机会就越大。那些掌握了更多信息和前期知识的创业者具有利用市场机会的优势;与网络中的不同人员进行积极的互动可以提高创业者辨识机会的能力。潜在的创业者往往面临着建立顾客群、组建供应网络、取得更多资本和吸纳熟练劳力等挑战,社会网络的建立和发展有利于他们面对这些创业挑战。

在实证研究过程中,研究者常采用易得和明晰的指标来表示真实的组织设立事件。例如,Carroll 和 Hannan(2000a)在研究美国汽车制造商时,就采用被企业名录收录、形成法人组织或者开发一款原型车等指标来表征企业的设立;Sørensen 和 Sorenson(2003)采用获得电视播出许可证来代表电视播送组织的设立。

二、组织进入

与组织设立相关的另一个含义更广的概念是组织进入(entry)。产业组织研究中的组织进入一般包括三种方式:一是新公司通过建造新工厂而进入某一行业;二是实施多样化战略的其他产业的公司通过建造新工厂而进入另外的产业;三是实施多样化战略的公司通过改变其现有公司的产品结构而成功进入某一新产业。Dunne 等(1988)对 1963—1982 年美国制造业的研究表明,第一种进入方式占制造业中进入总数的 55.4%;第二种进入方式约占 8.5%;第三种进入方式约占 36.1%。平均而言,新进入公司的规模较小,通过这三种方式新进入的公司占被进入产业在位公司规模的比例分别为28.4%、87.1% 和34.9%。

这三种类型的进入所需要的固定成本和产生的沉没成本各不相同,因此它们对市场结构的影响具有系统性差异。实证研究表明,大多数新进入公司和退出公司的规模比在位公司和继续存活的公司的规模要小得多。大多数新进入公司是通过第一种方式进入的,但通过第二种和第三种方式进入的公司具有较大的规模。不同的进入方式还意味着组织具有不同的成长和演化趋势。Dunne等(1988)的研究表明,多样化公司通过设立新工厂而进入某一行业,比以其他方式进入该行业的组织具有更大的初始规模,且失败的可能性较低。以其他两种方式进入的公司,其初始市场份额大体是相等的,但新设公司的存活率更高。

第二节 影响组织设立的微观因素

组织生态学对组织设立的研究是建立在组织种群的基础之上的。但组织种群内组织个体之间的差异性也能对潜在组织的进入决策产生影响。例如,组织种群内现有组织的规模、年龄、组织性质(如是不是外资企业、投资者的地域性等)等均会对潜在的组织进入者产生激励或阻挡作用。

一、在位组织的规模

战略认知理论(cognitive approaches)指出,社会行动者通常通过形成认知分类而对环境进行标识和感知(Greve,1995;Porac,Thomas,1990;Weick,1979),他们更愿意对同类的行为和反馈做出反应。因此,在筹办者参照范围内的组织比其他组织更能影响潜在进入者的进入决策。组织理论的一个重要发现是,组织互动关系倾向于在规模维度相同的组织之间发生(Ranger-Moore et al.,1991;Baum,Mezias,1992;Han et al.,1998;Hannan et al.,1990;Lee,Pennings,2002;Ranger-Moore et al.,1995)。因此,规模类似的组织之间容易引发模仿行为。例如,Lee 和 Pennings(2002)对 1925—1990 年荷兰会计师事务所行业的研究发现,如果某一特定规模的组织采用了新的组织形式,就会刺激规模相似的组织采用同样的组织形式。

Haveman(1993a)认为,市场内规模相似的运营组织对潜在进入者合法性的强化作用要远远大于那些规模不同的组织的作用。规模相似的组织的存在表明,在市场中该规模等级的组织具有有效的竞争力,因此会鼓励该规模等级的组织实施模仿进入(mimetic entry)。然而,市场中越来越多规模相似的组织的加入会提高组织之间的竞争强度,并降低新组织的进入概率。规模相似的组织可能拥有相似的战略和结构,依赖于相同的资源,竞争往往十分激烈。因此,组织种群中已在运营的规模相似的组织数量与筹办期组织的最终进入率之间存在着倒 U 形的关系。

二、社会同一性

社会同一性(social identities)是指与团体理想相一致的内在保持感和团体的归属感。组织在同一地域的集中是与社会同一性相关的。Romanelli 和

Khessina(2005)提出的产业地域同一性(regional industrial identities)是指与特定产业发展相联系的、通过社会性过程构建的地域同一性。McKendrick 等(2003)发现,地域同一性相关的组织在特定区域的聚集有利于组织种群社会同一性的形成。在同一个地域创办的组织通常将对方当作同一个认知类别。当这些组织向海外扩张时,它们将特别关注来自同一个国家的同类。在国外市场中,具有地域同一性的外国公司之间的模仿效应最强。但随着模仿效应的增强,越来越多的外国公司被吸引到同一区域,组织的资源空间就会饱和,吸引力就会逐步下降。因此,某地区内来自同一国家的运营组织的数量与筹办组织对该地区的进入率之间存在着倒 U 形关系。

三、组织经验

对那些计划开发新产品或进入一个新的经营领域的公司而言,以前的相关经验具有重要的影响。以前的经验会通过缩短筹建时间、降低学习成本、降低机会损失等途径来影响潜在进入者的进入决策。Klepper 和 Simons(1997)则从组织经验和研发生产力之间的关系入手,构建了一个基于公司进入、公司存活和公司创新关系的产业演化模型来揭示垄断市场结构的衰退(shakeouts)和演化规律。在该模型中,时间被定义为离散的周期,$t=1,2,\cdots$。其中周期 1 是产业的开始。假定每一个周期潜在进入者的数量都是增加的。潜在进入者可以是生产相关产品的在位公司,也可以是具备开办新公司所必需的组织技能和知识的个体。假设潜在进入者的能力不同,其中关键的能力是管理研发的能力。该项能力被包含在一个单一的参数中,用 a_i 表示,它刻画了公司研发努力的生产力。潜在进入者被假定能对其管理研发的能力进行评估,因此 a_i 在进入前就已知,且不随着时间的推移而变化。

公司研发的生产力对公司的平均生产成本具有关键的影响,它可用以下模型来表示:

$$c_{it}=c_t-a_i g(r_{it})+\varepsilon_{it} \tag{3-1}$$

其中,c_{it} 是公司 i 在周期 t 时的平均生产成本,c_t 是所有公司在时期 t 的成本,r_{it} 是公司 i 在时期 t 的研发支出,a_i 是公司研发努力的生产力,ε_{it} 是公司 i 在时期 t 的随机成本冲击。假定每一个时期创新的机会都是增加的。为了简化,假定创新成本低于平均成本。创新对平均成本的削减程度取决于公司的研发支出和研发生产力。假定在所有 $r_{it}>0$ 的情况下,$g'(r_{it})>0,g''(r_{it})<0$,即研发报酬递减。假定所有专利创新都被注册并可被所有公司立即获得,所有非专利创新可被无成本地模仿,但假定要滞后一个周期。该过程可用模型 $c_t=c_{t-1}-I_t-\max_i\{a_i g(r_{i(t-1)})\}$ 来表示。其中 I_t 是与专利创新相关的平均成本削减,$\max_i\{a_i g(r_{i(t-1)})\}$ 是所有公司在 $t-1$ 时期从非专利创新中实现的最大成本削减。

ε_{it}是在时期t引起公司成本超过其最小可能值的随机成本冲击。成本冲击来自模仿领先公司非专利创新的困难、未被预见的资本短缺和管理松弛等因素。成本冲击在不同时期是独立的,所以只在一个周期内存在。

产业中的公司在时期t选择r_{it}和Δq_{it}以最大化$\prod_{it}$,在成本冲击ε_{it}实现前,它们在时期t的利润是:

$$\prod_{it} = [p_t - c_t + a_i g(r_{it})](q_{i(t-1)} + \Delta q_{it}) - r_{it} - m(\Delta q_{it}) \qquad (3\text{-}2)$$

在时期t,如果$\prod_{it}^* \geqslant 0$,则潜在进入者就会进入。而在$t-1$时期,如果$\prod_{it}^*$ $\geqslant 0$,则现有公司就会留存。式中,$\prod_{it}^*$是公司i在时期t的最大可能利润。进一步假定如果公司在时期t遭遇了很大的成本冲击,它就会退出。也就是说,如果$\varepsilon_{it} > p_i - c_i + a_i g(r_{it})$,即公司在时期$t$的生产中发生亏损,则公司就会停止其研发活动,并永久地退出该产业。

在该模型中,进入和公司业绩依赖于两个因素:潜在进入者的研发生产力和潜在进入者获得进入能力的时间。在新产业中,这两个因素是独立地起作用的,且都受到潜在进入者在进入新产业前的经历的影响。

Klepper和Simons(2000)以上述模型为基础,对美国电视机制造商的设立情况进行了研究。他们将电视机制造商分为三类:具有家用收音机制造经验的厂商、具有无线电制造经验的厂商和没有无线电制造经验的厂商。他们认为,具有家用收音机制造经验的厂商在电视机制造方面也具有较高的研发生产力,进入电视机制造业的可能性较大,进入的时间也较早。实证研究结果表明,作为家用收音机制造商的经历,每年会将其进入电视机制造业的可能性提高73.8%。销售额达到100万美元的公司,其作为家用收音机制造商的经历,每年还会将其进入电视机制造业的可能性提高95%。而作为一般无线电制造商的经历,每年会将其进入电视机制造业的可能性提高2.2%。

四、组织族系

很多组织是由其他组织转变而来的。就企业组织而言,公司分立(corporate spin-offs)、母公司设立分公司、公司雇员离职创办新公司是形成公司族系(genealogy)的主要途径。其中,公司分立广泛存在于半导体(Braun,MacDonald,1978)和激光(Klepper,Sleeper,2005)等以技术为基础的产业中。在美国半导体产业中,许多公司分立都发源于仙童半导体这一家公司,如AMD公司、英特尔公司和美国国家半导体公司(National Semiconductor)。1984—1998年,法国汤姆森(Thomson)集团公司通过公司分立而设立的后裔公司达50家。自20世纪90年代初开始,汤姆森集团公司就支持雇员设立自己的公司。1993—1998年,雇员共设立了327家后裔公司,这些公司创建时的雇员总数达到 486 人。汤姆森集团公司采取了一系列措施来支持雇员自创公司,这些公司可优先获得公司的财务安排和特殊工作安排。此外,从 1986 年开始,有 50 家公司得益于汤姆森集团公司的年度公司设立内部竞争项目,优胜者可获得大约 15 万法郎的资助。由该项目资助的公司创造了 550 个工作岗位和 4500 万法郎的产值,其中只有 8 家公司(16%)死亡。Moncada 等(1999)的研究发现,在欧洲的新设公司中,有 12.9% 的公司是通过公司分立而来的。由于公司不断地分立、设立分公司或与企业公司组成新的合资公司,在经历了一定的时间序列后,某一公司就会形成基于股权关系、业务关系或人员关系的公司族谱。

最早将公司分立引入组织生态学研究领域的学者是 Brittain 和 Freeman (1986)。他们对硅谷半导体行业的研究发现,那些经历过外部冲击的公司,比如到公司外部聘请 CEO 或刚经历过非同业并购活动的公司会孕育更多的创业者。那些职业机动性不强的公司(比如说成长率低的公司)也具有更高的分立率。对在通用型公司工作的雇员而言,由于他们在母体公司获得的大量的知识和技能有助于他们开办新的企业,因而自主创业的可能性也更大。自然,创新型公司也能培育更多的创业者。

(一)组织族系中的基本关系

组织族系由母体组织(parent organizations)、后裔组织(progeny organizations)、同代组织等行为主体构成,在这些行为主体之间存在着资源转移、资源竞争、互利合作等行为方式。母体组织与后裔组织之间的联系是组织族系关系存在的基础。Thornhill 和 Amit(2003)将母体组织与后裔组织之间在经营活动、市场和战略方面的相似程度定义为联系。如与母体组织有共同的客户和共同的商业伙伴、与母体组织在业务上有上下游关系、应用与母体组织相同的知识等都是与母体组织联系的表现。

组织族系可通过绘制组织族谱图而得以形象地反映,如图 3-1 所示。组织族谱图反映的基本关系有以下几种。

(1)母体组织与后裔组织之间的代际总数。代际总数的大小代表着母体组织演化和变异的程度。显然,代际总数越大,母体组织对隔代后裔组织的资源转移程度和影响程度就越小,隔代后裔组织在资源基础、组织结构和发展战略等方面的变异程度也越大。

(2)在同一代际水平上后裔组织的数量。同一代际水平上的后裔组织越多,意味着其母体组织的繁衍能力越强,后裔组织的生存能力也越强。但后裔组织之间对母体组织的资源以及市场的竞争性也就越大。

(3)代与代之间的时间间隔,它代表着母体组织的繁衍速度。母体组织的繁衍速度一方面取决于其繁衍能力,另一方面也取决于其发展战略。一般而言,在资源异质性程度较高、组织之间竞争不激烈的情况下,组织倾向于采取本体规模扩大化战略。而在资源同质性程度高、组织之间竞争激烈的情况下,组织倾向于采取快速繁殖战略,以尽可能快地占领较多的资源。此外,组织的繁殖速度还受到产业发展周期的影响,在产业发展的成长期,市场需求不断扩大,规模竞争成为竞争焦点,此时最利于组织的繁殖。

(4)亲缘强度。某些后裔组织只有一个母体组织,但另一些后裔组织可能同时拥有多个母体组织。图 3-1 中的组织 F 就同时拥有组织 B 和组织 C 这两个母体组织,形成了多重族系。多重族系涉及多个母体组织之间对后裔组织资源投入的分配和控制权的博弈。不同的母体组织对后裔组织具有不同的控制力,因而具有不同的亲缘强度;单一族系里的组织比多重族系里的组织具有更强的亲缘强度。

(5)后裔组织对母体组织的反哺。发展成熟的后裔组织可能通过反向持股和业务连带等方式向母体组织提供支持,后裔组织还可能成为母体组织蜕变的载体,如图 3-1 中组织 G 对组织 C 的反哺。

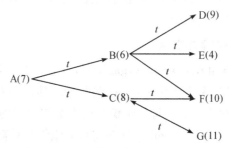

图 3-1　一个两代后裔的组织族系模型

(6)母体组织培育后裔组织的收益。母体组织的收益目标可能是多元的,它们可能试图通过培育后裔组织来扩大收入规模、提高市场占有率、提高资源利用效率或延长产品寿命周期等。在图 3-1 中,母体组织的收益值是其后裔组织收益值的算术平均数。母体组织的收益并非一定与后裔组织的数量成正比。此外,由于有培育时间的差异和后裔组织寿命长短的差异,母体组织的收益函数具有动态性。

组织族系的形成需要特定的条件。首先,必须存在具备繁衍能力的母体组织。母体组织繁衍能力的大小受到企业家精神特征、富余资源的状况等因素的影响,但其基础则是母体组织所具有的核心能力。如果不是因为母体组织的核心资源和核心能力不可复制、无法交易,后裔组织可以采取完全募集的方式来设立。其次,组织族系所带来的成本—收益关系必须符合效率原则。就母体组织而言,组织族系带来的收益包括范围经济收益、经营活动内部化收益和垄断经营收益等。组织族系带来的成本则主要是对后裔组织的培育成本。最后,组织族系的形成需要适当的社会和经济条件,这些条件须使组织族系的维持成本较低,且与在资本市场募集资本相比,通过组织族系获取资本的成本较低。例如,Kiyohiko 和 Rose(1994)认为,在日本企业中,通过组织分立而形成的组织族系比美国企业普遍。这是因为,在美国,几乎所有的公司之间的交易都需要复杂的书面契约,而日本族系公司之间的交易一般不需要法律代理人的介入。此外,日本公司管理者的流动率较低,日本公司对违约现象会施行严厉的社会惩罚,这些因素都有助于降低日本族系公司之间的交易费用。美国的资本市场比日本发达,资本募集成本较低,对形成组织族系的需求不强烈。

(二)组织族系对组织种群演化的作用机制

组织族系的存在会直接影响到组织种群的演化。首先,组织族系会影响到组织的设立、成长和死亡,因而会影响到组织种群的数量和结构;其次,同一族系的组织之间存在着相同的利益倾向,它们会重新组合组织种群中的竞争力量,改变传统的基于个体组织的竞争方式,形成基于组织族系的竞争格局;最后,后裔组织的存在本质上是母体组织利益的延伸,它会改变母体组织竞争目标函数中的时长,增强组织种群竞争的动态性和复杂性。

但组织族系对组织种群演化的影响是有限的。首先,由于维持组织族系所必需的成本—效益规则受到组织数量的制约,过大的组织数量所带来的协调成本的增加和冲突损失的增大会抵消范围经济和垄断经营的收益。因此,在同一个组织种群中,存在族系关系的组织数量是有限的。其次,由于母体组织可资转移的资源总量是有限的,且随着对后裔组织资源转移的增多,母体组织的死亡风险会不断提高,而且同代组织的数量越多,冲突程度也就越高,因此在同一个组织族系中,同代组织的数量是有限的。最后,在母体组织转移给后裔组织的资源总量一定的情况下,后裔组织的规模和数量之间就存在着替代关系。在后裔组织平均规模较小的条件下,后裔组织的数量就可以较大,反之亦然。显然,后裔组织的规模越大,其个体适合度就越大。但这同时会使得同代后裔组织的数量太少,加大了组织族系的死亡风险。因此,在同代后裔组织中,组织的规模是有限的。

1.后裔组织培育数:母体组织与后裔组织的死亡概率制衡机制

母体组织在决定后裔组织的培育数量时必须考虑到自身的资源约束。母体组织的资源分配包括维持其自身及后裔组织的生存和发展的需要两个方面。如果母体组织培育的后裔组织数量太多,则平均每个处在培育期内的后裔组织从母体组织那里所能得到的资源就较少,后裔组织存活的概率就会降低。因此,对某一母体组织而言,客观上存在着一个最佳的后裔组织培育数量。

令 N_f 为培育成功的后裔组织数,N_e 为母体组织培育的后裔组织总数,$C(N_e)$ 为培育成功的概率,它是培育总数的函数。因此,

$$N_f = N_e C(N_e) \tag{3-3}$$

如果进一步假定存活率 f 是培育总数的线性递减函数,

$$C = 1 - aN_e,\text{则 } N_f = N_e - aN_e^2 \tag{3-4}$$

容易证明,当 $N_e = \dfrac{1}{2a}$ 时,N_f 达到最大值。最佳培育数为

$$\hat{N_e} = -\frac{C(N_e)}{C'(N_e)} \tag{3-5}$$

其中,C' 为 C 对 N_e 的一阶导数。

这里的最佳培育数是使后裔组织的适合度达到最大的培育数,而且只考虑了培育总数对后裔组织存活的影响,并没有考虑培育总数对母体组织存活的影响。如果母体组织的存活率随着所培育的后裔组织数量的增加而降低,则上述最佳培育数就可能不是能够使母体组织在其寿命周期内培育的后裔组织或者组织种群增长速率达到最大的培育数。如果忽略年龄结构,则既考虑后裔组织存活率,又考虑母体组织存活率的组织种群增长速率可以表示为

$$r = N_f + P(N_e) = N_e C(N_e) + P(N_e) \tag{3-6}$$

其中,P 为母体组织培育完后裔组织后存活的概率。此时最佳后裔组织培育数应满足:

$$\frac{\partial(1 - P)}{\partial N_e} = \frac{\partial[N_e C(N_e)]}{\partial N_e} \tag{3-7}$$

如果 P 是 N_e 的线性函数,则最佳培育数可以图示解出(见图 3-2)。由图 3-2 可知,当母体组织的死亡率随着所培育的后裔组织的数量的增加而上升时,最佳培育数小于式(3-4)所确定的最佳培育数。

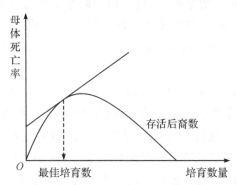

图 3-2 考虑母体死亡率的最佳后裔组织培育数

2.后裔组织规模:后裔组织个体适合度与种群适合度制衡机制

上述后裔组织最佳培育数的确定没有考虑后裔组织的最佳规模。假设母体组织培育的后裔组织总数很大,以至于可以把它当作一个连续变量。令 S 为母体组织对其每个后裔组织提供的资源量, T 为母体组织总的可投入资源。因此培育数 $N_e = T/S$。后裔组织存活的概率为 C,被看作是母体组织资源转移的递增函数。存活的后裔组织数量可以写为:

$$N_f = N_e C(S) = T \frac{C(S)}{S} \tag{3-8}$$

最佳后裔组织规模大小应使 $C(S)/S$ 达到最大值,或者说满足以下条件:

$$\frac{dC}{dS}\Big|_{s=s^*} = \frac{C(S^*)}{S^*} \tag{3-9}$$

图 3-3 表示的是该方程的最优解。由图 3-3 可知,后裔组织存活的概率是其规模大小的增函数。最佳后裔组织规模大小为过原点直线与存活率曲线相切的那一点。它表明最佳后裔组织规模只与后裔组织适合度函数 $C(S)$ 有关。

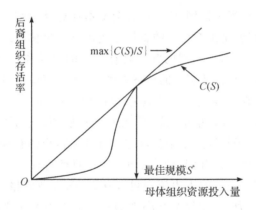

图 3-3　最佳后裔组织规模

在母体组织资源投入总量一定的情况下,后裔组织数量与后裔组织规模之间存在着反向的关系。如果后裔组织数量太少,则组织种群的灭绝风险就会加大,且由于缺乏竞争性的资源利用机制,后裔组织对母体组织资源的利用效率也较低。因此,客观上存在一个最低后裔组织培育数量。加入这一约束条件以后,后裔组织规模大小的分布就是这样一个区间:下端点为最佳后裔组织规模;而上端点则为,如果高于这个值,母体组织产生的后裔组织将太少,以至于不足以形成一个维持组织种群进化和种群内部竞争所需的最低组织数量(见图 3-4)。由图可知,母体组织对后裔组织的资源投入量在 S^* 和 S^0 之间连续变化。 T 为母体组织可投入资源总量。后裔组织的规模分布一方面要满足后裔组织对环境的适合度需要,另一方面也要满足整个组织族系稳定进化策略的需要。

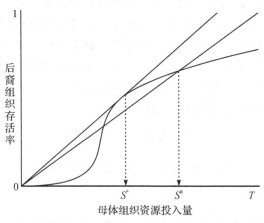

图 3-4　后裔组织规模进化模型

(三)组织族系对组织设立的影响

组织族系会导致组织惯例、资源和社会资本在母体组织和后裔组织之间转移,这些要素的转移就是组织设立的直接驱动因素。母体组织的资源具有多种形式和不同的禀赋程度,且不同的资源具有不同的可转移性,因此对后裔组织的设立具有不同的影响。从资源的形态来划分,无形资源的可转移性大于有形资源的可转移性。在组织的无形资源中,组织知识的地位非常关键。一般而言,企业组织的知识资源包括市场资源、知识产权资源、人力资源和基础结构资源等方面。其中,市场资源产生于公司与其市场和客户的有利关系,由品牌、公司声誉、长期业务、经常性合同、销售渠道、有利的经营权和使公司享有竞争优势的其他合同构成。企业的人力资源可以从教育、专业资格、与工作有关的知识、与工作有关的能力、专业评估与心理测量等五个方面来考察。公司的基础结构资源通常由管理过程、管理哲学、公司文化、信息技术系统、网络系统和金融关系等因素构成。Agarwal 等(2004)认为,后裔组织可通过对母体组织的先天性学习(congenital learning)而实现母体组织对后裔组织的知识转移。其中,技术诀窍(technological know-how)和市场领先诀窍的转移对后裔组织的设立具有较大的影响。

由研究创造的研发资本对公司具有获取垄断租金的潜力。但由研发带来的技术诀窍一般受到知识产权(intellectual rights)制度的保护,且大部分研发资本会被组织雇员人格化,其他组织难以通过市场交易的方式来获得这种知识资产。但劳动力和经理人员的流动会引起智力性人力资本在公司之间的转移(Aldrich,Pfeffer,1976)。母体组织的技术性诀窍水平越高,就越能克服设立新组织的进入壁垒,越能激发雇员创业的动机。外部的金融机构,如风险投资者很容易将母体组织的研发资本和后裔组织创建者的智力性人力资本联系起来

(Fried,Hisrich,1994),更愿意对那些可转移的知识进行投资。此外,雇员的技术水平越高,就越能通过产品差异化和产品多样化来开发更多的市场机会。因此,母体组织的技术性诀窍水平越高,设立后裔组织的可能性就越大。

早发优势(early mover advantage)观点认为,市场领先是一种有价值的组织能力(Golder,Tellis,1993;Lieberman,Montgomery,1988)。因为与后来者相比,市场的先期进入者需要很多不同的技能。组织记忆(organizational memory)理论认为,市场领先的诀窍往往以共同的信念、价值观、准则和行为等方式广泛存在于组织成员之间(Levitt,March,1988)。在一个市场驱动的公司中,雇员即使不直接参与市场运作,也能通过与同事的交流而确立以外部市场为核心的观念。因此,市场领先的诀窍更容易刺激母体组织的雇员离开现有组织而进行创业。母体组织市场领先诀窍水平越高,设立后裔组织的可能性就越大。

但 Agarwal 等(2004)认为,技术性诀窍和市场领先诀窍之间存在着互动关系。母体组织如果同时具备两种诀窍,就会降低设立后裔组织的可能性。原因有两个:一是同时具备这两种诀窍的母体组织会降低对雇员创业的激励。与那些只具有技术诀窍而没有市场领先诀窍的公司不同,同时具备这两种诀窍的公司能将科学家和工程师的创新成果迅速转化为产品(Christensen,1997;Garvin,1983)。高水平的工作满意度和公司将其创新结果迅速投入市场的承诺都会降低雇员流动的可能性(Benkhoff,1997)。二是具有从高到低的技术能力,并能把这些技术能力运用到市场的组织都具有很强的侵略性,并能维持其在市场动态中的领先地位。例如,硬盘驱动器制造商量子公司和控制数据公司就是通过创建子公司来瞄准不断出现的碎片市场,以阻止本公司的雇员去创建后裔公司。

1976—1996 年,美国硬盘驱动器产业中将近 25% 的新设公司是从母体公司中分立出来的后裔公司,引发了产业内巨大的知识扩散和技术转移。Agarwal 等(2004)研究了该产业中母体公司的知识转移对后裔公司设立的影响。结果表明,母体公司所拥有的技术性诀窍越多,设立后裔公司的可能性就越大;母体公司所拥有的市场领先诀窍越多,设立后裔公司的概率就越大。在公司特征控制变量中,母体公司的年龄不会影响后裔公司的设立概率,但销售收入较高的公司设立后裔公司的可能性也较高。产品多样化水平高于平均水平的公司,设立后裔公司的可能性较小。母体公司技术性诀窍与市场领先诀窍的互动对后裔公司的设立具有负的影响。除母体—后裔之间的知识转移、资源转移和能力转移以外,影响后裔组织设立率的因素还包括其他多个方面。这些研究结论被总结在表 3-3 中。

表 3-3 影响后裔组织设立率的其他因素

影响后裔组织设立的因素	研究者和研究时间	研究结论
商业活动因素		
公司规模	Stanworth 等(1989); Cooper(1971)	公司分立频率与母体公司的规模负相关
部门特性	Moncada 等(1999)	处于引入期和成长期的部门是创业型公司分立的目的;处于成熟期和衰退期的部门是重构驱动分立的来源
	Garvin (1983)	不是单一的市场特性而是市场特性的组合降低了市场进入壁垒,从而促进了公司的分立
母体公司内补充性资产的不可获得性	Parhankangas(1999); Teece(1986)	母体公司内部不能获得商业化活动所必需的补充性资产会促进公司的分立
研发强度	Garvin(1983)	母体公司高的研发强度对公司分立具有正的影响
商业智慧的利用	Palop 和 Vicente(1999)	对母体公司商业智慧的利用会促进后裔公司的设立
新的组织和治理因素		
后裔公司独立前的组织自由	Stuart 和 Abetti(1990)	后裔公司独立前的组织自由程度高,会提高后裔公司的设立率
关系和支持因素		
市场、产品和技术关联	Parhankangas(1999)	没有市场、产品和技术关联会阻碍后裔组织的设立
母体组织对创业的态度	Abburrà(1998)	母体组织不热衷于个体创业会提高公司创业型分立的可能性
母体—后裔的信息不对称性	Krishnaswami 和 Subramaniam(1999)	母体组织与后裔组织关于后裔组织商业活动的意见分歧会提高后裔组织的设立率
激励因素		
顾客参与	Abburrà(1998); Roberts (1991)	顾客参与能提高后裔组织的设立率
商业环境因素		
地区商业环境的特性	Moncada 等(1999); Abburrà(1998)	地区商业环境的变化会刺激公司的分立
政府管制和法律框架	Moncada 等(1999); Jenna 和 Leslie(2000)	放松管制和税收优惠等措施会提高后裔公司的设立率

资料来源:Tübke A,2004. Success Factors of Corporate Spin-Offs[M]. New York: Springer US.

三、组织性质

生态化过程与制度化过程的作用在非营利组织种群和营利组织种群之间存在差异,引起差异的原因包括竞争导向、社会合法性和制度性联系的社会合法性等方面。

(一)竞争导向

与非营利组织相比,营利组织的业绩和生存更多地取决于利润优势和竞争活力。因此,营利组织的设立者更多地关注市场机会和竞争结构。与此相反,非营利组织及其设立者则主要关注社区反应、非竞争行为、合作活动、社会印象和社会需求的满足。因此,与营利组织相比,非营利组织的设立决策将更多地受到社会支持度和制度性环境的影响。比如,关于孩童照看中心,本地印象和社区关系强烈地影响着该非营利组织的生存(Baum,Oliver,1991)。对营利组织而言,则更多的是成长导向(Baum,Mezias,1992)。

(二)社会合法性

尽管非营利组织不热衷于经营竞争,但它们仍然会为了获得高的社会合法性而展开激烈的竞争。非营利组织一般存在于信任非常重要而顾客又不能评估服务质量的领域,因为这些服务非常复杂或难以监督,或受益者(如孩童照看中心的小孩)无法证实服务质量。在这样的条件下,只能用文化环境来定义服务质量,由非营利组织来运营显然要比营利组织更好。由于缺乏营利动机,非营利组织可望提供可信的服务。这使得非营利组织在获得政府的资助和社区的支持方面具有明显的竞争优势。非营利组织也能主动抑制营利组织的竞争能力而不损害其自身的公共形象。例如,就加拿大的孩童照看中心而言,公众一直反对营利组织的介入(Maynard,1985)。早期的研究表明,在多伦多地区,非营利的孩童照看中心比营利性的孩童照看中心具有更低的失败率(Baum,Oliver,1991;Baum,Singh,1994b),社会合法性对非营利组织有更大的支持。

(三)制度性联系的社会合法性

非营利组织与营利组织的社会合法性差异,源于它们的组织目标和组织活动与制度环境中主流价值观和信念吻合程度的差异。与营利组织相比,非营利组织的价值观与政府、慈善机构等组织的价值观更加吻合。例如,在加拿大,人们普遍认为非营利性的孩童照看中心比营利性的孩童照看中心更合法、更可信(Maynard,1985)。有影响力的儿童保护机构就质疑营利组织与政府和社区制度性联系的形成。一般而言,当制度性联系被更大范围的社会环境所认可时,它们就能在更大的程度上增强组织的合法性,从而提高组织的设立率。

(四)部门内差异

生态化过程与制度化过程的强度在营利性部门与非营利性部门的组织之间有明显的差别。从生态化过程来看,与营利组织相比,非营利组织更倾向于与潜在的竞争者寻求互利和合作,更倾向于避免激烈的竞争。因此,在营利性部门中,重叠密度对组织设立的影响更大。因为在该部门中,竞争效应更加明显。而在非营利性部门中,非重叠密度与非重叠强度的作用更大,因为在该部门中,避免竞争、自愿合作和利益共享等理念更加流行。虽然营利组织和非营利组织都寻求差异化,但两种组织寻求差异化的途径大不相同。为了找到合作和资源共享的机会,非营利组织通过分散布局在高度不重叠的生态位中来寻求差异化。与此相对应,为了避免直接竞争,营利组织通过定位在低水平重叠的生态位中来寻求差异化。显然,两种差异化战略都会增加非重叠密度:非营利组织通过提高组织生态位的非重叠程度来增加非重叠密度;营利组织通过降低组织生态位的重叠程度来增加非重叠密度。

从制度化过程来看,由于非营利组织能从其制度环境中获得更多的社会支持和资源,其决策就更易受到这些因素的影响,因此关系密度对非营利组织的设立就具有更大的影响。此外,营利组织与非营利组织面临着不同的进入管制。在美国和加拿大等国家,政府对非营利组织的进入几乎不设任何特定条件,绝大部分无须批准,只需到政府有关部门或委托部门注册即可。由于非营利组织具有提供公共物品、保障社会公益的替代效应,政府往往对其实行税收减免政策。譬如,美国税法规定对非营利组织的所得税、财产税、失业税等给予全额免除。同时,还给予向非营利组织捐赠的机构和个人以税收优惠。此外,美国一些州还对非营利机构自设了一些优惠税种。例如,加利福尼亚州的税法规定,获得免税资格的非营利机构还可免除消费税。在税收优惠政策的刺激下,美国非营利组织的数量在 1997 年达到了 160 万个,是1946 年的 8 倍。

(五)跨部门互动

营利性部门和非营利性部门的生态化过程和制度化过程在部门之间也存在着重要的差异。首先,尽管非营利部门的合作导向隐含着弱的同部门重叠密度效应,但非营利组织的社会适合度(social fitness)将会导致潜在的营利组织的设立者将非营利组织的社会身份视为一种获得社会资源和社区支持的明显的竞争优势和一种强大的进入威胁。与此相对应,那些选择营利组织的消费者就会要求营利组织创建自己的非营利组织(DiMaggio, Anheier, 1990)。其次,非营利组织的弱竞争导向还说明,非营利性部门内的非重叠密度和非重叠强度对营利组织的设立具有很强的促进作用。因为潜在的营利组织的设立者将会利用非营利组织与潜在竞争对手避免竞争、自愿合作、共同繁荣和资源共享的行动策略。最后,营利组织与非营利组织共同生存在同一种群内,非营利组织的制度接受性较高,营利组织也能从中获益,即所谓的制度性搭便车效应(institutional free-rider effect)。因此,非营利组织的关系密度对营利组织的设立具有很大的影响。非营利性部门的生态化和制度化过程对营利性部门的组织设立的影响,比营利性部门的生态化过程和制度化过程对非营利性部门的组织设立的影响要大。其他部门的重叠密度、非重叠密度、非重叠强度、关系密度对营利性部门组织设立率的影响大于其对非营利性部门组织设立率的影响。

第三节　组织设立的生态化过程

组织生态学对组织设立的研究主要集中在三个主题上。第一个主题是研究由以前组织的设立和死亡所引起的种群动态对当前组织设立的影响。第二个主题是研究组织种群密度与组织设立率之间的关系。第三个主题是检验制度因素对组织设立动态的影响。组织设立的生态学方法强调对稀缺公共资源的竞争(Hannan,Freeman,1977;McPherson,1983)和组织之间互利共生关系(Barnett,1990;Fombrun,1986;Hawley,1950)对组织设立率的影响。组织设立的生态化过程(ecological process)则主要分析组织种群密度、组织生态位与组织设立率之间的相互关系。

一、密度依赖原理

(一)密度依赖设立率模型

描述种群在受限环境中成长的通用模型是 Logistic 模型:

$$\frac{\mathrm{d}N}{\mathrm{d}t} = rN \tag{3-10}$$

式中,成长率 r 被定义为出生率与死亡率之差,$r = r_b - r_d$。设出生率随着密度(N)的提高而线性降低,$r_b = a_0 - a_1 N$;死亡率随着密度的提高而线性提高,$r_d = b_0 + b_1 N$。将这些表达式代入 Logistic 模型,可得:

$$\frac{\mathrm{d}N}{\mathrm{d}t} = (a_0 - b_0 N) - (a_1 + b_1) N^2 \tag{3-11}$$

该模型显示,当密度较小时,组织的出生率会大于死亡率。

上述模型简练地揭示了种群密度与种群成长之间的关系,但被应用于社会组织种群研究时,忽略了社会组织的社会学特性。Hannan(1986)认为,组织的设立率(founding rate)应包括两个基本的影响因素,即合法化过程和竞争性过程。组织的设立率与组织形式的合法性成正比,而与种群内部的竞争水平成反比。其模型为:

$$\lambda(t) = aL/C \tag{3-12}$$

其中,$\lambda(t)$ 是设立率,L 是合法性水平,C 是竞争水平,a 表示环境条件影响出生率的函数。

根据以上分析,组织密度以递减的比率增强合法性,以递增的比率提高竞争性。Hannan(1986)假设了其特殊的参数关系:

$$L = N^{a_1}, 0 < a_1 < 1 \tag{3-13}$$

$$C = \exp(a_2 N^2), a_2 > 0 \tag{3-14}$$

将 L、C 代入式(3-12)即可得到组织设立率模型:

$$\lambda(t) = aN^{a_1} \exp(-a_2 N^2)$$

$$0 < a_1 < 1, a_2 > 0 \tag{3-15}$$

该模型表明,组织设立率与组织种群密度之间存在非单调的倒 U 形关系:密度的初始提高会提高组织的设立率,但密度的进一步提高会抑制组织设立率。这是因为高的初始种群密度能使相关社会网络和技能网络得以扩张,能集成各种外部性,如专业化雇员的集中、信息的扩散、工资的降低和地域集中的企业孵化器(Sorenson,Audia,2000;Sørenson,Sorenson,2003)。但当现存组织的密度超过某一特定点后,对资源的竞争就会导致新组织设立率的降低(Hannan,Freeman,1987;Minkoff,1995)。

Hannan 和 Freeman(1988)使用了一个相对简单的模型来对组织死亡率进行估计:

$$\mu(t) = \beta \exp(b_1 N + b_2 N^2) \tag{3-16}$$

式中,$\mu(t)$ 是死亡率,β 表示环境条件的影响,密度系数遵循条件 $b_1 < 0$ 和 $b_2 > 0$。在既考虑设立率,又考虑死亡率的条件下,模型(3-16)的适应性比模型(3-15)要好。因此,在分析设立率时,可估计如下形式的模型:

$$\lambda(t) = \exp(a_1 N + a_2 N^2) \tag{3-17}$$

并假定 $a_1 > 0, a_2 < 0, |a_1| > |a_2|$。

在分析死亡率时,可估计如下形式的模型:

$$\mu(t) = \exp(b_1 N + b_2 N^2) \tag{3-18}$$

并假定 $b_1 < 0, b_2 > 0, |b_1| > |b_2|$。

组织生态学仅仅用组织种群密度的一次方这一数量指标来代表组织的合法性效应,缺乏对合法性概念的详尽解释。制度理论认为,合法性可从认知合法性(cognitive legitimacy)和社会政治合法性(socio-political legitimacy)这两个方面来定义。就组织设立而言,认知合法性是指新生事物被当作一种理所当然的环境特征而被接受。当一种新产品、新程序或新服务被当作社会文化或组织前景的一部分时,认知合法性的最高形式就形成了(Aldrich,1999);社会政治合法性是指关键股东、意见领袖和政府官员认为某种新生事物是合适的和正确的。一项活动的社会政治合法性包含两个部分:基于文化准则的道德价值以及被政治和规制当局接受的程度(Aldrich,1999)。

(二)密度依赖设立率的延迟效应

密度依赖设立率具有延迟效应(delayed effect),即以前的组织设立率对新组织的设立也有影响(Tucker et al. ,1990;Haveman,1993b)。由于环境承载力的存在,以前的组织设立对当前的组织设立一般有负的影响。但也有证据表明,在非营利组织种群中,以前的组织设立对当前的组织设立具有正的影响(Tucker et al. ,1990)。这表明,在某些组织种群中,随着组织密度的提高和先前组织设立率的提高,组织的合法性得到了相应的提高,但组织之间并不存在竞争的关系。此外,Putnam(1993)认为,当社会资本被应用时,它非但没有被消耗,反而会增加。个体组织越是通过设立新组织来参与社会,非营利组织的环境容量就越大。因此,在非营利组织种群内,种群密度和先前的组织设立应该对当前的组织设立率具有单调的正的影响。

密度依赖的组织设立率模型还可应用到现存组织对新产品市场的进入分析(Haveman,1993b)。现存组织决定进入一个新领域的过程与企业家决定投资一家新企业的过程是相似的。在市场中运作的组织数量(市场密度)既反映该市场的合法性,也反映其竞争性。一个市场的合法性会随着在市场中运作的组织数量的增加而提高,而竞争性也随着市场密度的增大而提高。由于市场密度既反映外部合法性,也反映一般竞争动态,这两者都是组织惰性的来源(Hannan,Freeman,1977),因此它会影响组织进入新市场的意愿。与组织设立率一样,假设组织进入新市场的比率与市场的合法性成正比,与市场的竞争性成反比,则市场进入率与市场密度之间呈现倒 U 形关系。当市场密度较低时,组织数量的增加会提高现存组织的合法性,从而会提高对该市场的进入率。相反,当市场密度较高时,拥挤效应和竞争效应起主要作用,公司数量的进一步增加将会降低市场进入率。

Hannan 和 Freeman(1987,1988)用 1836—1985 年美国劳动力工会的数据对密度依赖设立率模型进行了检验,检验的结果强烈地支持了模型的假设。自此以后,来自其他组织种群的实证研究也对这一结果进行了重复,如 Barnett 和 Carroll(1987)对艾奥瓦州几个县独立的电话公司(1900—1917 年)的设立率和死亡率的分析。表 3-4 是 1990 年以前关于组织设立研究的代表性成果。

表 3-4　1990 年以前对组织设立的实证研究

组织种群	关键变量	与理论的协调	研究者与研究时间
阿根廷报业，1880—1990 年	设立、死亡	++	Delacroix 和 Carroll(1983)
爱尔兰报业，1800—1925 年	设立、死亡	++	
地方报纸业，125 年时间	设立、死亡	+	Carroll 和 Huo(1986)
多伦多都市区 VSSOs，1970—1982 年	设立、死亡、制度变革	++	Tucker 等(1990)；Singh、Tucker 和 Meinhard(1988)
多伦多都市区 VSSOs，1970—1982 年	分开了专业化组织和通用型组织	++	Tucker 等(1990)
美国全国劳动力工会，1836—1985 年	种群密度	++	Hannan(1986)
美国全国劳动力工会，1836—1985 年	种群密度、设立	+(产业工会) ++(手工业工会)	Hannan 和 Freeman(1987)
加利福尼亚州葡萄酒业，1941—1984 年	设立	++	Delacroix 和 Solt(1987)
9 个 19—20 世纪报业种群	种群密度、设立、死亡	++(6 个种群) +(3 个种群)	Carroll 和 Hannan(1989b)
美国酿酒业，1633—1988 年	种群密度、设立、死亡	++	Carroll 和 Swaminathan(1991)
美国和德国酿酒业	种群密度、设立	++(德国) +(美国)	Swaminathan 和 Wiedenmayer (1991)；Carroll 和 Swaminathan (1991)
美国半导体公司，1947—1984 年	种群密度、进入	+	Hannan 和 Freeman(1989)
巴拿马电话公司，1877—1933 年	种群密度、种群规模	—	Barnett 和 Amburgey(1990)
加拿大大大西洋工人合作社，1940—1987 年	种群密度、设立、死亡	+	Staber(1989)

注：++表示统计显著，与理论吻合；+表示方向正确，但统计不显著；—表示统计显著，但与理论不吻合。

资料来源：Singh J V，Lumsden C J，1990. Theory and research in organizational ecology [J]. Annual Review of Sociology，16(1)：161-195.

(三)密度依赖的离群效应

密度依赖的竞争性过程和合法化过程并非只限于本组织种群内部,它还会对更宽范围内其他组织种群的演化产生影响,形成离群效应(supra-population effect)。Ranger-Moore、Banaszak-Holl 和 Hannan(1991)对美国商业银行设立率的研究表明,曼哈顿地区商业银行密度依赖合法性的有利效应会外溢到布鲁克林等纽约其他地区。Barron(1992,1998)对纽约城市信贷联盟的研究发现,纽约市城市信贷联盟密度依赖的合法性效应会促使长岛地区城市信贷联盟设立率提高。Simon(2001)对佛罗里达州和全美国境内银行业种群的研究表明,佛罗里达州以外的美国其他地区的商业银行数量的自然对数每增加 1,就能促使佛罗里达州的商业银行设立率提高 58.7%。就信贷联盟而言,这一比例还要高。更为奇怪的是,离群效应强度比本群效应强度还要大。

密度依赖的竞争性过程也具有离群效应。某一特定组织种群内组织密度的提高既会在本种群的组织之间形成直接竞争(direct competition),还会因为争夺有限的共同资源而给其他地区的相同或相似种群带来分散竞争(diffuse competition)。但密度依赖的合法性和竞争性具有不同的离群效应强度。Baum 和 Oliver(1996)认为,竞争性过程通常是异质的,且在当地环境条件下具有更强的效应;而制度化过程则通常会在更广的空间层面上发挥更强的作用。因此,密度依赖的合法性效应具有更大的离群效应强度。

彭璧玉和杨韶枫(2013)将广州市的制造企业划分为内资企业和外资企业两个企业种群,运用 Lotka-Volterra 模型,以 1999—2010 年的面板数据为基础,研究了这两个企业种群中,一个企业种群的密度对另一个企业种群设立率的影响,研究思路如图 3-5 所示。

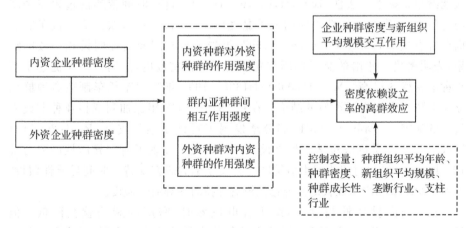

图 3-5 密度依赖设立率离群效应研究思路

资料来源:彭璧玉,杨韶枫,2013.亚种群间共生作用对组织设立影响实证研究:以广州制造业为例[Z].工作报告.

研究结果表明:①广州市制造业多数行业的内资企业和外资企业之间的相互作用是不对称的。在所研究的 28 个行业中,内资企业、外资企业互为共生关系的行业集中在文教体育用品制造业、橡胶制品业、非金属矿物制品业、有色金属冶炼及压延加工业这 4 个行业。②内资企业、外资企业互为竞争的行业集中在家具制造业,造纸及纸制品业,化学原料及化学制品制造业,塑料制品业,通信设备、计算机及其他电子设备制造业,金属制品业,通用设备制造业这 7 个行业。在其余的 17 个行业中,内资企业和外资企业表现出不对称作用。③在存在共生关系的行业内,内资企业密度、外资企业密度对对方设立率的提高存在明显的促进作用。④内资企业种群密度接近环境承载力,种群密度与新成立组织平均规模的交互作用对组织设立率具有负向影响。外资企业种群密度较低,其密度与新企业平均规模的交互作用对企业设立具有正向影响。⑤企业种群密度对企业设立率的影响大于行业进入壁垒对企业设立的影响。

(四)密度依赖设立率的时间异质性

1.密度依赖设立率的时间异质性(temporal heterogeneity)

种群密度对竞争性与合法性的影响与时间有关,它会随着组织种群年龄的变化而变化。Hannan(1997)提出的时间异质性假设试图说明,随着时间的推移,竞争效应对密度的反应会越来越不敏感。因为在成熟的组织种群中,竞争主要不是依赖于密度,而是依赖于组织在社会角色结构中的位置(Hannan,1997)。在组织种群发展的早期,企业家期望通过密度的提高来增强组织的合法性。但过了一段时间以后,企业协会和劳动力工会等组织创造了一种组织之间以及组织与其他相关者之间的连接网络(Carroll,Hannan,2000a),企业家对密度变化的敏感性就降低了。而且,随着组织存活时间的延长,组织寿命本身就能给组织赋予合法性(Barnett,Carroll,1995)。这种时间依赖的过程在密度与竞争性、密度与合法性之间引入了黏性(viscosity)。在对欧洲 5 个汽车制造商种群设立率的研究中,Hannan(1997)报告了与时间异质性假设相一致的结果,表明密度—年龄的交互作用首先驱动了种群密度的降低,然后又促进了组织种群密度的提高。Wezel(2005)对 1895—1993 年英国摩托车制造商种群设立率的研究也报告了类似的结论。在对 1846—1992 年保加利亚报业种群设立过程的研究中,Dobrev(2001)部分地发现了对该模型的支持;Ruef(2006)对 1765—1999 年美国医药学校种群设立率的研究只发现了时间异质性的混合证据。Barron(2001)对纽约城市信贷联合会设立率的研究支持了时间异质性假设,但对组织解散和组织成长的研究结论没有支持时间异质性假设。

根据时间异质性假设,当组织种群成熟时,密度的影响就会降低。但Hannan(1997)指出,密度在成熟产业的复苏中起着重要的作用,因为合法化过程、竞争性过程与生态位宽度过程是相互作用的。在产业发展历史的后期,低密度通常与高集中度相联系。少数通用型组织控制了市场的中心,给专业化公司进入资源空间中未开发的领域创造了机会。也就是说,低密度(尤其是通用型组织的低密度)会促进新组织的进入。结果导致种群密度再次提高,竞争重新启动,直到调整过程完成。因此,在成熟的产业中,尤其是在年龄很大的产业中,组织密度对组织设立率的影响会复苏,即合法性重新对组织设立率产生正的影响,直到密度的增加引发了竞争性导致的设立率的降低。

2.密度依赖设立率时间异质性和空间异质性的联合作用

组织种群的空间结构也会影响密度依赖的时间异质性过程。在空间聚集的种群中,随着时间的推移,种群内部会形成一种复杂的社会结构,它们之间的制度厚度会逐渐强化(Amin,Thrift,1995)。此外,Malmberg 和 Maskell(1997)也指出,产业聚集的特性就是存在一个本地组织和制度网络,例如,本地银行和本地政府机构都会倾向于支持本地企业。由于存在厚的制度基础,聚集种群较之非聚集种群会显示出更强的黏性,它们会受到更强的合法性的边际影响。这就是说,在空间聚集的组织种群中,虽然组织种群密度的提高会加剧组织之间的竞争性,但合法性的边际效应会持续更长的时间,这会使组织种群的密度顶点向右移动。因此,在空间聚集的组织种群中,随着时间的推移,它们对密度依赖设立率的敏感度较弱。也就是说,随着产业年龄的增长,密度依赖设立率对聚集种群的影响小于对分散种群的影响。

在不同的种群年龄段,密度依赖设立率的空间效应和时间效应也有不同的强度特性。一般而言,在种群发展的初期,组织之间的年龄差异不大,组织种群的密度也不大,提高组织合法性的需求会刺激组织设立活动具有更强的空间邻近性,此时密度依赖设立率的空间效应强度会大于时间效应强度;但在种群的成熟期和衰退期,组织存活的时间差异逐渐增大,组织之间的竞争能力和设立新组织所需的盈余资源差异很大,此时密度依赖设立率的时间效应强度就会大于空间效应强度。

密度依赖设立率的时间效应和空间效应还受到产业特性的制约。其中,产业组织的投资规模、资产特性和产品市场的空间特性是重要的影响因素。对于投资规模较大的组织而言,空间聚集带来的组织之间的分工效应对规模经济的边际替代作用较小,因此空间聚集对同质组织设立活动的促进作用很小。在这样的产业组织中,密度依赖设立率的年龄效应强度大于空间效应强度;对投资需求相同的组织而言,投资总额中固定资产的比例越大,组织转移的成本越高,空间聚集的可能性就越小,因此密度依赖设立率的空间效应强度小于其年龄效应强度;同样,组织所生产的产品的市场范围越大,对本地市场的依赖度越小,组织空间聚集的可能性也越大,密度依赖设立率的空间效应强度就会大于其时间效应强度。

彭璧玉(2013a)验证了 1994—2004 年广州市和广东省汽车零部件制造业的密度依赖设立率效应。结果表明,不管是广东省的汽车制造业还是广州市的汽车制造业,组织种群的密度都对组织的设立呈现倒 V 形的影响(见图 3-6 和图 3-7)。即在组织密度达到顶点之前,组织密度的提高有助于组织设立率的提高;但在密度顶点以后,组织密度的提高会抑制组织设立率的进一步提高。与其他类似的研究相比,该项研究还发现了三点有意义的结论。

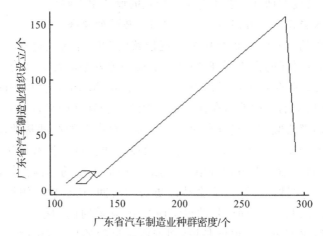

图 3-6　广东省汽车制造业种群的密度依赖设立率

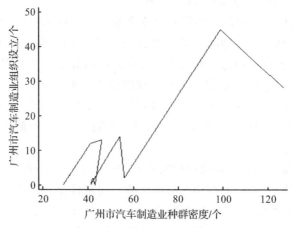

图 3-7　广州市汽车制造业种群的密度依赖设立率

第一,在广东省和广州市的汽车制造业组织种群中,密度依赖的组织设立率呈现倒 V 形效应,而不是其他研究所证实的倒 U 形效应。这说明在本项研究所设定的产业中,密度依赖效应更加明显。这与汽车制造业的产业特性有关。汽车制造业投资需求大,企业的平均生产能力强,产业内部的企业数量不多,因此新企业的进入对产业的内部环境具有很强的扰动力;同时也说明该产业的环境承载力对组织种群密度非常敏感。

第二,在组织种群密度依赖设立率的整体倒 V 形效应中包含着若干小型的倒 V 形效应过程。这说明密度依赖的组织设立率具有明显的阶段性特征,但在不同的产业发展阶段,密度依赖效应的强度是相似的(曲线的斜率基本相同)。由于本书所选样本的时间跨度不大,这一密度依赖的阶段性特征还有待于在其他产业组织中做进一步的验证。

第三,在不同的空间层面上,达到密度顶点所需的组织数量存在着较大的差别。在广东省区域内,只有当设立的组织超过 280 个时,它才会对组织设立率产生负的影响;而在广州市层面上,密度顶点的组织数量少于 100 个。这说明空间因素确实对密度依赖效应具有重要的影响,更大范围的空间分布会削弱密度依赖的竞争性和合法性。

(五)亚群—混群密度依赖演化效应

在同一组织种群中可能存在若干亚种群(subpopulation),亚种群与组织种群之间存在着复杂的互动关系。划分亚种群的依据很多,例如,可根据组织的竞争策略将组织种群划分为通用化组织亚种群和专业化组织亚种群;可根据产品的类型差异将空调制造商种群划分为窗式空调制造商、分体式空调制造商和中央空调制造商三个亚种群。亚种群的组织设立率之所以值得特别重视,是因为亚种群组织在组织规模、经营特性和经营战略等方面具有明显的特性。例如,专业化的组织倾向于在行业中寻求小的、质优价高的生态位。在美国葡萄酒行业中,农庄葡萄酒商就不是靠媒体广告而是靠口碑来宣传其产品的。它们将酿造厂当作一种市场工具,通过承办招待会、婚礼、复活节庆典、丰收庆典、郊游等活动来增加现金收入。它们还向顾客提供印制了顾客私人标签的酒类制品。由于以上原因,亚种群组织的设立动态与整个组织种群的设立动态之间就会存在差异。例如,在美国禁酒令颁布后,在 1941—1990 年设立的共计 2073 家葡萄酒酿造商中,有 1711 家是农庄酿酒商,占该时期新设企业的 82%。

亚种群的组织设立率受到亚种群的密度和由多个亚种群组成的混合种群的密度的双重制约。一般而言,运用密度依赖模型分析组织亚种群的设立率时要考虑三个基本问题:一是亚种群的界限通常由组织形式来定义(Ranger-Moore,Banaszak-Holl,Hannan,1991);二是亚种群的界限一般由分析的地理层次来决定;三是组织亚种群之间可能存在复杂的相互依赖关系(Barnett,Carroll,1987;Barnett,1993)。

已有较多的研究对基于特定形式的密度依赖(form-specific density dependence)的亚种群设立率提供了支持,如手工业和工业协会(Hannan,Freeman,1989)等。在这些研究中,专业化亚种群是根据它们的组织形式来划分的,它们与在组织种群中占主导地位的大规模生产的组织以及通用化组织具有明显的区别。Ranger-Moore、Banaszak-Holl 和 Hannan(1991)对美国商业和储蓄银行亚种群、股票和共同寿险公司亚种群的研究表明,在亚种群内部,组织设立率与组织密度之间仍然保持了倒 U 形的关系(见图 3-8)。Swaminathan(1995)对美国葡萄酒业的研究也证实,特定形式的亚种群——农庄酿酒商——的设立率与农庄酿酒商的密度之间也存在倒 U 形的关系。

这些研究注意到了组织种群与亚种群之间密度依赖效应强度的不同,但这些研究证实的均是亚种群密度依赖效应与组织种群密度依赖效应的同向性,即在同一研究周期内,亚种群与整个种群的密度依赖设立率均呈现出倒 U 形特性。

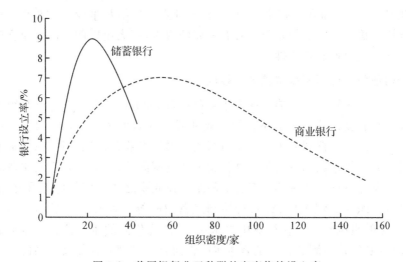

图 3-8　美国银行业亚种群的密度依赖设立率

资料来源:Ranger-Moore J, Banaszak-Holl J, Hannan M T,1991. Density-dependent dynamics in regulated industries:Founding rates of banks and life insurance companies[J]. Administrative Science Quarterly,36(1):36-65.

事实上,也可能存在与此相反的现象,即当整个种群的密度与组织种群的设立率成正比时,两个亚种群的密度却分别与其亚种群设立率成反比。密度依赖效应存在的前提是组织种群的环境承载力存在限制,因此,组织种群与亚种群之间密度依赖效应的差异首先来自其环境承载力限制的差异。虽然组织种群的密度等于各个亚种群的密度之和,但组织种群的环境承载力容量并不一定等于各亚种群的环境承载力容量之和。这是因为以下三点:第一,亚种群之间存在着互利共生关系,一个亚种群设立率的提高虽然消耗了本种群的环境承载力,却可能同时扩大了其他亚种群的环境承载力。例如,在汽车零部件制造业中,汽车发动机总成企业的设立必定会为 40 多种发动机零部件企业的设立创造条件。第二,各个亚种群的密度不同,对环境承载力的消耗速度也不同,它们到达密度拐点的时间也不一致。第三,有些亚种群的环境承载力容量比整个种群的环境承载力容量还要大。假如整个组织种群能够容纳 n 家专一型组织,则它可能会容纳 $n+i$ 家多样化组织。因为多样化组织的多种产品生产之间具有共同的资源基础,能获得资源利用的规模经济。

在同一时间,各亚种群之间的密度依赖效应可能不同。例如,一个亚种群密度的提高会降低该种群的组织设立率,而另一个亚种群密度的提高却会提高该种群的组织设立率。也就是说,当一个亚种群密度对产业组织呈现竞争性效应时,另一个亚种群密度却可能会呈现出合法性效应,它们的综合作用会使得整个组织种群的密度依赖效应呈现出强烈的不确定性。

亚种群之间、亚种群与组织种群之间环境承载力不一致导致的结果是:第一,亚种群密度依赖效应强度与组织种群密度依赖效应强度不一致;第二,亚种群之间的密度依赖效应强度不一致;第三,亚种群之间的密度效应拐点不一致。

根据亚种群之间、亚种群与整个种群之间密度效应强度、密度效应方向的不同,在组织种群只包括 1 个亚种群(不考虑亚种群之间密度效应的交互作用)以及亚种群的环境承载力水平低于组织种群环境承载力水平的情况下,可概括出以下两种典型的亚种群—种群密度依赖组织设立率模式。

模式 1:亚种群与组织种群密度依赖效应的作用方向相同(见图 3-9)。亚种群的密度拐点出现得比组织种群早。当亚种群的密度拐点为 n_1 时,亚种群的密度依赖效应就会降低整个组织种群密度依赖设立率的合法性效应;当亚种群的密度拐点为 n_2 时,$n_2 = (n_4 - n_0)/2$,亚种群密度的合法性效应和竞争性效应就会同时对整个组织种群的合法性效应产生影响,且竞争性效应的影响更大,整个组织种群的设立率受到抑制,但抑制的程度比前一阶段低;当亚种群的密度顶点达到 n_3 时,$n_3 > (n_4 - n_2)/2$,亚种群的密度效应就会同时对整个组织种群的合法性效应和竞争性效应产生作用。但此时亚种群密度对整个种群密度的合法性效应的促进作用大于对竞争性效应的扩大作用。综合这一过程可以发现,随着亚种群密度和组织种群密度的提高,亚种群密度对组织种群密度依赖设立率的影响从单纯影响组织种群的合法性效应向既影响合法性效应又影响竞争性效应转变;亚种群密度会打破整个组织种群密度依赖效应的平衡状态,它对整个组织种群的密度依赖设立率效应的影响过程是"大幅度抑制→小幅度抑制→促进"。受其影响,整个组织种群的密度顶点会向左边偏移,密度依赖设立率效应会改变为一个左边为倒钟形、右边为倒 U 形的不规则图形。

模式 2:亚种群与组织种群密度依赖效应的作用方向不同。如图 3-10 所示,当亚种群的密度拐点为 n_1 时,亚种群的密度对整个组织种群的密度依赖效应既有合法性效应又有竞争性效应,但合法性效应大于竞争性效应,因此会提高整个组织种群密度依赖设立率的合法性效应;当亚种群的密度拐点为 n_2 时,$n_2 = (n_4 - n_0)/2$,亚种群密度对整个组织种群的合法性效应还是大于竞争性效应,但差异程度降低,对整个种群密度依赖设立率合法性效应的提高程度比前一阶段小;当亚种群的密度顶点达到 n_3 时,$n_3 > (n_4 - n_2)/2$,亚种群的密度效应就会同时对整个组织种群的合法性效应和竞争性效应产生作用,但此时亚种群密度对整个种群密度的竞争性效应大于合法性效应,整个组织种群的设立率相应降低。综合这一过程可以发现,随着亚种群密度和组织种群密度的提高,亚种群密度对组织种群密度依赖设立率的影响过程是"大幅度提高→小幅度提高→抑制"。受其影响,整个组织种群的密度顶点也会向左边偏移,且偏移的程度大于上一种情况;此时,整个种群的密度依赖设立率效应会改变为更陡的、左右不对称的倒 U 形图形。

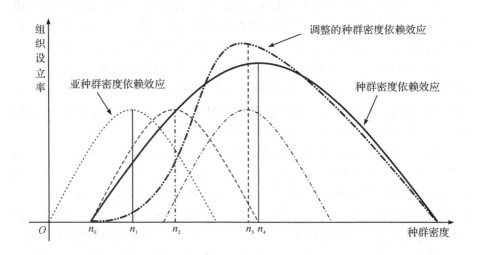

图 3-9 亚种群倒 U 形效应对组织种群密度依赖设立率的影响

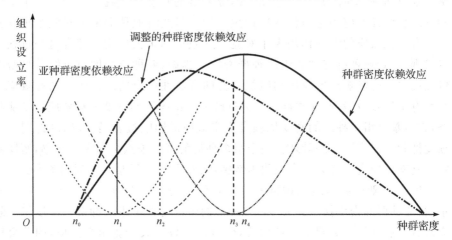

图 3-10 亚种群 U 形效应对组织种群密度依赖设立率的影响

二、组织生态位重叠原理

(一)生态位形成与组织设立

新的组织生态位形成(niche formation)会刺激新组织的设立。Abernathy 和 Clark(1985)认为,三种特殊类型的环境变革会引致新生态位的形成。首先是新技术的选择和新设计的应用,其次是政府政策的调整,最后是消费偏好的改变。而 Delacroix 和 Solt(1987)的生态位形成观点则与生态位形成创新 (niche creation innovation)的观点相类似。他们认为,加利福尼亚州葡萄酒产业的设立就是由生态位形成而驱动的。在他们看来,葡萄酒业中的新生态位是由人们生活类型的改变而进化出来的,且与消费者的偏好有关。只要消费者改变偏好,随着市场生态位容量的扩大,采取专业化形式的组织就会获得比通用型组织更高的设立率。Swaminathan(1995)对美国葡萄酒业的研究已经证明,新生态位的容量越大,专注于该生态位的专业化组织的设立率就越高。Delacroix 和 Solt(1987)利用葡萄酒进口水平作为新生态位容量指标所进行的分析表明,美国酒类产品进口水平的提高对加利福尼亚州葡萄酒业的组织设立率具有正的影响效应。他们认为这是生态位形成提高组织设立率的有力证据。但新生态位的形成也可能是技术创新的结果。例如,半导体制造业中的组织设立就是由技术创新驱动的(Brittain,Freeman,1980)。Tushman 和 Anderson (1986)认为,由技术变革导致的产品替代会打击现存公司的能力。诸如水泥 (1872 年)、定期航线(1924 年)和平纸复印(1959 年)等新的产品种类的出现主要归结于基础技术的创新。

(二)组织生态位的重叠密度与非重叠密度

对富余生态位的进入或对已饱和(full filled)生态位的入侵(invasion)是组织设立的另外途径。组织种群生态位的宽度、生态位的重叠密度与非重叠密度等因素对潜在进入者的资源获取前景和竞争前景均会产生直接的影响。组织生态位的重叠密度(overlap density)是指在特定的资源集合体中,一个组织的生态位与组织种群中其他组织的生态位相互交错的程度。非重叠密度 (nonoverlap density)是组织种群中未交替密度的集合。重叠密度和非重叠密度通过定义种群生态位的内部结构来区分组织种群中的竞争因素和非竞争因素。

组织生态学理论认为,种群内部组织之间的竞争密度主要由资源需求的相似性决定。组织种群中任何两个组织之间生态位的竞争程度与其对资源需求的重叠程度成比例。一般地,设有两个组织生态位 i 和 j,其重叠权重为 w_{ij},

$0 \leqslant w_{ij} \leqslant 1$。当 $w_{ij} = 0$ 时,组织生态位之间没有竞争;当 $w_{ij} = 1$ 时,组织拥有相同的生态位,对资源需求的竞争程度非常高。不同生态位上组织的竞争程度取决于其生态位的重叠程度与生态位的宽度,且 $w_{ij} \neq w_{ji}$。也就是说,在组织生态位 i 上的组织和组织生态位 j 上的组织给对方施加的竞争效应是不同的。比如,只经营国内业务的旅游公司与既经营国内业务又经营国际业务的旅游公司之间的竞争效应是不对称的。

组织生态位 i 在 t 时的重叠密度可表示为:

$$\mathrm{OD}_{it} = N_{it} + \sum_{j \neq i} w_{ij} N_{jt} \tag{3-19}$$

式中,N_{it} 是组织生态位 i 在 t 时的组织数量,N_{jt} 是组织生态位 j 在 t 时的组织数量,w_{ij} 是组织生态位 i 与组织生态位 j 的重叠程度。

重叠密度具有某些显著的特性。首先,重叠密度因组织生态位的不同而不同。因此,相同生态位上的组织面临相同的竞争前景,不同生态位上的组织面临不同的竞争前景。其次,重叠密度随着时间的变化而变化。不仅是不同的组织面临不同的竞争前景,竞争前景还会随着时间的变化而变化。最后,重叠密度一般比种群密度要小,除非种群中的组织拥有一个同样的生态位。

非重叠密度是对资源需求与在位组织生态位不重叠的组织数量的估计。组织密度等于重叠密度与非重叠密度之和。组织生态位 i 在 t 时的非重叠密度为:

$$\mathrm{NOD}_{it} = N_t - \left(N_{it} + \sum_{j \neq i} w_{ij} N_{jt} \right) \tag{3-20}$$

式中,N_t 是种群中所有组织在 t 时的数量。

假设组织 i 有 50 项可用技术,组织 j 有 100 项可用技术。生态位 j 和生态位 i 重叠的领域有 25 项技术,生态位 j 和生态位 i 不重叠的领域有 75 项技术,生态位 i 和生态位 j 不重叠的领域有 25 项技术,则 $w_{ij} = 0.5$,$w_{ji} = 0.25$。

组织生态位重叠和非重叠会影响组织设立的成功率。组织种群中重叠密度与组织设立率负相关,非重叠密度与组织设立率正相关。在拥挤的组织生态位内设立组织比在宽松的组织生态位内设立组织成功率更低,因为高的组织生态位重叠密度意味着对资源的竞争更加激烈。

与此相对应,在差异性较大的组织生态位内施行设立努力比在差异性较小的资源空间中施行设立努力更加容易,且有更高的成功率。Hawley(1950)认为,同一生态位内的组织对有限资源的竞争最终会导致组织差异化的出现。当竞争压力将不适应环境的竞争者逐出市场时,这种差异就会形成。被逐出的企业会通过其所拥有的竞争优势而实现地域性转型或功能性转型。差异性通过减少直接竞争者的数量而降低了竞争强度,它降低了生态位的重叠程度。已有的研究表明,差异化的分割或资源需求的分离能减少和消除组织之间的潜在竞争（Barnett,Carroll,1987；Baum,Mezias,1992）。除了减少潜在的竞争,差异化还能引致新组织的创造,这些新创立的组织能为组织种群中的现存组织提供补充。因此,竞争可通过多边相互依赖而导致基于功能性差异的复杂组织系统的出现。Hawley(1950)描述了互利共生的两个不同的基础:共栖和共生。前者指基于互补相似性的正的相互依赖,如相同的组织一起工作以增强彼此之间的合法性;后者指基于互补差异性的正的相互依赖,如不同能力的组织直接合作或在市场上交易以满足各自的利益。

Hawley(1950)认为,企业试图通过与组织种群中的其他组织区分风险而限制潜在的竞争。在一个竞争的环境中,非重叠密度会刺激组织的设立,因为它发出了一个存在不同组织生态位的信号,在这一生态位中,某些组织能充当补充的角色。因此,尽管竞争效应会阻碍组织设立者进入重叠密度高的组织生态位,但来自差异化和补充的利益又会将其吸引到非重叠密度高的生态位。

(三)组织生态位的非重叠强度

组织生态位的差异可用非重叠强度(nonoverlap intensity)来衡量。非重叠强度指潜在竞争者之间资源非重叠的程度,它可以被定义为组织种群潜在竞争者成员中组织生态位不重叠的数量与组织生态位重叠数量的比率。组织生态位 i 在 t 时的非重叠强度(NOI)可表示为:

$$\text{NOI}_{it} = \sum_{j \neq i} K_{ij} M_{jt} \tag{3-21}$$

式中,K_{ij} 是组织生态位 i 和所有组织生态位 j 之间非重叠生态位对重叠生态位的比率,其中组织生态位重叠系数 w_{ij} 大于 0；M_{jt} 是生态位 j 内 t 时的组织数量。

组织种群中非重叠强度与组织设立率正相关。组织生态位的非重叠强度低(差异程度低)意味着组织之间使用更多的共同资源,因而竞争程度高。组织生态位非重叠强度高能为组织之间的非竞争性活动提供合作的机会,并激励组织之间的合作。由于潜在竞争关系的存在,占有部分重叠生态位的组织之间有更强的合作动机。在这样的条件下,生态位重叠的组织之间可通过采取和平共存(live-and-let-live)战略而避免高强度的竞争,生态位不重叠的组织之间可通过共同解决问题、交换信息、分享顾客资源等方式开展合作。生态位部分重叠的组织之间的接触通过增强对彼此的了解而促进它们之间隐含的和外显的合作机制的形成。因此,高的非重叠强度(高的组织生态位差异)会降低竞争的潜势,增强合作的可能性,因而有利于促进组织的设立。

(四)组织生态位宽度

组织种群密度对应着一定时期内的产业组织数量,而组织生态位宽度对应着产业组织的产品多样性程度。在现有的组织生态学和产业组织研究中,尚未发现将组织种群密度与组织生态位宽度结合起来研究产业组织演化的文献。

事实上,组织种群密度与组织生态位宽度之间存在着交互作用,这种作用会直接影响到产业组织的设立、成长和死亡。

1. 低密度条件下产品多样性对产业组织设立的影响

根据密度依赖原理,在低密度条件下,为了强化组织种群的合法性,产业组织的设立率会提高。在产业发展的早期阶段,产业组织中的企业数量较少,对资源的竞争并不激烈,不管是多样化组织还是专业化组织均能获得其预期的生态位。此时,产业组织中的规模经济效应和范围经济效应都十分明显,采取何种组织发展策略一方面取决于产业的技术经济特性,另一方面取决于组织筹办者的现实能力。例如,现代汽车零部件制造业有成套、高精、高效、自动化、柔性化和可靠等 6 个特征,其中最重要的是成套和可靠。关键零部件制造的成套技术装备,体现于大批量生产的各种自动化生产线和制造单元的系统集成能力和水平,是多种技术及设备的集成,要求制造企业非常熟悉现代汽车零部件制造工艺,能够提供成套交钥匙工程和整体解决方案。因此,汽车零部件制造业属于固定资产投资数量大、产品质量要求高、资产专用性程度高的行业。国外汽车行业的统计数据表明,零部件工业的平均投资一般为整车企业的 1.5 倍左右,用于新产品开发的投入为 3%~5%,企业的年研发投入一般为销售收入的 3%~5%,有的甚至达到 10%(任建雄,2005)。在这样的行业中设立新的企业,大多数投资者会选择先投资生产单一产品,通过自我积累后再投资生产其他相关产品。

随着产业组织中专一型组织数量的增多,组织之间对同一资源基础的竞争就会加剧。在资源日趋稀缺的条件下,专一型组织产品的变动成本水平就会提高,盈亏平衡点上移,规模经济效应下降。为了维持必要的竞争优势,先行进入的组织会通过相关多样化的方式来扩大其产品范围,通过进入那些产品集中度不高、平均进入成本较低的行业而获取范围经济,因此会提高产业组织中多样化组织的比率。所以,在组织种群密度较低且组织产品多样性程度较低的情况下,专一型组织的设立率得以提高。但随着组织种群密度的提高和产品多样化程度的提高,多样性组织的设立率会随之提高。

2. 高密度条件下产品多样性对产业组织设立的影响

在高密度条件下,组织密度的竞争性效应大于合法性效应,组织种群的设立率在整体上得到抑制。如果组织种群密度较高而产品多样性程度较低,则意味着大量的同质企业在展开直接竞争,其结果是具有较强规模经济优势的企业得以存活,市场集中度不断提高,存活企业的规模不断扩大。当市场被大型专一型组织所垄断时,整个产业的最低规模经济水平得以提高,新组织的进入壁垒也因此得以强化,它会进一步抑制多样化组织设立率的提高。

如果组织种群的密度和产品多样化程度都较高,则意味着大量异质的企业已经在不同的资源空间里展开了激烈的竞争,此时,范围经济性成为获取竞争优势的重要来源。而范围经济又来源于品种经济性,它特指在同一"范围"内共享资源,均摊成本。范围指共享与均摊的边界。例如,多个品种设计共享同一模板、产业集群内共享知识、中小企业共享生产区的基础设施和制度等。因此,相关多样化是企业获取范围经济的基本途径。就汽车零部件制造业而言,其产品范围分散在 30 多个行业中,且每一个产品之间的生产关联度很低。除了密封件生产商可以关联生产车用油管、水管,其他零部件生产商获取范围经济的成本都很大。因此,在这种条件下,多样化组织的设立率会得到很大的抑制。

3. 组织生态位宽度与组织生态位重叠度对产业组织设立的交互影响

组织生态位重叠度反映的是组织之间产品的同质性程度,组织生态位重叠度高意味着组织之间的产品同质性高,反之亦然。而组织生态位宽度代表的是特定组织对市场空间的进入边界,组织生态位越宽,组织对市场的进入边界就越宽,反之亦然。在市场容量一定的情况下,组织生态位宽度与组织生态位重叠度之间存在着替代关系。市场空间既可以被一群单个组织的生态位宽度小但组织之间生态位重叠度低的专一型组织所分割,也可以被一群单个组织的生态位宽度大但组织之间生态位重叠度高的多样化组织所占据。这两个维度的互动关系会带来多种市场机会和组织设立可能性,这些组织设立可能性组合如图 3-11 所示。

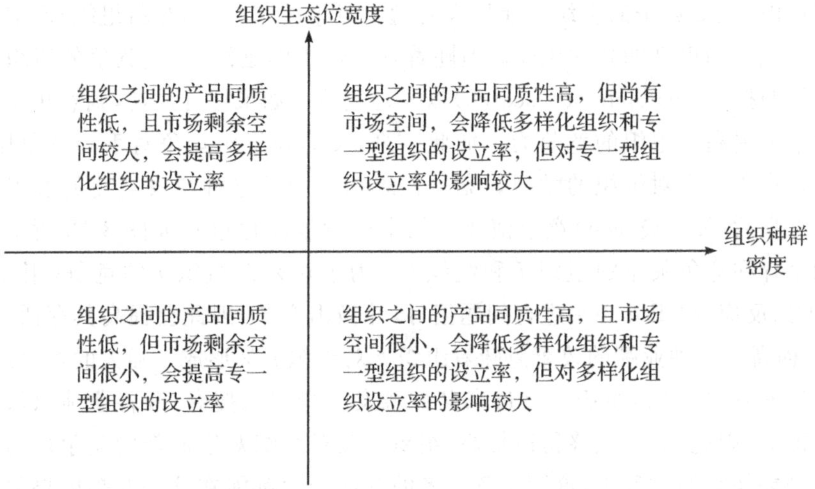

图 3-11　组织种群密度与组织生态位宽度对组织设立率的交互影响

组织之间的生态位重叠度低会刺激新组织的设立。当组织生态位重叠度低且组织生态位宽度由小变大时,剩余的市场空间由大变小,多样化组织的设立率降低而专一型组织的设立率提高。同样,组织之间高的生态位重叠度则会抑制新组织的设立。当组织生态位重叠度高且组织生态位宽度由小变大时,产品的市场重叠度逐渐提高,设立多样化组织所要求的多种市场缝隙将不复存在。因此,组织生态位宽度的增大和组织生态位重叠度的提高会降低组织设立率,且这一效应对多样化组织的设立率影响更大。

三、竞争演化原理

经典的产业组织理论特别关注企业之间的竞争行为及战略互动,包括产品定位、定价、广告、质量选择、企业并购和研发行为等(王安宇等,2006)。在结构—行为—绩效(structure-conduct-performance)分析范式中,企业之间的竞争被认为是影响市场结构、市场行为和市场绩效最重要的因素。此处的竞争特指价格竞争、产品差异化、合谋等竞争手段。与此不同的是,组织生态学则突出了组织竞争经历而不是竞争手段的重要性,注重分析组织之间的竞争经历对产业组织设立、成长和死亡等演化过程的影响,形成了较为规范的产业组织竞争演化理论。

(一)红皇后竞争演化原理

竞争与产业组织演化过程之间的关系通常被理解为一种单调的负的关系,即组织面临的竞争越激烈,组织的设立概率越低,成长机会越少,而死亡概率越高。但组织生态学认为,竞争经历对产业组织演化过程的影响是多重的。在同一时点内,遭受竞争的组织可能比没有遭受竞争的组织(如垄断组织)面临更低的成长概率和更高的死亡风险。但随着竞争经历的延续,遭受竞争的组织就会进行问题搜寻(problemistic search)以改善业绩。如果搜寻成功,则意味着这种组织学习提高了组织的竞争力。如此一来,又提高了对竞争对手的竞争压力,会触发竞争对手对组织的学习。竞争性组织之间的这种自我强化的过程被描述为红皇后(Red Queen)竞争演化。红皇后竞争演化过程如图 3-12 所示。设有两个存在竞争关系的组织 j 和组织 k。为了对来自组织 j 的竞争(用 w_j 表示)做出反应,组织 k 必须进行问题搜寻,并做出变革,因此会提高其存活能力,即 β_k 提高。这种业绩的改善意味着组织 k 对组织 j 又形成了强大的竞争压力。为了应对这种压力,组织 j 反过来又被触发进行问题搜寻,改善业绩以保持其存活能力,因此,β_j 也最终得以提高,组织 j 又对组织 k 形成新的竞争压力。在这个循环往复的过程中,这两个竞争者的存活能力都能在这一互惠因果关系中得以提高。如果有多个竞争者,则某一个组织会被多个竞争者同时触发而改善其绩效。由此可得出两个基本结论:一是在特定的竞争逻辑下,具有竞争经历的组织的存活能力会不断提高;二是在特定的竞争逻辑下,竞争性组织种群内的组织都是强有力的竞争者。

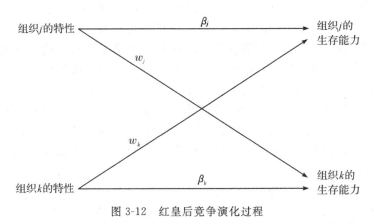

图 3-12 红皇后竞争演化过程

资料来源：Barnett W P,2008. The Red Queen among Organizations[M]. Princeton：Princeton University Press.

1. 红皇后竞争演化的微观机制

红皇后竞争之所以能促进组织存活能力的提高和竞争能力的加强，是因为存在着以下三个微观机制。

(1)组织业绩期望水平(aspiration levels)的调整。组织学习理论(March，1994)认为，当组织业绩低于某一期望水平时，组织成员就会调整其决策。当组织业绩恢复到这一业绩水平时就停止调整。组织业绩的期望水平既可向上调整，也可向下调整。有些组织可能会调低其期望水平而不利用红皇后竞争；有些组织则会维持其期望水平或将其期望水平调高到其最成功的竞争对手的业绩水平，这些组织就将经历红皇后演化。由于组织的激励机制和业绩评价程序鼓励组织提高业绩，且组织业绩的评价大多是与其他同类组织的业绩进行比较，因此，在一般的情况下，组织通常会提高其业绩的期望水平。

(2)选择过程(selection process)。即使竞争不触发组织学习，红皇后演化也可通过单纯的选择过程形成。首先，不同的组织在其设立时具有不同的环境适合度(fitness)，由于它们对竞争不发生学习反应，所以任何组织的适合度都不会随着环境的变化而变化。竞争会导致资源短缺和自然选择，组织的适合度越高，组织存活的可能性越大。随着竞争的延续，低适合度的组织被逐渐淘汰，组织的平均适合度水平不断提高，它反过来又会强化组织种群的选择和组织竞争，如此循环往复。其次，随着时间的推移，新组织会逐渐进入。为了在进入过程中存活下来，这些新进入的组织必须与原有组织展开竞争，这又会提高组织的适合度水平，并促进产业创新。与熊彼特产业演化理论将创新当作外生变量的做法不同，组织生态学认为创新是红皇后竞争演化过程的一部分，它会提高甚至改变产业的竞争性，而这又会反过来提高选择的强度，从而形成一个周而复始的自我刺激过程。

(3)随机行走(random walks)。在红皇后演化过程中,竞争仅仅触发组织的反应,这些反应既可能是适应性反应,也可能是不利于适应的反应。因为组织对问题的搜寻过程是一种假设理性。事实上,许多意图很好的变革也会带来错误的结果。因此,竞争触发的是一个随机行走的过程,而不是一种确定的适应性趋势。但选择过程会对这种随机行走发生作用。Denrell(2003)已经证明,即使组织变革是随机行走的,这种随机行走也会通过扩大组织之间的适合度差异(由于选择过程倾向于保留那些适合度高的组织),而淘汰那些适合度低的组织,因此,随机行走实际上强化了组织种群的选择强度,它会提高组织之间的平均适合度水平。

2.红皇后竞争演化的理论假设

组织之间的红皇后竞争效应也受到三个方面的限制。首先,由于时间的限制,组织有时会遗忘有价值的经验,而保留一些因为时过境迁而失效的经验;其次,多个组织之间的协同进化意味着组织必须同时面对多样化的甚至是矛盾的竞争逻辑,这可被理解为组织演化的空间制约;最后,组织学习受到样本组织经验的制约,因为样本经验与竞争实际之间存在差距。基于此,Barnett(2008)提出了红皇后竞争的五个理论假设。

(1)竞争滞后性假设(competitive hysteresis hypothesis)。该假设认为,组织竞争经历对组织存活能力和竞争能力的影响具有时效性。组织最近的竞争经历越多,其存活能力就越大,竞争力也越强。形成竞争滞后性效应的根本原因是组织演化的时间限制。理论上看,组织应该根据当前竞争逻辑的内容来选择那些最能提高其环境适合度的知识来学习,决定哪些知识要保留,哪些知识要遗忘。但事实上,组织学习受到时间的制约。那些在几十年以前形成的,至今行之有效的经验可能被遗忘了;而那些被时间证明不再有效的习惯却又被组织记忆。

组织会随着时间的推移和人员的变动而失去记忆。组织协调和组织创新所依赖的组织成员之间的合作精神和价值取向等均是隐含知识和个性经验,它们具有高度的时效性,会随着组织年龄的增大和人员的流转而被遗忘。这意味着红皇后竞争的滞后性依赖于竞争经历的历史时间,时间越长,被遗忘的有价值的经验就越多。竞争经历与当前状态的时间间隔越短,对增加组织存活机会的价值就越大。

(2)能力陷阱假设(competency trap hypothesis)。该假设认为,组织在久远的过去经历的竞争越多,其生存的能力就越弱,竞争力也越弱。这是因为,组织不会完全遗忘其过去的经验。组织在其设立时确定的规则、结构和惯例会被贯彻到组织的未来。而且,稳定的惯例和结构能给组织带来很多优势。一旦组织发生了记忆,这些记忆就会以惯例和结构的形式存在。在环境条件多变的情况下,这些在久远的过去所形成的经验就不可能准确地反映当前的竞争逻辑,但组织依然会根据这些失效的流程和惯例来运作。在竞争逻辑已经发生了变化的情况下,这些过去的经验就会将组织引入能力陷阱。由于红皇后演化的本质是集体行动,因此能力陷阱问题尤其突出。因为在不确定性条件下,组织之间的行动是互为参照的。如果存在于相似环境中的组织都独立地进行决策,则这种社会比较行动就可能是正确的。然而,在红皇后进化过程中,组织之间是相互模仿的,这会导致所有的竞争者都陷入同一个能力陷阱。

(3)成本性适应假设(costly adaptation hypothesis)。该假设认为,在竞争数量一定的情况下,组织的存活能力随着其在久远的过去遭遇的竞争对手数量的增多而下降。这是因为,组织通过问题搜寻和业绩改善而对竞争做出反应是需要成本的。这些成本包括开发新产品、新服务并形成新的组织惯例。在一个较长的历史时期内,调整成本是组织在其久远的过去遭遇的竞争者数量的增函数。在红皇后竞争过程中,每一个竞争者都代表着一种适应性挑战,而每一个适应性挑战都需要成本性调整。组织遭遇的竞争者越多,适应性调整所花费的成本就越高。此外,组织对众多竞争者的同时适应并非全部有效,因为组织之间纷繁复杂的相互依赖关系会引起复杂性灾难(complexity catastrophe),导致组织调整出现巨大的机会成本。

(4)近视性学习假说(myopic learning hypothesis)。该假设认为,竞争者的经历越离散,其存活能力就越强。近视性学习是指在所有的可能性中,组织仅从有限的一部分来获取信息。如果组织经历的竞争范围很窄,则它只能对竞争逻辑进行有限的、具有偏差的理解。组织遭遇的竞争者越多样,它从竞争经验中得到的信息就越全面。因此,可根据竞争历史的离散性来对组织进行区分,将某一特定时点上的组织历史视为一种竞争经历的分布。竞争经历的离散性可从市场条件的离散性和竞争性组织的离散性这两个方面来分析。市场条件离散性可根据组织在其寿命周期内遭遇的竞争者密度的变化来衡量。比如,一个组织可能在其整个寿命周期内遭遇数量适中的竞争者,而另一个组织则可能在一个较短的时期内遭遇激烈的竞争,而在其他大多数时间内遭遇较少的竞争。显然,第一种组织经历的竞争环境比第二种组织要宽广得多。虽然这两种竞争者遭遇的竞争数量是一样的,但根据近视性学习的定义,第一种组织能从更宽广的竞争环境(市场条件)中取样,第二种组织的学习则更可能为近视性学习。

另一个衡量竞争离散性的指标是特定竞争者之间的差异性。Stinchcombe (1965)认为,在相同历史时期设立的组织在很多方面具有相似性,反映了在它们设立时特定的社会和经济条件。因此可以设立时间为依据来分析组织之间的差异性。同样,组织在不同的年份遭遇到的竞争对手也具有不同的特性,因此,组织遭遇竞争对手的年份分布会影响组织学习的范围。例如,有两个组织,都在100年内遭遇了100个竞争对手,第一个组织在1年的时间里遭遇了100个竞争对手,而另一个组织的100个竞争对手分散在不同的年份内,则第二个组织更有机会从不同的竞争群体中取样,第一个组织就只能从有限的信息中进行偏差性学习。

(5)成本性掠夺假设(costly predation hypothesis)。该假设认为,如果一个组织当前的市场位置不变,则它过去并购的竞争对手的数量越多,其存活能力就越低。在组织竞争的过程中,并非所有的组织都会对竞争做出反应。有些组织可能通过收购和兼并来避免竞争,这种不通过红皇后演化而获取优势的做法就叫竞争掠夺。竞争掠夺会产生两种后果:一是学习过程后果。那些通过并购活动而消灭竞争对手的组织虽然能提高其市场业绩,降低当前的竞争程度,通过取得位置优势(positional advantage)而提高组织的存活能力,但失去了红皇后竞争这种学习资源。二是合并性后果。并购会导致结构、人员、惯例、能力等在母体组织与后裔组织之间重组,这种重组需要耗散巨大的资源。当并购活动能带来规模经济效应和协同效应时,这种并购就能强化组织的存活能力,但这种强化效果是通过将组织与竞争者隔离开来而实现的,不是通过提高组织学习能力从而提高组织业绩来实现的。一旦规模经济优势和降低竞争强度的策略失效,这些组织就将面对巨大的生存风险。

(二)红皇后效应、成功偏差与组织设立

红皇后竞争演化触发的一个重要的组织动态是组织成员对未来机会的评价方式会发生改变。一般而言,即使具有完全的信息,个体决策者仍然会存在过度自信偏差(overconfidence bias)(Neale,Bazerman,1992),且这种偏差还会因为信息获取和解读过程中存在的确认偏差(confirmation bias)而加剧(Koriat,Lichtenstein,Fischhoff,1980)。在成功的组织中,这种决策偏差更容易发生。Denrell(2003)提出的成功偏差理论说明,成功组织的决策者更容易对组织成功的原因做出错误的推论。在红皇后进化过程中,组织通过竞争和学习而共同进化。在那些经过竞争而存活下来的成功组织中,组织成员会过分夸大组织的能力,而这种对组织能力的高估就会提高组织对新市场的进入率。

Barnett 和 Sorenson(2002)利用美国伊利诺伊州零售银行 1900—1993 年的数据,验证了竞争对组织设立的影响。结果表明,最近经历了竞争的地区其组织设立率比那些 10 年前经历了竞争的地区的组织设立率低 37%,比那些 5年前经历了竞争的地区的组织设立率低 53%。因此,红皇后效应对新银行产生了巨大的进入壁垒。但这一效应会随着时间的推移而逆转。有过竞争经历的组织会刺激新组织的设立。平均而言,在 5 年周期内这一效应会使组织设立率提高 4.4%;在 10 年周期内,这一效应会使组织设立率提高 5%。

当主要银行的竞争经历存在较大的变异时,组织的设立率就会提高。在平均观察值水平上,竞争经历的变异仅仅将组织设立率提高 1%,但在最高水平上,竞争经历的变异将组织设立率提高了 3 倍。当组织同时与多个集团竞争时,组织的设立率也会相应提高。

Barnett 和 Pontikes(2008)也开发了红皇后效应的验证模型:

$$r_{\Delta ABj}(t) = r_{\Delta ABj}(t)^2 \exp(a_\Delta T_{DAj} + b_\Delta T_{RAj}) \tag{3-22}$$

式中，$r_{\Delta ABj}$ 是组织 j 从市场 A 进入市场 B 的可能性，它是在市场 A 中的占有率 t 的函数。$r_{\Delta ABj}(t)^*$ 是基准变化率，根据组织和环境因素的函数来估计。T_{Aj} 是组织 j 在市场 A 中的竞争经历，受到最近和过去竞争经历的约束。T_{DAj} 表示过去的竞争经历，T_{RAj} 表示最近的竞争经历。如果 $b_\Delta > 0$ 且 $b_\Delta > a_\Delta$，则意味着有竞争经历的组织，尤其是最近经历过竞争的组织有更高的新市场进入率。

Barnett 和 Pontikes(2008)以美国 1951—1994 年所有电子数字制造商和通用电脑系统制造商的资料为基础，研究了红皇后效应对组织设立的影响。他们将市场分为三种类型：大型机、中型机和小型机。结果表明，在竞争中存活下来的中型机制造商极可能进入小型机市场，其进入的概率是未经历过竞争的组织的 18 倍，且这一效应完全是由最近的竞争经历引起的。

四、比率依赖原理

在同一组织种群内，前一时期的组织设立率和组织死亡率会对下一时期的组织设立率和组织死亡率产生影响，这一现象被称为比率依赖(rate dependence)。一般情况下，组织设立和组织死亡的高潮期并不重合，且组织死亡的高潮期会滞后于组织设立的高潮期。图 3-13 显示的是 1874—1999 年佛罗里达州银行业组织的设立和死亡趋势。显然，新银行的设立浪潮发生在 1904—1926 年、1954—1965 年和 1982—1991 年，而死亡浪潮发生在 1926—1933 年、1977—1988 年以及 1991—1998 年。

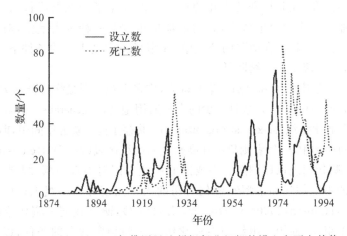

图 3-13　1874—1999 年佛罗里达州银行业组织的设立和死亡趋势

资料来源：Simon A M, 2001. Hazards in the dual banking system: Survival analysis and population ecology of florida banks, thrifts, and credit unions[D]. Tallahassee: Florida State University.

Delacroix 和 Carroll(1983)注意到,特定类型的组织设立率依赖于最近的组织设立数量,而不是组织种群的密度。他们发现报业种群的设立率具有周期性,且这一周期性符合前一时期组织设立数量的二次方程。前一时期的组织设立数量会影响到下一时期的组织设立数量,但这一效应会随着前一时期组织设立率的提高而逐渐消失。他们认为,比率依赖设立率的出现是一个模仿的过程,潜在的组织设立者会将前一时期的高的组织设立率视为市场尚有利可图的信号。但随着模仿进入者的增多,市场日趋饱和,比率依赖设立率效应就会消失。

同时,现存组织死亡率的初始上升也释放了短期的市场机会,会对组织设立率产生正的影响。但组织死亡率的进一步上升则意味着组织环境的恶化,会对组织设立率带来负的影响(Hannan,Freeman,1988;Delacroix,Swaminathan,Solt,1989;Baum,Oliver,1996)。在诸如电信业(Barnett,Amburgey,1990;Barnett,1997)、银行和保险业(Ranger-Moore,Banaszak-Holl,Hannan,1991)等管制性行业中,比率依赖效应被证明广泛存在。

五、资源分割原理

任何产业组织的发展都需要特定的资源基础。所谓资源是指可以被组织利用的物质、条件或因素。随着资源在环境中可获得性的增加,组织的成长性也增加(Tilman et al.,1982)。也可以把资源理解为可以潜在地影响个体适宜度的被组织直接利用的环境因素。高斯(Cause)早就指出,使用相似资源的组织不能长期共存,除非长期的进化使组织之间发生了形态上或行为上的变化。传统的产业经济学理论也认为,高的市场集中度是一种进入壁垒,对小型企业来说尤其如此。因此,在成熟的产业中,在市场集中度很高的条件下,新的组织很难加入,产业密度会持续降低。

组织生态学中的资源分割理论却认为,许多组织种群最终会分割为双市场结构(dual market structure):数量较少的大型通用型公司(generalist firms)和为数众多的小型专业化组织(specialist organizations)共存于同一资源空间中,前者占据着高度集中的市场中心,后者则集中在高密度的边缘区域(van Witteloostuij et al.,2003)。资源分割理论试图解释在成熟的产业中同时出现的两种趋势——市场集中程度的不断加强和小型专业化公司的大量出现导致的组织密度的不断提高(Carroll,Hannan,2000a;Carroll et al.,2002),研究在同一资源空间内大型组织与小型组织、通用型组织与专业化组织之间稳定共存的条件,以及限制这些组织间互相竞争的因素,分析由通用型组织与专用型组织之间的竞争而引起的种群动态。资源分割理论的核心包括三个部分:其一是关于环境的假设和陈述,即资源分布的形状;其二是在既定的资源分布条件下,通用型组织的行为和演化;其三是在既定的资源分布和通用型组织的行为方式下,专业化组织的行为和演化。资源分割理论的主要结论是市场集中度的提高会提高专业化组织的存活率。

(一)资源分布与资源分割过程

资源分割理论假定环境资源是分布在多个维度上的,每个组织都位于一个特定的多维环境空间中。在典型的资源分割理论中,资源代表市场中的潜在消费者,而资源的维度则代表消费者的社会经济特征或人口统计学特征。例如,在报业市场中,人群就是潜在读者和订户的主要资源基础。而潜在的读者可根据年龄、受教育程度、政治倾向、居住地的位置等维度来排列,每一个维度均可形成报纸差异化的基础。在每一个维度上,不同点上读者的丰裕度是不同的。在每一个可观察的市场或环境中,不同维度上的丰裕度分布是可以计算的。例如,报业市场读者的年龄分布就可由人群中的年龄分布来简单反映。公司在市场维度中的位置可用其范围(生态位宽度)或范围的中心来识别。例如,在市场的教育维度上,《纽约时报》比其本地竞争者《每日新闻》的定位就要高很多。

资源空间也能通过组织的服务范围来分割。在法律服务行业,既存在着一些专业化的律师事务所,如证券事务所和企业清算事务所,也存在着通用型的律师事务所。通用型律师事务所处于市场的中央,能提供企业组织所需的一般法律服务。它们具有范围经济优势,能够降低交易费用。

技术维度也是划分资源空间的常用指标。许多研究表明,新创企业更容易在特定的技术生态位中求得生存。Khessina(2003)认为,与分立的公司相比,新创公司更容易在技术前沿生态位上获得成功。之所以会形成这样的差异,是因为新创公司在内部惯例以及与环境的关系方面具有更大的灵活性,这使得它们具有更强的创新能力。

资源分割理论认为,环境资源在每一个维度上的分布都是不均衡的,都存在一个单峰(unimodal peak)。资源在每一个维度上的分布是大体均衡地围绕在这个单峰周围的。而所有相关维度的联合分布也存在一个单峰,它代表着所谓的市场中心(market center)(Carroll,1985;Boone et al.,2000)。这种资源分布格局意味着某些环境区域的资源丰裕度要比其他区域高,位于资源丰裕度较高的区域的组织具有潜在的规模优势。例如,在美国的报业市场中,市场中心代表着潜在读者最多的群体。在一个标准的美国当地市场中,该群体代表着中年、受教育水平较高、具有中立的政治观点、居住在市场中的主要城市的潜在读者。Carroll和Swaminathan(2000)对美国22051个有代表性的单个啤酒消费者的总体数据进行分析,结果表明,在美国啤酒消费者群体中,最大比例的消费者的年龄在30～34岁,且具有中立的政治倾向。基于啤酒消费者年龄和政治倾向的联合分布也存在一个单峰。

在这样的资源分布条件下,产业的资源分割可概括为以下几个循序渐进的过程:①在市场发展的早期,当市场拥挤时,大多数公司会为最大可能地利用资源而展开竞争;②竞争迫使所有公司实施专业化和差异化战略,尽管大多数公司采用的战略在本质上还是通用化的;③随着规模经济力量的加强,只有少数通用型组织能够生存,它们向市场中心移动;④通用型公司拥挤程度的缓解以及它们向市场中心的移动在市场的外围打开了资源空间,专业化公司在这一资源空间出现和繁荣;⑤事实上,资源在此时已被分割为通用型资源和专用型资源;⑥模型的主要前提变量是总体市场集中水平(market concentration),当市场不再高度集中时,专业化组织的业绩就会降低。

Carroll(1985)认为,资源分割的过程容易在满足以下两个必要条件的产业中发生:一是存在规模经济(scale economics);二是资源分布是单峰的、异质的(heterogeneous)(如顾客口味的分布),且存在一个明显的市场中心。在这两个条件下,通用型的组织会将力量集中于市场的中心,并在密集的资源空间中央设立组织。这样的市场条件会使处于市场中央的通用型组织之间产生基于规模的资源竞争。随着规模收益的增加,最激烈的竞争往往发生在最密集的或者最丰富的资源区域。结果是,在市场中心,只有最大的通用型组织才能存活并占据主导地位。随着大型通用型组织对市场中心的占据,外围的资源就空闲了出来,这为专业化组织填充这一区域创造了条件。

很多实证研究为资源分割理论提供了支持,这些研究包括 Hannan 等(1995)对汽车行业的研究、Freeman 和 Lomi(1994)对银行业的研究、Carroll(1985)对报业的研究、Barnett 和 Carroll(1987)对电话业的研究、Carroll 和 Swaminathan(1992)对啤酒酿造业的研究、Swaminathan(1995)对葡萄酒酿造业的研究、Boone 等(2000)对审计业的研究、Banbury 和 Mitchell(1995)及 Wade(1996)对高技术产业的研究,以及 Mezias 和 Mezias(2000)对美国长片产业的研究等。

美国啤酒业的发展呈现了典型的资源分割特性(Carroll,Swaminathan,2000)。在啤酒业发展的最初十年内,组织发展是分散的。大量的小型啤酒制造商供应市场。随着新的酿造和分装技术的出现,其中一些啤酒酿造商开始追求规模经济,并扩张成了大型的全国性的供应商。例如,百威英博(Anheuser-Busch In Bev)公司的市场占有率就从 1980 年的 28.2% 上升到 1995 年的 44%。与此同时,小型酿造厂和酒馆的数量却从 1980 年的 8 家上升到 1995 年的 841 家,1998 年超过了 1350 家。根据资源分割理论,这可用竞争释放(competitive release)来解释,因为大规模的批量酿造的啤酒不能满足声誉敏感的消费者对啤酒的特殊需要。微型啤酒酿造商和出售自制啤酒的酒馆通过给利基消费者(niche customer)提供他们偏好的不同产品而得以进入该行业的外围,啤酒行业由此被分割开来。

美国葡萄酒业的发展也在禁酒令颁布后呈现出了成熟产业共有的合并特性。1940 年,美国共有 1033 家酿酒公司。到 1967 年,这一数字减少到 330 家。尽管酿酒公司的数量在减少,行业销售量却在不断提高,而大部分的市场份额被 United Vintners、嘉露酒庄(E&J Gallo Winery)和 Guild Wineries 等大型公司所占有。衡量产业集中程度的四大公司集中比率从 1940 年的 23％上升到了 1990 年的 52.4％。禁酒令颁布后的中期,美国酿酒业主要的市场被甜酒和加酒精的葡萄酒分割。20 世纪 50 年代和 60 年代,消费倾向的变化改变了葡萄酒消费的类型。到 1968 年,进餐时喝的淡酒产量已超过了甜酒的产量。与此同时,汽酒占国内酒类市场的份额也从 1940 的 0.7％扩大到 1990 年的 5.7％。

近 30 年来,美国银行业的发展也呈现出了典型的资源分割过程。首先,银行在不断改变其公司形式。长期以来,美国的银行业是以小型的、独立的、单一银行(unit banks)的发展为特征的,但近年来分支银行和被控股公司拥有的银行的比例在不断提高。1976—1998 年,美国单一银行的数量从 8698 家减少到了 2892 家。同时,分支银行则从 31344 家增加到 61957 家。其次,银行业的集中程度在不断提高。五大银行拥有的资产比例从 1980 年的 13.5％上升到了 1995 年的 17.6％,增长了 30％。最大的 25 家银行控制的存款比例由 1980 年的 33.1％上升到了 1980 年的 45.3％,增长了 37％。最后,银行与银行之间、银行与其他金融组织之间的合并事件不断发生。1976 年,银行业合并数为 138 次,而 1998 年增加到了 567 次。这些合并改变了公司的结构,最终导致了产业的集中。

美国汽车产业的演化也表现出了资源分割的特征。在初创期,美国汽车产业中涌入了大量企业,1895—1910 年,每年有 200 多家企业进入汽车产业。美国汽车产业在 1910 年以后进入起飞阶段,许多年产量都以 10％以上的增长率增长。此时,进入企业的数量与前 15 年相比呈直线下降趋势。到 20 世纪 20 年代,进入企业数已经可以忽略不计,而每年却有许多企业退出汽车产业。因此,美国汽车产业形成了由通用、福特和克莱斯勒三家著名企业主导的垄断市场结构,并高度依赖底特律和密歇根两大地区,区域集中特征十分明显。1895—1904 年、1905—1909 年和 1910—1966 年,位于底特律地区的汽车企业占整个汽车产业企业总数的比重分别为 10％、14％和 22％。在企业空间集聚过程中,较早进入底特律和密歇根地区的通用(1908 年)、福特(1903 年)和克莱斯勒(1924 年)三家企业起到了十分关键的作用。1911 年,福特和通用是美国汽车产业的龙头企业,占据了 38％的市场份额;到了 20 世纪 20 年代,福特和通用占据的市场份额已经超过了 60％;1930 年,通用、福特和克莱斯勒三家企业的产量占到了行业总产量的 80％以上。

(二)资源分割条件下通用型组织的集中

假设在市场中心存在着两种资源分布情况。其一是资源紧密地分布在资源空间的顶峰周围,其二是资源更大范围地分布在顶峰周围。在第一种情况中,位于市场中心附近的通用型组织不需要像第二种情况下的通用型组织那样,要根据各种不同的资源维度,通过涵盖很大的范围来取得规模经济。在资源分布较窄的空间中,通用型组织只需待在资源空间顶峰的附近便可获得和保有大量的资源。在第二种情况下,市场需求的范围很宽,相关的压力和成本较高,回报率也就较低。所以,资源基础的同质性或集中度越高,就越有利于通用型组织积累竞争优势,通用型组织之间的集中度也就越高。对报纸行业的研究证实了通用型组织之间的这种演化趋势。例如,在美国地方报业中,许多城市在二战以后只留存了一家报社,存活下来的是原来具有规模优势的报社(Rosse,1980)。这一趋势与文化取向同质性的强化相吻合。

Boone、van Witteloostuijn 和 Carroll(2002)对 1968—1994 年荷兰 11 个省份的日报产业的研究也支持了这一判断。研究结果表明,一个省份内读者的年龄特征、政治倾向和受教育程度的同质性越高,通用型组织(全国报纸)的市场集中度就越高。而且,通用型组织集中度的提高有助于专用型组织存活力的加强。但这要以专业化组织具有足够的差异化机会为前提,例如,专业化组织与通用型组织不是直接的竞争者。这间接论证了组织生态学中一个重要的命题:特殊资源的数量决定了系统内多样化的上限(Hannan,Freeman,1977)。

(三)资源分割条件下专业化公司的设立

资源分割理论认为,通用型组织目标区域之外的资源空间为专业化组织的设立提供了条件。而这些空间里的资源通常是稀少的,因此,在这些空间设立的专业化组织通常是小型组织。专业化组织的设立所依赖的开放空间与市场集中程度紧密相关,而市场集中又源于通用型组织之间的合并。只要总的资源空间不缩小,则市场集中程度越高,专业化组织所能利用的资源空间就越大。

Péli 和 Nooteboom(1999)运用球形包裹问题(sphere-packing problem)检验了资源分割中的核心主题。他们假设环境资源的分布是均衡的,通用型组织具有相同的形状和规模(用超球形表示),且资源空间是有限的。Péli 和 Nooteboom(1999)试图说明,当通用型组织被尽可能紧密而不重叠地包裹在资源空间里时,可用的外部资源空间还有多大。他们的研究结果表明,随着资源空间中维度的增加,外部资源空间占总资源空间的比例将呈非线性的增长,专业化组织的设立和扩张就具有更多的空间。

关于资源分割的实证研究集中在通用型组织与专业化组织之间的交互影响效应以及市场集中对组织存活的影响这两个方面。Carroll(1984)对美国酿酒业、报业、唱片业和图书出版业等四个行业的研究结果表明,在这些行业中,公司的总数随着市场集中程度的提高而增加,专业化公司的设立与大型公司的增长紧密相关。事实上,美国葡萄酒酿造业的发展也证实了基于资源分割模型的组织设立理论。随着整个葡萄酒酿造业的发展,一方面,行业集中程度在不断提高;另一方面,小型的专业化组织——农庄酿酒商——的设立率也在不断提高。1940 年,美国农庄酿酒商的数量是 722 家。早期的农庄酿酒商一般生产无差异的产品。到了 1967 年,由于种群内竞争的加剧和效率更高的大规模市场厂商的出现,农庄酿酒商的数量减少到了 141 家。但在此之后,农庄酿酒商又保持了较快的发展速度。1990年底,共有1099家农庄酿酒商在运营,其中有1069家是在1969—1990年建立的。这些农庄酿酒商采取的专业化战略是生产小容量、高附加值的产品。

美国长片(feature film)产业在其发展的早期就形成了两种不同的组织形式——通用化公司和专业化公司。通用化公司采取垂直一体化(vertical integration)战略,既制作影片,又发行影片。除了发行其自己制作的影片,通用型公司还发行专业化公司制作的影片。专业化公司则只从事影片制作或者影片发行。图3-14说明了1912—1929年美国通用型长片公司制作和发行影片的百分比。从图中还可看出,通用型公司很快就主宰了影片制作市场和影片发行市场。到1917年,通用型公司占影片制作市场和影片发行市场的份额均超过了50%。美国电影行业发展早期的这一重要特征与资源分割观点相关:主导地位的提升最终会在某一特定时点提高通用型组织的集中度。到1929年,通用型组织的数量比其顶峰时期(1925年)的数量减少了50%,尽管它们的影片制作和发行的市场份额持续上升。在通用型组织主导地位不断加强的同时,专业化组织的数量也在不断扩大。1929年,专业化影片制作公司的数量是通用型公司的两倍,而专业化发行公司的数量则与通用型公司持平。Mezias和Mezias(2000)的研究证明,美国长片产业中大型通用化公司的集中提高了专业化制作公司和专业化发行公司的设立率。

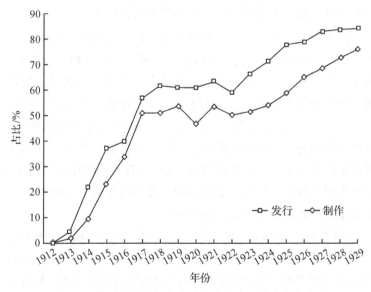

图3-14 美国通用型长片公司影片制作和影片发行占比

资料来源:Mezias J M, Mezias S J, 2000. Resource partitioning, the founding of specialist firms, and innovation: The American feature film industry, 1912 − 1929 [J]. Organization Science,11(3):306-322.

关于通用型公司的集中对专业化公司设立的影响,组织社会学家(organizational sociologists)还提供了许多类似的实证结论。除了上述实例,被检验的组织类型还包括报纸印刷(Carroll,1985;Dobrev,2000)、汽车制造(Dobrev,Kim,Hannan,2001)、微处理器制造(Wade,1996)、早期电话公司(Barnett,Carroll,1987)、葡萄酒酿造(Swaminathan,1995)、银行服务(Freeman,Lomi,1994)、旅客航空旅行(Seidel,1997)、投资银行(Park,Podolny,2000)、法律服务(Jaffee,2001)和财务审计(Boone,Bröcheler,Carroll,2000)等。一般而言,专业化组织的增加会刺激创新,提高产品的多样性,拓宽顾客的选择性空间(Carroll,Swaminathan,2000;Peterson,Berger,1975)。应该注意的是,上述实证研究均被限定在特定的国家范围内,缺乏对全球平均水平的分析。被实证检验的行业都具有很强的规模经济效应。在美国酿酒业中,四家公司的集中率从1935年的0.11提高到了1989年的0.86(Carroll,Swaminathan,1992)。唱片业的集中率在0.25和0.90之间,而报业的集中率在0.26和0.70之间(Carroll,1987)。为了检验上述两个条件被放松后资源分割模型的适用性,Mascarenhas(1996)分析了全球制衣业中专业化公司的设立。结果表明,不管是在美国的国家层面上还是在全球平均水平上,资源分割模型所隐含的专业化组织的设立假设均未得到验证。

(四)资源分割条件下组织种群之间的竞争共存机制

资源分割条件下存在两种竞争共存现象:其一是通用化组织与专业化组织之间在不同的资源区位中的竞争共存;其二是通用化组织种群和专业化组织种群内部组织之间在同一资源区位上的竞争共存。只要资源是异质的,如不同类型的组织具有不同的生态位选择、资源利用具有周期性循环、资源丰富度会随时间和空间变化,组织是进化的(在某种环境中有利的组织特征在另一种环境中可能变成不利的特征)且组织以最适合的方式获取资源,则不同资源空间内的组织就可能产生竞争共存。在这样的前提下,资源分割理论概括了通用型组织与专业化组织之间在不同的生态位空间中竞争共存的两大机制。

1. 公司组织形式的确定性(authenticity)

Carroll 和 Swaminathan(2000)认为,为了得到外部观察者的认可,公司必须提供明确的产品或服务,以便外部观察者对其组织形式(organizational form)进行识别。他们将美国酿酒产业的组织形式识别为四种类型:大型量产商、小型酿造商、酒馆酿造商(brewpubs)和合同酿造商。小型酿造商和酒馆酿造商生产和销售高品质的特色啤酒。它们的组织类似于19世纪的手工生产企业,而它们的消费者则追求个性化的消费观念。尽管特色化的专一型酿造商都是从市场的外围开始发展的,但随着时间的推移,它们就会建造一个极具吸引力的、不断膨胀的生态位空间。当大型量产商试图向该生态位空间移动时,消费者会发觉它们的产品具有很大的不确定性,因而会拒绝购买。合同酿造商也是专一型酿造商,但它们并不出售自己酿造的啤酒,因而它与小型酿造商、酒馆酿造商具有不同的组织形式。组织形式的特殊性使得合同酿造商的表现会好于大型量产商,但比小型酿造商、酒馆酿造商要差。

2. 定制化服务(service customization)

由于发展战略和盈利模式的差异,大型通用型组织与小型专一化组织对客户的个性化需求具有不同的态度。例如,在荷兰审计行业中,大型通用型公司能给任何类型的公司提供服务,但小公司宁愿去找那些小型的专一化审计组织,因为后者更愿意满足它们特别且多变的需求(Boone,van Witteloostuijn,Carroll,2002)。在硅谷的法律服务公司中,小型专一化公司能提供更多的个性化服务,但大型通用型组织则不会如此去适应顾客的需求(Jaffee,2001)。

六、筹办者生态

组织的设立过程不仅受到种群生态、制度环境和空间因素的影响,而且还受到组织筹办者决策的影响。组织的筹办过程是一个信息搜寻和信息甄别过程,也是一个对组织设立风险不断进行评估的过程。在组织种群的设立过程中,处于筹办期的组织是否顺利转化为正式运营的组织是一个值得关注的重要主题。Kuilman 和 Li(2006)认为,组织筹办者是否做出正式进入某一组织种群的决定,受到筹办期时间的长短、与现存组织的地理接近度、现存组织的数量等因素的影响,而这些因素就构成了筹办者生态(organizers' ecology)。

(一)时长依赖与组织设立

任何试图进入某一种群的组织都必须经过一段等待时间(waiting times),以便筹办者聚集资源,与相关社会行动者建立外部关系并提出提供特定产品和服务的诉求。也就是说,组织设立活动具有时长依赖(duration dependence)特性。组织设立的等待时间可能很长。Ruef(2006)对美国医药学校 1766—1930 年组织设立率的研究表明,组织设立的平均等待时间是 2 年。Schoonhoven 等(1990)的报告显示,半导体公司的等待时间从 1 个月到 4 年不等,平均为 2 年;等待期的另一个特点是同时计划进入某一市场的筹划者很多,但由于市场承载力的限制,最终只有少数筹办者能将组织推进到运营阶段。Carroll 和 Hannan(2000a)对汽车制造商的研究表明,在 1885—1981 年的 3845 家筹办企业中,只有 11% 能最终投产。

筹办期的长短取决于很多因素。Schoonhoven 等(1990)认为,创业者的特性、组织和环境因素会影响一家试生产商(preoperational entrants)向正式运营商转变。在那些技术变革水平较高的行业和竞争较为激烈的行业,这种转变的时间就较长。在半导体行业中,创业者如果具有相关行业的经验或创办企业的经验,或者与原来的同事一起筹办企业,则企业的筹办时间就较短。出乎意料的是,充足的资本反而会延缓试生产商向正式运营商转变的过程,创业者的个性对筹办期的长短也没有显著的影响。

筹办时间的长短会影响组织正式运营的可能性。Ruef(2006)对医药学校筹办情况的研究表明,筹办期越长,组织成功进入组织种群的可能性就越高。筹办期超过2年的组织的进入成功率要大大超过筹办期短于2年的组织。但Rao(1994)对1893—1915年汽车制造业的研究提出了相反的结论,即时长依赖的负效应。他认为长时间的筹办实际上会降低组织进入的成功率。在筹办阶段,对组织结构和组织战略的设计通常是与当时的环境相吻合的。随着筹办时间的延长,组织结构和组织战略的适应性下降。更多的研究表明,在组织筹办阶段,时长依赖的正效应和负效应可能同时存在,组织进入的可能性在筹办期的早期开始上升,但在筹办期的后期就会下降。Carroll和Hannan(2000a)报告显示,美国汽车制造业时长依赖设立率的拐点大约在6年;Schoonhoven等(1990)对半导体公司1978—1985年设立率的研究也发现了筹办期时长与设立率之间存在的倒U形关系,但时长依赖设立率的拐点发生在两年半以后。

(二)筹办者密度与组织设立

筹办者密度是指同时筹划进入同一市场的筹办者数量。筹办者密度对最终有多少筹办期组织能转化为正式运营的组织具有显著的影响。在筹办期初期,筹办者数量的增加有利于提高筹办期组织的合法性,有利于它们争取到更多的社会资源,因而有助于将筹办期内的组织转化为正式运营的组织。但随着筹办者数量的进一步增加,对组织资源的争夺逐步升级,竞争性效应就会超过合法性效应,筹办期组织转化为正式运营组织的可能性降低。Carroll和Hannan(2000a)对美国汽车制造商种群的研究表明,筹办者密度与组织种群进入率之间存在着倒U形的关系。

七、种间交叉密度效应

对不同组织种群之间相互依赖关系的研究集中在组织群落生态学(organizational community ecology)中。组织群落生态学研究大体上可分为两个方面:其一是不同组织种群之间的功能性差异以及它们之间的共生关系;其二是生态位相互重叠的、具有共栖关系的组织种群之间的相互依赖。

就不同的组织种群之间的共生关系而言,Wade(1996)研究了由个人电脑制造商、软件制造商、硬盘驱动器制造商以及用户群构成的技术性组织群落。Ruef(2000)、Scott 等(2000)研究了由保险代理机构、保险公司、医院、健康维护组织等组成的保健组织群落。对共栖组织种群之间相互依赖关系的研究则包括 Hannan 和 Freemam(1988)对手工业工会和产业工会的研究、Baum 和 Oliver(1992)对孩童日间照看中心和幼儿园的研究、Carroll 和 Wade(1991)对城市酿酒商和农村酿酒商的研究,以及 Dobrev 等(2001)对报业和政治团体之间关系的研究等。

组织群落生态学倾向于利用密度依赖模型来分析一个组织种群密度的变化对另一个组织种群的组织设立率、组织成长性和组织死亡风险的影响。也就是说,由于同一个组织群落内的组织种群会争夺共同的资源或同时在合法性、技术和创新等方面享受协同进化的收益,因此不同的组织种群之间就会产生种群间交叉密度效应(interpopulation cross-density effect)。

已有一些研究者将种间交叉密度效应引入了密度依赖模型。Hannan 和 Freeman(1988,1989)发现,组织种群中手工业工会数量的增长会刺激产业工会设立率的提高。Freemam 和 Lomi(1994)发现,意大利私人服务等级协议银行的种群密度对农村合作银行的设立率具有互利效应。但 Ranger-Moore、Banaszak-Holl 和 Hannan(1991)发现,曼哈顿商业银行的种群密度对储蓄银行的设立率没有显著的影响。地理间隔是决定种间密度依赖效应的重要因素。Carroll 和 Wade(1991)发现,随着城市酿酒商数量的增多,它开始时会对农村酿酒商产生合法性效应,但随后会施加竞争性效应。Ingram 和 Inman(1996)对尼亚加拉瀑布地区美国和加拿大酒店业的研究也得出了类似的结论。

Simon(2001)研究了 1874—1993 年美国佛罗里达州商业银行、储蓄银行和信用联合社这三个组织种群之间的交叉密度演化效应。他认为,不同组织种群之间的交叉密度效应并不是对称的。商业银行与储蓄银行之间的竞争性大于它与信用联合社之间的竞争性。储蓄银行既要与商业银行竞争,又要与信用联合社竞争。而信用联合社与储蓄银行之间的竞争性大于它与商业银行之间的竞争性。因此,商业银行种群密度的提高会降低储蓄银行的设立率,使储蓄银行的死亡率上升;同样,储蓄银行种群密度的提高也会降低商业银行和信用联合社的设立率,提高它们的死亡率。一个大型的、强有力的信用联合社组织种群会降低储蓄银行的设立率,提高储蓄银行的死亡率。但商业银行与信用联合社之间的竞争性会因其显著的身份差异而被削弱。它们之间一个组织种群密度的提高也会同时引起另一个组织种群设立率的提高和死亡率的降低。这三个组织种群之间的交叉密度设立率效应和死亡率效应如图 3-15 所示。

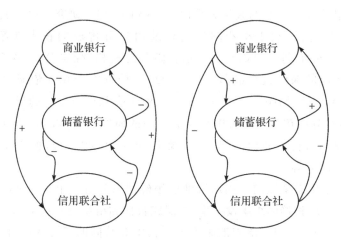

图 3-15　佛罗里达州银行业的种群间交叉密度效应

资料来源:Simon A M,2001. Hazards in the dual banking system: Survival analysis and population ecology of Florida banks, thrifts, and credit unions[D]. Tallahassee: Florida State University.

上述研究均是以不同的组织种群之间的资源生态位重叠为基础的。事实上,不同的组织群之间还存在着同一性空间(identity space)的重叠(Zuckerman,1999;Ruef,2000)。Pólos 等(2002)提出的社会形式理论(theory of social forms)认为,一种组织形式的存在必须获得社会法律化的同一性,即具备认受性(cognitive acceptance)和类规则身份(rule-like status)。当一定数量的社会实体组成了一个新的同一性集合时,新的组织形式就出现了。

第四节　组织设立的制度化过程

组织设立的制度化过程(institutional process)强调合法性、社会支持等因素对组织设立成功率的影响(Meyer,Rowan,1977;Scott,1995)。制度合法性有利于资源的获取,提升新创组织在组织群落中的地位,强化组织提供特定产品和服务的权力和能力(DiMaggio,Powell,1983;Hannan,Carroll,1992;Baum,Oliver,1991)。Carroll 和 Huo(1986)区分了任务变量和制度变量对报业组织设立率和死亡率的不同影响。结果表明,与顾客、竞争者、供应商等相关的任务变量主要影响报业组织的业绩,而制度变量,特别是政治动乱则主要影响组织的设立率和死亡率。组织设立的制度化过程可通过关系密度、制度行动者的规制、组织之间的制度性同形和意识形态等因素反映出来。

一、关系密度

关系密度(relational density)是组织种群成员之间正式关系的数量和组织种群环境中关键制度的数量(Baum,Oliver,1992)。关键制度指种群环境中的政府代理者和社区组织。关系密度可用来衡量组织种群的制度根植性(institutional embeddedness)。

组织种群的成长往往伴随着组织制度根植性的加强(Baum,Oliver,1992；Zucker,1987)。随着组织的成长,其社会或公众影响力日益扩大,社区利益集团、政府代理机构、专业协会和其他社会角色对种群成员活动的关注日益加强,对组织的认可程度和回报程度逐步提高,并会逐步修改关于组织活动合法性的标准和规则。制度主义者预言,组织与其制度环境之间的这种互动会促进组织种群的成长,并强化其长期生存能力。组织生态学认为,政府和社区对组织活动的介入增强了种群成员对活动资源和合法性的利用能力,因而有利于强化组织种群的生存与成长机会(Hannan,Carroll,1992)。

关系密度与组织设立率之间存在倒 U 形关系。在种群成长的初始阶段,随着关系密度的提高,组织的设立率也会提高。由于制度关系能够提供社会支持、合法性和资源,使组织进入的条件更具吸引力,因此制度环境有利于组织的设立(Reddy,Rao,1990；Scott,1987)。组织种群与其制度环境之间的高关系密度也意味着组织种群与组织规范是高度同形的,因此很值得支持(Dimaggio,Powell,1983；Meyer,Rowan,1977)。但关系密度越高,组织设立者之间争夺有限的制度性资源的竞争就越激烈。在高的关系密度水平上,组织种群现存的制度关系已经非常密集,各种制度关系已经确立、稳定。因此,在业已建立的制度网络中,组织获得关系的途径变窄,被接受的难度增大,因此高关系密度又会抑制组织的创立。

二、制度行动者的规制

组织的设立需要有潜在的组织生态位。Delacroix 和 Solt(1987)将生态位的形成归结为三个途径:新技术的发展、新资源的开采、利用现存技术获取资源的新方法的出现。一些研究(Delacroix,Carroll,1983)发现,制度环境会引发生态位的形成,从而影响组织的设立率。政府是重要的制度参与者(institutional players),它可通过开辟新的组织生态位和修改制度内容等措施来支持新的组织形式。Russo(2001)应用交易费用理论(transaction-cost theory)分析了美国联邦政府和州政府通过稳定的电力销售安排来促进私营电力公司的设立。

他认为,对商品和服务的价格设定进行正式的定义将促进组织设立率的提高;事先设定详细的固定价格合同将产生高的组织设立率;合同的标准化将有助于提高组织的设立率。因为这些规制均能降低组织的交易成本,有利于稳定组织之间的交换关系。此外,行业协会的存在能极大地提高组织的设立率。它表明集体行动是增强组织合法性的可行途径,合法性可通过集体游说得以保证(Aldrich,Fiol,1994)。

Simons 和 Ingram(2003)研究了以色列集体农场(kibbutz)种群的设立率与政府行为之间的关系。他们的研究表明,导致以色列集体农场发展停滞的部分原因是资本主义在以色列的发展以及可选择的结构性社区关系。而且,政府对集体农场的产出具有决定性的影响。在 21 世纪早期,由于政府提供了大量的订单,集体农场非常繁荣。随着时间的推移,政府提供的订单减少,集体农场的发展就陷入停滞困境。它表明,组织与政府之间存在着共生和竞争的关系,这些因素是决定政府行为和组织进化的关键因素。

制度环境的改变对专业化组织的设立率有深刻的影响。Tucker 等(1990)研究了政府政策的改变对加拿大社会服务志愿组织设立率的影响。他们发现,1971—1975 年为青年创造机会项目的实施给社会服务志愿组织带来了更多的资源。在这一时期,专业化社会服务志愿组织的设立率更高。同样,Ingram 和 Inman(1996)发现,随着对尼亚加拉瀑布附近旅游公园公共投资的增多,酒店的设立率有了明显的提高。Minkoff(1995)的研究也表明,随着外部资金可获得性的提高,非洲裔美国人抗议组织的设立率也有了明显的上升。Dobbin 和 Dowd(1997)发现,美国联邦政府出台的支持企业联合和反信托政策会影响铁路企业的设立率。Studer-Ellis(1995)发现,美国妇女法律的通过刺激了女性大学的设立。1935 年实施的《美国劳动关系法》(National Labor Relations Act,NLRA)赋予了工会组织合法地位,并为工会活动提供了法律保护,因此工会组织的设立率明显提高。但随着 1947 年塔夫脱—哈特莱(Taft-Hartley)修正案对工会某些权力的废止,工会组织的设立率又显著降低了(Hannan,Freeman,1989)。

由于制度环境的不同,美国各州农庄酿酒商亚种群的演化存在很大的差异。若干州订立了有关农庄葡萄酒酿造厂的法律条文,这种立法有助于葡萄酒种群的组织设立。宾夕法尼亚州率先在 1968 年订立了这样的条款,其农庄酿酒商的数量由 1968 年的 1 家飙升到 1990 年的 52 家。纽约州 1976 年进行了类似的立法,在 1990 年 80 家仍在运营的农庄酿酒商中,有 76 家是在 1976—1990年设立的。有关农庄葡萄酒酿酒厂的法律条文通常给小于特定规模的农庄酿酒商提供消费税优惠,并减少它们的注册费用。很多州还允许农庄酿酒商直接向消费者和酒店销售其产品,但这样的行为对进行大规模生产的葡萄酒酿造厂而言是非法的,它们必须遵守基于制造商—批发商—零售商的三层销售体系。

到 1990 年,美国有 25 个州采用了农庄葡萄酒酿酒商法律。这一立法对 20 世纪 70 年代和 80 年代美国农庄酿酒商的迅速发展产生了显著的影响。在 1941—1990 年设立的 1711 家农庄酿酒商中,有多达 1409 家是在 1969 年或以后建立的。Baum 等(1995)研究了美国的电信管制政策和传真传输设备新标准的制定对进入企业种群的影响。他们认为,美国的电信管制政策促进了传真传输服务种群的产生,而电信管制政策和数字式传真机的出现,尤其是新传真设备标准的制定改变了种群原有的格局,并对标准颁布前已有企业的生存能力和颁布后企业种群的进入率产生了较大的影响。Campbell(1996)研究了美国州政府和行业经济条件对新企业创立的影响。他认为,美国州政府的可支配收入、行业的 GNP、税率、工资增长率、失业率和城市人口比例等环境因素对新企业的创建率有显著影响。

三、制度性同形

除新创立组织之外,组织设立的概念还包括现存组织进入新的领域。在这一点上,组织设立率与组织进入率(rate of entry)具有相同的意义。与种群密度相对应,市场密度成了决定组织进入率的关键因素。Haveman(1993a)利用新制度理论中的模仿(mimesis)和模仿性变革(change through imitation)这两个概念构建了市场密度依赖的组织进入率模型。

模仿性同形(mimetic isomorphism)是指组织通过长时间的变化而与环境中的其他组织越来越相似的过程。模仿性同形来源于对不确定性的有效反应(DiMaggio,Powell,1983)。当组织面临不确定性时,为了降低搜寻成本(search cost),它会模仿其他组织的行动,并用制度性规则取代技术性规则(Meyer,Scott,Deal,1983)。模仿性同形还来自义务行动(obligatory action)(March,1981)。根据 March(1981)的模型,当有足够多的社会行动者根据特定的方式行事时,这一特定的行事路径就会被认为是正当的并被制度化。其他社会行动者将会自动地遵循这一路径。支持模仿性变革的实证研究包括对医院结构演化的研究(Starr,1982)、对多部门公司形式传播的研究(Fligstein,1985)、对保健组织模式变革的研究(Wholey et al.,1993)等。Fligstein(1991)分析了 20 世纪美国大公司实行多样化战略的原因。他发现,采用多样化战略的大公司的数量的增加会提高其他大公司采用同一种战略的可能性。李文华和韩福荣(2004)利用传染病模型证明了在中国电冰箱产业种群中存在组织设立的盲目跟风现象。他们采用的传染病模型为:

$$\Delta N(t) = \rho_0 + \rho_1 \cdot N(t-1) + \rho_2 \cdot \Delta N(t-1) + \varepsilon(t) \tag{3-23}$$

式中,ρ_0、ρ_1 和 ρ_2 为待回归系数,且当 $\rho_0 > 0$,$\rho_1 < 0$ 和 $\rho_2 > 0$ 时,已完成合法化并存在传染行为;$\Delta N(t)$、$N(t-1)$ 和 $\Delta N(t-1)$ 分别为 t 时新进入或者退出企

业种群的企业数量、$t-1$ 时种群的数量和 $t-1$ 时进入或者退出的数量；$\varepsilon(t)$ 为误差项。

组织种群中的组织规模可能存在极大的差异。有关组织成长阶段和组织寿命周期的研究发现（Kimberly，Miles，1980），大型组织与小型组织之间存在着根本的区别。因为不同规模的组织需要采取不同的组织形式来适应生态位的要求。而且，规模不同的组织所遭遇的竞争前景也大不一样。组织互动的规模同一化模型（size-localized model）表明，由于受到小型组织和大型组织的双重挤压，中等规模的组织面临最为激烈的竞争和更高的失败风险。对报业、银行业、寿险公司、孩童看护中心、酒店业等行业的实证研究均支持这一结论（Carroll，1985；Hannan，Ranger-Moore，Banaszak-Holl，1990；Baum，Mezias，1992；Amburgey，Dacin，Kelly，1994）。资源分割模型（resource-partitioning model）（Carroll，1985）则认为，规模同一化竞争的一个可能原因是大型组织利用了通用化的优势，小型组织则利用了专业化的优势，而中型组织对这两者都利用不上。

同一组织种群内，规模相似的组织在结构和战略方面也是相似的。它们依赖于同样的环境资源，具有相似的结构约束。因此，同一生态位中规模相似的组织之间的交互作用最为紧密（Hannan，Freeman，1977）。在决定是否进入新市场时，组织会仔细留意与其规模相似的组织的行动，并模仿其战略（Scott，1992）。并且，多样化类型也是规模固化的，大型组织与小型组织采取多样化战略的可能性比中型组织要大。因为大型组织有足够的市场势力和剩余资源来克服障碍，进入新的市场。小型组织的结构化（bureaucratized）程度低，灵活性高，受当前市场的投资约束较少（Haveman，1993a）。一个特定组织进入新市场、采取多样化战略的可能性取决于同一种群中相似规模的组织的数量。现存市场中与潜在进入者规模相似的组织的存在会提高该市场的合法性，因此会提高组织种群中该等规模的组织的进入率。然而，当相似规模的组织数量进一步增加时，竞争性加强，这又会抑制该等规模的组织进入。因此，对新市场的进入率与规模固化的市场密度之间存在倒 U 形关系。

成功组织的行动对其他组织有重要的影响，对成功组织的模仿是其他组织降低学习成本的重要手段。衡量组织业绩的标准很多，如生产效率、盈利性、成长性、稳定性、存活能力、产品质量、参与者满意度、道德水平等。在营利性部门，高盈利的组织被视为是成功的。无论在哪个行业，盈利性最强的组织均被视为其他组织的模范（Burns，Wholey，1993）。多样化通常被当作减少对低盈利市场和衰退市场的依赖、增强盈利性的重要手段。在这样的环境下，组织将密切留意那些高盈利组织的多样化行为。一个新市场中高盈利组织的存在会提高种群中其他成员的市场合法性，使其对潜在的进入者更具吸引力。但随着新市场中高盈利组织数量的增长，竞争性会提高，该组织种群的进入吸引力将降低。所以,对新市场的进入率与市场中高盈利组织的数量之间存在倒 U 形关系。

不同规模的组织对组织种群具有不同的影响,大型组织容易充当种群中其他组织的角色模范。Mezias 和 Lant(1994)在 DiMaggio 和 Powell(1983)的研究基础上指出,对组织种群中大型组织的模仿是一条成功的制度规则。在竞争、不明确、搜寻成本和环境变化的条件下,对大型组织行为进行模仿的组织具有较高的存活概率。一项关于医院对矩阵式组织结构适应性的研究表明,小型医院对大型医院有明显的模仿行为(Burns,Wholey,1993)。对此现象的一个解释是,大规模与可见性(visibility)紧密相关(Scott,1992)。可见性高的组织容易被当作其他组织的角色模范。

多样化通常被当作组织成长的途径,特别是当组织的初始市场受限时。如果组织意欲将多样化当作成长战略,它们就会密切关注大型组织的多样化行为,因为这些组织已经获得了成功的成长。由于组织种群中的大型组织被视为成功的角色模范,因此新市场中大型组织的存在会提高种群中其他成员的市场合法性,对所有规模的潜在进入者产生更大的吸引力。但随着大型组织数量的增长,竞争性会超过合法性。所以,对新市场的进入率与该市场中大型组织的数量之间存在倒 U 形的关系。

上述分析是将相似规模的组织和成功的组织当作平行角色来看待的,但这两个因素之间可能存在互动关系。一个成功组织更能模仿另一个成功组织的多样化行为,非成功组织由于受到资源的限制而难以实施模仿。衡量组织成功的两项重要指标——大规模和盈利性,都是以剩余资源为基础的,而剩余资源是进入新市场的基础(Bourgeois,1981)。相应地,大型组织更容易模仿种群中的其他大型组织,高盈利组织更易模仿种群中的其他高盈利组织。所以,新市场中高盈利组织的数量对吸引其他高盈利组织进入该市场有最强的效应,对适度盈利组织和不盈利组织进入率的效应就没有这么明显;新市场中大型组织的数量对吸引其他大型组织进入该市场有最强的效应,对中型组织和小型组织进入率的效应就没有这么明显。

四、意识形态

所有的组织都会受到意识形态(ideology)的制约。意识形态的范围很广,种类和层次很多。意识形态的分野会决定个体对待社会的基本模式,从而会从根本上影响到组织的行为。

已有越来越多的研究关注到了以组织为中心的意识形态对组织结构和组织政策的影响(Beyer,Trice,1981;Barron,2001)。这些研究将组织视为维持和传播意识形态的关键机制,这和组织生态学坚持的组织形式代表社会能力基础的观点非常一致(Hannan,Freeman,1977)。也有一些组织生态学研究分析和检验了组织内部动态的意识形态基础(Minkoff,1995;Wade et al.,1998;Ingram,Simons,2000;Barnett,Woywode,2004)。这些研究正在推动意识形态生态学(ecology of ideology)的形成。

意识形态的相似性会影响组织种群之间的相互依赖性,对此已有两种不同的解释。意识形态亲和观(ideological affinity position)认为,意识形态相似的组织更愿意相互帮助,存在更多的互利关系(mutualistic relationships)(Ingram,Simons,2000)。对以色列工人合作社失败率的研究表明,不同意识形态的组织种群之间的关系是竞争性的,而意识形态相似的组织种群之间的关系是互利的(如集体农庄和信用合作社)(Ingram,Simons,2000)。

而生态位重叠观(niche overlap position)则认为,意识形态相似的组织之间资源利用的重叠程度高,因而竞争关系更强。Zald 和 McCarthy(1987)对社会运动组织的研究得到了类似的结论。社会运动组织拥有广泛的、共同的意识形态,应该会互利合作,以实现其共同的目标。它们确实经常这样行动,但意识形态相似性意味着它们要为经费和潜在的追随者展开竞争。随着边际资源可获得性的降低,拥有共同目标的社会运动组织之间的直接竞争就会加剧。Minkoff(1995)对 1955—1985 年自由主义社会运动组织的研究发现,1969 年以后,当非洲—美国社会运动组织与妇女权益社会运动组织所需的资源变得稀缺时,它们之间的竞争关系就开始出现了。

Simons 和 Ingram(2004)提出了一个综合的观点,认为组织种群在资源空间中的位置是影响组织种群之间相互关系的关键因素。如果它们依赖于同样的关键资源,则意识形态相似性的主要效应是竞争效应,否则为互利效应。

以色列的莫夏夫(Moshav,私人租地集体耕作制)和集体农场(Kibbutz)是用来说明享有共同的意识形态和重要资源的组织种群之间竞争与合作双重关系的最好例证。以色列于 1910 年引入集体农场。在其发展历史的大部分时期,它具有以下特征:持久存在于战略要地;基于自我劳动(而不是雇佣劳动者)的公共产品、公共消费,包括集体抚养孩童。首个莫夏夫设立于 1921 年,但准备工作在第一次世界大战以前就开始了。莫夏夫的意识形态建立在三个前提之下,基于自我劳动而实现的平等社会,基于产品和互助而实现的平等供给;犹太人通过农业而回到故土;家庭农场与营销组织、采购组织合作,实现经济独立。莫夏夫被视为家庭的家庭,其创立者树立了高度的社会互动、团结、相互帮助和平等的生存机会等理念。可见,莫夏夫和集体农场之间享有许多共同的原则。但意识形态的相似性使得它们都依赖于特定的关键资源来强化竞争力。最明显的是这些组织对农业用地和农产品市场的争夺。例如,1981 年,这两大组织就占据了以色列耕地面积的近 70%(其中莫夏夫占 30.1%,而集体农场占 37.5%)和以色列农业产值的近 80%(其中莫夏夫占 38.5%,而集体农场占

39.1%)。对组织成员的争夺也很激烈。1921—1923 年,超过 60 人离开了第一个集体农场德加尼亚(Degania),来到刚成立的莫夏夫,使该农场的成员只剩下四分之三。

Simons 和 Ingram(2004)研究了一个 10 千米×10 千米地区内莫夏夫和集体农场的设立情况。他们采用的分析模型是:

$$\lambda_{ij}(\theta_j) = \exp(x_{ij}\beta)\theta_j \qquad (3\text{-}24)$$

式中,λ_{ij} 是地区 i 在 j 年的预计设立数,θ_j 是 γ 分布对地区 i 的随机影响,$x_{ij}\beta$ 代表地区 i 在 j 年独立变量的向量和系数。

研究结果表明,在莫夏夫和集体农场之间存在着竞争关系,且亚种群的意识形态相似性越高,竞争效应越强;莫夏夫、集体农场与农业公司之间也存在着竞争关系,但与信用合作社之间存在着互利关系。集体农场的密度对莫夏夫的设立具有消极的影响,莫夏夫的密度对集体农场的设立也具有消极的影响。相反,与莫夏夫和集体农场享有共同意识形态但依赖不同的资源基础的信用合作社的密度的提高会提高莫夏夫和集体农场的设立率。意识形态相反的农业公司种群密度的提高降低了莫夏夫和集体农场的设立率。

第五节 组织设立的空间过程

组织设立活动的空间聚集性和空间发散性很早就引起了组织生态学家的关注。当组织生态位空间明确,且创业者拥有准确的市场知识时,关于组织设立的空间决策就变得非常简单。例如,Baum 和 Haveman(1997)在研究曼哈顿地区酒店的设立率时,就将组织的空间位置分为两个独立的生态位维度——房间的价格和酒店的规模。他们发现,价格维度相似的酒店倾向于相互靠近,而规模相似的酒店则倾向于分散布局。前一现象表明创业者乐意从位置外溢中受益,而后一现象则表示创业者有意避免面对面的规模竞争。自然,生态化过程和制度化过程是影响组织设立的关键因素。但生态化过程中的种群密度效应和制度化过程中的关系密度效应在不同的空间层次上具有不同的强度和不同的作用方式。组织设立的空间过程理论旨在探讨生态化过程和制度化过程在不同空间集合上的不同表现(Lomi,1995b)。很多研究阐述了组织设立空间聚集性的机制,这些机制包括经济溢出(Baum,Haveman,1997)、合法性(Hannan,Carroll,1992;Studer-Ellis,1995)、集体行动(collective action)(Carroll,Swaminathan,2000;Swaminathan,Wade,2001)和社会网络(Sorenson,Audia,2000)等。

一、聚集经济与社会网络

产业活动的空间聚集现象十分普遍。从汽车制造到纺织品生产,许多产业的生产活动都集中在特定的地理区域内。例如,美国的动画、电视、计算机图像、音乐录制等娱乐产业集中在洛杉矶。一些成熟的产业,如纺织、皮革制品、家具、陶瓷制品等,其产量的大部分都来自意大利科摩、普拉托、卡皮、莎索罗以及安科纳等小城市。对制造业而言,公司活动的空间聚集能节约原材料和产品的运输成本。而对主要依赖知识资本、人力资本和金融资本的高科技产业而言,公司活动的空间聚集更多是谋求社会合法性和社会资本。

(一)聚集经济

经济地理学(economic geography)在分析产业的空间聚集时通常会强调聚集经济性(agglomeration economies)。聚集经济性意味着在地域水平上存在着正的规模经济性,即某一地区内的组织优势会随着该地区组织数量的增加而加强。首先,聚集经济来自地理邻近的公司之间的知识外溢(spillover)。地理的邻近有利于技术知识的扩散。为了从本地化知识的外溢中受益,高技术公司会选址在已建立组织的附近(Jaffe,Trajtenberg,Henderson,1993)。其次,专门化供应商在地区内的高度聚集也是聚集经济的主要来源(Marshall,1920)。例如,美国硅晶片生产商、半导体设备制造商纷纷在硅谷晶片生产商集群附近建厂。同样,试剂供应、先进的试验设备、生物学材料、知识产权法律、产业咨询服务等领域的组织也广泛分布在加利福尼亚州和马萨诸塞州的生物技术产业集群附近。

(二)社会网络

社会网络会通过影响资源的动员过程而影响到组织的设立。由于存在着新组织的生存不利性,潜在的雇员、投资者、顾客和合作者(统称为资源所有者)在加入新组织时,不可避免地要考虑风险。而网络理论认为,社会资本,尤其是与资源所有者在组织建立前就确立了的关系和声誉,有利于组织设立者克服这些不确定性,并从持怀疑态度的资源所有者那里获得确切的承诺(Zimmer,DiMaggio,1987;Portes,Sensenbrenner,1993;Shane,Stuart,2002)。由于社会和职业关系的接近一般是受到地域约束的,当那些想要成为企业家的人与资源所有者居住在一起时,他们通常能更好地维持各种关系以集合与协调资源,因此,与其他地区相比,那些具有较多社会关系、社会网络较发达的地区就拥有更多的组织设立机会。

二、密度依赖设立率的空间异质性

种群密度对组织设立率具有非线性的影响,但这种分析忽略了组织种群的空间异质性(spatial heterogeneity)。越来越多的研究表明,竞争性和合法性会在地理维度上影响组织设立率。Lomi(1995b)已经证明,不同区域的意大利农村合作银行面临不同的制度性和竞争性因素。局部范围内的密度效应比全国范围内的密度效应要强。其他研究也支持竞争性和合法性在局部区域作用更明显的观点(例如 Cattani et al.,2003)。综合来看,空间传染、空间竞争和空间密度依赖是影响密度依赖设立率空间异质性的关键因素。

(一)空间传染

与地理空间分散的组织种群相比,密度对组织合法性的影响在地理空间聚集的种群中作用更大。聚集的组织种群具有正反馈(positive feedback)效应,局部地区的组织设立会强化其邻近地区潜在组织的设立。被吸引到同一地区的组织越多,聚集的组织种群就越有吸引力。从社会政治合法性的观点来看,有限区域内的组织聚集更容易吸引制度性关注(institutional attention)。局部地区的制度性环境越发达,它吸引到的新组织就越多。

组织在特定地理区域的集中还会形成同一性效应(identity effects)(McKendrick et al.,2003;Romanelli,Khessina,2005)。McKendrick 等(2003)指出,公司在同一地区的聚集所形成的地区同一性会使这些公司的活动成为知觉焦点,能刺激更多的组织加入这些活动。因此,密度依赖合法性对组织设立率具有正的效应,且这一效应在聚集种群中的强度比在分散种群中的强度要大。

由于网络中个体之间的联系和相同社会角色的存在,创新容易在组织之间传播(Galaskiewicz,Burt,1991;Palmer,Jennings,Zhou,1993;Strang,Soule,1998)。组织设立总是伴随着掌握现存组织形式知识的个体与缺乏这些知识的个体之间的接触扩散(contact transmission)。接触扩散受社会网络的调整,当空间距离增加时,其密度降低(McPherson,Ranger-Moore,1991),导致组织设立遵循空间传染模型,即与现存组织的距离越远,空间传染对组织设立的影响越小(Hedström,1994;Hedström,Sandell,Stern,2000)。Greve(2002)研究了东京银行业邻近地区竞争者数量的变动对当地设立率的影响,证明了随着距离的增加,既定亚种群之间的密度效应是逐渐减弱的,但与设立率之间仍然存在倒 U 形关系。这说明与邻近地区相比,焦点地区的设立率更多地受到当地密度依赖竞争性和合法性的影响。

空间传染的宏观模型隐含着三个微观过程(Aldrich,1999),这三个过程对组织设立均有直接的影响。首先,对现存组织的观察会影响对运营该组织的价值和潜在利润的判断,导致"一窝蜂式"的组织设立(Aldrich,Fiol,1994)。这在社会或技术进步较快、经济不确定性较高的时期容易出现。组织设立存在空间差异是因为企业家更容易从其居住或工作的邻近地区获得组织设立的信息。

其次,现存组织的雇员具有生产和运营的外部知识和默会知识(tacit knowledge),通过其日常工作,他们能以较低的成本接近知识库,而外部人员要获得这些知识则需要付出巨大的成本。因此,企业家倾向于设立与从前和现存组织相似的组织,从而使工作经验与组织设立之间存在关联(Cooper,Dunkelberg,1987;Pred,1966)。企业家倾向于在其居住地附近设立企业,也是因为知识获取具有空间差异。

随着时间的推移,关于新组织形式的信息和组织知识能跨越地理界限而传播到更远地区的公司,但诸如组织治理等默会知识比显性知识(articulate knowledge)扩散得更慢,因为这种知识的转移需要在空间中形成密集的社会关系。同理,新组织形式的扩散也依赖于社会传染的存在。社会传染还能推动创新的扩散。流动销售员和经纪人把相关信息从一个地区带到另一个地区就有助于模仿性创新的产生。知识丰富的个体在地区之间的迁移有助于新的组织形式通过社会传染而扩散。通过面对面的接触,新的组织设立者能从老组织设立者那里得到相关的经验和只可意会的隐性知识。但社会传染也有时效性。在种群进化的早期阶段,这种传染的作用最大,随着种群演化时间的延续和组织种群向更广区域种群的发展,社会传染的影响将逐渐消失。Cattani、Pennings 和 Wezel(2003)对荷兰会计业组织 1880—1986 年设立率的研究强烈地支持了组织设立的空间密度依赖模型(见图 3-16)。

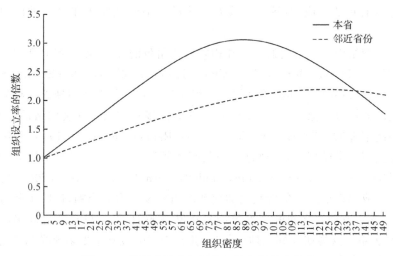

图 3-16 荷兰会计业组织设立的空间密度依赖

资料来源:Cattani G, Pennings J M, Wezel F C,2003. Spatial and temporal heterogeneity in founding patterns[J]. Organization Science,14(6):670-685.

最后，当地环境是组织设立者与顾客、资本供应商等建立直接联系最容易的场所。社会网络有助于创办人获得生产设备和订单（Uzzi，1996）。分布式的制造过程通常在地理空间上是集中的（Lazerson，1995；McKendrick，Doner，Haggard，2000）。为了便于顾客发现，类似的组织通常在邻近的地区营业，这在零售业中最为常见（Caplin，Leahy，1998）。

所以，在组织种群密度较高的条件下，特定区域的组织进入率与其邻近地区的组织数量正相关。特定地理区域内的组织数量与该区域的组织进入率正相关；邻近地区的组织数量与该区域的组织进入率正相关；特定地区组织数量对组织进入率的正相关效应比邻近地区的这一效应要强。

（二）空间竞争

组织生态学家同时也指出，地理空间的接近对组织存活也具有负面的影响（Baum，Mezias，1992；Sorenson，Audia，2000）。最接近的组织会因为争夺有限的资源而展开激烈的竞争。空间市场定价理论也假定，组织之间距离越近，竞争越激烈。组织之间距离越远，竞争效应越弱（Hotelling，1929；Prescott，Visscher，1977；Schmalensee，1978）。因此，组织在进入一个地区时，总是力图选择一个距离现有竞争者最远的区位（Prescott，Visscher，1977）。

但有理由相信，在空间聚集的组织种群内，密度依赖的竞争效应比在分散的组织种群内要弱。这是因为，组织种群会聚集在具有历史和文化同一性的群落内。文化同一性会强化意见的统一性并调节竞争。Piore 和 Sabel（1984）指出，在区域聚集中，对标准的违背不仅涉及经济性合同，而且涉及群落道德。由于担心受到被排除出群落的惩罚，成功的组织会约束自己的竞争行为。在这样的条件下，有可能形成一种能平衡竞争与合作的集体企业家（collective entrepreneur）（Best，1990；Piore，Sabel，1984）。因此，在密度很高的情况下，密度的进一步提高对组织设立率具有负面的影响，但这一影响对空间聚集的组织种群的作用比对空间分散的组织种群要弱得多。此外，在给定的范围内，公司之间的最大距离与公司数量负相关。随着越来越多的公司的进入，远离现有竞争者的区位选择就会越来越困难，最终将导致新进入者无利可图。因此，在组织密度较低的情况下，特定区域的组织进入率与其邻近地区的组织数量正相关。

已有一些实证研究支持这一观点。Carroll 等（1996）对 1885—1981 年美国小型汽车制造商设立率的研究表明，区域密度依赖的竞争性强烈地影响着组织设立率，但一个有意思的例外是，密度最大的中西部地区反而演变成了汽车制造业的地理中心。同样，Lomi（2000）分析了 1846—1989 年丹麦商业银行的设立率，发现在哥本哈根区域内部与外部的集群之间存在着不对称的生态关系，这些种群具有明显的中心—外围（core-periphery）特征，即聚集在首都的商业银行更容易分散竞争压力，而其他区域的银行更容易受外部环境波动的影响。

(三)空间密度依赖

非空间密度依赖理论假定,在组织生态位上发生的竞争性和合法性是在组织机动性受到限制的条件下进行的。事实上,和地理空间一样,生态位是连续的。但为了分析的方便,研究者通常将其视为离散的单元,如国家之间和国家内部的区域之间(Carroll,Swaminathan,1991;Freeman,Lomi,1994;Hannan et al.,1995;Sorenson,Audia,2000)。

空间密度依赖(spacial density dependence)理论试图说明,影响组织设立和组织死亡的竞争性过程和合法化过程具有不同的空间意义和空间边界。对合法性而言,缺乏认知合法性(cognitive legitimation)会明显地约束企业家的行动。作为理性行动者的企业家主要在当地开发新的市场机会。设立新企业需要动员各种资源,例如人力资本和物质资本、善意、信誉和社会资本(Lee et al.,2001),这些资源主要在当地获得。处理问题时需要与各种个体、群体和组织互动,而在空间上邻近的行动者更容易形成社会互动和网络联系。竞争性也会随着地理区域的不同而变化。对当地购买者和供应者而言,地域上的接近会强化竞争。对当地资源库的依赖会在公司之间形成双边竞争意识。因此,与全国范围内的竞争相比,本地竞争更能影响组织设立活动。概括地说,当地水平的密度依赖效应要比全国水平的密度依赖效应更加强烈,一个特定的组织种群的设立率更多地受到当地密度依赖竞争性和合法性的影响。

但合法性的空间范围比竞争性的空间范围要大(Carroll et al.,1996;Delacroix,2004;Han et al.,1998;Lomi,2000)。这是因为,合法性建立在现存组织关于建立、运营和交易的信息交换基础之上,它以文化和思想作为存在形式,不易受运输成本、法律和技术壁垒等因素的限制,更容易跨越国家和地区的界限而在更大的地理空间内发挥作用。而组织之间的竞争性则随着空间距离的增大、运输成本的提高而逐渐减弱,且能通过法律和技术的隔离而得以消除(如贸易壁垒和标准的不兼容)。如英国生产的汽车,其驾驶室在右边。由于关税条款的作用,爱尔兰的棉制产品不能进入英国市场(O'Hearn,1994)。所以,邻近空间互动模型认为,竞争效应主要发生在本地,合法性效应的范围更广(Hannan et al.,1995)。因此,邻近地区的组织数量与该地区的组织进入率之间存在倒 U 形效应。与本地区相比,邻近地区的倒 U 形效应要弱。

关于空间密度依赖理论的实证研究已逐渐得到重视。Swaminathan 和 Wiedenmayer(1991)、Carroll 和 Swaminathan(1992)在不同的空间集合水平上(如城市、州、地区和国家)分析了美国和德国酿酒业的组织设立率。在这些研究中,他们在不同的分析水平上估计了密度依赖的合法性—竞争性模型,并比较了不同空间水平之间的系数。结果表明,与合法性效应相比,美国酿酒业的区域竞争效应与扩散化竞争效应差异更大。Lomi(1995b)对意大利农村合作银行设立率的估计也得到了类似的结论。Hannan 等(1995)估计了欧洲汽车制造业的组织设立模型,在不同的水平上分析了密度依赖的合法性和竞争性。他们发现,欧洲国家之间的本地密度依赖和非本地合法性效应十分明显,且在全欧洲水平上的密度依赖合法性比在国家水平上的密度依赖竞争性更加明显和强烈。这些研究与其他研究(Baum,Mezias,1992;Baum,Singh,1994a,1996;Rao,Neilsen,1992)都支持 Zucker(1989)的观点。其认为,由于受到紧的资源约束,小的地理区域内的竞争将更加激烈。这些研究还说明,更大范围内的制度化过程与生态化过程将融合在一起。因此,竞争性的种群过程通常是异质的,且主要在本地环境中发生;而制度性的种群过程通常是同质的,它们会在一个较高的地理集合水平上明显地表现出来。Sorenson 和 Audia(2000)以地区密度(local density)指数为基础,对 1940—1989 年美国鞋类制造业种群空间密度与组织设立率之间的关系进行了估计。结果表明,地域密度会极大地影响美国鞋类制造业工厂的设立率,州际密度与鞋类制造业工厂设立率之间存在着非单调的关系。当产品密度水平较低时,制鞋厂数量的增多会提高种群的设立率。随着州际密度的提高,设立率的提高比率就会降低。当制鞋厂的数量达到 266 家的时候,州际密度的提高就会降低组织的设立率。

对微观空间密度依赖模型的研究也已得到了重视。Fong、Luk 和 Ooka(2005)分别用人类生态学(human ecology)、经济社会学(economics sociology)和组织生态学的观点研究了加拿大多伦多斯卡伯勒地区华人商业组织的设立。尽管华人商业组织散布在斯卡伯勒地区 94% 的人口普查地域内,但它们主要集中在几个地区。51% 的华人商业组织集中在 5% 的人口普查区域。华人商业组织主要集中在斯卡伯勒北面的几个主要区域。在该区域的 2179 家华人商业组织中,有大约 900 家分布在四个容易被找到的街道。组织生态学模型表明,一个地区的组织数量可用其邻近地区 10 年前华人商业组织的数量来解释。该变量的平方项表明,现存组织的数量与邻近地区新组织的数量之间存在非线性的关系。

Wezel(2005)对英国摩托车产业 1895—1993 年组织设立率的研究表明,对坐落在考文垂—伯明翰—伍尔弗汉普顿(Coventry-Birmingham-Wolverhampton,CBW)区域内的企业而言,单位密度的增加对组织设立率的影响几乎是对该区域外的组织设立率影响的两倍,而 CBW 区域外的竞争强度明显地高于 CBW 区域内的竞争强度。在同一个密度条件下,CBW 区域内的组织设立率要大大高于 CBW 区域外的组织设立率,且种群密度对组织设立率的促进作用也存在着极大的差异。对 CBW 区域外的种群而言,当种群密度达到 30 左右时,组织设立率即开始下降;但在 CBW 区域内,只有当种群密度达到 70 左右时,组织设立率才开始下降。

三、组织设立的洲际密度依赖效应

组织种群动态学通常被局限在一个特定的国家范围内。对密度依赖的研究一般是根据总密度(Hannan,Freeman,1987;Hannan,Carroll,1992)、地理界限密度(Barnett,Carroll,1987)、基于技术或法律约束的亚种群密度(subpopulation density)(Barnett,Carroll,1987;Ranger-Moore,Banaszak-Holl,Hannan,1991)来进行的,极少涉及国家组织种群的交叉密度效应(cross density effects)。

Delacroix(1993)建立了一个国际商务的生态学模型,研究了1903—1974年美国跨国公司在欧洲分公司的设立和死亡。他证明了多国企业等单个组织可通过清除组织系统的某些组成部分来适应环境的变化,但他并未考虑欧洲当地企业对美国分公司存活率的影响。Mascarenhas和Sambharya(1996)以制度性同形(institutional isomorphism)理论(DiMaggio,Powell,1983)和国际产品生命周期理论(international product life cycle,IPC)(Vernon,1966)为基础,研究了全球竞争条件下组织种群的增长动态。其中,制度性同形是指组织种群中面临相同环境条件的个体之间趋向类似的过程。这一概念补充了Hannan和Freeman(1977)提出的竞争性同形观点。产生制度性同形的三种机制分别是强制性同形(coercive isomorphism)、模仿性同形(mimetic isomorphism)和标准化同形(normative isomorphism)。

他们将研究对象分为三类国家:美国、其他工业化国家和非工业化国家。美国是最大的经济体,其他工业化国家由跟美国类似的高收入水平的国家组成,这些国家更可能采用处于生命周期早期的新产品。其他非工业化国家由低收入国家和基础设施水平较低的国家组成,它们在国际产品生命周期的后期才采用新产品。同一行业在这三类国家之间的发展会给组织的设立和死亡带来关联影响。其基本结论如下。

第一,如果美国公司本身的密度和行业需求不变,则美国公司的设立率与其他工业化国家的组织密度呈倒U形关系。根据IPC理论,创新性的产品首先在美国市场出现(Vernon,1966,1979)。随后,其他发达国家会产生部分需求。这会刺激当地制造商的进入并促进美国的产业发展。海外需求的持续增长会刺激美国公司向海外扩展,并吸引新公司加入该行业。因此,其他工业化国家的组织密度在较低水平上的提高与美国公司的设立正相关。

当需求增长放缓、市场趋向饱和时,情况就会发生改变。在较高的密度水平上,由于国内市场相对狭小,其他工业化国家的公司会不断地侵占美国公司的地盘。Westney(1993)认为,当多国公司(MNC)超越国界时,模仿性同形会将创新扩散给当地公司。同形的压力会产生竞争,并增加行业之间的贸易。其他工业化国家的公司会对美国公司形成挑战。目前,来自德国、英国和日本的公司已成为美国多国公司的主要竞争对手。因此,在一个较高的水平上,密度的提高会抑制美国公司的设立。

第二,如果美国公司本身的密度和行业需求不变,则美国公司的设立率与非工业化国家的组织密度负相关。在国际产品生命周期的后期,生产产品所需的投资和基础设施要求较低,非工业化国家开始出现对该类产品的需求,从而给美国公司提供了小的市场机会。但这些国家的市场狭小,例如,1985年发展中国家的GNP仅占全球GNP的22%。因此,非工业化国家最初的、有限的市场需求不会持续地对美国公司的设立产生影响。

同时,国际产品生命周期的后期阶段是以技术标准化和价格竞争为特征的。非工业化国家的公司会与发达国家的公司形成持续的竞争。随着其他国家公司的进入,企业种群不断扩大,三个同形压力在国际产品生命周期的后期表现得更加充分。标准化同形公司、模仿性同形公司和强制性同形公司使技术在世界范围内的扩散变得更加容易(Westney,1993)。许多低技术产业在美国的逐渐消失在很大程度上是因为非工业化国家低成本公司的涌现。因此,美国公司的设立率与非工业化国家的组织密度之间呈负相关关系。

第三,如果本身的密度和行业需求不变,则其他工业化国家的公司设立率与美国的组织密度呈倒U形关系。其他工业化国家的公司一般处于国际产品生命周期的早期。Hannan和Freeman(1977)认为,在资源有限的条件下,合法性和竞争性共同制约组织的设立率,并与组织密度紧密相关。当美国公司设立不久时,其密度较低,合法性效应大于竞争性效应。其他工业化国家也拥有较高的收入水平、发达的基础设施,并与美国保持着广泛的信息交流。这些因素有助于将美国公司的合法性力量扩展到其他工业化国家。而同形现象又有利于创新从美国向其他工业化国家扩散(Westney,1993)。当地公司将会抓住这些机会,并充分利用其掌握的本国市场知识来设立公司。因此,当美国的组织密度水平较低时,美国组织密度的提高将同时提高其他非工业化国家的组织设立率。同时,美国公司的设立率也会随着其他非工业化国家新需求的增加而提高。

随着密度的提高,这两个亚种群之间会出现蚕食和竞争。本地公司之间、本地公司与美国公司在本地的分公司之间的竞争将日趋激烈。由于行业规范和标准使得公司之间的模仿和竞争更加容易,因此在国际产品生命周期的后期阶段,组织同形过程更加明显。激烈的竞争和较低的盈利水平将阻碍本地公司的进入。因此,美国组织密度在较高水平的提高最终将降低其他非工业化国家的组织设立率。

第四,如果本身的密度和行业需求不变,则其他工业化国家的公司设立率与其他工业化国家的组织密度负相关。来自其他工业化国家的公司与美国较早时建立的公司形成竞争。因此,一些来自其他非工业化国家的公司将发现向非工业化国家扩展更加容易。但非工业化国家的狭小市场不会对工业化国家的组织设立产生持续的影响。事实上,在国际产品生命周期的后期,非工业化国家公司之间的竞争十分激烈。非工业化国家公司的涌现将对其他工业化国家的公司设立率产生负面的影响,其影响程度大于美国公司对非工业化国家公司设立率的影响。因此,非工业化国家组织密度的提高将降低工业化国家的组织设立率。

Mascarenhas 和 Sambharya(1996)对国际航空业和海洋石油开采业的实证研究表明,美国航空业的密度与其他工业化国家的组织设立率存在正 U 形关系。其他工业化国家的航空业和海洋石油开采业的密度与美国组织的设立率之间也存在正 U 形关系。非工业化国家航空业的密度与其他工业化国家的组织设立率之间存在倒 U 形关系。而非工业化国家海洋石油开采业的密度与其他工业化国家的组织设立率负相关。其交叉密度效应如图 3-17 所示。

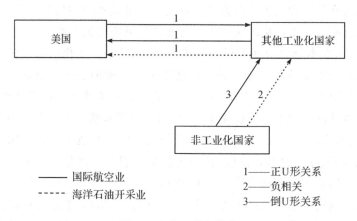

图 3-17　交叉密度效应

资料来源:Mascarenhas B,Sambharya R B,1996. The pattern of density dependence in two global industries[J]. Management International Review,36(4):331-354.

四、生态化过程和制度化过程的空间边界

空间密度依赖模型分析了在不同的空间层次上,组织种群竞争性和合法性的不同空间效应。但该模型没有考虑到空间的异质性和空间的结构性。Baum 和 Oliver(1996)认为,生态化过程和制度化过程也具有空间效应。生态化过程的空间边界(spatial boundaries)取决于种群环境的空间结构:在地域越分散的

环境中,定位竞争就越可能发生。制度化过程的空间边界取决于制度化过程的类型,制度根植性对组织社会政治合法性的影响可能在不同的水平上同时发生,并随着社会行动者提供制度支持的权限而发生变化(Aldrich,Fiol,1994;Baum,Powell,1995;Scott,1995)。

(一)生态化过程的空间边界

当资源环境呈区域分割状态时,本地化水平的竞争将更为激烈(Caroll,Huo,1986)。在同一环境中,组织对共同的、无空间差异的资源展开竞争。但在一个空间异质的环境中,每个组织的竞争效应被限定在其运行的地理分区内。这样,即使种群演化为州、国家甚至国际水平,组织也仍然会保持本地导向,并严重依赖于其本地环境。

造成组织环境地理分割的原因很多。首先,制度性约束和政治性约束会限制组织活动的地理范围。其次,组织活动的实质也会影响潜在顾客的来源和组织活动的边界。特别是当运输成本很高(如汽车制造商、啤酒酿造商)、产品由特殊的本地材料组成(如报纸)或对组织产品和服务的需求依赖于区位(如酒店)时,这一情形更加明显。很多研究表明,在不同的分析层面上,竞争的激烈程度与地理分割程度直接相关。例如,在曼哈顿酒店业中,接近商业和旅游活动的几个城市街区之间的竞争最为激烈(Baum,Mezias,1992)。在欧洲的汽车制造业中,由于政策的限制,国家之间的竞争最为激烈(Hannan et al.,1995)。再比如,儿童日间照看中心提供的服务是有前提的,父母每天必须接送小孩。这就产生了很高的本地化需求类型。因此,地理位置对在重叠生态位内组织之间基于顾客的竞争,以及在非重叠生态位内组织之间的合作均具有重要的影响。重叠密度、非重叠密度、非重叠强度在本地层面上对组织设立率的影响比其在分散层面上对组织设立率的影响要大。

(二)制度化过程的空间边界

组织合法性是制度化过程中的一个重要变量。Zucker(1977)将制度化当作一个过程,强调合法性是一种广为接受的认知现象。密度依赖理论强调认知性合法性。Hannan 等(1995)认为,与物质资源相比,文化在社会系统边界之间的流动更加自由,因此,认知性合法性通常发生在较高水平的空间层次上。

关系密度是制度化过程中的另一个重要变量,它与组织的地理分布和制度行动者的权限有关。Baum 和 Oliver(1996)在对多伦多孩童照看中心的研究中区分了本地社区组织(教堂、社区中心和学校等)和市政代理机构。以社区组织为基础的关系密度效应被限制在本地社区区域内,但以市政代理机构为基础的关系密度效应则会在市政区域内起作用。因此,关系密度对组织种群设立率的影响与制度权限的空间层次紧密相关。

第四章　组织成长理论

　　由于组织的类型众多,因此组织成长(organization growth)是一个难以被明确定义的概念。例如,企业成长有时被定义为企业功能的扩展(Coase,1937),有时被定义为企业规模的扩张与获取资源能力的增强(Penrose,1959)。Starbuck(1965)则认为,企业成长是企业组织规模的改变,而企业发展(development)是企业组织年龄的增长。组织生态学中的组织成长一般特指组织的成长率,即组织的当前规模与前期规模的比率。衡量组织规模的指标通常包括雇佣量、资产、产值、收入、利润等。值得注意的是,组织成长不仅具有数量特性,还具有发展阶段特性或者说组织寿命周期特性,组织的持续成长过程就是其不同成长阶段的转换过程。

　　产业组织理论、企业战略理论对组织成长进行了全面的研究,并形成了组织成长的产业决定论、战略决定论和高层管理决定论等三个理论流派。组织成长的产业决定论认为,市场特性是决定组织成长的关键因素。产品差异性、基于规模经济的垄断性和基于资本需求而形成的进入壁垒会阻止新进入者对在位企业形成威胁。广告强度、研发强度和竞争集中度是形成进入壁垒的重要因素(Hamilton,Shergill,1992)。如果产业进入壁垒很高,新进入者较少,在位企业就可以获得更多的资源。因此,与进入壁垒较低的产业内企业相比,高进入壁垒产业内的在位企业能获得更高的组织成长率。

　　组织成长的战略决定论则从产品层战略(portfolio-level strategy)和竞争层战略(competitive-level strategy)来分析组织成长。产品层战略关注企业主要产品的投资领域。企业实施相关多样化战略能充分利用现有产品与新产品之间的协同效应来获得较快的组织成长。反之,通过兼并等措施而实施的不相关多样化战略通常会因为企业对相关产品的认识不足而使组织面临很大的不确定性。Palepu(1985)的研究表明,如果不考虑企业兼并的情况,企业实施相关多样化战略比实施不相关多样化战略能取得更好的总体绩效,获得更快的成长速度。竞争层战略关注组织竞争策略对组织成长的影响。很多研究表明,进攻性战略与组织绩效正相关(Feeser,Willard,1990;Grinyer,McKienan,Yasai-Ardekani,1988;Romanelli,1989)。采取进攻性战略的公司可通过实施低成本战略、差异化战略和专业化战略来谋求竞争优势,并获得较好的生存和发展机会。组织的战略稳定性也会影响组织成长。Miller 和 Chen(1994)发现,航空公司的成长率与战略活动的惯性正相关。但 Haveman(1992)利用存贷组织的数据报告了相反的结果,即实施战略转换后组织的成长率一般较高。Stuart 和 Sorenson(2003)的研究发现,公司成长率是公司市场占有率的增函数,这说明公司的水平经营范围也会影响组织成长率。这是因为公司在向市场的其他区域拓展时,实现了范围经济,并减少了对当前单一市场的依赖。

组织成长的高层管理决定论从高层管理团队的异质性和高层管理团队成员的年龄这两个方面来分析组织成长。这一理论认为,组织中那些重权在握的管理者的信念和性格会对组织战略的形成和组织成长产生巨大的影响。Eisenhardt 和 Schoonhoven(1990)认为,高层管理团队成员的行业背景异质性会产生建设性的冲突,这种冲突有利于形成更好的组织决策。行业经验丰富的资深管理者能洞悉行业发展的规律,而新进入的管理者则能提供新的观点。高层管理团队成员的职能背景异质性也能在组织决策过程中起到平衡的作用。因此,组织成长与高层管理团队成员的行业背景异质性以及职能背景异质性正相关。Hambrick 和 Mason(1984)认为,高层管理者的年龄会影响到组织的成长。年龄较大的管理者一般较为保守,他们倾向于维持现状。处于职业生涯晚期的管理者流动性较低,他们不愿冒更大的风险来谋求组织的发展。因此,由年轻的职业经理管理的组织通常会获得更快的发展速度。但需要指出的是,高管团队的异质性对组织成长并不一定具有线性的影响,过高的异质性会强化高管团队成员之间负面的情感冲突,过低的异质性会诱发高管团队成员之间在晋升机会方面的恶性竞争。

事实上,高管团队规模也会影响到组织的成长。Eisenhardt 和 Schoonhoven (1990)对半导体公司的研究发现,由大型创业团队(专业化决策的可能性较大)创建的公司成长速度较快。环境特征如动荡性、复杂性、不确定性等是高管团队特性与组织成长关系之间重要的调节变量。Auh 和 Menguc(2005)的研究表明,在动荡性较高的环境中,高管团队很难取得战略导向的高绩效。Haleblian 和 Finkelstein(1993)以组织环境特性为调节变量研究了高管团队规模同组织绩效之间的关系,结果表明:在动荡的环境中,规模较小的高管团队很难取得较好的组织绩效;而在稳定性较高的环境中,大规模的高管团队并无优势。因为在动荡的环境中,组织需要更强的资源获取能力,只有规模较大的高管团队才能满足这一要求;而在稳定的环境中,规模过大的高管团队则会在成员协调过程中损耗掉大量的组织资源。环境特性还会对高管团队的构成特性提出要求。Keck(1997)认为,具有不同构成特性的高管团队在不同的环境中会有不同的绩效表现。在动荡的环境中,任期差异性较高以及平均任期较短的高管团队会有较好的绩效表现。在稳定的环境中,任期差异性较低的高管团队绩效较好。

与这些理论流派相对应,组织生态学从组织特性、种群特性和环境特性等方面来概括影响组织成长的重要因素,其中环境容量、组织种群密度、组织生态位宽度和重叠度等组织种群特性具有关键的作用。

第一节　组织成长的微观生态基础

一、组织年龄

组织年龄对组织成长的影响早就引起了研究者们的关注。大多数研究认为,当公司规模不变时,公司的成长率随着公司年龄的增长而降低。Evans(1987)以约 2 万家中小制造企业 1976—1982 年的数据为基础,研究了公司成长与公司年龄及公司规模之间的关系(见表 4-1)。结果表明,当公司年龄较小时,在控制了公司规模以后,公司的成长率随着年龄的增长而降低。公司成长率随着公司规模的扩大而降低。对有 0～6 年历史的公司而言,期末规模对期初规模的弹性 $\left(\mathrm{E}s = \dfrac{\partial \ln(S_{t'})}{\partial \ln(S_t)} = 1 + dg_s \right)$ 为 0.63;有 7～20 年历史的公司,其规模弹性为 0.49;有 21～45 年历史的公司,其规模弹性为 0.77;有 46 年及以上历史的公司,其规模弹性为 0.81。

此外,Dunne、Roberts 和 Samuelson(1988)等对制造业公司的研究均发现,在公司年龄和公司成长率之间存在着负的相关性。Dunne、Roberts 和 Samuelson(1988)还发现,公司成长率的变异会随着公司年龄的增加而降低。Baldwin 和 Gorecki(1989)、Davis 和 Haltiwanger(1992)对制造业工厂的研究也发现,工厂的平均成长率随着工厂年龄的增长而降低;Ericson 和 Pakes(1995)对制造业和零售业的研究也表明,在这两个产业中,公司成长率都与公司年龄负相关。随后,Barron(1999)对信贷联合会的研究以及 Barnett 和 Sorenson(2002)对银行业的研究也得出了类似的结论。

表 4-1　公司成长率与公司年龄及公司规模回归分析指标的统计值

变量	公司年龄			
	0～6 年	7～20 年	21～45 年	46 年及以上
$\ln S$:雇佣量的对数	1.995 (1.461)	2.810 (1.581)	3.480 (1.622)	4.815 (1.705)
$\ln A$:年龄的对数[①]	1.306	—	—	—
$\ln G$:成长率[②]	0.035 (0.015)	0.004 (0.129)	−0.012 (0.125)	−0.026 (0.150)

注:不加括号的数字为平均数,括号中的数字为标准离差。
①用年龄＋1 来取代年龄。
②公司成长率等于 1982 年与 1976 年雇佣量的对数差。

解释公司年龄与公司成长率关系的基本理论模型有三个。其中,最早的模型是动态成本调整模型(dynamic cost-of-adjustment model)。该模型认为,对投资的前期管理成本会随着投资水平的提高而提高,因此公司的最优策略是将大量的投资分散到多个时期。这意味着一个新进入的、年轻的公司在开始资本投资时会经历一个较高的成长率,但当公司完成了投资以后,其成长率就会降低。

另一个模型是Jovanovic(1982)模型。该模型认为,进入某一产业的公司会被赋予一个潜在的参数θ,该参数用来衡量公司在行业中的产出能力。开始的时候,公司是不清楚这一能力的。参数θ充当着成本转换器(cost shifter)的角色。θ高的公司具有高的成本和低的利润。公司成本还具有随机因素,所以公司只能通过长时间的生产来观察其实际成本,并更新对参数θ的期望值。如果公司发现其θ很高(该公司是一个无效率的产出商),它就会收缩规模并最终退出该产业;反之,如果公司的θ很低,它就会扩大规模并继续留在该产业。在这种条件下,Jovanovic(1982)模型预计,随着公司种群年龄的增长,公司种群的成长率会在其成长率分布的第一个时刻上升,而在第二个时刻下降。

前两个模型都认为,一旦进入完成,公司就将经历同样的成长。但Ericson和Pakes(1995)的模型发现,当公司完成进入后,其成长率具有异质性。与Jovanovic(1982)模型一样,该模型也认为,进入一个市场的公司具有一个潜在的参数θ,用来衡量其产出能力。但Ericson和Pakes(1995)的模型认为,公司知道其潜在的θ,且能通过投资对其进行完善。该模型表明,公司的初始规模对其当前规模的影响会随着公司年龄的增长而减轻。

还有的理论模型考虑了沉没成本投资(sunk cost investment)和滞后作用(hysteresis)对组织成长的影响。这些模型认为,当未来不确定时,在进行沉没成本的资本投资之前等待一段时间就很有价值。这意味着公司在进入市场之前要等待很长一段时间,而一旦进入市场,在它退出市场之前还要等待更长一段时间。在等待时间内,公司的投资策略是谨慎的,在进行了较大规模的初始投入后,公司不会立即继续进行大规模的投入。且随着公司年龄的增长,沉没成本的总量不断扩大,公司投资的边际风险水平不断上升,这会抑制公司的投资热情。所以,随着公司年龄的增长,基于投资推动的公司成长速度就会降低。

二、组织规模

(一)吉布拉定律

组织生态学应用的许多成长模型均基于吉布拉定律(Gibrat's law)。吉布拉定律可用一个简单比例成长模型来表示。其对数形式是:

$$\ln S(t+1) = \ln S(t) + \varepsilon \tag{4-1}$$

式中,S 指规模,ε 是平均数和变量 σ^2 的正态分布。随后的研究对吉布拉模型做了适当的修正,如将误差项参数化、在时间 t 增加规模的乘数或改变 t 时的规模指数。Barnett 和 Carroll(1987)、Barron 等(1994)增加了一个规模指数 β 和函数 $f(x)$,以便将组织年龄、种群密度和其他变量结合起来。Barron(1999)也应用过该模型,并增加了一个公司特征因素 γ。Harrison 和 Carroll(2001)将函数 $f(x)$ 当作期望产量,把 $g(y)$ 当作年龄和规模函数。Barnett 和 Sorenson(2002)将 β、$f(x)$ 当作密度函数和竞争距离函数,将 $g(y)$ 当作与竞争经验相关的各种变量的函数。修正后的吉布拉模型的一般形式是:

$$S(t+1)=S(t)^\beta f(x)\exp^{y+g(y)\varepsilon} \tag{4-2}$$

其对数形式为:

$$\ln S(t+1)=\beta \ln S(t)+\log f(x)+g(y)\varepsilon+\gamma \tag{4-3}$$

吉布拉定律的主要观点是,一家企业的规模在每个时期预期的增长值与该企业当前的规模成比例。在同一行业中的企业,无论其规模大小,在相同的一定时期内,其规模成长的概率是相同的,即企业的成长率(rate of growth)独立于其规模的变量。换句话说,就是同一行业中的企业,无论其规模大小,在相同的一定时期内,其规模变动(成长)的概率都是相同的。比如,同一产业中,资产总额为 2 亿元和 100 万元的企业在同一个时期内规模扩大两倍的概率是相同的,即所谓的比例效应定律(law of proportional effect,LPE)。根据该定律,可得到企业成长的两个基本结论:一是企业的成长是个随机过程,即企业成长有诸多影响因素,难以对其进行准确预测;二是不同规模的企业,其成长率并不因为各自的规模不同而有所不同。或者说,基于收入、资产或雇员数量等绝对指标的组织成长率是组织以前规模的函数。即使在产业创立初期所有公司的初始规模是相同的,成长率的小的随机差异在经过了一段时间以后也会使公司之间的规模差异变得很大。

随后有诸多研究对吉布拉提出的比例效应定律进行了验证。证明吉布拉定律效应存在和不存在的研究结论都很多。Hart 和 Prais(1956)验证了吉布拉定律效应的存在。Simon 和 Bonini(1958)认为,吉布拉定律只适用于最低有效规模水平之上的公司。Lucas(1967)的资本调整模型隐含地说明,公司雇员、资本和产量的时间序列遵循吉布拉定律。在 Jovanovic(1982)的公司学习模型中,吉布拉定律只适用于成熟的公司或那些在同一时间进入产业的公司。

但 Ijiri 和 Simon(1977)的实证研究表明,组织成长率随着规模的扩大而降低,违背了吉布拉提出的成比例增长假设。Mansfield(1962)、Kumar(1985)、Evans(1987)、Barron 等(1994)、Dunne 和 Hughes(1994)等的研究也表明,小公司的成长速度比其大型竞争者要快得多。还有研究证明,大型组织的成长率更高(Samuels,1965;Singh,Whittington,1975;Prais,Reid,1976)。

有些学者认为,对吉布拉定律的不同验证结论可能与研究设计选用了绝对规模指标有关,一种有价值的规模—成长率研究方法是区分不同的规模特征,尤其是衡量组织的相对规模(Hannan et al. ,1998;Dobrev,Kim,Carroll,2003)。现有的研究倾向于认为相对规模对组织成长具有正的影响(Bothner,2003)。Hannan 等(1998)利用美国、法国、英国、德国汽车制造业的资料,估计了相对规模对组织存活的影响。他们发现与行业中最大的公司相比的相对规模的扩大会降低组织的死亡风险。Carroll 和 Swaminathan(2000)、Dobrev 和 Carroll(2003)通过对美国啤酒行业的研究发现,那些相对规模较小的组织面临更大的灭绝风险。虽然组织存活和组织成长是完全不同的结果,但很多研究者发现,相关因素对这两者的作用方式几乎是一样的(如 Haveman,1992;Barron et al. ,1994;Henderson,1999;Stuart,Sorenson,2003)。Carroll 和 Hannan(2000a)认为,相对规模会影响组织成长。因为相对规模的扩大伴随着组织影响力的增大、与供应者谈判力量的增强、产品的成本优势以及对经销商影响的扩大等,所有这些因素均能产生高的成长率。相对规模较大的公司的另一个优势是它抢占先机的能力更强(Eaton,Lipsey,1979;Ghemawat,1984;Judd,1985)。由于比对手拥有更多的无形资源和有形资源,相对规模较大的公司不仅依靠较好的购买者来成长,而且它能使某一特定区域的市场区域饱和以阻止竞争者的进入,从而提高它自己的成长速度。Bothner(2005)对全球计算机行业的研究表明,相对规模为平均水平的公司(相对规模为 1),相对规模每增加 1 个单位,公司成长率就提高13%。但当相对规模为 3 时,相对规模每增加 1 个单位,公司的成长率提高 4%。当相对规模为 10 时,规模的扩大只带来 1.27% 的公司成长率的提高。

上述分析注重对单个组织规模的分析,但忽视了组织种群内的组织规模分布。事实上,已有一些学者根据一些明显的维度(如规模、技术或劳动力输入类型等)对产业进行了分层,并指出焦点公司(focal firm)的成长率会根据其他地位相当公司的行为及绩效而出现系统性变化。在组织社会学中,研究规模同一的竞争(size-localized competition)是一种很好的办法(Hannan,Freeman,1977;Baum,Mezias,1992)。考虑到规模与公司所依赖的资源相关,Baum 和Mezias(1993)以及 Ranger-Moore 等(1995)发现,规模同一的竞争抑制了组织的成长。随后的一系列研究遂将组织成长视为一种在其他资源空间中的拥挤函数(function of crowding),这些资源空间包括专利技术(Podolny et al. ,1996)和经理者市场(Sørensen,1999)等。这一研究思路认为,相对规模对组织成长率具有正的影响。Baltagi 和 Li(1995)利用两步固定效应面板模型(two-way fixed effects panel models)检验了这一假设。

(二)其他组织成长模型

除了吉布拉模型,还有一些研究提出了其他组织成长模型,如 Carroll 和 Hannan(2000a)应用了一个基于泊松(Poisson)分布的种群统计学成长模型来分析组织雇员的数量增长。

1. 密度模型(density model)

该模型是吉布拉定律的扩展,它允许其他变量影响组织成长,尤其是种群密度和公司年龄。密度模型可表示如下:

$$\ln S(t+1) = \omega \ln S(t) + b_0 + \ln\{1 + b_4 \exp[b_1 N(t) + b_2 N^2(t) + b_3 N_f]\} +$$
$$\ln\{1 + b_6 \exp[b_5 A(t)]\} + \varepsilon \tag{4-4}$$

式中,N 是种群密度,N_f 是公司设立时的密度,A 是公司年龄,ε 是吉布拉模型中的正态分布。当 $\omega=1$,且 b_0、b_4 和 b_6 均为 0 时,该模型就简化成了吉布拉定律。

2. 研发投资模型(R&D investment model)

该模型将组织成长视为不确定的研发投资的结果。研发投资由下式决定:

$$RDMIX(t) = INERT \times RDMIX(T-1) + (1-INERT) \times$$
$$RETURNMIX(t-1) + \varepsilon \tag{4-5}$$

式中,RDMIX 代表创新投资,是整个研发投资的一部分。RETURNMIX 代表创新收益,是整个研发收益的一部分。$INERT=0.8$,$\varepsilon \sim N(0, 0.000001)$。

任何模仿性投资的收益流均由下式决定:

$$RS_m(u) = CM \times IM(t) \times RM \times R(u), u = t+1, t+2, \cdots, t+20 \tag{4-6}$$

式中,CM 是模仿回报的放大系数;$IM(t) = RDINVEST \times [1-RDMIX(t)]$ 是 t 时模仿性研发投资额,RDINVEST 是年度研发投资。RM 是缩短的正态分布,$R(u)$ 是标准对数正态分布的投资回报单位,在某一年(比如第 3 年、第 4 年)达到最大值,然后逐渐下降。如果 RM 不为正,就有 50% 的可能性不能从 $IM(t)$ 中取得回报。如果 RM 为正,则 $RS_m(u)$ 会在接下来的若干(比如 20)个时间周期内给 $IM(t)$ 带来回报。

与模仿性研发相比,创新性研发的风险较大,但潜在的收益也大。创新收益实现的时间也较长。创新性研发投资的未来收益流 $RS_n(u)$ 由下式决定:

$$RS_n(u) = CN \times IN(t) \times RN \times R(u), u = t+5, t+6, \cdots, t+24 \tag{4-7}$$

在创新的情况下,创新放大系数 CN 比 CM 要大。RN 是均值为 -1 的正态分布。由于产品发展需要时间,收益流的开始要延后几个周期(比如 5 个周期)。$N(t) = RDINVEST \times RDMIX(t)$ 是在 t 时对创新性研发的投资额,$R(u)$ 是标准回报单位。在每一个时间周期内,回报是由前期投资实现的。如果 $RETM(t)$ 和 $RETN(t)$ 分别是从前期模仿性投资和创新性投资中积累的回报,则

$$S(t+1) = S(t) + \{RETM(t) + RETN(t) - [IM(t) - IN(t)]\} \tag{4-8}$$

在该模型中,前期投资回报的实现已经包括在 $S(t)$ 中。该模型与 Nelson 和 Winter(1982)的成长模型有共同的基础,但在 Nelson 和 Winter(1982)的模型中,公司的成长是受其竞争者的行为影响的,且主要的随机因素存在于搜寻的过程中。但在该模型中,公司的业绩不受竞争者行为的影响,且主要的随机因素存在于高度不确定的投资回报中。

3.组织种群统计学模型（demographic model）

该模型用雇员数量来衡量组织规模，当雇员进出组织时，组织的规模即发生变化。规模是离散的，只取整数值。雇员的进入和离开是一个依赖于组织规模、年龄和以前成长率的离散的泊松过程，该过程可分别用比率参数 λ_a 和 λ_b 来表示：

$$\lambda_a = \exp[a_0 + a_1 \ln S(t) + a_2 GR(t-1,t) + a_3 A(t)] \tag{4-9}$$

$$\lambda_b = \exp[b_0 + b_1 \ln S(t) + b_2 GR(t-1,t) + b_3 A(t)] \tag{4-10}$$

式中，A 是组织年龄，GR 是组织的前期成长，$[S(t)-S(t-1)]/S(t-1)$。t 时刻的两个泊松随机变量 $NA(t)$ 和 $ND(t)$ 由 $\lambda_a(t)$ 和 $\lambda_b(t)$ 产生。所以

$$S(t+1) = S(t) + NA(t) - ND(t) \tag{4-11}$$

在该模型中，雇员的进入数和离开数都随着组织规模对数的增大而增加，但随着组织年龄的增长而减少。组织成长具有惯性，即组织的前期成长与当前雇员进入数正相关，与当前雇员离开数负相关。

Harrison(2004)对吉布拉模型和上述三个模型进行了计算机模拟，结果表明，吉布拉模型和研发模型描绘了组织规模的单调递减趋势。分布曲线的顶点在密度模型中更为居中，但在种群分布模型中则向右偏移。

事实上，组织年龄和组织规模之间存在着复杂的关系，它们对组织成长具有交互的影响。McCloughan(1995)和Sutton(1997)在总结相关实证研究结论的基础上，提出了如下关于组织成长的统计学规律：①公司成比例成长率随着规模的扩大而降低；②公司成比例成长率随着年龄的增长而降低；③随着规模的扩大，公司成长的可变性降低；④随着年龄的增长，公司成长的可变性降低；⑤成长率是自相关的（auto correlated），这意味着如果公司在某年内高速成长，则其在下一年高速成长的可能性更大；⑥规模分布的对数随着规模的扩大而单调递减；⑦总的行业进入率和退出率正相关。

三、组织生态位

内涵式成长策略与外延式成长策略对组织的成长速度和成长节律有不同的影响，而组织成长策略的选择又受到竞争者和其他种群因素的影响。生态位概念有助于理解企业成长策略的选择。MacArthur(1962)总结了前人对生物生活史的研究，提出了 r-K 选择的自然选择理论。MacArthur 和 Wilson(1967)又从物种适应性出发，进一步把 r 选择的物种称为 r 战略者（r-strategists），把 K 选择的物种称为 K 战略者（K-strategists）。

r 战略是一种快速繁殖策略，它指有利于增大内禀增长率（per capital rate of increase）的选择，表现为具有较强的繁殖能力，通过产生大量不同形式的后代适应不稳定的环境。当组织生态环境不稳定时，组织个体通过生产多种局部

性质不同的产品占据组织群落空间的不同生态位,以保证组织个体内部各个产品的利润总和实现动态平衡或增长,为组织的生存和成长提供充足的资源。对 r 战略者而言,理想的竞争环境资源可获得性高、竞争者数量少且进入壁垒低。事实上,在这样的环境中取得成功的企业大多是小型企业和新创企业(Ozsomer, Cavusgil,1999)。

K 战略是一种饱和策略,它指有利于增强竞争能力的选择,表现为能更有效地利用资源,增加组织种群在稳定环境下的环境容量,以达到更高的饱和密度。当组织竞争环境比较稳定且环境变化可以预期时,组织个体通过规模效益、技术、营销策略和品牌形象等方式提高核心竞争力,以保证组织个体能从单项产品中获取足够的利润来维持自身生存和成长。在很多发达国家,企业的外部环境和内部环境比较稳定,有更多的企业倾向于采取这一成长战略。两种组织成长战略的比较如表 4-2 所示。

表 4-2　环境因素与组织成长战略选择

环境因素	r 战略	K 战略
环境稳定性	环境不稳定	环境稳定且可预测
死亡率	高	低
种群规模	低于环境承载力	已饱和
竞争性	松弛,可变	渴望竞争
寿命周期	短	长
新生后代的本质	快速发展、高成长率	较低的成长率、较强的竞争能力
追求的结果	较早繁殖 小规模 单一生产 生产率(高繁殖力)	延后繁殖 大规模 重复生产 效率(高存活力)

资料来源:Javalgi R R G, Todd P R, Scherer R F,2005. The dynamics of global e-commerce: An organizational ecology perspective[J]. International Marketing Review,22(4):420-436.

r 选择和 K 选择是组织种群自然选择的两个端点。大多数组织分布于这两个极端类型之间。不同组织个体在同一企业生态环境中,或者同一组织个体在不同组织生态环境中的生态对策是不同的。但由于 r 战略和 K 战略的基本特征不同,采取不同战略的组织其成长曲线存在明显的差异。

Todd 等(2014)以 r 选择和 K 选择理论为基础,分析了中国和印度这两个新兴国家中 B-to-B(企业间的电子商务)市场里中小型企业的发展。他们认为,企业成长会受到国家特性、产业特性、企业特性和市场特性的多种影响,这些因素的改变会扩大环境容量或降低资源的可获得性。在美国这样的成熟市场中,商业环境稳定,经济总量大,企业更适合采取 K 战略。而中国的一些中小企业具有家族控制、组织结构简单、集权决策、内部融资、广告和研发投入少等特点（Ahlstrom et al.,2006），对这些企业而言，要想获得快速的成长，r 战略是更好的选择。

　　r 战略和 K 战略会影响到产业组织的演化过程，如图 4-1 所示。在产业演化的第一阶段，市场空间很大，具有创业精神的 r 战略者开始进入市场。由于竞争强度很低，这些新进入的企业通常只有较小的规模；如果环境容量足以支撑市场的发展，大量的企业就会被吸引到这个市场中来。随着资源稀缺程度的提高，环境会选择那些更能适应社会规制、具有技术优势且经济状况更为稳定的企业。在产业演化的第二阶段，在资源约束的作用下，那些小型的、适应力不强的企业将会被淘汰。随着不确定性和环境扰动性的降低，r 战略者开始提高其适应力，K 战略者的特性开始显现。它们可能转型为大规模的企业，以便通过利用更大范围的环境资源来获得发展。在产业演化的第三阶段，市场已经成熟，企业的灵活性很强，效率也很高，企业之间开始为争夺资源而展开激烈的竞争。在这种情况下，企业必须在市场中找到不同的位置，或者维持极高的资源利用效率，否则就会被淘汰出局；在产业演化的最后阶段，市场位置出现了平衡。存活下来的企业注重于提高现有资源的利用效率，没有效率优势的企业将难以生存下来。

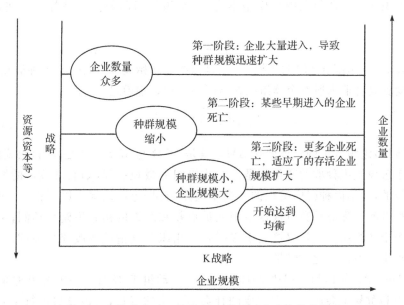

图 4-1　新兴市场中 r 战略和 K 战略对产业演化的影响

资料来源：Todd P R, Javalgi R G, Grossman D, 2014. Understanding the characteristics of the growth of SMEs in B-to-B markets in emerging economies：An organizational ecology approach[J]. Journal of Business & Industrial Marketing,29(4)：295-303.

四、组织惰性

传统的产业组织理论和组织社会学都假定组织是能够成长和扩张的。组织种群的变化仅仅是种群内所有个体组织变化的总和,即

$$\Delta M_{(t)} = \sum_{i=1}^{N} \Delta m_{i(t)} \qquad (4\text{-}12)$$

式中,$\Delta M_{(t)}$ 是 t 时组织种群的变化,$\Delta m_{i(t)}$ 是组织 i 在 t 时的变化。从这个观点来看,理解组织种群变化的关键是解释 ΔM 在时间和组织上的变化。

与此不同的是,组织生态学认为,有些组织,特别是社会运动组织是惰性结构(inert structure)的,经过一定的发展时期以后,组织的当前规模很难超过其初始规模。组织成员的总体变化仅仅是组织单位(organizational units)变化的函数,即

$$\Delta M_{(t)} = m(\Delta N_{(t)}) \qquad (4\text{-}13)$$

式中,$\Delta M_{(t)}$ 代表 t 时组织种群密度(数量)的变化,m 为组织规模常数。

该公式的潜在问题是假定种群内组织的规模是相同的。Stinchcombe(1965)认为,从组织生态学的观点来看,应该假定组织规模是有差异的。但任何一个特定的组织在其寿命周期内规模是不变的,组织的当前规模总是等于其初始规模,即

$$m_{i(t)} = m_{i(0)} \qquad (4\text{-}14)$$

式中,$m_{i(t)}$ 是组织在 t 时的规模,$m_{i(0)}$ 是组织的初始规模。因此,组织种群在 t 时的改变就是种群内所有个体组织在该时不同初始规模之和,即

$$M(t) = \sum_{i=1}^{N_{(t)}} (m_{i(0)}) \qquad (4\text{-}15)$$

所以,组织成员的总体变化 $\Delta M_{(t)}$ 就是 $M(t)$ 与 $M(t-1)$ 之差。该公式的意义在于假设组织种群的变化不是由个体组织的微观过程(如雇员数量的增减)来决定的,而是由种群内组织的寿命来决定的。据此可以提出以下推论:第一,组织种群的实际成员数可根据组织人员更新和组织的初始规模来预测;第二,每一个个体组织的成长率接近于零;第三,组织变化惰性的改变是种群内部密度和组织生态位变化的结果。

Sandell(2001)利用瑞典 29193 个社会运动组织 1881—1940 年在禁酒、教派自由和贸易工会运动三大主要的社会运动中的资料,对该模型进行了验证。结果表明,在两个社会运动中,组织的平均成长轨迹接近于零。如果控制当地组织的初始规模,则总体成员数的变化就取决于组织种群规模及其生态位,而不是当地组织的扩张能力。这一发现否定了所有社会运动组织必须具有个体扩张的能力的传统结论。

五、组织族系

组织族系是形成组织社会资本的重要渠道。发达的组织族系与紧密的组织关联能给组织成长提供核心资源。与其他新建组织相比,组织族系里的组织很容易对其母体组织进行复制,其中知识关联(knowledge relatedness)和治理关联(governance relatedness)是两个主要的作用机制。根据 Penrose(1959)的观点,公司的成长是由公司的知识和物质资源驱动的。公司知识和资源的积累要么通过创造新的知识和资源,要么通过学习来更有效率地利用外部已有的知识和资源,以形成新的生产可能性(productive possibilities)。在 Penrose(1959)的理论中,知识和学习被认为是公司成长的主要驱动力。

随后的许多研究认为,在组织族系中,后裔组织通过借助母体组织的资源基础,能够将许多不同的知识组合起来,这些组合的知识可能引致新产品的开发或者生产过程和市场过程的改善。也就是说,通过对母体组织的学习,后裔组织能获得明显的竞争优势和成长动力。其中,母体与后裔的知识关联是影响后裔组织成长的关键因素。母体与后裔的知识关联包括生产知识关联、技术知识关联和市场知识关联(Rumelt,1974)。其中,生产知识关联能使后裔组织应对需求水平的变化和消费者特性的变化;技术知识关联有助于后裔组织缩短从产品创意到产品商业化的时间;而市场知识关联有助于后裔组织设计和实施更有效的营销战略。

但关于母体与后裔之间的知识关联与后裔组织成长的实证研究并未取得一致的结论。Woo 等(1992)证实了母体与后裔之间知识的关联与后裔组织销售收入的增长之间存在着正的关系。Woo 等(1992)、Mahajan 和 Wind(1988)、Pitts 和 Hopkins(1982)的研究也证明,母体与后裔之间所有类型的知识关联都与后裔组织的盈利性正相关;Cooper 和 Bruno(1977)、Doutriaux(1992)、Feeser 和 Willard(1989)发现,母体与后裔之间的技术知识关联与后裔组织销售收入的增长正相关;Sykes(1986)发现,母体与后裔之间的市场知识关联与后裔组织的财务收益正相关;Davis 等(1992)发现,母体与后裔之间的产品互补与后裔组织的盈利性之间存在着正的关系。但 Lindholm 和 Sarjakoski(1994)以及 Woo 等(1992)发现,母体与后裔之间的知识关联与销售收入的增长之间没有关系;Sorrentino 和 Williams(1995)发现,母体与后裔之间的知识关联和后裔组织的市场份额之间没有关系。

Sapienza 等(2004)认为,这些实证研究的结论之所以存在着很大的差异,是因为母体与后裔之间的知识关联和后裔组织的成长之间并非一种线性的关系。他们认为,后裔组织向其母体组织学习的效率越高,知识的积累速度也就越快,后裔组织的成长率就越高。而后裔组织向母体组织学习的效率又取决于后裔组织与母体组织之间知识基础的重叠程度。一方面,如果母体与后裔之间的知识重叠程度太低,则后裔组织对母体组织知识的吸收就存在很大的困难,因而不利于后裔组织的学习;另一方面,如果母体与后裔之间的知识重叠程度太高,则后裔组织组合新知识的潜力就很小,也不利于后裔组织的学习。此外,母体与后裔知识重叠度较高意味着后裔组织与母体组织拥有大体相同的价值观、经营机制和组织信念,这会削弱后裔组织的创新意愿,降低后裔组织基于创新的成长速度。此外,后裔组织对母体组织过高的知识和资源依赖会使后裔组织暴露在特定关系的投资风险中,与母体组织无关的资源很难得到发展,当出现母体—后裔资源冲突时,后裔组织会处于不利的地位。因此,后裔组织对母体组织知识的学习与母体与后裔知识的重叠之间是一种倒 U 形的曲线函数关系,即母体与后裔知识关联在较低水平上的提高会促进后裔组织的成长,但达到某一程度以后,母体与后裔知识关联度的进一步提高将会降低后裔组织的成长速度。

Sapienza 等(2004)以芬兰 54 家后裔公司和 23 家母体公司为对象,研究了母体与后裔知识关联对后裔组织成长的影响。这些公司分布在化学、信息技术、橡胶和塑料、金属和机械、电器和光学设备、运输设备以及印刷和出版等 7个产业部门中。他们的实证研究表明,母体与后裔之间中等水平的技术知识关联和生产知识关联会给后裔组织带来高水平的成长。即当后裔公司与母体公司之间的技术知识关联和生产知识关联在高度分异的情况下趋同时,后裔组织会获得更高的成长速度;但当母体与后裔知识从部分重叠趋向完全重叠时,后裔组织的成长速度则会降低,如图 4-2 所示。Dahlstrand 和 Cetindamar(2000)对瑞典 347 家新技术公司的研究也表明,如果母体公司是后裔公司的主要客户,则这种关系对后裔公司的成长具有明显的负面影响。

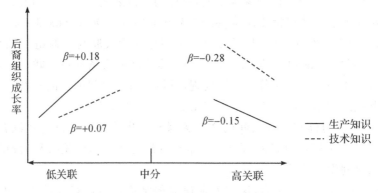

图 4-2 生产知识和技术知识关联对后裔组织成长的影响

资料来源:Sapienza H J, Parhankangas A, Autio E,2004. Knowledge relatedness and post-spin-off growth[J]. Journal of Business Venturing,19(6):809-829.

　　母体组织不同的知识背景对后裔组织的成长也具有不同的影响。Dahlstrand 和 Cetindamar(2000)检验了后裔公司在母体公司中获得的创业经验对后裔公司成长的影响。该项研究对瑞典 347 家新技术公司进行了问卷调查。在这 347 家公司中,有 229 家公司的创业经验来自母体公司。在 229 家后裔公司中,有大约四分之三的公司具有公司经验,五分之一的公司具有公司—大学复合经验,7.5%的公司只具有大学经验。将不同类型的母体经验与公司销售收入的增长联系起来分析后发现,具有公司经验的后裔公司比具有公司—大学复合经验的后裔公司以及只具有大学经验的后裔公司成长得更快;具有复合经验的后裔公司比具有大学经验的后裔公司成长得快。研究结果还表明,对具有大学经验的后裔公司而言,创新与公司成长之间具有显著的正相关关系;对具有公司经验的公司而言,这种相关关系仍然显著,但不如前者强烈。

　　后裔组织与其母体组织之间的治理结构也可能存在相关性。当后裔组织受到母体组织的支持,或母体组织对后裔组织有投资时,后裔组织的董事会中就可能有一个或几个成员是母体组织中的全职雇员,且后裔公司的 CEO 很可能与母体公司的管理层存在着很强的社会联系。母体组织与后裔组织之间的治理关联会影响到后裔组织的绩效。Chesbrough(2003)检验了施乐公司与其几个后裔公司之间的治理关联,结果发现,由于施乐公司对其后裔公司管理实践的影响,施乐公司在后裔公司拥有的初始权益的数量与后裔公司的业绩呈负相关。当施乐公司对后裔公司拥有主要控制权时,它很少邀请外部人员加入后裔公司的董事会,且后裔公司的 CEO 一般在施乐公司的管理层中选任。事实上,董事会成员和公司管理层中的外部人员和内部人员应该有一个平衡的结构,因为外部成员所具有的社会关系对公司后裔公司的业绩具有重要的影响(Sedaitis,1998)。

　　组织族系对母体组织和后裔组织的影响是双向的,成功的后裔组织也能反过来对其母体组织和亲戚组织加以关照。例如,日本的三菱汽车、野村证券和丰田汽车等公司都是成功的分立公司,它们都很好地照顾了其母体公司和亲戚公司。

　　但上述研究都忽略了母体组织和后裔组织的数量特性与规模特性。显然,在单一母体组织条件下,后裔组织的数量、后裔组织的规模等因素对后裔组织的成长具有重要的影响。同样,在后裔组织数量和规模一定的情况下,母体组织的数量和规模对后裔组织的成长也具有重要的影响。

　　李熙和彭璧玉(2012)通过公司分立、母公司设立分公司、公司雇员离职后创办新公司这三个维度定义了 1992—2004 年广东省汽车零部件制造业中的母体组织与后裔组织,得到有母体组织的后裔组织 44 个,没有母体组织的企业组织 74 个。分析结果表明,后裔组织在组织成长、组织存活时间、组织规模等方面都具有显著的优势,如表 4-3 所示。

表 4-3　后裔组织与没有母体组织的企业组织的比较(1992—2004 年)

比较内容		拥有母体组织的后裔组织	没有母体组织的企业组织	某置信区间估计总体比例之差
样本数量/个		$i=44,t=13$	$i=74,t=13$	
组织成长	每家企业平均年销售收入的总和/万元	1799245.86	312567.13	
	每家企业平均年销售收入的平均/万元	48628.27	8225.45	
	每家企业年销售收入实现正增长年份的数量总和	105(77.78%)	99(60.00%)	(4.29%,31.27%)***
	每家企业年销售收入实现负增长年份的数量总和	30(22.22%)	66(40.00%)	(-31.27%,-4.29%)***
组织死亡	企业死亡的数量	3(6.82%)	31(41.89%)	(-68.47%,-1.67%)**
	企业死亡最多的年份	1(33.33%)	17(54.84%)	
	10年及以下	1(33.33%)	24(77.42%)	(-90.39%,2.21%)
	11年及以上	2(66.67%)	7(22.58%)	(-2.21%,90.39%)
	最小死亡年龄/年	3	3	
	最大死亡年龄/年	15	21	
	平均死亡年龄/年	9.33	8.71	
组织年龄	10年及以下	21(47.72%)	32(43.24%)	(-11.07%,20.03%)
	9~19年	13(29.55%)	21(28.38%)	(-13.02%,15.36%)
	20年及以上	10(22.73%)	21(28.38%)	(-19.11%,7.81%)
	最小年龄/年	2	2	
	最大年龄/年	33	32	
	平均年龄/年	12.64	13.39	
规模	小型企业	12(27.27%)	68(91.89%)	(-83.79%,-45.45%)***
	中型企业	18(40.91%)	6(8.11%)	(19.89%,62.09%)***
	大型企业	14(31.82%)	—	
所有制	私营企业	9(20.45%)	61(82.43%)	(-81.38%,-42.58%)***
	独资企业	6(13.64%)	—	
	合资企业	22(50.00%)	3(4.05%)	(25.62%,66.28%)***
	国有企业	7(15.91%)	10(13.52%)	(-8.76%,13.54%)

注:某置信区间估计总体比例之差所用公式为 $(\hat{p_1}-\hat{p_2})\mu Z_{\frac{1}{2}}\sqrt{\dfrac{\hat{p_1}(1-\hat{p_1})}{n_1}+\dfrac{\hat{p_2}(1-\hat{p_2})}{n_2}}$。其中,$n_1$ 和 n_2 分别表示从拥有母体组织的后裔组织和没有母体组织的企业组织中随机抽取的样本容量,$\hat{p_1}$ 和 $\hat{p_2}$ 分别表示抽样样本中某属性所占的比例。当置信区间取99%*** 时,$Z_{\frac{a}{2}}=2.58$;当置信区间取95%** 时,$Z_{\frac{a}{2}}=1.96$;当置信区间取90%* 时,$Z_{\frac{a}{2}}=1.64$。

数据来源:根据中宏数据库、《中国汽车工业统计年鉴》的数据整理得到。

由表 4-3 可见,在观察期内,每家拥有母体组织的后裔组织的平均年销售收入为 48628.27 万元,而没有母体组织的企业组织的平均年销售收入仅为 8225.45 万元。同时,拥有母体组织的后裔组织的年销售收入实现正增长的年份的比例要显著高于没有母体组织的企业组织($p<0.01$),95% 置信区间估计两个总体的比例之差为 4.29%~31.27%。由此可见,拥有母体组织的后裔组织获得了较快的成长速度。同时,在观察期内,拥有母体组织的后裔组织的死亡比例要显著低于没有母体组织的企业组织($p<0.05$),95% 置信区间估计两个总体的比例之差为 1.67%~68.47%。拥有母体组织的后裔组织的平均存活时间为 9.33 年,而没有母体组织的企业组织的平均存活时间为 8.71 年。在观察期内,拥有母体组织的后裔组织在小型、中型、大型三类规模中的比例大体相当,但没有母体组织的企业组织暂时没有形成大型规模。同时,拥有母体组织的后裔组织的规模相对较大,在小型企业类别中,其比例要显著小于没有母体组织的企业组织($p<0.01$),95% 置信区间估计两个总体的比例之差为 45.45%~83.79%。在中型企业类别中,拥有母体组织的后裔组织的比例要显著大于没有母体组织的企业组织($p<0.01$),95% 置信区间估计两个总体的比例之差为 19.89%~62.09%。

母体组织经验对后裔组织的成长具有重要的影响。其中,母体组织与后裔组织的技术生态位重叠程度直接影响母体组织经验的传导,而后裔组织数量以及后裔组织的年龄和规模等因素对吸收母体组织的经验起着关键的作用。相关分析变量如表 4-4 所示。

表 4-4　母体组织经验影响后裔组织成长的模型变量

变量		定义	计算公式和量化方法
因变量	OG_{it}	后裔组织年销售收入的变化值,即当期的销售收入与前期销售收入的差值	$OG_{it} = Y_{it} - Y_{it-1}$
自变量	OD_{it}	母体组织与后裔组织的技术生态位重叠度	$OD_{it} = N_{it} + \sum_{j \neq i} w_{ij} N_{jt}$,用来刻画母体组织经验
	MA_{it}	后裔组织设立时其母体组织的存活年限	用来刻画母体组织经验
	N_{it}	同一母体组织拥有的后裔组织数量	
	S_{it}	同一母体组织拥有的后裔组织规模	"0" 表示小型企业,"1" 表示中型企业,"2" 表示大型企业
	H_{it}	组织密度	用来刻画后裔组织的行业属性,指观察期内每一年行业内的企业数量

续表

变量		定义	计算公式和量化方法
自变量	O_{it}	后裔组织的所有制结构	"0"表示私营企业,"1"表示独资企业,"2"表示合资企业,"3"表示国有企业
	A_{it}	后裔组织的年龄	用来刻画后裔组织的吸收能力
	I_{it}	母体组织和后裔组织是否属于相关细分行业	用来刻画母体组织与后裔组织交叉特性的相似程度,"0"表示母体组织与后裔组织属于相关细分行业,"1"表示两者属于不相关细分行业,"2"表示两者同时属于相关和不相关细分行业
控制变量	MS_{it}	母体组织的规模	"0"表示小型企业,"1"表示中型企业,"2"表示大型企业
	MO_{it}	母体组织的所有制结构	"0"表示私营企业,"1"表示独资企业,"2"表示合资企业,"3"表示国有企业
	MF_{it}	母体组织的出资者性质	"0"表示日本企业出资,"1"表示我国香港地区企业出资,"2"表示欧美企业出资
	E_{it}	其他外生冲击因素	"0"表示企业没有受到显著的外在冲击,"1"表示企业受到不利于其成长的外在冲击

设立如下个体固定效应回归模型:

$$OG_{it} = \delta + \lambda_i + \sum_{k=1}^{k} \beta_k X_{kit} + u_{it} \tag{4-16}$$

其中,i 表示后裔组织,t 表示年份。OG 表示后裔组织的成长(销售收入的变化值),OG_{it} 表示第 i 个后裔组织在 t 年份的成长。δ 是总的常数项,λ_i 是每一个后裔组织的常数项,β 是自变量的系数,X 是自变量,u_{it} 表示随机误差。模型的估计结果如表 4-5 所示。

由表 4-5 可知:① 用来刻画母体组织经验的母体组织与后裔组织的技术生态位重叠度(OD_{it})和后裔组织设立时其母体组织的存活年限(MA_{it})两个变量都显著($p < 0.01$),且符号为正,说明母体组织经验与后裔组织成长速度正相关,即后裔组织从母体组织中获得的经验越多,其成长速度越快;② 同一母体组织拥有的后裔组织数量(N_{it})显著($p < 0.01$),且符号为负,说明同一母体组织拥有的后裔组织数量与后裔组织成长速度负相关,即同一母体组织拥有的后裔组织的数量越多,其成长速度越慢;③ 同一母体组织拥有的后裔组织规模(S_{it})显著($p < 0.01$),且符号为负,说明同一母体组织拥有的后裔组织规模与后裔组织成长速度负相关,即同一母体组织拥有的后裔组织规模越大,其成长速度越慢;④ 母体组织与后裔组织交叉特性的相似程度(是否属于同一细分行业)(I_{it})显著($p < 0.01$),且符号为正,说明母体组织与后裔组织交叉特性的相似程度与后裔组织成长速度正相关,即两者交叉特性的相似程度越高,后裔组织的成长速度越快。

表 4-5　母体组织经验影响后裔组织成长的模型回归结果

变量	系数	标准误	t 统计量	p 值
生态位重叠度(OD)	36306.48	6544.372	5.547741	0.0000
母体组织年龄(MA)	8554.900	1326.358	6.449916	0.0000
后裔组织数量(N)	−660162.5	32951.47	−20.03439	0.0000
后裔组织规模(S)	−241660.4	28824.45	−8.383869	0.0000
组织种群密度(H)	−886.3246	1018.788	−0.869980	0.3880
后裔组织所有制(O)	346687.3	40139.77	8.637003	0.0000
后裔组织吸收能力(A)	−2083.689	2193.425	−0.949971	0.3461
是否属于同一行业(I)	415102.6	25342.21	16.37989	0.0000
母体组织规模(MS)	302422.5	30476.75	9.923057	0.0000
母体组织所有制(MO)	529238.8	57757.52	9.163114	0.0000
母体组织外资来源(MF)	−252126.6	19361.10	−13.02233	0.0000
其他外生冲击(E)	22545.74	32574.67	0.692125	0.4917

第二节　组织成长的种群生态过程

组织成长与组织种群的成长紧密相关。在组织种群密度不变的情况下,组织成长与组织种群的成长成正比。影响组织种群成长的基本要素包括环境容量、内禀增长率、同一组织种群内部的组织竞争以及其他组织种群给特定组织种群带来的协同效应或竞争效应等四个方面。在组织种群的形成期和成长期,由于组织种群的环境容量较大,组织种群内部的竞争性不强,组织种群内的组织一般都具有较高的成长率;在组织种群的成熟期和衰退期,组织之间的成长率就会出现较大的分化,竞争力强的组织能通过兼并等方式获得较快的成长速度,竞争力弱的组织则面临着衰退和被淘汰的命运。如不考虑组织种群的成长,则影响组织成长的种群生态学因素包括组织种群密度、资源分割和组织竞争经历等方面。

一、组织种群密度

种群密度是影响组织成长的基本种群因素。与种群密度相关的竞争性机制和合法化机制也同样对组织成长起着决定性的作用。组织成长必须吸引更多的资源,一般而言,组织形式合法化程度的增强会提高组织种群内个体组织的成长率。但随着组织种群密度的提高,组织之间对稀缺资源的竞争性增强,个体组织的成长率会随之下降。因此,种群密度与组织成长率之间存在倒 U 形关系,在组织种群密度较低时,组织成长率随着密度的提高而提高,但当种群密度达到与最大环境承载力相对应的水平时,组织成长率就会随着密度的提高而降低。

组织种群密度和组织生态位宽度会对组织成长产生交互作用。在组织种群密度水平较低的情况下,组织的合法性需求效应对产业组织的演化起着决定性的作用,产业组织会持续成长。根据产品生命周期理论,在这一阶段,组织之间的竞争焦点是规模竞争,因此,专一化组织的成长速度会快于多样化组织的成长速度;在组织种群密度水平较高的情况下,组织之间的竞争性效应主导着产业组织的演化。此时,如果产业组织的产品专一化程度高,组织仍有可能凭借其核心优势在激烈的竞争中获得一定的发展机会,但多样化组织的成长可能性就大为降低。

组织微观因素与组织种群因素会对组织成长产生综合的影响,如图 4-3 所示。彭璧玉(2013a)以广东省汽车零部件制造业为对象,分析了在不同的种群密度条件下,组织年龄、组织规模、组织生态位宽度等因素影响组织成长的方式和程度差异,以及组织规模、组织年龄、组织生态位宽度之间对组织成长的交互影响。

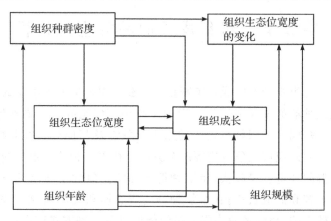

图 4-3　组织微观因素和组织种群因素对组织成长的影响

首先考虑组织年龄、生态位宽度对组织成长的影响。企业年龄与企业生态位宽度紧密相关。产品多样化战略的实施需要企业具备多余的管理资源和财务资源。在企业开办运营的前期阶段,企业一方面面临着较紧的现金流,另一方面面临着回收投资的压力,很难有盈余资源来实施其产品多样化战略。随着年龄的增长,企业的知识得以逐渐积累,实施多样化战略的可能性增大;随着产品多样化程度的提高,企业需要应对来自多个方面的竞争压力,需要在多样化产品中寻找其战略经营领域,通过剥离非核心的业务而强化其核心竞争力,此时,产品多样化程度就会相应降低。例如,美国联合信号公司是一家建立较早的汽车零部件企业,随着其不断发展,公司也开展了多样化经营,但这些多样化业务的开展并未给公司带来快速的成长。在经营了一段时期以后,该公司将其轻型车制动防抱死系统(ABS)处理给了博世公司,把座椅安全保护装置业务卖给了布兰德公司。这种剥离表面上削弱了它的实力,实际上节省了该公司为保持上述两项业务竞争力而进行研究开发的投资,同时保留了在全球市场中占有绝对优势的两家公司:涡轮增压器公司和重型载货车制动器公司。同样,美国ITT公司在经历了多样化发展阶段后,也将其电气系统业务处理给了法雷奥公司,将其制动器和底盘经营权卖给大陆集团,这种收缩产品范围的做法不仅没有降低公司的成长速度,反而促使该公司走向了全球业务范围。因此,在一个完整的产业周期内,产品多样化程度一般与产业组织的年龄呈倒 U 形关系。即年龄较小的专一型组织能获得最快的成长速度,年龄较大的专一化组织的成长速度会慢于年龄较小的专一型组织的成长速度;年龄较大的多样化组织成长速度最慢。

其次考虑组织规模、产品多样性对产业组织成长的影响。组织规模与产品多样性之间存在着互动关系。一方面,随着组织规模的扩大,组织实施产品多样化的可能性得以提高;另一方面,产品多样化战略的实施又会扩大组织的规模。这种因果关系的区分同样依赖产业的性质。一般而言,那些处在沉没成本比重较高、市场环境变化速度不快的产业内的组织倾向于采取先扩大规模再扩大产品范围的策略。汽车零部件业是规模经济表现明显的行业。国外汽车工业发展的历史早已证实,零部件产业的高技术、专业化、规模化发展是降低零部件成本的有效途径。就目前中国汽车零部件制造业的现状来看,大部分企业离规模经济的要求还相去甚远。截至 2011 年 12 月,中国共有 11025 家汽车零部件制造商,年销售收入总额为 18905 亿元,而仅德国的博世公司一家企业,其 2001 年全球销售总额就达到 180 亿美元。将组织规模与产品多样化程度结合起来分析就可以发现,在汽车零部件制造业中,能获得最快的成长速度的是大型的专一化组织,其次是小型的专一化组织,再次是大型的多样化组织,最后是小型的多样化组织。

最后考虑产品多样化程度与组织种群密度对组织成长的交互影响。在组织种群密度水平较低的情况下,组织的合法性需求效应对产业组织的演化起着决定性作用,产业组织会保持持续的成长。根据产品生命周期理论,在这一阶段,组织之间的竞争焦点是规模竞争,因此,专一化组织的成长速度会快于多样化组织的成长速度;在组织种群密度水平较高的情况下,组织之间的竞争性效应主导着产业组织的演化。此时,如果产业组织的产品专一化程度较高,组织仍有可能凭借其核心优势在激烈的竞争中获得一定的发展机会,但多样化组织的成长可能性就大为降低。在一个完整的汽车零部件制造业周期内,组织种群密度与产品多样化程度对产业组织成长的综合作用结果是:在组织种群密度较低的情况下,专一化组织的成长速度最快,多样化组织的成长速度次之,再次为组织种群密度较高情况下的专一化组织,最后为组织种群密度较高情况下的多样化组织。

　　将以上因素综合起来构建回归模型,模型的因变量为企业成长机会;模型的自变量包括组织种群密度、企业规模大小、企业生态位宽度、企业生态位宽度的变化、企业年龄和外生冲击因素。各变量的衡量方法如表 4-6 所示。

表 4-6　企业成长回归模型的变量描述

变量类型	变量	变量含义及计算方法
因变量	企业成长机会(Y)	以当期(当年)销售额是否较前期销售额出现正增长描述企业的成长特征,构建虚拟变量,"1"表示销售额正增长,"0"表示出现负增长。大多数研究均采用销售额的增长率来衡量某一组织的成长速度。但当企业出现负增长的时候,这一指标便无法解释其成长的方向性问题。汽车零部件制造业正处于发展的初级阶段,拥有不同特性的企业有不同的成长机会,因此以企业当期销售收入是否出现正增长为依据来反映该产业的组织成长性更具实际意义
自变量	组织种群密度(N)	用每年该产业存活的企业数量来表示
	企业规模大小(S)	汽车零部件制造业的产品类型很多,企业之间的规模差异难以用单一的产量指标来衡量。本项研究直接使用汽车统计年鉴对企业规模的划分,这一相对规模变量考虑了产量、产值、员工人数等因素的综合影响。对于规模资料缺失的企业一律按小型企业标记。引入虚拟变量,按企业规模的小、中、大分别记为0、1、2
	企业生态位宽度(W)	以零部件行业的类型划分为基础,将企业的生态位宽度赋予 0～1 的值,越接近 1 表示其通用度越高,即宽度越大。具体方法是根据我国汽车零部件的新分类标准,将其划分为汽车车身零部件、汽车底盘零部件、发动机零部件、电器系列和通用件五大类,若企业只生产其中一类,记为 1/5,两类则为 2/5,如此类推。每大类分别包含 11 种、31 种、35 种、33 种和 15 种具体的零部件;每种又可分为商用车零部件、乘用车零部件和摩托车三种车型的零部件。根据这些类别对企业生态位宽度的不同贡献度,赋予权重(分别为 0.6、0.2、0.2),进行加权求和。如某企业为乘用车和商用车生产底盘零部件中的离合器和同步器,则记为 $0.6 \times \frac{1}{5} + 0.2 \times \frac{2}{31} + 0.2 \times \frac{2}{3}$
	企业生态位宽度的变化(CW)	生态位变化 10% 以上意味着企业进行了内部重组,足够引发组织的核心变化,此时记为1,否则记为0
	企业年龄(age)	企业进入观察期时的存活时间,以年为单位
	外生冲击因素(I)	指影响企业成长的一些外生因素,包括 GDP、制度因素、突发事件等。该变量为虚拟变量,分别用 0、1 表示当年企业是否受到显著的外生冲击,其中 0 表示没有受到显著冲击,1 表示受到不利于企业发展的冲击

由于成长机会是衡量企业销售额出现正增长的概率的指标,因此通过极大似然估计中的 Logistic 模型进行回归,可得出自变量对解释变量出现的概率增减的影响。将企业的成长机会视为包含下列多个自变量的函数:企业年龄(age)、规模效应(S_{iu} 矩阵)、外生冲击因素(I)、企业生态位宽度(W)、代表组织密度效应的 $\varphi(N,T)$ 函数和企业生态位变化的过程效应 $\omega(w)$。

总体回归模型如下:

$$Y_i(u,t) = \exp(s'_{it}\alpha_p + X^t_{it}\pi) \cdot \varphi(n,t) \cdot (w_{it}) \cdot \omega(w) \qquad (4\text{-}17)$$

以 1998—2012 年共 15 年的广东省汽车零部件企业为观察对象,以进入《广东省汽车统计年鉴》且销售收入数据齐全的企业为对象,共取样本 68 个,构建面板数据。鉴于一些企业的部分年销售额数据缺失,将其视为删失数据。

广东省汽车零部件制造企业的生态位宽度集中在 0.21 左右,表示生态位普遍较窄,仅生产某一大类配件中的 1~2 小类零部件的企业居多,属于"专一型"企业。如珠江轮胎厂、广州蓄电池厂、四会连杆厂等,其生态位宽度分别是 0.18、0.20 和 0.18,只生产一种产品。而生态位宽度较大的广州汽配厂、梅州齿轮厂也只生产 3 种同一类型不同种类的产品。在 68 个观察对象中,大多数企业的年销售收入在 2000 万元以下,部分规模较大的企业年销售收入超过 10 亿元。此外,企业销售收入并没有出现逐年增长的总体趋势,总体起伏较大,增减不定,出现负增长的记录有 130 次,正增长记录为 244 次。其中历年保持正增长的企业有 14 家;出现持续负增长的企业有 8 家,并且有 4 家最终死亡;更普遍的情况是大多数企业在观察期内经历了销售收入的正、负增长;在观察年间,绝大多数企业没有发生核心变化,有变化记录的共 19 次,其中变化 2 次或以上的企业仅 2 家。在 19 次变化记录中,有 13 次对应着销售收入的负增长,核心变化减少了企业的成长机会;在研究对象中,大、中、小企业的比例为 7∶16∶32。相应地,规模较小的企业出现负增长的次数更多,上面提到的 8 家持续负增长的企业均为小型企业,而 14 家连续正增长的企业都属于中等以上规模。企业的规模与其成长机会成正比;观察对象的组织年龄中位数为 11 年,其中存活年限最长的为 33 年,最短的仅为 1 年。

模型总体显著性水平较高,在 0.05 的显著性水平下,有 5 个变量与因变量存在统计性显著的相关关系,在 0.10 的显著性水平下,有 7 个变量对因变量的影响显著,整体估计效果较好。为了分析组织规模和组织年龄对组织成长的影响,本书还分别对分组织年龄和规模的模型进行了回归。总体回归模型及分规模、分年龄回归模型的拟合结果如表 4-7、表 4-8、表 4-9 所示。

表 4-7　组织种群密度、生态位宽度与组织成长回归模型拟合结果

Y	Coef	Std. Err	z	$p>z$	95%置信区间	
W	−9.028054	4.375003	−2.06	0.039	−17.6029	−0.4532053
$IW2-1$	−2.346048	0.7881104	−2.98	0.003	−3.890716	−0.8013796
$IS-2$	1.483293	0.3180071	4.66	0.000	0.8600108	2.106576
$IS-3$	1.712505	0.3545818	4.83	0.000	1.017537	2.407472
age	−0.0197001	0.0149114	−1.32	0.186	−0.0489259	0.0095258
N	0.1123096	0.1474617	0.76	0.446	0.4013292	0.17671
N^2	−0.0005033	0.0007963	−0.63	0.527	−0.002064	0.0010575
$N\times W$	−0.9117374	0.414741	−2.20	0.028	−0.09886	1.724615
Cons	12.29589	7.58732	1.62	0.105	−2.574986	27.16676

表 4-8　组织年龄(大于 10 年)、生态位宽度与组织成长回归模型拟合结果

Y	Coef	Std. Err	z	$p>z$	95%置信区间	
W	−12.22161	4.575365	−2.67	0.008	−21.18916	3.254054
$IW-2$	−2.978525	1.026828	−2.90	0.000	−4.991071	−0.965978
$IS-2$	1.373082	0.3714952	3.70	0.000	0.644965	2.101199
$IS-3$	1.247079	0.5832175	2.14	0.032	0.1039934	2.390164
N	0.3593358	0.1779183	2.02	0.043	0.0106223	0.7080493
N^2	−0.0026725	0.0013061	2.05	0.041	−0.0052325	−0.000112
Cons	−9.218499	5.818317	−1.58	0.113	−20.62219	2.185194

表 4-9　组织规模(大型企业)、生态位宽度与组织成长回归模型拟合结果

Y	Coef	Std. Err	z	$p>z$	95%置信区间	
W	−9.787632	5.182856	−1.89	0.059	−19.94584	0.3705793
$IW2-2$	−1.589245	1.001509	−1.59	0.113	−3.552167	0.3736765
age	−0.0156084	0.0192377	−0.81	0.417	−0.0533137	0.0220969
N	0.4555545	0.1537875	2.96	0.003	0.1541365	0.7569724
N^2	−0.0032253	0.0011343	−2.84	0.004	−0.0054485	−0.0010022
Cons	−13.54486	5.210131	−2.60	0.009	−23.75653	−3.333195

根据模型回归结果进行分析,可得到如下研究结论。

第一,大型专一型组织的成长机会多于小型多样化组织的成长机会。这说明在目前条件下,采取规模经济战略比采取范围经济战略能获得更高的组织成长率。例如,宝力轮胎厂、三达弹簧厂、南方散热器等企业都只专注于一种零部件的生产,却拥有了较好的效益和较多的销售增长机会;而一些生态位宽度较大的汽车配件厂却多为产量较低的小型企业,它们只能生存于市场的缝隙,成长机会较少。这种类型的企业包括广东兴宁县汽车零件厂、广东省嘉应机械厂等。

第二,生态位宽度变化减少了企业的成长机会。本研究的回归结果支持组织变革的选择机制,认为个体组织不能轻易变革和快速变革,变革将带来很大的风险。生态位宽度变化作为组织变革的一种,显著地增加了组织的倒退风险,减少了其成长机会。这与组织学习和组织惰性理论一致。组织核心特征的改变会降低其结构的再生产能力,从而降低组织被认可的程度,并且已建立的习惯和信任关系也可能随之失去。同时由组织生态位宽度与年龄的交互效应可得,变革给组织成长带来的负效应对存活期超过 7 年的企业影响较小,生态位宽度变化对组织成长机会的有害效应随着时间的推移降低了 4.11%。这是因为存活时间较长的企业在市场上的被认可程度较高,对风险的估算更为准确,占有的资源较多,因此变革所带来的风险也相对较小。

第三,产业组织成长具有密度依赖效应。代表组织种群密度增长合法性效应的变量 N 的回归系数为正,与假设一致,说明产业处于初期发展阶段,行业内企业数量的增加会提高单个企业的合法性。因此产业集聚对提高产业组织的合法性具有积极的作用,有利于产业组织获得更多的资源,从而为其成长创造有利条件。在使用中心变换法(centering transformation)消除了种群密度和产品多样化的交互项与原自变量的多重共线性后,可以根据该交互项来分析种群密度是怎样与生态位宽度相互作用而影响成长机会的。检验结果显示,交互项的系数为负,表示生态位宽度即产品多样性的提高削弱了种群密度的增长对组织成长的促进作用(交互项的边际效应为 -0.218955)。由于广东省汽车零部件制造业正处于发展阶段,因此种群密度较低。此时,组织对合法性的需求较大,企业之间的互利共生效应大于竞争效应。而此时扩大生态位、推行多元化策略会增加企业之间生态位重叠的可能性,从而加剧竞争,减少成长机会。因此,在种群密度较低的情况下,专一型组织的成长机会要多于多样化组织。

代表组织种群密度提高所带来的竞争性效应的 N^2 的回归系数为负,但结果同样不显著。这表示,随着企业数量的增加,企业之间的竞争也开始加剧,并会减少企业的成长机会。这与其他前期研究的结论一致。回归结果还显示,虽然密度依赖的合法性效应和竞争性效应同时存在,但就目前广东省汽车零部件制造业而言,种群密度提高的合法性效应对产业组织成长的影响大于竞争性效应的影响。尽管总体而言,密度依赖效应的回归结果并不显著,但相比于年龄和规模都较小的企业,该效应在年龄较大、规模较大的企业中非常突出,结果都在 0.05 的水平上显著。这意味着在当前情况下,密度的进一步提高为后者带来的成长机会远多于前者。

第四,产业组织成长具有规模效应。模型回归结果显示,企业规模的扩大对组织成长机会的增加有非常显著的影响,与基组"小型企业"相比,规模较大的企业成长机会较多。结合前述分析可以推断,大规模企业的这种成长优势并非来自企业生态位的扩充,而是来自企业产品专一型战略的实施,来自在专一化产品基础上组织内部分工效率的提高。这方面的典型企业包括东风汽车发动机公司、华南橡胶轮胎有限公司等企业。之所以需要这种专业化分工,是因为在全球汽车制造业中,基于业务外包而形成的模块化生产已经成为汽车产业组织演进的一个重要的方向。为了满足日益增长的顾客个性化需求,汽车制造商已开始由大规模生产转向按顾客订单进行定制。美国的福特汽车公司、通用汽车公司、克莱斯勒汽车公司和德国的大众汽车公司等都建立了模块化的组装生产线来生产个性化的汽车。其中,汽车零部件的模块化生产是汽车制造商实现大规模定制的基础。马中东(2006)已经证明了分工与模块化之间的内在关系,提出了基于模块化生产的虚拟产业集群概念。也就是说,在当前的汽车零部件制造业中,模块化生产是企业实现规模化的前提,而专业化分工又是企业实现模块化生产的前提,通过产品多样化而达成的"大而全"战略势必要被通过产品专一化而实现的"少而大"战略所取代。

由于组织规模与组织生态位宽度的交互项造成了多重共线性问题,因此将样本企业按规模大小分组,比较不同组别的生态位宽度对组织成长机会的边际效应,并以此来衡量组织规模与产品多样性之间存在的互动关系。结果发现,大型企业的生态位宽度扩大对组织成长机会的负面效应较弱;但小型企业的生态位宽度扩大则会给小型企业的成长机会带来显著的负面影响。也就是说,大型的专用型企业通过扩充组织生态位而获得成长的风险小于小型的多样化企业通过扩充生态位而获得成长的风险。

第五,产业组织成长具有年龄效应。模型回归结果显示,组织年龄与组织成长机会负相关,即组织年龄越大,组织成长的机会越少。组织年龄除了会对组织成长机会产生直接影响,还会通过影响产品多样性而对组织成长产生间接效应。由于两者的交互项对模型造成了不能消除的共线性问题,因此将企业按年龄分组来分别进行检验,其中在观察期当年已存活超过 10 年的企业被视为年龄较大的企业,反之则视为较年轻的企业。模型检验结果显示,对于年龄较大的企业而言,其生态位宽度的改变,特别是宽度的扩展对成长机会的负面效应比年轻企业要大。另外,生态位宽度对组织成长机会的抑制效应会随着年龄的扩大而加剧,即年龄增长对组织成长的负面效应会因生态位宽度的扩大而加强。在这种情况下,存活期较长的企业推行产品多样化战略的成本要比存活期短的企业高,在控制了年龄这一因素本身对因变量的直接作用后可以发现,最容易得到成长机会的是那些年轻且推行专一型战略的企业。反之,存活期较长的多样化企业对应着较高的倒退风险。

二、资源分割

资源条件是决定组织成长的重要基础。处于资源空间中央区域的组织采取的是通用化战略,而处于资源空间边缘地带的组织则采取专业化战略。资源分割理论可用来对采用通用化战略和专业化战略的组织进行成长性和盈利性的比较和预测,分析甘居中游(stuck in the middle)战略对组织成长的有害影响以及由规模差异导致的组织业绩差异。波特五力模型(five forces model)(Porter,1980)是分析产业动态的一般工具。但该理论的不足之处是将产业组织假定为环境稳定、市场均衡的静态组织(Boeker,1991)。与此不同的是,组织生态学将竞争视为动态的过程。资源分割理论的主要观点就是,一个战略集团内部(如通用化组织)的竞争性过程及其结果(如市场结构的改变)会影响另一个战略集团内部(如专业化组织)的绩效。因此,可利用资源分割理论来发展波特的一般竞争战略理论。Boone、Carroll 和 van Witteloostuijn(2004)利用荷兰报业种群中通用化组织(全国性报纸)和专业化组织(地方性报纸)1968—1994年的资料所做的研究说明,资源分割理论为理解不同战略的组织之间和不同规模的组织之间的业绩差异提供了动态框架。

传统的战略理论研究了不同环境中通用化战略和专业化战略对组织绩效的影响。很多流行的理论强调,在消费者口味多变的碎片市场(fragmented markets)中,专业化组织具有更强的适应性。碎片市场的竞争很激烈,边际利润很低。一般认为,为了应对市场分散,那些专注于为特定生态位服务的组织将获得更大的收益。结果是,每一个组织最终都专注于特定的生态位,与其他组织生态位的重叠很少。然而,许多市场并不是分散的,而是存在一个消费者偏好相对集中且资源相对充裕的明显的市场中心。这是因为产业分散(industry fragmentation)通常只是一种暂时状态。随着产业成熟度的提高,很多产业会表现出一种自发的合并趋势,尤其是当市场分散的形成主要是因为新进入者的加入时(Porter,1980)。此外,当组织对广告和标准化进行大量投资,促使消费者偏好均质化时,产业合并的现象也很容易发生(Sutton,1991)。

当存在市场中心和规模经济时,为了取得高于平均水平的业绩,组织可选择两条基本的路径:定位于资源空间的中心(一般采用大的组织规模)或定位于资源空间的边缘(一般采用小的组织规模)。也就是说,组织要么采取规模竞争战略来取得市场中心(如通用化战略),要么转移到市场的外围空间,以避免面对面的竞争(head-on competition)(如专业化战略)。

两种战略各有优缺点:通用化战略能获得规模经济,但要在市场中心面临基于规模的激烈竞争(hard competition);专业化战略通过退却到市场边缘而从温和竞争(soft competition)中得益,但要放弃规模优势。资源分割理论认为,在特定的条件下,组织规模和专业化战略两者同时是获得较高组织绩效的决定因素。但它隐含的必要不充分条件是,资源空间必须是充分异质的(Boone et al.,2002)。换言之,只要专业化组织有充足的机会将其自身与通用化组织区别开来(例如,当专业化组织和通用化组织不是直接的竞争者时),资源分割的过程就能提高专业化组织的业绩。为了获取专业化利益,专业化组织必须置身于远离通用化组织的资源空间之中。因为通用化组织的规模大,单位产品的成本低,专业化组织难以在竞争过程中取得优势。

(一)资源分割与专业化组织的成长

根据资源分割理论,大型通用型组织的集中会释放出资源空间。这些被释放出来的资源空间即可通过刺激新的专业化组织的设立来填充,也可通过扩大现有专业化组织的规模来利用。乍看起来,资源分割的过程有利于专业化组织的成长。例如,组织理论就试图说明,组织可通过多样化的方式来寻求新的市场需求,并实现组织成长(Chandler,1990)。然而,大量的研究表明,资源分割动态对专业化组织的成长具有更为复杂的影响。Carroll(1984)认为,许多专业化公司即使具备很强的能力,也会尽力避免扩大其产品和服务范围,以维持它们对通用型公司的竞争优势。Carroll 和 Swaminathan(2000)认为,在啤酒酿造业中,消费者希望小型啤酒厂保持小的生产规模并采用传统的手工酿造方法。所以,那些大型的出售自制啤酒的酒馆和合同酿造商就会采取精心设计的营销伎俩来掩饰其大规模生产的实际情况,以维护其小规模酿造商的公众印象。在这种情况下,即使对产品的市场需求仍在增长,专业化组织的成长空间也会受到严格的限制。也就是说,只要专业化公司对通用型公司的竞争优势来自定制化和个性化的服务,专业化公司的成长就会削弱它们的竞争优势。换言之,资源分割动态所释放出来的多余的资源对专业化组织的成长不仅不会产生积极的影响,而且还可能产生消极的影响。

从资源分割的形成过程中也可以看出,专业化组织占据的原本就是资源稀薄的市场边缘,这种资源条件难以支撑专业化组织的持续成长。更糟糕的是,随着市场中心通用型组织之间竞争的加剧和通用型组织集中度的提高,一些原本处于市场中心的通用型组织也会逐渐向市场边缘移动(Dobrev,Kim,Hannan,2001),这些组织也会在市场边缘攫取原本就很稀少的资源。在一个资源没有被分割的市场上,专业化组织还能通过扩大组织规模来与那些竞争力不太强的中小型通用型组织展开争夺市场中心的竞争,尽管这会增加它们的死亡风险。而在一个资源已经被分割的市场上,这样的竞争机会就不复存在,通用型组织市场集中度的提高只会降低专业化组织的成长率。

Jaffee(2001)以硅谷和奥斯丁地区法律服务业为研究对象,对上述分析进行了验证。结果表明,在用来验证的 5 个专业化组织成长模型中,通用型组织市场集中度的提高在 4 个模型中表现为对专业化组织的成长具有显著的负向影响。并且,专业化组织的规模越大,这种负的影响也就越大。

Boone、Carroll 和 van Witteloostuijn(2004)的研究表明,地区性报业组织和全国性报业组织之间的成长率有较大的差异。在发行量为 7 万份(相当于地区性报业组织的平均规模)的报业组织中,全国性报业组织的成长率是地区性报业组织的 3.5 倍,这意味着位于市场中央的报业组织具有充足的成长机会,而地区性报业组织的成长率则由于其定位于较窄的生态位而受到规模的限制。同时,全国性报业组织的盈利性是由规模竞争主导的,但任仕达地区(荷兰中西部主要的人口和经济集中区,是由阿姆斯特丹、海牙、鹿特丹和乌特列支围成的四角区域)内的报业组织却无法从相对较大的规模中获益,而任仕达地区外的报业组织却能获得规模竞争的优势,尽管其规模优势相比于全国性报业组织要小。原因是任仕达地区外的报业组织在资源空间中离全国性报业组织的距离较远,有机会获得较大规模的成长,既取得了规模优势,又避免了与全国性报业组织的激烈竞争。

(二)资源分割与通用型组织的成长

Carroll 和 Swaminathan (2000)提出的规模竞争模型(scale-based model of competition)表明,通用型组织只要形成了大的规模,规模优势的增强就会强化公司的市场主导地位,实现公司持续成长的良性循环。通用型组织在市场中对资源的竞争是逐步升级的。当小型的通用型公司竞争失败后,它们的目标市场就变成了空闲的资源。邻近这些空闲资源、从竞争中存活下来的通用型组织就会顺势占据这些区域,从而使这些组织的规模更大,通用化程度更高。由于黏性选择过程(sticky selection process)的存在,一些规模较小的通用型组织也能存活下来,但这些组织被大型通用型组织竞争出局,不得不降低其成长速度。

Jaffee(2001)对硅谷和奥斯丁地区法律服务业的研究证实,规模较小的通用型组织面临着巨大的规模竞争压力,会对组织成长带来显著的负的影响。Boone、Carroll 和 van Witteloostuijn(2004)所做的荷兰报业组织成长模型显示,在资源分割条件下,推行单纯通用化战略(资源集中区附近的广阔区间)和单纯专业化战略(资源外围的狭窄区间)的组织比位于资源集中区与资源外围之间区域的组织有更好的业绩。全国性报业组织和任仕达地区以外的地区性报业组织比任仕达地区内的报业组织成长速度更快。任仕达地区以外的地区性报业组织比任仕达地区内的报业组织有更好的绩效。但全国性报业组织的绩效不见得比任仕达地区内的报业组织更好，这可能是因为全国性报业组织之间的规模差异较大。因为在通用化组织中，只有规模较大的组织才有较好的绩效。实证结果表明，除非全国性报业组织的规模较大，否则它们的收益率要低于其他类型的报业组织。荷兰全国四个最大报业组织的平均收益率是 0.112 ± 0.059（平均值$\pm$标准差，$n=64$），与任仕达以外地区性报业组织的平均销售回报率（return on sales，ROS）（$ROS=0.102\pm0.092$，$n=365$）差不多，但比任仕达地区内部报业组织的收益率（$ROS=0.028\pm0.126$，$n=203$）高得多。这表明在资源分割的条件下，报业组织的成功与否依赖于其在资源空间中的位置，成功的组织要么呈四方形分布在资源空间的中央（大型通用化组织），或者在资源空间的外围寻找生态位（任仕达地区以外的专业化组织）。太靠近通用化组织的专业化组织（任仕达地区内的专业化报业组织）则被困在中间。

三、竞争依赖与红皇后效应

(一)竞争、组织学习与红皇后进化

解释红皇后效应的主要理论是马奇（March）等学者（March，Simon，1958；Cyert，March，1963；March，1994）提出的组织学习理论。该理论假定当组织业绩低于某一期望水平时，组织成员就会调整其决策；当组织业绩恢复到这一业绩水平时就停止调整。调整具有连续性和局域性，组织成员最初会选择最近的决策来改善业绩。如果无效，他们才会考虑更远的决策。当参与者找不到恢复业绩的方法时，学习模型允许组织成员降低其期望水平。当实际业绩超过原来的期望水平时，也可将期望业绩水平上调。

Barnett 和 Sorenson（2002）认为，竞争是组织学习的触发机制。假设一个组织因为来自另一个组织的竞争而业绩不佳。根据学习模型，当该问题变得足够大时，组织成员就会寻找别的方法来将业绩恢复到可接受的水平。当业绩再次达到满意水平时，搜寻活动就停止。从一个单一组织内部来看，这一过程随着组织业绩的改善而结束。

考虑竞争组织的情况。第一个组织的业绩改善可能是以其竞争对手组织的业绩下降作为代价的。这样一来，当第一个组织的业绩改善且搜寻活动结束时，其竞争对手的业绩开始下降，在这个组织内部又触发了搜寻。竞争对手的搜寻过程与第一个组织相似，搜寻过程也会在其业绩恢复到满意的水平时结

束。同样,对手业绩的改善也可能是以第一个组织的业绩下降为前提的,这又将触发第一个组织的搜寻过程,如此循环往复。任何一个组织的解决方案都会引发竞争对手的挑战(Mezias,Lant,1994)。

虽然只考虑了两个对手之间的简单情况,但这一思想能应用到大量竞争对手之间的触发发展和共同进化。一般来说,这一过程有两个相反的效果。一方面,长期暴露在激烈竞争环境下的组织更容易发展,且具有更强的能力。在特定的条件下,这些能力会改善组织对环境的适应性。另一方面,这样的组织也更容易遭遇更强的竞争对手,它们达到满意业绩的难度更大。这两个对立的因素(适应性强的组织和强劲的竞争对手)在红皇后进化中一起出现。同时,组织也可通过调整其期望水平(aspiration levels)而不是通过寻找更好的惯例来对业绩问题做出反应。适应性期望水平如何影响红皇后进化?考虑两个极端的情况,在每一种情况下,组织成员通过与其他组织的社会比较来设定期望水平(March,1994)。一种极端的情况是,竞争的组织仅仅通过降低期望水平来对竞争对手做出反应。在这种极端的向下调整情况下,适应性期望阻止了红皇后进化的发展。另一个极端的情况是,所有组织都将其期望业绩水平设定在能观察到的竞争对手的最高水平上。在这种情况下,大多数组织将继续搜寻提高业绩的变革。在这种向上调整的情况下,适应性期望会强化红皇后进化。诚然,大多数组织会介于这两种极端情况之间。有些组织可能通过调低其期望水平而不利用红皇后,有些组织则会维持其期望水平或将其期望水平调高到其最成功的竞争对手的业绩水平,这些组织就将经历红皇后进化。

(二)基于红皇后进化的组织成长模型

组织的规模分布通常是高度偏态的(skewed)。Ijiri 和 Simon(1977)等建立了一个研究组织成长的有效模型。该模型将组织成长视为一个离散的、随机的过程:

$$S_{t2}/S_{t1} = S_{t1}^{\beta}\varepsilon \tag{4-18}$$

式中,S 代表在既定时点的组织规模,ε 是平均数等于 1 的误差项,允许随机成长和衰退。当规模不影响成长率时,β 等于 0。

一些实证研究表明,组织成长违背了吉布拉定律。$\beta<0$ 意味着小型组织的成长是不成比例的。也就是说,一个特定的组织单位如果是独立的,不隶属于某一大型组织,那么其成长速度就会更快。同时,组织成长又与组织年龄相关。若干研究认为,年轻的组织成长得更快(Barron et al.,1994)。

有学者研究了来自其他组织的竞争对组织成长率的影响,即随着竞争者数量的增多,组织的成长率就会降低(Carroll,1981;Barnett,Carroll,1987;Hannan,Ranger-Moore,1990;Baum,Mezias,1993;Barnett,1994;Barron et al.,1994)。

Barnett 和 Sorenson(2002)考虑到红皇后进化的影响,将组织成长的竞争模型扩展为:

$$S_{t2}/S_{t1} = S_{t1}^{\beta} f[N] \exp\left(a_{gR}\mu R_j + a_{gD}\mu D_j + b_g \sigma_j^2 + c_{gR}\sum_k \mu R_k + c_{gD}\sum_k \mu D_k\right)\varepsilon$$

(4-19)

式中,以 g 为下标的参数表示成长率。N 的函数包括设立模型中的各种密度效应。当 $a_{gR} > 0$ 且 $a_{gD} < 0$ 时,表明有最近竞争经历的组织成长得更快,而有过去竞争经历的组织则成长得较慢。当 $c_{gR} < 0$ 且 $c_{gD} > 0$ 时,表明竞争对手 k 最近经历了激烈的竞争,是强劲的竞争者,而其过去的激烈竞争降低了其存活能力。$b_g < 0$ 表示与不同竞争集团竞争的组织成长得更慢。

Barnett 和 Sorenson(2002)对 1900—1993 年美国伊利诺伊州零售银行的研究表明,红皇后进化使某些组织快速成长起来,并对其竞争对手形成了巨大的压力。红皇后进化还有助于形成进入壁垒。然而,这一进化过程似乎更容易使组织陷入能力陷阱(competency traps),并最终放慢其成长速度,促使组织进入新的市场。组织面临的竞争者范围越广,组织的成长速度就越慢,且越容易遭遇新的进入者。

第五章　组织变革理论

组织变革(organizational change)与组织设立、组织成长和组织死亡等过程之间存在着系统性联系。例如,通过开发新产品来扩大产品范围可替代新组织的设立,并实现组织成长;特定形式的组织变革可以延缓或者避免组织的死亡。大多数组织生态学家认为,组织种群的大部分变革是通过组织设立和组织死亡等种群层次的组织人口统计学过程实现的,单个组织的变革对组织种群变革的影响较小(Hannan,Freeman,1977,1984)。与组织设立、组织死亡等主题相比,组织生态学对组织变革的关注尚显不足。Singh 和 Lumsden(1990)认为,这主要有三个方面的原因:首先,组织生态学家认为,由于内部结构的安排和外部环境的制约,组织受制于强烈的惰性压力,其严重约束了组织的变革能力;其次,组织生态学家将主要精力放在了组织种群层面,对组织层面的现象兴趣不大;最后,实证研究需要以长期数据为基础,而组织内部的数据一般很难获得。

30 多年以来,组织理论对正式组织的延展性或柔性的研究大致可分为两大阵营。第一大阵营致力运用组织变革的适应机制(adaptational mechanism),认为组织变革主要是通过现存个体组织对技术或环境的适应性过程来完成的。这一阵营的典型理论包括或然性理论(contingency theory)(Woodward,1965;Lawrence,Lorsch,1967)、资源依赖理论(resource dependence theory)(Pfeffer,Salancik,1978;Burt,1983,1992)、组织学习理论(organizational learning theory)(Cyert,March,1963;Lant,Mezias,1992;Manns,March,1978)、制度理论(Meyer,Rowan,1977;DiMaggio,Powell,1983)和交易费用经济学(transaction cost economics)(Williamson,1975)。这些理论认为,组织变革具有适应性价值,能提高组织的绩效和组织存活的可能性。例如,资源依赖理论认为,组织经常对影响其存活的关键资源采取行为,以提高对这些资源的控制能力。这些行为包括合并、多样化、成长和谈判环境的建立(Pfeffer,Salancik,1978)。组织学习理论认为,决策者对组织绩效差距(实际绩效不能满足期望水平)的知觉触发搜寻过程,采用新的组织惯例,以确保组织绩效的提高。

第二大阵营坚持的是组织变革的选择机制(selectional mechanism),认为个体组织不能轻易变革和快速变革,变革带来的风险很大。这一观点认为,当技术和环境发生变化后,某些现存的组织将会死亡,新的不同的组织将会出现。新组织形式对老组织形式的选择性替代是组织种群变化的主要原因。这一阵

营的典型理论是组织生态学和演化经济学(evolutionary economics)(Nelson,
Winter,1982)。其中,由 Hannan 和 Freeman(1984)提出的结构惰性理论
(structural inertia theory)影响最大。该理论认为,组织核心结构的改变是不稳
定的,且会提高组织失败和死亡的风险,而非核心的改变或外围结构(periphery
structure)的改变不会产生同样的效果,甚至可能降低组织的死亡率。Hannan
和 Freeman(1984)提出了组织核心改变所涉及的四个方面,即组织使命、权力
结构、技术和市场战略。

早期的组织种群生态理论认为,组织受制于其绝对惰性,即由于内部和外
部的限制,组织不能变革。而结构惰性理论用相对惰性(relative inertia)概念来
解释核心变革对组织存活的不利影响。结构惰性理论承认组织能够变革,但组
织变革的速度通常不能跟上环境变革的速度。相对惰性是根据时间来定义的,
它是以下三个变量的函数,即在关键环境中变革的时间类型、学习机制的速度
和对预设变革的结构反映(Hannan,Freeman,1984)。组织结构惰性水平越高,
组织变革对环境变化的学习和反应能力就越弱。

第一节　组织变革

一、组织变革的类型

组织变革的目的是将组织从当前状态推移到一个更好的状态。从理论上
说,组织变革通常在组织文化、战略、结构、权力分布和控制系统这五个方面发
生(Romanelli,Tushman,1994),这五个方面是组织活动的中心,且对组织存活
具有重要的影响,它们构成了所谓的战略导向(strategic orientation)。

从变革的方式来看,组织变革具有许多不同的类型。Tushman 和 Romanelli
(1985)认为,组织变革可分为根本性变革(radical change)和增量变革(incremental
change),并提出了断点均衡模型(punctuated equilibrium model)来分析这两者
之间的关系。该模型认为,组织发展是通过收敛期(convergent periods)的不
断被打破而实现的。在某一收敛期内,组织的重新定位(reorientations)为下
一个收敛期设定了发展的方向。收敛期是一个相对较长的时间跨度,增量变
革和适应过程会在收敛期内发生;而组织的重新定位属于根本性变革,时间周
期较短。根据断点均衡模型,非连续的根本性变革是打破组织惰性控制的必要
手段。根本性变革导致战略的重新定位,但战略的重新定位不涉及公司的核心
价值和信念。公司核心价值和信念的不连续转换被称为重构(re-creations)

(Tushman,Romanelli,1985)。

还有的学者将组织变革分为四种类型(Dunphy,Stace,1990)。第一种类型的变革是微调(fine tuning),即组织变革是一个对其适合度不断做细微调整的过程,在此过程中,组织战略、结构、人员和过程之间的配合程度不断提高;第二种类型是增量调整(incremental adjustment),指对环境变化的调整;第三种类型是结构转型(modular transformation),以一个或多个部门和分支机构的加盟为特征;第四种类型是公司转型(corporate transformation),即发生公司范围内的组织变革,意味着组织战略的根本性改变和整个组织的革命性变革。前两种类型与断点均衡模型中增量变革的概念相一致,而后两者则与根本性变革的概念相一致。

在组织变革过程中,根本性变革和增量变革的过程并不是截然分开的,但在不同的环境条件和内部情况下,两者发生的顺序会有所不同。Beugelsdijk、Slangen 和 van Herpen(2002)将这两种类型变革的组合称为组织变革的形态(shapes),并刻画了组织变革形态的两种基本类型。第一种类型是先有根本性变革,后有增量变革;第二种类型是先有增量变革,后有根本性变革。

在研究组织变革对组织演化的影响时,还必须区分组织变革的内容和组织变革的过程这两个概念。组织变革的内容是指在组织成功实施了转型前后组织结构的差异;组织变革的过程是指在对组织内容进行变革时所采取的途径。有些组织可能通过内容的变革而获得潜在的收益,但由于组织过程变革所带来的破坏性太大,内容变革的收益就难以实现,所以,过程变革可能会抑制内容变革的发生。

引致组织变革的原因很多,其中制度环境和市场易变性(market volatility)是两个重要的影响因素。在对制度环境的分析中,Miner 等(1990)发现,在芬兰报业组织中,与政党存在从属关系对报业组织的变革率具有正的影响。Singh 等(1991)发现,引入新的资源管理程序会提高社会服务组织的变革率。Haveman(1993a)发现,在多样化潮流中,存储和信贷组织会模仿大型的和盈利性强的同类的行为。就易变性而言,Swaminathan 和 Delacroix(1991)发现,在加利福尼亚州葡萄酒产业中,环境市场的易变和产品变革之间存在着正的关系。Miller 和 Chen(1994)发现,当面临多样化市场和成长性市场时,航空公司从事组织变革的可能性较大。

二、组织变革与组织存活

与结构惰性理论相反,组织惰性的生存不利性(liability of inertia)理论认为,组织缺乏变革会引致其合法性的丧失,从而增加组织的死亡风险。

制度理论认为,对制度的适应能提高组织的合法性和存活概率。制度主义致力于研究这样一个过程,在此过程中,社会过程、义务和现实开始像社会身份那样对社会思想和社会行动产生影响(Meyer,Rowan,1977)。对这一过程的适应被视为一种提高组织稳定性与结构一致性的途径(Selznick,1957)。制度理论认为,组织不仅要对影响结构和绩效的内部压力做出反应,而且要对其置身的环境的外部压力做出反应。在组织的变革时期和高度不确定性时期,主动适应主流制度活动和制度规范是必需的。Selznick(1996)认为,为了增强合法性,从而提高生存机会,组织会屈从于制度的压力。通过对制度性规则的适应,组织被其他外部集团所接受的程度得以提高(Meyer,Rowan,1977)。对制度规范的遵守也有利于组织获得所需要的资源和支持(Meyer,Rowan,1977)。如果组织与合法的社区或公共制度(public institutions)建立了联系,那么其存活的概率将大大提高(Baum,Oliver,1991)。

在讨论制度理论与组织变革时,通常认为制度压力会抵制组织变革(Greenwood,1996)。Buchko(1994)认为,制度压力和制度规范是阻碍组织变革的重要力量,规范根植性(normative embeddedness)会增强组织惰性。然而,制度规范对组织的影响力度会随着时间的变化而变化。而且,组织必须满足多重利益相关者的需要。Scott(1987)认为,在很多领域存在多重权威,组织必须决定与哪一个发生联系。因此,改变利益相关者就需要组织变革,不变革对组织的存活也可能是有害的。当一家公司做出了一个根本性的变革并被认为成功了的时候,这种变革就会因为被其他公司模仿而被制度化。当更多的组织采取了某些规则时,这些规则就被视为合法的。当有足够数量的组织采取这一策略时,该策略即被制度化。一般来说,当一种新的形式达到一定的聚集度时,就会有越来越多的组织采取这一形式(Palmer et al.,1993)。这样一来,那些不采用这一形式的组织就变成非法的了,并面临着较高的失败风险。

若干事例为这一观点提供了证据。Hannan和Freeman(1984)观察到,为了维持其合法性,大学必须更新其教材。如果不这样做,它们的合法性将受到威胁,组织将失去资金的支持,失败的概率将增加。如果考虑更大的范围,则可以发现教育之间的同质性趋于增强。这意味着制度性力量在不断扩张(Dacin,1997)。诸如GRE(留学研究生入学考试)和GMAT(经企管理研究生入学考试)等国际标准考试也反映了教育系统之间的联合正在不断加强的趋势。随着采用这一形式的组织的增多,那些没有采用这一形式的组织的合法性将受到威胁,其失败的风险将更大。

变革有时仅仅像进行某种标记那样简单。例如,为了满足身份合法性的需要,医院必须购置某些设备。它们可能并不需要这些设备,但缺乏这些设备将降低医院的可信任程度,并影响其合法性。医院的制度体系也发生过几次重要的变革,医院组织必须与此相适应以降低其合法性风险。非营利性的医院将面临更大的合法性风险,而合法性的丧失对任何组织都是致命的。

Swaminathan(1996)对阿根廷报业的研究发现,缺乏变革将给组织带来伤害。由于股东的权力不稳定,有制度性关联的报业组织的死亡率在政治动荡时期会提高。受制于错误的制度行动者的报业组织更容易死亡。这说明,当制度改变,如当一定的集团成为大多数时,那些不能迅速与这些集团结盟的组织将更容易失败。Miner 等(1990)也发现,预知的制度性关联会提高组织死亡的风险。在关联性组织中,它们之间的关系已被制度化,因此不需要变革。但那些缺乏这种关系的组织则需要变革,否则将遭受失败。Dacin(1997)观察到,在芬兰,那些在语言争论中保持中立姿态的报业组织更容易死亡。这些事例说明,当利益相关者发生变化或制度压力很大时,那些不变革的组织将面临更大的死亡风险。总之,组织变革对组织生存存在积极和消极的双重效应。Greve (1999)认为,业绩差的组织比业绩好的组织能从组织变革中得到更多的收益。此外,合法性和制度环境在决定组织变革对组织存活的影响方面是两个重要的考虑因素。

需要注意的是,组织变革的影响并不是在所有情形下都是一致的,因为变革的收益和成本取决于组织特征和环境条件。分析组织变革对组织存活的影响,应该将组织特性和环境变量联系起来。Kelly 和 Amburgey(1991)认为,在检验组织变革对组织存活的影响时应该考虑组织特征。这些特征包括组织的复杂性、黏性和不透明性。Hannan 和 Freeman(1984)将复杂性定义为组织子单元间的连接模式。一方面,组织结构的复杂性能够增强惰性;另一方面,因为复杂的组织在做出变革时,一个单元的变革会引起其他相关单元的反应并要求它们做出相应的调整,所以复杂性大大增加了变革的时间,增大了组织的死亡风险。Hannan 等(2003a)认为,不透明性源自神秘单元的出现,这些单元的信息结构很难被洞悉,这些不透明组织单元结构变革所产生的后果也会被隐藏。不透明性会减弱组织的预测能力,预测能力的减弱会低估重组时间的长度,从而低估变革的成本。不透明性增加了重组的时间,从而增加了组织的死亡风险。Hannan 等(2003b)将黏性定义为一个组织单元对变革的反应时间及使局部结构统一所花费的总时间。组织的黏性增加了其花费在重组上的时间,因而增大了组织死亡的风险。

关于环境条件对组织变革与组织存活的调节作用,Hannan 和 Freeman (1984)指出,环境变化、战略决策和组织成功之间有着密切的关系。组织内在机制的变化反映了组织对外部环境的理解和响应。变革的发生源自组织内部流程对环境的响应,并且环境变化的大小决定了组织做出变革的可能性。Singh 等(1986)认为,变革在不同的外部条件下有着不同的结果。外部环境突然发生变化,若组织仍保持原有的流程和结构,那么组织将不能同环境保持一致性。组织对环境变化做出反应,一般会有两种可能的结果出现:一是变革使得组织要重置"新组织生存不利性"的时钟,并且组织在重组过程中会耗费大量的资源;二是变革由于适应了环境的需求而提高了组织存活能力,组织重组过程中的成本小于从新环境中获得的收益。虽然组织变革对存活的即时影响是有害的,但长期来看,随着外部环境的变化,组织的存活机会可能随时间的推移而提高。

在检验组织变革与组织存活之间的关系时,还应该考虑组织的年龄、规模和生态位等因素的影响。Hannan 和 Freeman(1984)认为,随着年龄的不断增大,惰性不断提高,组织的惯例和关系变得制度化,组织变革的可能性更小并且变革的死亡风险更高,Barron(2001)也阐述了同样的观点。同这些观点相一致,大量实证研究都发现年龄大的组织更不易发起变革。例如,Swaminathan 和 Delacroix(1991)对加州酒厂的研究、Amburgey 等(1993)对芬兰报纸出版组织的研究、Halliday 等(1993)对律师协会的研究、Miller 和 Chen(1994)对航空公司的研究。对于组织变革对组织存活的影响研究有着不统一的结论,Amburgey 等(1993)发现,变革对于年龄大的出版组织破坏性更大,而 Baum 和 Singh(1996)对于儿童保育中心的研究发现了相反的结果。

组织规模在组织变革与组织存活之间起着重要的影响。Hannan 和 Freeman(1984)认为,大规模的组织具有更高的惰性水平。一方面,为了保持组织的可靠性和责任性,它们对环境中的机会和威胁会做出消极反应;另一方面,大规模的组织更可能持续使用以前的成功惯例,即使在新的形势下它们并不适合。所以,随着组织规模的扩大,组织变得更加官僚和具有惰性,变革变得逐渐困难。然而,Aldrich 和 Auster(1986)提出,大规模的组织控制着更多的资源来获得额外的人力和物力资本,它们更有能力发起变革。Carroll 和 Teo(1996)对于美国汽车行业技术变革的研究、Baum 和 Singh(1996)对多伦多托儿所扩张的研究都发现,变革对于大规模的组织更有破坏性。Greve(1999)认为,大规模的组织由于高水平的惰性不易发起变革,而它们积累的资源使其在变革中有着较低的死亡率。

组织生态位对组织变革与组织存活的调节作用也十分明显。宽生态位组织(多元化组织)运行于多个环境状态,占领大的操作领域,更可能发起变革。此外,宽生态位的组织具有在不同流程单元之间转移资源的经验,可以将其运用到组织变革中。多元化组织的优势还在于其具有较强的避险策略,它们可将风险分散到不同的机会—收益投资组合之中,专业型组织则只能依赖于单一的生态位。窄生态位组织用动态的适应性换取静态的高效率,宽生态位组织则在变动过程中通过选择性学习而获益。因此,多元化组织有着高的灵活性和适应性,能够缓冲变革过程中的负效应,它们较专业型组织有着更多的存活机会。Dobrev 等(2003)对 1885—1981 年美国汽车制造商的研究证明了在组织生态位变革过程中,随着生态位宽度的增大,组织死亡风险逐渐降低。

三、组织生态位对企业高管变动的影响

组织变革的内容可分为组织外部变革和组织内部变革，其中，组织生态位变革和企业高管团队变革分别是企业外部变革和内部变革的重要方面。自Hambrick 与 Mason(1984)提出高阶团队理论以来，企业高层管理者更换(top management turnover)一直受到组织行为理论和公司治理理论的特别关注，对该主题的研究主要从两个方面的因素入手：一是高管团队(top management team，TMT)构成，如高管团队的年龄、任期、教育及职业路径等构成对高层管理者更换的影响；二是分析组织绩效对企业高层更换的影响。

Jackson 等(1991)运用 Schneider(1987)的吸引—选择—剔除理论(attraction-selection-attrition theory)和 Pfeffer(1983)的组织人口统计学模型(organization demography model)分析了高层管理团队个体差异和团队异质性对高层管理者更换的影响，实证结果表明，管理者年龄和任期因素对团队成员更换有非常显著的影响，而教育和职业背景的影响不明显。除了人口统计学特征，很多学者还分析了文化差异的影响。Wiersema 和 Bird(1993)运用日本企业的数据，研究了高管团队构成差异对团队成员变更的影响，结果同 Pfeffer(1983)、Jackson等(1991)的研究结果有很大的差异。实证结果显示，年龄差异对日本管理层离职率的影响不显著，这可能跟日本企业推行的终身雇佣制有关。而组织绩效同高管离职之间的关系发生了翻转，即组织绩效越差，高层管理团队离职率反而越低，这可能跟日本特有的企业文化相关。Kaplan(1994)对比了美国、日本和德国三个国家企业绩效对高层管理者离职的影响。总体来看，这三个国家企业高层管理者离职都跟企业绩效相关，不同的是与德国和美国企业相比，日本企业高层管理者离职受销售收入的影响比较明显，而对股票收益的反应则不明显。而德国企业高层管理者任期比日本和美国企业管理者任期更长，并且德国企业高管离职对股票市场的表现非常敏感，受销售收入的影响则不大。

高层管理团队构成差异对高层管理人员变更的作用会受到其他变量的调节和影响，其中非常关键的一个中介变量就是组织绩效。Boone 等(2003)在对高层管理团队构成差异对团队成员变更的影响的研究中引入了组织绩效、战略多元化要求和竞争压力等因素调节作用。如果组织没有对高管团队异质性提出要求，那些同最高管理者差异性越大的团队成员离开团队的可能性就越高。所有权结构也是影响高管变更的重要因素。Chang 和 Wang(2007)研究了不同所有权结构企业高管变更对组织绩效的敏感性。研究结果发现，在所有权很集中的企业里，高管变更与组织绩效之间存在非线性关系，并且在国有企业和私有企业中两者的关系正好相反。在所有权集中的私有企业，两者关系最为敏

感,而在所有权集中的国有企业中两者关系最不敏感。

环境特征如动荡性、复杂性、不确定性等也是影响高管团队构成与组织绩效或高管变更的重要因素。Auh和Menguc(2005)研究了环境动荡与否对高管团队绩效的影响。在动荡性较高的环境中,组织高管团队很难取得战略导向的高绩效,稳定的环境才有利于组织高管团队提升基于战略的绩效。环境还会影响高管团队的规模。Haleblian和Finkelstein(1993)以组织环境动荡性为调节变量,研究了高管团队规模同组织绩效之间的关系。结果表明,在动荡环境中,规模小的高管团队比较不利,而在稳定性较高的环境中,较大规模的高管团队并不会带来好的收益,因为在稳定的环境中,大规模的高管团队在成员协调过程中会损耗大量组织资源。环境特性还会对高管团队的构成特性提出要求。Keck(1997)认为,具有不同构成特性的高管团队在不同的环境中会有不同的绩效表现。在动荡的环境中,任期差异性较高以及平均任期较短的高管团队会有较好的绩效表现,而在稳定环境中则是任期差异小、平均任期长的高管团队绩效较好。Wiersema和Bantel(1993)认为,高管团队成员变更是组织适应环境的表现。他们把环境特性细分为多维性、不稳定性和复杂性,这些环境特性会通过影响组织绩效、战略决策变化和高管团队构成特性来影响高管团队的变更。

绝大多数关于高层管理团队差异对团队成员变更影响的研究都假设两者之间的关系是线性(单调)的,即差异越大,离职率越高。但也有少数研究认为,两者之间的关系应该是较为复杂的非线性关系。Wagner等(1984)认为,高层管理团队成员的年龄和任期异质性越大,导致的冲突越多,结果就是造成更多的成员离职;相反,团队成员越相似,又会使得他们对有限的晋升机会的竞争越激烈,结果同样会导致更多的离职发生。因而团队差异同离职之间的关系应该是非线性的U形关系。Alexander等(1995)也试图验证两者之间的非线性关系,但他们假设的非线性关系同Wagner等(1984)的假设正好相反。Alexander等(1995)认为,在高层管理团队构成差异很大或很小的组织中,高层管理者离职率较低,而在那些差异居中的组织中,团队成员离职的可能性最高,也就是说两者之间存在倒U形关系。理由是在那些团队异质性很高或同质性程度很高的组织中,团队成员之间会有更多的交流、互动与合作发生,因而稳定性会更高。

最早运用生态位理论来研究企业高层管理团队的当属索伦森(Sørensen)教授。Sørensen(1999)以组织高管团队人口统计学特征为组织生态位的衡量指标,来研究组织生态对高管团队成员变更的影响。其基本观点是高层管理者的能力取决于其过去的经验,不同的管理者任期构成会导致不同的管理能力。产业内不同组织高层管理团队构成特征如年龄和任期构成越相似,即高管构成生态位重叠度越高,其对同种资源的竞争就越激烈,也即组织间的竞争越激烈,进而影响组织绩效。

陈有华、彭璧玉和聂普焱(2012)认为,高阶团队理论和组织生态位理论虽然分属两个不同的领域,但两者之间也存在一定的联系,高管团队成员变更正是两者联系的桥梁。高阶团队理论主要分析组织获取资源的能力,而组织生态位理论则用来分析组织生存和发展需要何种资源。两种理论说明的是同一个问题的两个方面,即高管团队构成或组织所需资源的类型与总量等单方面特性都不会必然引起高管团队成员变更,两者的匹配情况才最终决定组织高管团队成员的变更情况。组织生态位、高管团队特征与高管团队成员变更三者关系如图 5-1 所示。

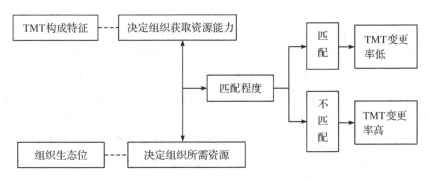

图 5-1　组织生态位和高管团队特征对高管团队成员变更的作用机制

资料来源:陈有华,彭璧玉,聂普焱,2012. 组织生态位、高管团队特征对高管团队成员变更影响的实证研究[J]. 产业组织评论(1):53-71.

高管团队成员的异质性对团队绩效具有非线性的影响。一方面,随着组织 TMT 成员同质化程度的提高,成员之间第一认知能力(即对例行性事物的判断处理能力)会提高,成员之间的情感冲突将不断减少,这有利于团队成员之间形成凝聚力并提高决策的效率,但过度同质化的团队容易形成决策惰性,也会增加对有限晋升职位的竞争,从而产生资源内耗。另一方面,随着 TMT 成员异质性的提高,团队成员第二认知能力会不断提高(即处理突发事件的能力),异质性在提高团队获取多维信息和多样化资源的能力的同时,也会增加团队成员之间的认知冲突,增加达成一致决策的难度。异质化团队决策者决策能够综合多方面的观点和信息,因而异质性也能降低决策失误的概率,节省组织资源。与此同时,不同的生态位宽度对团队成员的特性具有不同的要求。生态位较窄的组织需要高管团队具有较强的同质性,生态位较宽的组织则正好相反。高管团队成员的特性与组织生态位特性对高管离职的交互影响如图 5-2 所示。

组织生态位

		窄	宽
高管构成差异	小	II TMT 变更率低	I TMT 变更率高
	大	III TMT 变更率高	IV TMT 变更率低

图 5-2　TMT 构成特征、生态位与高管成员变更概率分布

资料来源:陈有华,彭璧玉,聂普焱,2012. 组织生态位、高管团队特征对高管团队成员变更影响的实证研究[J]. 产业组织评论 (1):53-71.

年龄、任期、教育背景和职业背景这四个人口统计学变量是决定高管能力的关键因素(Hambrick,Mason,1984;Sørensen,1999)。但在不同的生态位条件下,这些因素对高管离职具有不同的影响。一般而言,年长的高管会比年轻的高管更为保守,更倾向于规避风险。这是因为:第一,年长的高管相较于年轻高管一般更难产生新思想或更难习得新能力。虽说随着年龄的增长,高管的经验可能会变得更为丰富,但年龄增长会削弱高管收集和综合信息进行决策的能力。第二,年长的高管跟组织现状有更强的心理契约(psychological contract)(Alutto,Hrebiniak,1975;Trice et al.,1987),也即年长高管更会满足于现状。第三,对于年长的高管来说,财务安全和职业安全更为重要,任何冒险行为都可能会毁掉现有的保障(Carlsson,Karlsson,1970)。因此高管年龄构成差异和平均年龄都会影响高管的管理决策能力,差异小和平均年龄大的高管团队更利于在稳定的窄的生态位上经营,而年龄构成差异大及平均年龄小的高管团队更利于在动荡的宽生态位上经营(Murray,1989)。结合起来分析可以发现,在生态位较窄的组织中,高管团队年龄差异越大,团队成员的离职率就越高;在生态位较宽的组织中,情况正好相反。同理,在不同的生态位条件下,高管团队的教育背景差异、职业背景差异对成员离职率的影响与此类似。

高管团队任期差异性和平均任期也会影响高管团队的管理决策能力(Sørensen,1999)。Katz(1982)认为,延长团队任期会降低目标冲突以及改善对组织团队的认识。Hambrick 和 Fukutomi(1991)发现,延长高管任期会提高高管对组织现状的心理契约,从而使得个体变得更厌恶风险以及更有可能仿效产业内其他组织的行为。长任期更能提高高管的第一层次学习能力(first order learning),如掌握既定惯例的能力,但会降低第二层次学习能力(second order learning),如从动荡的环境中学习的能力。高管成员任期越长,越容易形成组织惰性,越偏好于按规章制度办事而不愿尝试改变,应变能力

较差。因此,生态位较窄的组织需要有较长的高管任期。任期差异大小对高管离职的影响是双重的。一方面,高管任期差异大可能会给组织带来好处,因为任期差异化会提高组织获得多种资源的能力,因而在生态位较宽的组织中,差异大的任期是有利的。高管团队任期差异较大的组织能更好地进行战略转变。Hambrick 等(1996)发现,高管任期差异化有利于航空公司航线的增加。综合而言,在生态位较窄的组织中,TMT 任期构成差异越大,TMT 成员变更率越高;而在生态位较宽的组织中,TMT 任期构成差异越小,TMT 成员变更率越高。

陈有华、彭璧玉和聂普焱(2012)以 2008 年信息技术产业和金属、非金属制造产业沪、深两市 215 家上市公司共 1373 位高管数据为基础,研究了组织生态位与 TMT 成员构成特性对 TMT 成员变更的影响。研究变量分为因变量、自变量和控制变量。因变量为高管团队成员变更,为服从 0-1 分布的非连续变量。5 个自变量为组织生态位和高管年龄、任期、教育背景和职业经历等连续变量。控制变量选取了组织绩效和团队规模。

自变量分个体层面和组织层面,对不同层面的变量衡量有所不同。个体层面采用欧基里德距离(Euclidean distance)衡量(Sørensen,1999),其表达式为:

$$D_i = \frac{\sqrt{\sum_{j \neq i} (X_i - X_j)^2}}{N-1} \tag{5-1}$$

其中,D_i 表示团队成员 i 与团队其他成员的欧基里德距离,D_i 值越大表示该成员同团队其他成员差异性越大;X_i 和 X_j 为对数化的团队成员年龄、任期、教育背景和职业经历值;N 为团队规模,即高管团队成员数量。团队层面的差异衡量指标则采用霍芬达尔指数(Heefindahl index)(Blau,1977):

$$H = 1 - \sum_{i=1}^{n} P_i^2 \tag{5-2}$$

其中,P_i 是指团队 i 类成员占总体的比例;H 值介于 0 与 1 之间,H 值越大,表示差异性越高。

鉴于因变量为服从 0-1 分布的非连续变量,对数据在个体和团队层面进行回归。回归基本模型为:

$$\ln\left(\frac{p}{1-p}\right) = \beta_0 + \beta_1 x_1 + \cdots + \beta_i x_i \tag{5-3}$$

以全面进入法对变量进行 Logistic 分析,回归结果如表 5-1 和表 5-2 所示。

表 5-1 组织生态位、高管团队构成与高管成员变更个体层面回归结果

变量	模型 1		模型 2		模型 3		模型 4	
	B	Sig.	B	Sig.	B	Sig.	B	Sig.
任期	-0.126	0.157	-0.235	0.176	-0.388	0.073	-0.425	0.057
年龄	-0.065	0.003	-0.058	0.116	-0.059	0.262	-0.011	0.843
教育背景	-0.338	0.053	-0.765	0.004	-1.661	0.000	-1.495	0.000
职业经历	-0.252	0.009	-0.062	0.742	-0.387	0.024	-0.448	0.015
生态位	-0.135	0.000	-0.406	0.000	-0.066	0.037	-0.120	0.001
任期平方			0.049	0.103	0.090	0.074	0.095	0.063
年龄平方			0.010	0.082	0.002	0.374	0.000	0.974
教育背景平方			0.145	0.000	0.650	0.000	0.601	0.000
职业经历平方			0.004	0.922	0.069	0.033	0.053	0.139
任期 by 生态位							-0.065	0.539
年龄 by 生态位							-0.083	0.438
教育背景 by 生态位							-0.061	0.342
职业经历 by 生态位							-0.413	0.001
预测能力分析	89.8%		89.8%		89.9%		89.9%	
Cox&Snell R^2	0.493		0.508		0.580		0.513	
Nagelkere R^2	0.657		0.677		0.680		0.684	
Hosmer-Lemeshow 检验	77.068		35.671		30.297		19.113	
p 值	0.000		0.000		0.000		0.085	

表5-2　组织生态、高管团队构成与高管成员变更团队层面回归结果

变量	模型5 B	模型5 Sig.	模型6 B	模型6 Sig.	模型7 B	模型7 Sig.	模型8 B	模型8 Sig.	模型9 B	模型9 Sig.
任期	0.945	0.245	−1.396	0.469	3.308	0.278	1.178	0.737	1.002	0.775
年龄	1.144	0.330	5.373	0.083	14.847	0.122	20.293	0.061	21.840	0.048
教育背景	−0.654	0.468	−1.168	0.533	−2.210	0.431	−2.914	0.395	−2.873	0.405
职业经历	−0.309	0.654	4.157	0.044	−2.046	0.384	3.456	0.306	3.153	0.349
生态位	0.054	0.294	0.631	0.074	0.055	0.306	0.626	0.095	0.658	0.077
组织绩效	−11.090	0.033	−11.060	0.042	−10.714	0.043	−10.555	0.054	−11.033	0.047
团队规模	0.192	0.003	0.178	0.007	0.193	0.004	0.179	0.008	0.192	0.006
任期平方					−2.914	0.389	−3.378	0.336	−2.949	0.403
年龄平方					−12.114	0.142	−13.010	0.133	−13.947	0.115
教育背景平方					2.028	0.569	2.178	0.565	1.856	0.627
职业经历平方					2.217	0.436	1.022	0.738	0.845	0.783
任期 by 生态位			0.509	0.166			0.555	0.151	0.554	0.148
年龄 by 生态位			−0.794	0.148			−0.807	0.172	−0.871	0.141
教育背景 by 生态位			0.133	0.683			0.143	0.679	0.172	0.620
职业经历 by 生态位			−0.853	0.025			−0.878	0.024	−0.859	0.026
行业虚拟变量									−0.507	0.162
常数项	−2.608	0.008	−5.940	0.007	−6.179	0.035	−9.995	0.008	−10.198	0.007
预测能力分析	67.9%		71.1%		69.8%		70.7%		70.2%	
Cox&Snell R^2	0.108		0.156		0.125		0.170		0.178	
Nagelkere R^2	0.150		0.215		0.173		0.236		0.246	
卡方	12.631		5.349		3.062		6.210		4.575	
显著性水平	0.125		0.72		0.930		0.624		0.802	

实证研究结果显示,个体层面回归结果优于团队层面,个体层面的主效应、交互项以及二次项绝大多数变量都在5%水平上显著,这说明个体层面TMT构成和组织生态位对TMT成员变更存在交互作用。同时,团队成员人口统计学特征与TMT成员变更之间存在非线性关系,即差异度太大或者差异度太小的团队,其成员离职的可能性都比较高,具有中等差异水平的团队其成员稳定性较好。团队层面年龄、职业经历和生态位基本通过验证,显著性水平达到10%,二次项中仅年龄平方的显著性水平接近10%水平。交互项中,职业经历、年龄与生态位的交互项显著性水平相对较好,说明在生态位较窄的组织中,TMT年龄构成差异大、职业背景差异大的团队其成员变更率更高。

第二节　结构惰性

一、结构惰性的形成

结构惰性理论认为,组织的存在是基于其可靠性(reliability)和责任性(accountability)的。可靠性意味着组织应该减少产品或服务的变化,满足顾客对产品品质、供货时间和价格的期望;责任性意味着组织应该具有证明其资源如何定位的能力,具有令组织成员、投资者、代理商确信其特定的产量决策合乎程序理性(procedural rationality)的能力。惯例(routine)是指包括个体和群体的组织成员所采取的重复性活动方式。当组织目标被制度化(institutionalized)以及组织活动的类型被惯例化(routinized)以后,组织的可靠性和责任性就更高,但制度化和惯例化同时会对组织变革产生巨大的抵制力。

组织结构惰性的形成受到组织内部和外部因素的影响。内部因素包括:①组织在设备、厂房、人员等方面的投资不易转移,变成沉没成本;②组织决策所依赖的组织内部信息具有不确定性、不完备性;③组织结构的调整会造成组织内部角色和资源的再分配,容易产生内部政治性对抗,阻碍变革的进行或降低变革的效力;④组织基于过去的经验和历史,在组织内部已经形成了许多的共识、规范和惯例;⑤成功的组织会满足于从现有的活动中获取盈利,不愿意从新的活动中寻求租金置换(rent displacement)。

结构惰性形成的外部因素包括:①由法律或政策形成的进入或离开壁垒;②组织外部有效信息的取得与信息渠道建立的困难;③组织面对的环境与社会合法性影响组织资源的正常流动和获取。Dobrev、Kim和Carroll(2002)指出,组织之所以不离开竞争激烈的区域,是因为竞争的激烈往往代表该群组织的定位具有很强的合法性,组织可共享合法性,并建立相互连接关系。此外,组织与其内部雇员和外部相关者之间长期形成的心理契约和组织承诺(organizational commitment)等因素也是形成组织惰性的重要原因。

组织结构惰性的大小与组织的特性和组织环境有关,这些因素包括以下几个方面。

(一)组织年龄

在组织生命过程中,结构惰性会随着组织年龄和组织规模的变化而呈系统性变化。组织的可靠性和责任性会随着组织年龄的增长和组织规模的扩大而单调递增。Hannan 和 Freeman(1984)认为,一方面,惯例的改变需要组织发展或获得额外的人力资本和物质资本,需要将新的过程和目标制度化,需要改变组织内部的权力分布,这些因素都会阻碍组织的变革;随着组织年龄的增长,组织内部的同质性也逐渐加强,使组织对外部变化的敏感性降低。另一方面,组织被深植在组织之间的关系网络之中,它被广泛接受的组织形象是抵制组织变革的外部因素(Schumpeter,1934;Hannan,Freeman,1984;Granovetter,1985)。因此,组织变革的可能性随着组织年龄的增大而降低。

组织变革会引发组织内部重组和外部合法性问题。随着组织年龄的增大和复制惯例能力的增强,其惰性也越来越大,变革的成本也越来越高(Amburgey et al.,1993)。Hannan 和 Freeman(1984)观察到,年老的组织更易遭受组织变革的打击。在年老的组织中,内部角色和正式结构建立得更加完善,其惯例更加标准化。年老的组织存续时间长,与外界的联系也更加惯例化。因此,组织年龄越大,组织变革的破坏性也越大。既然选择过程对惰性结构组织有利,组织的死亡率就会随着年龄的增长而降低。在组织种群内,新组织更容易死亡。这就是所谓的年龄依赖(age dependence)。

但 Singh、Tucker 和 Meinhard(1988)指出,年龄依赖理论未能区分组织变革过程和组织变革这两个方面对组织死亡的影响。因此,他们提出了年龄刚性(rigidity-of-aging)命题和年龄变移性(fluidity-of-aging)命题。前者指组织特征的变化率随着组织年龄的增长而降低;后者指组织特征的变化率随着组织年龄的增长而提高。年龄刚性观点与结构惰性理论相一致,年龄变移性观点则建立在组织决策者有限理性的基础上,即认为组织决策者会试图进行组织变革以适应不断变化的环境不确定性。他们用社会志愿组织种群的数据对这两个命题进行了检验,结果表明,随着组织年龄的增长,组织核心的改变率不断降低,而组织外围的改变率则不断提高。因此,年龄刚性命题适合分析组织的核心改变,而年龄变移性命题适合分析组织的外围改变。

其他相关研究也提供了混合的证据。Kelly 和 Amburgey(1991)发现,在美国航空业中,组织核心特征的改变,如业务层次转向专业化或通用化、公司层次转向通用化等均随着组织年龄的增长而减少。这也符合年龄刚性命题。Boeker(1987)对半导体公司战略改变的研究发现,组织初始战略与当前战略之间的差异随着年龄的增长而显著提高,这又与年龄变移性观点相吻合。Baron等(1991)也发现,非常老的组织也非常热衷于组织变革。还有的研究认为,与风险企业相比,已建立的组织通常不能够进入新的技术领域(Tushman,Romanelli,1985;Tushman,Anderson,1986;Henderson,Clark,1990)。

(二)组织规模

根据生命周期模型(life-cycle models),随着组织的成长和组织规模的扩大,组织转型对组织结构要求的适应性就会增强(Child,Kieser,1981;Cafferata,1982;Kimberly,Miles,1980)。而其他的研究认为,大型组织之所以能较大比率地从事变革活动,是因为它们在资源利用方面具有优势(Nielsen,Kimberly,1976;Aldrich,Auster,1986)。与此相反,Hannan 和 Freeman(1984)认为,大型组织从事根本性变革的可能性较小,因为它们复杂的结构使得变革过程更加困难,更具有破坏性。实证研究对这些争论的支持也是模糊的,有些证实大型组织更容易变革(Huber et al.,1993),有些则证实小型组织的变革性更强(Baron et al.,1991;Delacroix,Swaminathan,1991;Halliday et al.,1993),还有的证实中型组织更容易变革和创新(Scherer,1980;Haveman,1993b)。此外,地位较高的组织不太容易受到社会的影响(Bothner,2005)。由于组织声望往往与组织规模相关(Podolny,1993),这一发现支持了规模—惰性观点。

(三)环境因素

环境因素会诱发还是限制组织变革也受到了非常多的关注。许多实证研究证实了制度环境因素在决定组织变革率方面的重要性(Baron et al.,1991;Edelman,1992;Halliday et al.,1993;Miner et al.,1990;Singh et al.,1991;Sutton et al.,1994)。市场环境也能影响组织变革率,例如市场易变性(market volatility)(Delacroix,Swaminathan,1991)、市场成长性和多样性(Miller,Chen,1994)、市场变革的速度(Eisenhardt,1989)以及市场中其他公司的变革实例等(Greve,1996;Haveman,1993b)。

二、结构惰性与组织存活

结构惰性理论的另一个方面是分析组织变革对组织存活的影响。该理论认为,组织内部和外部的利益相关者(stakeholders)更偏好业绩可靠的组织,且变革会破坏内部惯例和外部联系,因此组织变革是有害的,即存在所谓的变革的生存不利性(liability of change)。Nelson 和 Winter(1982)指出,惯例包括组织与环境之间的广泛的、直接的互动,这种惯例的改变会破坏组织与环境之间的联系。

对于 Stinchcombe(1965)提出的新组织的生存不利性,Hannan 和 Freeman(1984)认为,是组织变革产生了新组织的生存不利性,新组织高的失败率或许该称为变革的生存不利性(Amburgey,Kelly,Barnett,1993)。因为组织变革会产生新的角色和新的关系。此外,变革可能导致组织能力的不适(Levitt,March,1988;Tushman,Anderson,1986;Christensen,1997),变革还需要不同的组织设计(Henderson,Clark,1990)。有研究认为,组织变革程度越高,组织死亡的可能性越大;组织变革越复杂、越不透明,组织死亡的可能性越大。这说明随着时间的推移,结构惰性与组织死亡之间存在着正反馈过程,即结构惰性会降低变革尝试的数量,形成高的可靠性,提高组织复制过去行为的能力。根据这一逻辑,结构惰性的存在有利于组织获得指数化成长。

但在组织演化过程中也存在着负反馈过程,它能阻止组织惰性的无限积累。因为不断延长的停滞周期会增大组织内部的变革压力。随着变革压力的增大,进行新变革的努力就会增多,而试图改变组织结构和组织过程的重复性变革努力将会降低组织的可靠性,并重设组织内部的年龄时钟(age clock)。

为了检验结构惰性对组织死亡的影响,通常运用以下模型:

$$\mu_i(u,v) = \exp(a\Delta_{iu} + BX_{iu}) \cdot \varphi(u) \cdot \psi(v) \tag{5-4}$$

式中,$\mu_i(u,v)$ 是组织 i 的瞬时死亡率,u 代表组织年龄,v 是从一个主要的结构转型以来的时间间隔,X 是组织的描述变量。Δ_{iu} 是组织的指示变量,组织转型后,其值取 1,之前取 0。根据结构惰性过程的假定,实证检验结果应使 $a>0$ 而 $\psi(v)<0$。

Amburgey、Kelly 和 Barnett(1993)在对芬兰报纸业的研究中就发现,核心变革增加了组织死亡的风险($a>0$),但这种风险随着时间的延长而降低($\psi(v)<0$)。这说明变革的前期效果一般是破坏性的,而后期效果则可能是适应性的。Dobrev 等(2003)对美国汽车制造企业的研究发现,组织规模的改变与组织失败风险之间存在倒 U 形关系。核心改变提高组织死亡概率的实证研究还包括报业组织种群(Carroll,1984;Miner,Amburgey,Stearns,1990;Amburgey,Kelly,Barnett,1993;Dobrev,1999)、电话公司(Barnett,1994)、社会服务志愿者协会(Singh,House,Tucker,1986)、社会运动组织(Minkoff,1999)、银行(Han et al.,1998)等。

如果组织变革的结果变量在本质上是连续的,则线性局部调整模型(linear partial adjustment model)提供了一个较好的将变革效果模型化的动态框架

(Tuma,Hannan,1984):

$$\frac{dY_j}{dt} = r(Y_j^* - Y_j) \tag{5-5}$$

式中,Y 代表一个被观察的连续因变量,比如组织业绩。Y_j^* 是组织 j 在稳定状态均衡下的 Y 的最终水平,r 是向该均衡水平的调整率。如果主要研究变革过程的影响,则可根据 r 来检验假设,因为调整率越低意味着变革过程的惰性越大。

在组织变革对组织演化的研究中,大多数研究集中在组织变革对组织死亡的影响方面。Barnett 和 Carroll(1995)区分了内容变革和过程变革对组织死亡的不同影响,并概括了组织变革影响组织死亡的基本模型。可用 A 和 B 代表不同的战略(如低成本战略和规模扩大战略)。$r(A)$ 和 $r(B)$ 分别代表 A 型组织和 B 型组织的死亡率。当组织从类型 A 转变为类型 B 时,内容变革对组织死亡的影响可表示为 $r(B)-r(A)$。当组织战略变得更好时,这一死亡率之差就为负数。除了内容变革效应,组织过程变革对组织死亡也具有重要的影响,用 $r(\Delta AB)$ 表示。组织从战略 A 转变到战略 B 给组织死亡带来的总的影响是 $r(B)-r(A)+r(\Delta AB)$。

Amburgey 等(1993)认为,组织变革的过程是不连续的离散事件,他们提出了以下估计模型:

$$r_j(t) = \exp[\gamma_{tj} + \theta X_j + a\Delta Z_j + b\tau_j] \tag{5-6}$$

式中,γ 是组织 j 在年龄 t 时的即时死亡率。X 是描述组织 j 在 t 时的状态空间的变量。ΔZ 为指示变量,从组织设立直到经历一次重要变革时其值为 0。τ 是组织最近一次变革的后向发生时间(如没有发生变革则为 0)。组织内容变革由向量 X_j 表示,而过程变革由 $a\Delta Z_j$ 和 $b\tau_j$ 表示。

结构惰性理论预计 $a>0$ 而 $b<0$。组织的变革会带来组织死亡率的显著上升(由系数 a 决定),但这种影响会逐渐消失,消失的速度由 b 决定。如果组织再次发生变革,则死亡风险再次上升,然后再慢慢消失。

三、结构惰性影响组织存活的时间效应

组织变革发生后,其影响不会立即消失。经历过变革的组织只要能存续足够长的时间,就能重构其内部过程和外部联系,因此,变革可视为对新组织生存不利性的时间重调(resetting the clock)。也就是说,组织变革对组织影响的净效应依赖于时间。组织变革的破坏性影响会随着自变革发生以后的时间间隔的延迟而减弱。组织如果有足够多的时间来修复由组织变革带来的破坏性影响,则组织变革最终是适应性的。如果组织变革发生的频率太高,那么这种修

复永远不可能发生。因此,经常变革的组织虽然看起来适应性很高,但要不断面临新组织的生存不利性。

组织会根据其过去使用的惯例来确定其未来的行为。组织当前的运行惯例会限制组织的生产程序、资源的获得、在低水平惯例中的选择以及组织活动中成员之间的协调。这些惯例不容改变,也很难改变。但随着时间的推移,组织的发展不仅仅依靠运行惯例(operating routines),而且依靠修正惯例(modification routines),即改变和创造运行惯例的程序(Nelson,Winter,1982)。一般而言,修正惯例支配着组织寻找新问题答案的过程(Levitt,March,1988)。为了将变革过程惯例化,一个组织必须通过修改运行惯例来获得经验,即组织要通过变革来学会变革,一个组织越是能改变其运行惯例,就越有可能发展以后进行相似变革所需的修正惯例。这就是说,结构惰性对组织变革具有双重含义。当组织坚持目前的运行惯例、抵制变革时,它们就表现出惰性。但当组织发展了修正惯例、改变了运行惯例后,就会形成另一种形式的惰性。这样一来,过去的变革很可能在未来得到重复。组织对某种变革的经验越多,这种变革就越有可能被当作解决问题的方法来看待。而且,随着进行某种类型变革的能力的增强,变革的边际成本会降低,那些预期收益较低的变革也可能被实施,尽管这种变革实际上并不一定能解决问题。因此,每一次变革的出现都会提高类似变革重复出现的可能性。也就是说,组织变革的可能性会随着其以前进行的类似变革次数的增多而提高。

上述观点意味着进行了变革的组织不可能稳定在一个平衡状态,但有很多的证据证明,经历了一段时间动荡和变革的组织最终会进入一个相对稳定的时期(Miller,Friesen,1984;Dosi,1984;Tushman,Romanelli,1985)。要理解这种矛盾,就必须分析组织变革的动态。事实上,新变革出现的可能性会随着时间的推移而降低。Cyert和March(1963)认为,组织寻求问题答案的搜索过程是从最近利用的惯例开始的,这意味着一种特定类型组织变革发生的可能性会随着这种变革上次发生后时间间隔的延长而降低。

Amburgey、Kelly和Barnett(1993)利用芬兰报业组织中1011个组织1771—1963年的数据,研究了组织变革与组织死亡之间的关系。研究结果表明,至少有一项内容变革的报业组织比那些没有内容变革的报业组织具有更高的死亡风险,但那些至少有一次变革的组织比那些没有变革的组织具有更低的死亡风险。随着组织年龄的增大,组织变革的破坏性也增大。对频繁的变革而言,组织变革对组织死亡的有害影响随着报纸年龄的增长而持续发生作用,且某种变革发生前需要的时间间隔对组织产生的有益影响(乘数下降到某一数值所需要的时间)随着报纸年龄的增长而加强。组织变革影响组织死亡的净效应包括了当前效应、长期效应和年龄效应。随着报纸年龄的增长,频繁的变革对组织所具有的破坏性会持续发生作用,但变革产生的净风险率是降低的。虽然组织变革将年龄时钟(age clock)做归零调整,但并未将年龄时钟完全重调,每次变革所产生的年龄调整数量较小。组织变革是新近依赖(recency-dependent)的,即频繁的变革经历增大了这种变革再次发生的可能性。

第三节　变革的生存不利性

组织变革既表现为组织内部人力资源、技术基础等要素变革,也表现为组织制度变革与组织形式变革。组织变革的形式和组织变革的程度都会对组织存活产生复杂的影响。

一、管理连续性

管理连续性(managerial succession)特指管理人员的连任情况。在组织变革的过程中,管理者起着关键的作用,其中高层管理者的作用尤为显著。Tushman和Romanelli(1985)认为,只有行政主管人员才能在组织的保守力量和改革力量之间做出调整。Barkema和Vermeulen(1998)研究了主管人员团队的特征,认为高层管理者团队的规模之大起初会促进组织变革,但最后会阻止组织变革。主管人员本身也会受到惰性因素的影响,因此,根本性变革(radical change)通常会在组织绩效持续下降或主要环境发生变化的情况下发生。

但在组织绩效没有下降且主要环境没有变化的情况下,新上任的 CEO 也可能显著地提高从事根本性变革的可能性(Romanelli,Tushman,1994)。原因之一是 CEO 通常希望在一种期望变革的气氛中工作。新上任的 CEO,尤其是来自组织外部的 CEO 通常会下意识地抵制前任 CEO 制定的战略和政策,而其固有的信息和经验可能会导致新任 CEO 对组织行为的有效性和合理性产生与其前任不同的理解。虽然来自组织内部的新任 CEO 也可能发动根本性变革,但组织的重新定位和组织重构等行为通常还是会由来自组织外部、对组织没有任何承诺的继任者来发动(Tushman,Romanelli,1985)。内部管理者虽然不太可能发动根本性变革,但他们可能会成功地实施这一变革。因为在实施根本性变革的过程中,外部管理者通常会遭遇很大的阻力,在组织变革的过程中,中层管理者也发挥着重要的作用。

不同的管理者施行着不同的管理理念,有不同的管理风格,引致不同的管理效率和组织绩效,因而对组织的死亡概率会产生不同的影响。连续—危机假设(succession-crisis hypothesis)认为,管理连续性会增加冲突,降低道德水平,因而它会降低组织的绩效(Carroll,1984),并形成恶性循环:组织绩效差导致管理连续性,管理连续性反过来破坏组织运行,降低组织绩效(Grusky,1963)。与此相反,连续—适应假设(succession-adaptation hypothesis)认为,管理连续性能通过减少冲突而提高组织绩效(Carroll,1984;Guest,1962)。连续性为组织提供与外部进行信息交流的渠道,使组织能更好地向环境的需要做出调整(Helmich,1974;Virany et al.,1992)。Boyne 和 Dahya(2002)指出,在改变管理层的过程中,对高层管理者的激励、对高层管理者的安置手段和机会的可获得性是影响管理者提高组织绩效的主要因素。在此基础上,Hill(2005)以美国得克萨斯州的学校主管为对象,进一步分析了内部晋升和外部聘用这两种管理类型对组织绩效的影响。结果表明,在学校主管从外部聘用的情况下,管理连续性对组织绩效具有直接的、消极的影响,但管理变革对组织绩效的长期效应是积极的。

管理连续性与组织死亡风险之间也存在内在的关联。Carroll(1984)发现,创始编辑的离任会提高报业公司的死亡率。Singh 等(1986)也发现,CEO 的连任有利于社会志愿服务组织的存活。Dobrev(1999)认为,报纸主编和编辑的离任属于组织的核心改变,会提高组织的死亡风险。他对保加利亚报业的研究表明,主编和编辑的离任会使坚持自由主义的报业种群的死亡率上升40%。

但 Haveman(1993b)发现了相反的证据,他以美国艾奥瓦州东南部 1900—1917 年电话服务产业的发展情况为例,研究了经理、总裁等管理者任期的连续性对组织死亡率的影响。在 Barnett 和 Carroll(1987)的基础上,他估计了组织死亡率的 Gompertz 模型:

$$r(t) = \exp[\beta_0 + \beta_1 X(t) + \beta_2 S_i(t) + \beta_3 S_i(t) \times A(t) + \beta_4 D(t)] \quad (5\text{-}7)$$

式中,$r(t)$是组织死亡率,$\exp[\beta_0]$是基本比率,$X(t)$是每年的控制变量向量(包括组织年龄),$S_i(t)$表示连续事件的哑变量向量,$A(t)$是每年的组织年龄,$D(t)$表示自最近一次总裁和经理连任事件以来所持续时间的一对变量,系数向量$\{\beta_1\ \beta_2\ \beta_3\ \beta_4\}$是组织基本死亡率的乘数。

结果表明,管理连续性提高了组织死亡率。同时,组织越年轻,组织管理连续性对组织死亡率的影响越大。随着时间的推移,管理连续性对组织死亡率的影响逐渐减弱,表明存续时间越长的组织越能适应核心变化(Amburgey et al.,1993)。总裁的连续性比其他管理者的连续性对组织死亡率的影响更大,这与权力最大的个体对组织绩效的影响也最大的判断相一致(Finkelstein,1992)。

同时,组织规模能对管理连续性与组织死亡风险关系起到调节作用。与大型组织相比,个体管理者对小型组织的影响力更大。小型组织的结构相对简单,技术结构较少,内部劳动力分割程度较轻,管理层级少,组织行为的程式化程度低。与大型公司中的高级管理人员相比,小型公司的管理者具有较低的社会同质性(homosocial),其人格特征和经历具有更强的多样性。此外,大型组织与小型组织的治理方式也存在很大的差异。大型公众公司的治理是基于完善的公司治理结构的,其中股东大会、董事会、经理层和监事会相互制衡,经理层的行为受到更多的制约和监督。而小型企业一般实行董事和经理的单轨制,经理层身上集成了更多的管理角色,其决策行为的自由度更大。因此,与大组织相比,小规模组织中管理者人格特征和偏好的个体差异对组织绩效的影响更大,小型组织中的管理连续性—绩效关系要强于大型组织。

二、组织创新

Schumpeter(1934)认为,创新(innovation)对组织存活起着关键性作用,创新不仅影响边际利润和公司的产量,而且影响公司的生存基础。Christensen(1997)认为,创新与新创公司和在位公司都有关。创新是新公司成功进入市场并超越在位公司的有效工具。对在位公司而言,创新则是其在面对新公司和破坏性技术时保持竞争地位的必由之路。Baumol(2002)认为,在许多重要的产业中,创新已经取代价格成为竞争的主体。组织创新可从改变产品的某一方面、增加新产品供给、过程创新等方面来进行。有限的实证研究结果表明,组织创新有利于组织的存活。

Banbury 和 Mitchell(1995)以美国心脏起搏器行业为对象,首次研究了增量产品创新(incremental product innovations)对组织存活概率的影响。他们将增量产品创新定义为对业已建立的设计进行精练和扩展,以便给使用者带来价格或功能方面的实质性的好处。非增量创新则是指改变产品的核心概念或改变产品关键部件之间的联系(Dosi,1982;Henderson,Clark,1990)。

增量产品创新通过公司业绩和市场份额而与公司的存活力建立关联。在位公司首次引入重要增量产品创新的次数越多、时间越短,它获得的市场份额就可能越大。例如,对若干成功地引入新的产品商标的研究表明,将自己定义为先行者的公司比那些追随者公司能获得更多的市场份额(Bond,Lean,1977;Robinson,Fornell,1985;Montgomery,Lieberman,1991)。由于专利、商业秘密和其他技术保护措施不能完全阻挡产品创新在公司之间的传播,在位公司也可能采用其他公司引入的增量产品创新,且采用增量产品创新的次数越多,其市场份额可能越大。但这需要以顾客的转换成本(switching costs)适中为前提。如果顾客的转换成本太低,则后来的进入者就能凭借较低的固定开发成本和较低的产品价格而受益;如果转换成本太高,则第一个成功的进入者就会垄断新的产品市场。Banbury 和 Mitchell(1995)认为,增量产品创新对公司存活的影响是一个两阶段过程,即先影响市场份额,再影响公司存活。竞争者提供的相似产品的数量越多,引入增量产品创新的在位公司的市场份额就可能越小,倒闭的可能性就越大。

为了检验产品增量创新对公司存活的影响,Banbury 和 Mitchell(1995)采用了普通最小二乘线性回归来分析市场份额。线性回归模型的形式是:

$$S_{it} = \beta X_{it} + v \tag{5-8}$$

公司 i 在 t 年的市场份额 S_{it} 受到协变向量 X_{it}、系数向量 β 和误差项 v 的影响。

生存分析则用最大可能二项逻辑回归方法。逻辑回归模型表示为:

$$\ln \frac{P_i}{1-P_i} = \beta X_i \tag{5-9}$$

式中,P_i 是公司 i 在特定的记录年份退出的可能性。协变 j 一个单位的变革对公司在一个记录年内退出的影响是 $\beta_j P_i (1-P_i)$。

Banbury 和 Mitchell(1995)对美国心脏起搏器行业的研究表明,有效的增量产品发展和快速的产品引入对商业组织的业绩具有关键的影响。产业中在位公司对增量产品创新的引入能显著地提高其市场份额,并间接地提高其存活能力。他们的研究结果还认为,公司的存活主要受到其对创新产品在市场中的支持能力的影响,而不仅仅是对技术创新性产品的引入。在他们研究周期的 30 年间,心脏起搏器行业中有接近一半的公司关闭了其业务,只有那些既能积极引入增量创新,又能说服顾客接受其新产品的公司才能获得现实的生存机会。

以增加新产品为特征的产品多样化创新会改变组织内部的资源结构和市场供给结构,属于组织的核心变革,因而会直接影响到组织的存活。Barnett 和 Freeman(2001)综合了 Miner 等(1990)和 Amburgey 等(1993)的研究方法,提出了产品创新对组织死亡影响的估计模型:

$$r_j(t) = r_j(t)^* \exp[\delta(\Delta P_j) + \gamma(\tau_{\Delta P_j}) + \delta_M(N_{\Delta P_j}) + \gamma_M(N_{\Delta P_j})] \tag{5-10}$$

式中,$r_j(t)$ 是组织 j 的即时死亡率(instantaneous failure rate),随着组织在市场中的时间 t 而变化。$r_j(t)^*$ 表示组织 j 的基准风险率(baseline hazard rate)。ΔP_j 是一个指示变量,当组织 j 改变其产品供给时,它等于 0,从那以后等于 1(从首次改变的当年开始)。$\tau_{\Delta P_j}$ 是从组织 j 的上次产品供给变革以来的时间。ΔP_j 和 $\tau_{\Delta P_j}$ 允许组织变革对组织死亡具有即时的影响(用系数 δ 衡量),且这一影响会随着时间的推移而增强或减弱(用系数 γ 来反映)。

变量 $N_{\Delta P_j}$ 是组织 j 在其最近的产品引入中一次引入的新产品的数量,$N_{\Delta P_j}\tau_{\Delta P_j}$ 是一次新产品的增加数量与新产品增加后的时间这两者的交互作用。根据组织结构惰性理论,如果一个组织同时引入多种相关的新产品,则组织死亡的风险会增大,且组织死亡风险会随着一次引入新产品的数量的增多而提高。但随着变革后时间的推移,这一死亡风险会逐渐降低。如果这一推论是正确的,则可以发现 $\delta_M > 0$ 且 $\gamma_M < 0$,即相关的多种产品的增加会暂时提高组织的死亡率。

Barnett 和 Freeman(2001)利用以上模型对 1945—1985 年美国半导体制造商种群进入率和死亡率进行了研究。结果发现,产品数量较多的组织,尤其是创新性产品较多的组织具有较低的死亡率。但同时引进多种新产品会提高组织的死亡率。如果组织在第 2 年一次增加 9 个产品,这一变革立即提高了组织的死亡率,与逐渐增加产品的组织相比,这一组织的死亡率要高 2.5 倍。同时增加新产品的平均数(约为增加发生时产品数的 3 倍)会使组织死亡率提高27%,同时增加 2 个新产品也会使组织死亡率提高约 13%。

Cefis 和 Marsili(2005)从产品创新(product innovation)和过程创新(process innovation)的角度研究了创新绩效对组织存活的影响。设 T 是公司到某一时点存活的月份数,F 是时间周期 T 的累计分布函数,表示为:

$$F(t) = P(T \leq t), t \geq 0 \tag{5-11}$$

存活函数被定义为:

$$S(t) = 1 - F(t) = P(T > t) \tag{5-12}$$

即一家公司在某一时点后仍存活的概率。

Cefis 和 Marsili(2005)利用以上模型对 1996—2003 年挪威 61177 家公司的组织创新和组织死亡进行了验证。结果表明,组织年龄与组织规模对组织存活具有正的影响,组织成长率在组织存活过程中也起着重要的作用。处于技术密集型行业的公司,例如具有科学基础的公司和专业化的供应商,有可能存活得更久。总体来看,创新能将组织存活的概率提高 11%。其中过程创新对提高组织存活概率起着关键的作用,它能将组织的存活概率提高 25%,并能增强公司的竞争优势。产品创新只有与过程创新结合起来才能影响到组织的存活。因此,创新收益(innovation premium)能对新组织的生存不利性起到平衡作用。

三、雇员流动

雇员流动(turnover)对组织死亡的影响来自多个方面。首先,雇员流动会带来组织人力资本和社会资本的流失。组织的人力资本和社会资本附着于雇员个体,雇员流动的本质就是人力资本和社会资本的流动。雇员流动会提高组织之间人力资本和社会资本的相似性,使组织之间的竞争趋于同质化。雇员流动性对组织存活的总体影响取决于流失雇员的身份、公司层面的本地经验和地理位置(空间异质性)等因素。拥有较多人力资本和社会资本的雇员(如合伙人和关键雇员)的离开对公司的损害较大;当这些人加入了竞争对手的公司或在邻近地区创建了新公司时,对原公司死亡的影响较大。

其次,组织雇员的离任会通过组织惯例的转移而直接影响到雇员流失组织的存活。如果说雇员流转带来的人力资本和社会资本流动会引发组织之间资源基础的竞争,那么雇员流转带来的组织惯例转移就会引发组织之间资源利用方式的重合,改变组织之间的竞争环境,提高雇员流失组织的生存风险。组织惯例可分为低序惯例(low-order routines)和高序惯例(high-order routines)。低序惯例是操作性惯例,它支配着组织的日常运作,具有较高的可分解性和便携性,易于在不同的时间和空间内进行复制和转移;高序惯例则是管理性惯例,它在组织内部协调、组合和部署资源,具有较强的集成性和复合性。高序惯例可复制性的高低取决于三个主要的因素。第一,雇员流动是个人流动还是团队流动。只有在管理团队整体流动时,高序惯例才具有较好的可复制性,因此,与雇员的个体流转相比,管理团队的流转会给雇员流失组织带来更大的死亡风险。并且,团队成员在离开一个组织前在一起工作的时间越长,该组织死亡的可能性就越大。第二,接受流转雇员的组织是新创组织还是在位组织。与在位组织相比,在新创组织中复制其他组织惯例的机会更多,复制过来的组织惯例也具有更高的可靠性。在组织寿命周期的早期阶段,高序惯例具有更强的根植性,它会对组织的未来发展和组织行为产生深刻的影响。因此,与雇员流失到在位组织相比,雇员流失到新创组织会给雇员流出组织带来更高的死亡风险。第三,雇员流失组织与雇员流入组织之间的空间邻近性。组织惯例更容易在内容相同的组织之间进行转移。已有研究表明,空间邻近性与组织之间的历史性距离、社会经济距离、制度性距离紧密相关(Putnam,1993;Linz,de Miguel,1966)。因此,当雇员流入邻近的竞争性组织时,雇员流失组织的死亡风险更大。以上三个方面会相互作用,并形成多种不同的结果。综合起来看,当组织雇员以团队流转的方式流入一个邻近的新创组织时,给雇员流失组织带来的死亡风险最大。

Wezel、Cattani 和 Pennings(2006)研究了 1880—1986 年 1320 家荷兰会计服务行业雇员流动性对组织死亡的影响。结果表明,雇员流动性显著地提高了组织的死亡风险。例如,如有 5 位雇员离开,则公司的死亡风险会上升 22%。区域内外公司之间的雇员流动显著地提高了公司的死亡率,且区域内部公司之间的雇员流动性对公司死亡风险的影响更大。合伙人的离任对组织死亡的影响要大于员工离任对组织死亡的影响,其影响系数分别为 0.081 和 0.038。

四、组织转型

管理连续性和产品多样性都只涉及组织变革的单一方面,研究者在分析它们对组织存活的影响时并未考虑到组织外部环境的变化。如果在外部环境剧烈变化的情况下,像组织战略、组织结构和组织系统等关键组织维度同时发生变化,则这种变化就可称为组织转型(organizational transformations)(Miller, Friesen,1984;Romanelli,Tushman,1994)。

与单一的、孤立的组织变革相比,组织转型对组织死亡的影响具有不同的意义。首先,组织转型理论分析的是在组织变革与环境变化同时发生的情况下,组织与环境之间的互动关系。结构惰性理论认为,高的组织可复制性(reproducibility)(高的组织惰性)有利于组织的长期存活,但在环境剧烈变化的情况下,这种惰性应该保持在何种程度?有些研究者将组织视为一个理性的开放系统(如 Scott,1992),强调组织特征与组织外部环境之间的适合度会影响组织的效力(effectiveness)。还有的研究认为,具备动态能力的组织(即能重构能力以满足环境需要的组织)能在面临剧烈环境变化时获得竞争优势(Teece et al.,1997),不能与环境共同进化的组织将面临更大的生存风险(Rindova, Kotha,2001)。这就是说,环境的剧烈变化会降低组织与环境之间的适合度,它反过来会对组织效力和组织存活产生消极的影响,关键环境的变革会提高组织死亡的风险。如果环境变化后组织不发生相应的变革,就会加剧组织与环境之间的不协调,从长期来看,将会提高组织的死亡风险。尽管核心变革会导致业绩的不稳定,组织转型与环境变化之间匹配的及时性也不容易取得,但进行了变革的组织将从能适应新的外部需要的新的组织惯例中受益,组织绩效与组织存活的机会也能得以强化(Amburgey et al.,1993;Haveman,1992)。

其次,组织转型是若干单个组织变革的综合,这些孤立的组织变革之间存在着协同效应,与单一核心变革相比,组织转型所表现出来的相对惰性水平要低,因而能将组织转型带来的组织死亡风险降低到最低水平。例如,组织市场战略的改变需要相应的组织结构来与其相适应,相应的资源利用格局和权力分配格局也应随之变革,只有这些核心变革之间相互配合,单一的变革才能取得预期的效果。Tushman 和 Romanelli(1985)认为,组织变革通常在组织文化、战略、结构、权力分布和控制系统等五个领域发生。单一领域的变革和几个领域之间的互联变革具有不同的业绩水平和惰性,任何领域中变革的不一致和不协调都将导致低的绩效水平和高的死亡风险。

有些研究认为,在组织发生主要变革的过程中,旧的结构被打破而新的结构尚未建立起来,因此组织绩效可能会受到损害(Miller,Friesen,1984)。考虑到组织转型固有的多重变革所带来的破坏和成本,决策者一般会避免这些变革,除非他们确信这些变革会带来潜在的大量收益,或者不进行变革会带来更大的危险。也就是说,在进行组织变革的决策时,决策者会对变革的风险作更加谨慎的估计。由于组织转型通常发生在许多因素都在剧烈变化的时期

(Miller,Friesen,1984;Romanelli,Tushman,1994),组织转型对组织绩效带来的消极影响就被最小化了。因此,以主要环境变化为特征的组织转型的发生,在短期内不会显著提高组织死亡风险。从长期来看,组织转型的净效应还可能是正的。在变化的环境中,组织保持稳定的时间越长,它们的战略和结构与环境之间的联系就越弱。如将组织不进行组织转型时的那段相对稳定时期称为惰性期(inertial spells),则在主要环境变革的条件下,组织的惰性期越长,组织死亡的风险越大。

为了分析组织转型对组织死亡的影响,Wischnevsky(2004)采用事件历史分析法和最大可能法,提出了如下检验模型:

$$\log\left(\frac{P_{it}}{1-P_{it}}\right)=\alpha_t+\beta_1 X_{it1}+\cdots+\beta_k X_{itk} \tag{5-13}$$

式中,P_{it}是公司i在时刻t发生事件的条件可能性;X_{itk}是公司i在t时的自变量k。

Wischnevsky(2004)利用该模型估计了1975—1995年美国商业银行中前50大银行控股公司(BHCs)的组织转型对组织死亡的影响。在这一时期,美国商业银行业经历了放松管制、新技术的出现和金融创新等关键变革,竞争格局发生了重大变化。研究表明,在研究观察期的前七年(1976—1983年),没有组织死亡。然而,从1983年开始直到1995年,组织存活的可能性显著降低。回顾美国银行业放松管制的过程就可以发现,1982年是银行业地域扩张和竞争水平提高的转折点。在此后的20多年里,放松管制的措施一直没有停止。这清楚地表明,环境的剧烈变化会提高组织死亡的风险。研究还发现,组织规模与BHC的死亡率负相关,代表经济增长的GDP的变化能降低BHC的死亡风险,产业规制的放松加剧了组织之间的竞争,提高了BHC的死亡风险。

组织转型与组织死亡之间的关系也得到了验证。如果组织转型会提高组织死亡的风险,则可预见,在观察期结束时仍能存活的组织大多数是那些没有参与组织转型的组织。换言之,在1975—1995年,那些长寿公司的战略、结构和权力分布将保持不变。但实际情况恰好相反,在1995年仍然存活的18家公司中,绝大部分(94.4%)公司进行了一次或多次组织转型。而且,这些公司中有61%的公司经历了至少两次组织转型。相反,在那些于1995年之前就死亡的公司中,有大约61%的公司从来没有经历过组织转型。

第六章 组织死亡理论

组织死亡是组织失败(organizational failure)的最终表现形式。据邓白氏公司(Dun&Brandstreet)对美国1920—1982年失败企业的统计,在20世纪20年代到30年代初,美国企业死亡率一直维持在1‰左右的较高水平,1932年到达顶峰,为1.54‰。此后开始下降,1943—1948年处于很低的水平(0.04‰~0.20‰),1961年又到达第二个峰值0.64‰,随后下降至1978年的0.24‰,达到30年中的最低点。美国1982年死亡的企业数达到25346家,比1981年增加了51%,死亡率高达0.89‰。欧洲国家失败企业的数量也很庞大。1996年部分欧洲国家失败企业的数量如下:法国5.99万家,德国3.10万家,英国4.29万家,意大利1.56万家,瑞典1.22万家,瑞士1.02万家。据陈放(1999)的研究,中国大集团公司的平均寿命在7~8年,一般的中小企业只有3~4年。中国有大小企业3700万家,每天要关闭1.7万家(不包括个体企业每天约3000家,每年约100万家)。总体来说,世界上的企业组织的平均寿命都不长,整体上呈现死亡率高、存续时间短的特征。

经济学、管理学和组织生态学分别从不同的层面研究了决定组织存活的关键因素。经济学认为,市场力量能使有效率的公司将那些无效率的公司逐出市场(Tirole,1988)。随着市场中竞争程度的提高,低效率公司退出的压力也会持续增强。管理学对组织失败的研究可分为两类。属于确定性观点的古典产业组织理论认为,由于受到外在环境的制约,管理者所做的战略选择的作用是有限的(Mukherji et al. ,1999)。属于能动性观点(voluntaristic perspective)的组织心理学则认为,管理者在行动和知觉方面的缺陷是组织失败的根本原因(Mellahi,Wilkinson,2004)。例如,Heilman(1935)在研究了1.2万家公司的死亡原因后指出,大部分公司的死亡是由于其所有者不具备该公司所需要的特有的气质和训练。邓白氏公司也认为,在1977年失败的7919家公司中,有48.5%的公司失败是由不恰当的管理行为引发的,还有44.6%的失败来自管理者的能力不足。

与上述观点仅仅强调组织内部因素对组织死亡的影响不同,组织生态学认为,在许多情况下,组织死亡是外部环境变化的结果。随着不同种类资源丰裕度的变化,组织种群会发生扩张或收缩(Hannan,Freeman,1989)。组织生态学承认市场竞争的力量,但也强调诸如政治和制度关系等社会性因素对组织存活的影响。Cameron、Sutton 和 Whetten(1988)根据生态学观点将组织衰退描述为一个两阶段现象。衰退的第一阶段发生在组织微观生态位恶化时,第二阶段发生在组织的财务和人力资源减少时。这两个阶段的衰退都表明组织已经不太适应其微观生态位。Weitzel 和 Jonsson(1989)认为,当组织对威胁其长期生存的内外部压力无法预见、认识、回避或适应时,它就会进入衰退阶段。Mukherji 等(1999)进一步总结道,为了保持竞争力,组织必须采用转向战略(turnaround strategies)来适应多层环境的压力。

也有学者试图将经济学观点和组织生态学观点结合起来分析组织的死亡问题。例如,Ingram 和 Rao(2004)曾将代理理论(agency theory)融入生态学模型来解释连锁旅业的成长和存活。Haveman(1992)分析了银行业的财务业绩对组织变革的影响,发现在控制了常规的生态因素后,较差的业绩会引发组织变革。Silverman 等(1997)对美国卡车运输组织死亡率的研究发现,在控制了组织种群密度对死亡率的影响后,较差的财务业绩会显著提高组织的死亡风险。

总体来看,与经济学和管理学不同的是,组织生态学对组织死亡的研究虽然也重视研究引起组织死亡的微观因素,但基于组织生态学的组织死亡理论是建立在组织种群特性的基础之上的,其主要分析种群结构、种群密度、种群动态等因素对组织死亡的影响。组织生态学家根据长时间观测的结果,以个案研究或统计方法探讨组织死亡的形态(pattern)。而研究的取向大致可分成六种,分别为配适理论(fitness set theory)、新组织之不利生存性(liability of newness)、密度依赖(density dependence)、小组织之不利生存性(liability of smallness)、资源分割及创建环境(Singh,Lumsden,1990)等。与此同时,与生态化过程紧密相关的制度化过程和空间化过程也嵌入在这一分析框架之中。

第一节　组织死亡的内涵

一、组织失败

由于组织的性质和形态不同,所以难以形成一个通用的组织失败定义。Beaver(1966)认为,宣告破产、公司债券违约(band default)、银行透支(overdrawing bank account)、未支付优先股股息(nonpayment of preferred stock dividends)都是企业失败的具体表现。美国企业破产预测模型研究专家爱德华·阿尔特曼(Edward Altman)认为,企业失败可表述为在可接受的风险范围内,作为一个经营主体的企业所实现的投资资本报酬率明显地持续低于同类投资的最低报酬率。Kim 等(2003)在研究意大利汽车产业时,将组织失败定义为解散、退出到别的行业和被并购等三种形式。

美国著名的信用评估机构邓白氏公司从实践操作角度把企业失败分成以下几类:企业停止经营待转让或破产;企业被采取执行、收回抵押品、扣押财产等行动后仍不足以清偿债务而停业;企业主动消失,留下未清偿的债务;企业卷入类似被要求接管和重组的法律诉讼;企业主动向债权人让步。

企业失败还包括经济失败和财务失败等情形。企业的经济失败是指企业生产经营所产生的税后收入不足以弥补其生产成本,并使其投资收益率低于资本成本,从而使企业处于亏损状态而走向失败。对企业出现的经济性失败,应设法进行挽救,若挽救无效,则只能转入清算。财务失败是指企业无力履行对债权人的契约责任,又称为契约性失败。企业失败往往集中表现为企业财务失败,以违约、无偿付能力或破产为显著特征和具体表现形式,是失败程度逐步加深的三种具体表现形式。财务性失败根据失败程度的不同,可分为技术性失败和破产两种。技术性失败是指尽管企业资产总额超过负债总额,但因资金周转不灵、流动性差,没有足够的现金偿付到期的债务。对于这种类型的财务危机,管理人员可以通过有效的补救措施,使企业免于清算。但是,如果企业的全部负债超过其全部资产总额,即企业的净资产出现负值时,就可能导致企业破产。破产是企业失败的极端形式。

二、组织死亡

用来描述组织死亡现象的术语通常包括死亡(mortality)、退出、失败、破产、衰退(decline)和紧缩(retrenchment)等(Mellahi,Wikinson,2004)。与生物组织的死亡不同的是,社会组织的死亡不存在广为接受的、清晰的表征信号,因此需要研究者根据不同的研究目的,对组织死亡做出特别的定义。例如,Hamilton(2006)就将组织死亡定义为:消费者、顾客和市场价值的持续流失导致组织停止以目前的形式继续运营,并放弃其现有的组织身份,丧失自我管制能力。对组织死亡的界定往往反映了研究者的主观性。例如,Miner、Amburgey 和 Stearns(1990)在对 1771—1963 年芬兰报业组织的死亡研究中,将永远停止发行的报业组织界定为死亡的组织。概括地说,组织死亡的内涵包括以下三个方面:①组织法律形式的消失;②组织人员的整体性、永久性解散;③组织功能的整体性丧失。只要具备了其中的一个条件,即可将某种特定类型的组织视为已经死亡的组织。

必须注意的是,失败的组织很容易走向死亡,但死亡的组织不一定都是失败的组织。例如,很多公司财务的理论研究表明,公司收购之后的重组(reorganization)和出售(sell-off)是一种明显的盈利手段(Kaplan,Weisbach,1992)。Carroll 和 Delacroix(1982)认为,为了避免概念的混淆,应该将因绩效差而死亡的方式叫作组织死亡,将因绩效好而被并购的方式看作组织的一种成长方式。Tsetsekos 和 Gombola (1992)、Ghertman(1988)注意到,在国际商务活动中,关闭国外子公司并不一定意味着这些子公司或母公司陷入了困境,而可能是母公司战略调整的需要。

　　在不同的条件下,组织死亡有不同的形式。根据组织成员的意愿,可将组织死亡分为自然死亡和非自然死亡。前者是指组织到了所规定的存续期限,而组织成员又不想将组织继续运营下去,因而主动对组织进行清算和解散。大多数组织是非自然死亡,即组织管理完全失效导致组织在竞争过程中被其他组织所淘汰,如被兼并(merger acquisition)等。大多数组织的死亡被视为一个在较长周期内发生的、可预知的、清晰的过程。Sutton(1987)在对八个组织的死亡研究中开发了一个组织死亡过程模型。该模型刻画了组织从恒定组织到临时组织再到死亡组织的过程。但 Hamilton(2006)认为,组织也可能在一个极短的时间内因资源的大量丧失而突然死亡。组织死亡会释放出生态空间,不同的组织死亡方式影响到对空余资源的利用方式和组织种群的结构特征。例如,通过兼并实施的组织死亡会使兼并组织获得更多的资源,从而扩大其组织规模,并对其他组织产生规模竞争的压力,引致市场集中程度的提高。

第二节　组织死亡的内在影响因素

一、经验和生存学习

　　经验是组织在其运行过程中积累的运营性技巧、解决问题的诀窍、合理有效的制度措施等多个方面的知识集成。Baum 和 Ingram(1998)认为,与组织生存与发展相关的经验可分为组织经验、种群经验和关联群落(related group)经验三个层次。其中组织经验是指组织自身积累的经验,种群经验是指组织能从同一种群内的其他组织那里学习到的经验,而关联群落经验是指组织能从其他组织种群那里学习到的相关经验。Baum 和 Ingram(1998)以曼哈顿酒店业为例,分析了这三种层面的经验和组织死亡之间的关系。结果表明,组织在筹建期间获得的群落经验有助于降低组织建成以后的死亡率,但群落经验对已成立的组织没有影响;关联组织提供的经验有助于降低组织的死亡率,但本地组织的经验和外地组织的经验具有不同的效应,且在组织关系建立前后所获得的经验也具有不同的效应。

(一)组织经验

组织经验对组织死亡具有双重的影响,长期来看,这种影响表现为前期为负、后期为正的 U 形轨迹。对缺乏经验的组织而言,经验的积累意味着组织学习成本的降低。获取对现有业务的运营经验可提高组织的内部效率,并获得更多外部资源的支持,从而可提高组织的生存能力。然而,当经验达到一个高水平时,组织死亡的风险也会提高。这是因为,高水平的运营经验具有巨大的惯性和依赖性,它会阻碍组织对新技术的采用、新业务的开发和新制度的推行,实际上会约束组织的生存环境,不利于组织对多变环境的适应。Baum 和 Ingram (1998)对曼哈顿酒店产业链中组织经验与组织死亡之间的关系的研究表明,当组织经验指数值达到 8 时,组织死亡率的乘数是 0.59,它意味着有经验的酒店比新建的、缺乏经验的酒店的死亡率要低 41%。但随着经验每年的高水平累积,组织就会被快速引导至能力陷阱,死亡率相应上升。

(二)生存学习

组织能够从组织种群中的其他成功的个体组织中学到大量的策略、管理实践经验和技术。在不确定的环境下,组织之间互相模仿的行为非常普遍(DiMaggio, Powell,1983)。Miner 和 Haunschild(1995)辨别了组织从组织种群获得业务知识的两个基本的机制:模仿学习(mimetic learning)和接触学习(contact learning)。前者是指复制或替代其他组织的业务,后者包括通过个人的业务往来以及组织之间和成员之间的正式关系(例如,个人的联系、董事会的联动机制、组织内部的关系)传达业务知识。当一个组织从组织种群中的其他组织中雇用了具有丰富业务知识的员工或者是合并了其他组织时,这些机制就会以一个更加直接的方式起作用。此外,组织的出版物提供了详细的经营信息,这就为模仿成功的组织提供了方便。有的组织甚至出版了经营手册。其他的公开发布资源也为学习提供了方便,例如,发表的相关文章、统计报表等。组织的经验就储存在统计报表、课程、出版物、论文和管理人员的脑海中,即使组织死亡了,其组织经验也会有利于组织种群的存续。因此,随着组织建立后组织种群经验的增多,组织的死亡率下降。

有些理论认为,由于组织惯性的存在,组织建立之后组织之间间接学习的可能性不大。组织建立之前对种群经验的先天学习(congenital learning)是组织从种群经验中获得知识的主要途径(Hannan,Freeman,1984)。新组织的奠基人能通过模仿性的学习和接触学习而继承种群的经验。例如,当组织中的一个或几个雇员离职去建立自己的新的组织时,组织就先天地获得了种群经验。新组织也可以把一些拥有丰富经验和知识的员工请到组织里来,从而获得种群的经验。这些过程解释了组织种群中遗传的发生。由于新建立的组织继承了种群中先前组织储存的经验和知识,因此,组织种群中的新成员就比以前的组织成员具有更低的死亡率。

然而,尽管组织能够持续地获得种群新开发的知识和经验,但由于存在有限理性、过度推广利用和改变风险,组织从种群获得的经验部分或主要以组织建立时期获得的种群经验为基础。Argote 等(1990)对造船厂的研究发现,组织之间的学习在造船厂建立初期降低的产品成本比后来的产品成本降低得要多一些。Baum 和 Ingram(1998)发现,在美国酒店建立初期,运营经验带来的酒店业死亡率的下降幅度是产业链建立之后的 5 倍。

(三)组织群落经验

组织经验的传承除雇员载体以外,还与组织的运营经历有关。Klepper 和 Simons(2000)以其在 1999 年开发的产业演化模型为基础,研究了群落经验对美国电视机制造商死亡风险的影响。他们将电视机制造商分为三类:具有家用收音机制造经验的厂商、具有无线电制造经验的厂商和没有无线电制造经验的厂商。实证研究的结果表明,无线电制造的经历越多,厂商进入电视机制造业后死亡的可能性就越低。无线电制造经历能使电视机制造商的年度死亡风险降低 59.9%,对那些销售额超过 100 万美元的厂商而言,其年度死亡风险还将降低 59.6%。平均而言,一年的无线电制造经历能使电视机制造商的年度死亡率降低 1.1%。然而,无线电制造经历对电视机制造商死亡风险下降的影响是随着时间的变化而变化的。在三种类型的公司中,没有无线电制造经验的电视机生产商的死亡风险最高,其次为销售额不足 100 万美元且具有无线电制造经验的电视机生产商,最后为销售额超过 100 万美元且具有无线电制造经验的电视机生产商。三种类型的公司的死亡风险在 19 世纪 50 年代左右最低,这是因为消费者拒绝彩色电视机,那些技术领先的公司暂时停止了其研发活动。但随后那些没有无线电制造经验的厂商和规模较小的厂商的死亡风险就迅速上升,但具有无线电制造经验的大型厂商的死亡风险却大体是稳定的。这说明,在 40 年左右的研究周期内,无线电制造经验对组织的死亡风险一直施加着足够大的影响。

(四)本地经验

组织虽然能够学到其他组织的经验,但必须依靠它们之间的正式联系。假如组织之间存在很强的关系,那么其使用相关组织经验的可能性就要大得多,组织之间的学习也多得多。例如,Darr 等(1995)发现,那些店主之间有密切联系的比萨店能够从彼此的经验中受益,而店主之间没有联系的比萨店则不能给对方带来经验收益。

然而,在相关组织中传播经验也需要成本(Baum,Ingram,1998)。经验的价值取决于组织之间外部环境的相似性。在不同的环境中,相关组织的经验传递非常困难。另外,不可转让的经验比无用的经验更糟糕,它可能对组织有害。

考虑到在复杂的环境中辨别手段和目的的困难性,组织管理者很难筛选出组织适用的经验。同时,相关组织通常利用标准化,因为标准化能简化管理和具有对消费者提供一致和连续的产品和服务等战略优势。但是,标准化把一些组织的经验强加于另外一些环境并不适合的相关组织中,这可能是有害的。Baum和 Ingram(1998)指出,在美国酒店业中,曼哈顿的酒店具有异质性,从其他地方相关组织获取的经验并不像在曼哈顿所得到的经验那样有用。但随着本地相关组织经验的增多,曼哈顿酒店业的死亡率下降。

二、组织年龄

组织年龄与种群内部组织的平均年龄显然不是同一个概念。个体组织的年龄增长是不可逆的,但由于组织种群出生率和死亡率的变化,种群内部的组织平均年龄就不一定呈现线性增长的趋势。组织种群的平均年龄越低,意味着组织种群内部新建组织的比例越大,或者组织种群中老组织的死亡率越高。

理论界尚未就组织年龄对组织死亡的影响取得一致的看法。新设立的组织与存活时间较长的组织均有其存活的有利性和不利性,已有研究对两者的存活不利性都提供了实证支持,但更多的研究证实了新组织的存活不利性。

(一)新组织的存活不利性

关于组织年龄与组织死亡关联性的最初观点是新组织的存活不利性(liability of newness)(Stinchcombe,1965)。该观点认为,与老组织相比,新组织有更高的死亡风险,其原因在于:①新组织意味着组织与其成员都扮演社会行动者的新角色,在此期间,新组织较易犯下重大错误;②调整和学习在新组织的角色需要许多时间与努力,会影响新组织业绩的稳定性;③新组织的成员主要由新人组成,成员之间薄弱的互信基础会影响组织的社会化过程。而为了获得组织内部和外部的信任,新组织又必须增加额外的开办成本(Start-up costs)(Nelson,Winter,1982);④新组织不易与已拥有固定客户群的在位组织展开竞争。

制度学派关于组织死亡的研究(Zucker,1983)集中在新建组织的脆弱性问题上,认为与年龄大的组织相比,新建组织更容易死亡。这是由于它们缺乏稳固组织的正统、合法地位,不能获得充足的财力资源;它们还没有发展较大范围的适应能力,学习能力和环境影响力都极其有限。年轻组织的社会地位低,其成员还未适应新的角色,其发展受到经济波动、竞争、不可预见的技术变化等方面的限制。在位组织会利用它们在信贷来源、销售渠道、产品线等方面的优势来给新组织制造竞争压力。

此外,新组织缺乏影响力基础、正当性以及与外部重要因素之间的稳定关系(Baum,Oliver,1996),而且新组织在可靠性(reliability)及责任性(accountability)

方面较弱。可靠性指组织能重复产生特定水平的产品的能力,而责任性则指组织可对资源配置及组织行动提出说明的能力。因为环境倾向于选择具有可靠性及责任性的组织,所以新组织的死亡率会高于老组织的死亡率(Hannan,Freeman,1989)。根据邓白氏的统计,1980年,超过一半(53.6%)的失败企业年龄不超过5岁,运作10年的企业的死亡率为18.3%。在很长时间里,失败的企业中新组织的比例一直高达50%~60%。一般认为,组织生成的前5年是组织最困难的时期。但随着学习和经验的增强,新组织的死亡率会单调递减。很多实证研究支持了这一观点,如Hannan和Freeman(1988)对美国劳工联合会的研究,Amburgey、Kelly和Barnett(1993),Carroll和Delacroix(1982),Carroll和Hannan(1989b),Freeman、Carroll和Hannan(1983),以及West和Olzak(1987)对报业组织的研究等。

随后,新组织的存活不利性这一观点被修正为青春期组织的存活不利性(liability of adolescence)(Baum,Oliver,1991)。Levinthal和Fichman(1988)、Brüderl和Schussler(1990)认为,组织最开始是利用资源来经营的,这些资源包括资产、承诺和热情。在这些资源耗尽之前,组织很少失败。但当初始资源耗尽时,组织种群的死亡率就会上升。幸存的组织又得经历上述学习过程才能降低后续的死亡率。但一旦能度过这个危险期,资源又会慢慢进来,死亡率也随之下降。所以,与新组织的生存不利性理论所描绘的组织死亡率随着组织年龄的增长而单调递减不同,青春期组织的存活不利性观点认为,组织死亡率与组织年龄之间存在着非单调的倒U形关系。但这两种理论都强调组织年龄的长期有利效果最终会降低组织死亡率。Brüderl和Schussler(1990)对商业组织的研究、Rao和Neilsen(1992)对存贷组织的研究、Anderson和Tushman(2001)对微型电脑制造商的研究等都为这一观点提供了实证支持。

(二)年龄的存活不利性

有些学者对新组织的存活不利性和青春期组织的存活不利性表示质疑。他们不否认新组织面临某些特定的障碍,但这些不利性可能来源于规模小(缺乏资源),而不是来源于年轻(缺乏经验)。他们认为,很多组织建立者已经在他们的目标领域积累很好的经验,在位组织可能充当了未来组织建立者的训练基地(Hannan,Freeman,1989)。新创组织,如艺术博物馆(DiMaggio,1988)、生物工艺学公司(Powell,Brantley,1992)和人寿保险公司(Stalson,1942)通常会吸纳有经验的职员。这样一来,组织就转而面临年龄的存活不利性(liability of aging)或年老组织的存活不利性(liability of obsolescence)(Carroll,1983),即随着组织年龄的增长,组织的死亡率会上升。

年龄的存活不利性主要来自以下方面。首先,组织年龄会影响组织的适应性。随着组织年龄的增大,组织的僵化(ossification)会引起其适应性的降低(Freeman,Hannan,1983,1989)。组织在其建立时的环境适应性最强,但随着环境的变化,其适应性随即降低(Meyer,Rowan,1977)。原因之一是组织的运营决策会受到组织成员社会心理过程的影响。在组织决策过程中,组织成员会看重决策带来的潜在损失,而看轻决策带来的潜在收益(Kahneman,Slovic,Tversky,1982)。这样一来,与那些推动变革的组织成员相比,那些在变革中要遭受损失的成员会花更大的力气来抵制变革。随着年龄的增长,组织的结构越来越多样化(Selznick,1948),既定的利益增多,组织成员往往将自己锁定在特定的行动路径中(Staw,1981)。

其次,组织惰性与组织年龄也呈正相关关系。随着组织年龄的增长,沉没成本的积聚和成功惯例的重复使用是导致组织惰性增大的两个关键因素。沉没成本阻碍组织变革(Hannan,Freeman,1984,1989)。随着年龄的增长而逐渐积累的惯例会导致能力陷阱(competency traps)的形成(Levitt,March,1988)。随着组织记忆的增多,组织学习会逐渐减少(Nelson,Winter,1982),而这会进一步降低变革的可能性(Levitt,March,1988)。除此之外,成功的业绩会引起对未来的满足(Whetten,1987)和试验的减少(Maidique,Zirger,1985),使组织不容易摆脱惯例。

最后,年龄较大的组织受到更多的外部环境的影响。随着与其他组织之间商业合同的增多,对来自政府、社会精英和其他制度支持的依赖性的增强,组织的行动路径随着年龄的增长而受到越来越严格的约束(Aldrich,Auster,1986)。组织参加的政治联盟、行动先例等都可能导致组织能力的功能失调,引致衰老的生存不利性(liability of senescence)(Barron,West,Hannan,1994;Hannan,1998)。

关于组织年龄影响组织死亡的早期实证研究一般采用随机生存图和风险函数(例如,Barron,West,Hannan,1994;Carroll,Delacroix,1982)。所采用的风险函数模型包括 Gompertz 模型、Weibull 模型、Makeham 定律和 Logistic 模型。但考虑到年龄依赖不可能同时具有正反两方面的效应,目前一般采用分段常数比率模型(piece-wise constant rate model)。该模型允许组织死亡率随着时间、期限、阶段等的变化而变化,其一般形式为:

$$\ln\mu_I(u,t)=m_p+BX_{it}, u\geqslant 0, u\in I_p \tag{6-1}$$

式中,$\mu_I(u,t)$ 是公司在产业(u)和日历时间(t)的死亡率函数;X_{it} 代表衡量变量;m_p 表示年龄集或期限特征的效果,它由断点 $0\leqslant\tau_1\leqslant\tau_2\leqslant\cdots\leqslant\tau_p$ 来定义,并假定 $\tau_{p+1}=\infty$,产生周期 P:

$$I_p=\{t\,|\,\tau_p\leqslant t\leqslant\tau_{p+1}\}, p=1,2,\cdots,P \tag{6-2}$$

对常数 m_p 的估计会表明年龄依赖所遵循的特定类型。

已有不少研究证实了组织年龄的存活不利性。例如 Barnett 和 Amburgey (1989)对电话公司的研究、Ranger-Moore 等(1991)对人寿保险公司和银行业的研究、Baum 和 Mezias(1992)对酒店业的研究、Wholey 等(1992)对健康维护组织的研究、Carroll 和 Swaminathan(1992)对啤酒店的研究以及 Amburgey、Dacin 和 Kelly(1994)对信贷联合会的研究等。Cattani、Pennings 和 Wezel(2002)对 1880—1986 年荷兰会计服务行业的研究则表明,组织年龄与组织存活之间存在着曲线关系,年轻的组织和年老的组织都具有较高的死亡风险。

但这些研究均未分析随年龄变化的组织规模(age-varying size)这一重要因素。事实上,在大多数组织种群中,组织规模和组织年龄是高度相关的。Hannan 等(1998)在分析美国、法国、德国和英国的汽车制造业种群时,就开发了组织年龄与组织规模互动的死亡率模型:

$$\ln\mu_I(u,t) = m_p + \gamma_p \ln S_{iu} + B X_{it}, u \geqslant 0, u \in I_p \tag{6-3}$$

式中,m_p 代表公司的年龄或期限特征效应,S_{iu} 衡量组织的规模,X_{it} 代表其他衡量变量,I_p 的定义如上。

他们的研究表明,在美国、法国和德国这三个国家中,对最大型的组织而言,年龄依赖的死亡率为负,即随着年龄的增长,大型组织的死亡率不断降低。而对小型组织而言,年龄依赖的死亡率为正。Barron、West 和 Hannan(1994)也研究了 1914—1990 年纽约信贷联合会中组织年龄与组织规模的互动对组织死亡的影响。在不控制组织规模的条件下,当组织很年轻时,组织死亡的概率很低。但当组织年龄增大到 5 年时,组织死亡率就会快速上升。过了这个时点后,组织死亡率就随着年龄的增长而下降。但在控制了组织规模以后,组织死亡率则随着年龄的增长而不断提高。有 40 年以上历史的公司其死亡率是新设立公司的死亡率的 10 倍。Ranger-Moore(1997)利用纽约人寿保险公司 1813—1985 年的资料研究了组织规模和组织年龄对组织死亡率的综合影响。研究结果表明:第一,组织规模对组织死亡率具有非单调的影响。超过特定规模范围以后,组织规模的扩大总会降低组织的死亡率。第二,组织死亡率随着组织年龄的增长而上升。存续 10 年的公司,其与年龄相关的死亡风险是存续 1 年的公司的 4 倍;存续 100 年的公司,其与年龄相关的死亡风险是存续 1 年的公司的 15 倍。第三,组织死亡率具有正的滞后效应。前 1 年和前 2 年的死亡率会导致当前的死亡风险分别提高 33％和 15％。同时,通用型组织比专一型组织的死亡风险率低 95％。组织业绩对组织的死亡风险也有影响。资产的增长速度越快,组织死亡的风险越低。

(三)随机游走模型

复杂的战略决策所带来的结果是高度不确定的。Scherer(1980)认为,运气在商业组织的发展中起着重要的作用。例如,在雇用关键主管、制定发展决策、牵涉关键专利的法律纠纷、广告活动的主题选择等方面,运气的作用都很突出。即使是那些有能力的公司,其引入的新的营销活动和新的产品都是高度不确定的。即使有些公司能做出比其他公司更好的系统决策,但这种能力差异并不一定必然改变发展过程中的随机性质。例如,可口可乐公司与 IBM 公司都是管理能力很强的公司,但它们在分别引入 New Coke 和 PC Junior 这两种新产品时都遭遇了失败。另一些公司则可能由于运气好而得益。例如,菲利普莫里斯公司在万宝路男人图像上赚取了大量的利润。但在二战以前,菲利普莫里斯在美国烟草市场上只占有很小的份额,几十年的经营业绩都很平淡。万宝路商标设计于 1924 年,最初是针对女性的。1953 年,菲利普莫里斯公司决定对其重新定位,将主题集中在美国牛仔的形象上,结果市场份额迅速提高。到了 1984 年,万宝路就主宰了美国烟草市场,市场占有率超过 20%。同样,莲花公司也是由于其初始产品的成功引入而躲过了计算机软件产业的动荡期。莲花公司不是最早的电子制表软件供应商,但它最早为 MS-DOS 开发软件,因此尽管莲花公司随后在引进新产品和扩充产品线等方面遇到了困难,但并未遭遇明显的失败。表面上的幸运实则与组织特性有关。其中,组织资产对组织的存活具有重大的影响。德崇证券公司的死亡就说明了关键资产的缺乏是如何引致巨大的死亡风险的。德崇证券公司的关键资源是它与其他财务和商业结构之间的网络关系,而这种关系是围绕迈克尔·米尔肯(Michael Milken)建立起来的。跟商标名称与生产设备等资产不同的是,这种资产没有被制度化。随着米尔肯的离开,德崇证券公司的生存就建立在一单一单的交易之上。当现金流危机来临时,德崇证券公司既没有充足的财务资产,又没有其他组织资产来应对这一危机,导致公司倒闭。

Levinthal(1991)认为,公司初始资产的价值及其变化对组织死亡具有持续的影响。而公司资产随着时间的变化可被表述为一个随机游走的过程,在此过程中,公司资产在每一时点的变化都是正态分布的。假设组织在创建时的初始组织资本存量是 $K(0)$,$K(0)$ 为非负数。状态变量 K 代表资本,时间由变量 t 表示,t 从 0 到无穷大。对每一个 t 值都有一个变量 $K(t)$ 代表特定组织在 t 时的资本水平。假定组织的资本水平是随机游走的,直到 $K(t)$ 第一次等于零,组织死亡。在每一个时点,组织资本受到 ε 的扰动,ε 服从均值为 μ、方差为 σ^2 的正态分布。参数 μ 代表组织绩效的系统组成。结果是,在组织存活与组织绩效有关的情况下,参数 μ 就与组织存活的可能性有关,因此,也将其理解为组织与环境适合度的反映。

$K(t)$ 具有以下特性:首先,对任何时间间隔 (t_1, t_2),两个时期资本水平期望值之差 $E[K(t_2) - K(t_1)]$ 等于 $\mu(t_2 - t_1)$,μ 决定着资本水平随时间变化的方向和比率。此外,资本水平的变化是随着周期的延长而线性增加的,也就是说,对任何时间间隔 (t_1, t_2),$K(t_2) - K(t_1)$ 具有方差 $\sigma^2(t_2 - t_1)$。当 $\mu = 0$ 时,该过程即被表述为一个纯粹的随机游走,资本水平在两个时期之间的期望变化为零。若 μ 为正,则组织资本水平会随着时间的延长而增加。若 $\mu > 0$,则组织存活具有某些不确定性。若 $\mu < 0$,则资本水平随着时间的延长而下降,延续变量 t 接近无穷大,组织继续存活的可能性等于零。若 $\mu = 0$,则资本水平不发生变化,组

织的存续概率仍然接近于零。

这些特性使得 $K(t)$ 具有如维纳过程(Wiener process)和布朗运动(Brownian motion)所说的随机过程的特点。$K(t)$ 首次达到破产条件 $K(t)=0$ 所需的时间被称为首次游离时间(passenger time)或遭遇时间(hitting time)。该时间变量是一个概率分布为反高斯(Gaussian)分布的随机变量,反高斯分布的密度函数为:

$$f(x)=K(0)(2\pi t^3\sigma^2)^{\frac{-1}{2}}\exp\{-[K(0)+\mu t]^2/(2\sigma^2 t)\}, t>0 \qquad (6-4)$$

其分布函数为:

$$F(t)=N\{-[\mu t+K(0)](\sigma^2 t)^{\frac{-1}{2}}\}+\exp[-2K(0)\mu/\sigma^2]N\{[\mu t-K(0)](\sigma^2 t)^{\frac{-1}{2}}\}$$
$$(6-5)$$

式中,$N\{\cdots\}$ 代表正态分布的累积概率密度函数。风险率 $h(t)$ 可用密度来表示:

$$h(t)=f(t)/[1-F(t)] \qquad (6-6)$$

随机游走过程会形成一个风险率上升的初始期。从形式上看,风险率会在时间间隔 $K(0)^2/(3\sigma^2)<t^*<2K(0)^2/(3\sigma^2)$ 达到顶点。组织资本的初始禀赋越大,风险率提高所需要的时间间隔就越长。风险率较低但在不断上升的初始期被称为蜜月期(honeymoon period)。组织在蜜月期受到青春期生存的不利性而不是新组织的生存不利性的制约。

Levinthal(1991)利用 1800—1900 年阿根廷报业组织和 1800—1975 年爱尔兰报业组织的资料,检验了组织年龄和组织死亡率之间的随机游走关系。结果表明,存续的组织一般是在前期有过成功经历的组织。前期的成功会缓解组织在今后面临的选择压力,所以年老的组织更不容易死亡。

三、组织规模

在分析组织规模与组织生存机会之间的关系时,一般用两种方法来定义和衡量组织规模,即生产能力(capacity)和运营规模(scale of operations)(Carroll, Hannan,2000a)。在具体的研究过程中,研究者还会根据研究的目的而灵活地设计规模变量。例如,在汽车制造业中,规模经济的作用非常突出。考虑到法国汽车制造商对意大利汽车制造商施加的巨大的规模压力,Kim 等(2003)在研究意大利汽车制造业的死亡率时,就采用了相对规模(relative scale)的概念,它用意大利汽车制造商的规模对法国最大的汽车制造商规模的比率来衡量。Hannan 等(1998)估计了相对规模对美国、英国、法国和德国汽车制造业存活力的影响,证明了在这四个国家的市场中,如果用与行业中最大规模企业相比的相对规模指标来衡量,那么组织规模对组织死亡概率的影响要小一些。Carroll 和 Swaminathan(2000)注意到,在美国啤酒产业中,那些面对许多大型竞争者的公司更容易死亡,他们也认为相对规模概念更适合用来分析公司之间的规模竞争。根据这一观点,在规模层级中处于较低位置的小型低效率公司面临着更大的死亡风险(Dobrev,Kim,Carroll,2003)。

(一)小组织的生存不利性

在组织年龄与组织死亡的关系问题上,组织生态学存在争议。有的学者认为,所谓死亡率对年龄的依赖可能是死亡率对规模的依赖。新公司之所以易受攻击,是因为它们的规模太小,而不是因为其年龄太小。如果考虑组织规模,新组织的生存不利性将被小组织的生存不利性(liability of smallness)(Brittain,Wholey,1988)所取代,即随着组织规模的扩大,组织死亡的风险会逐步降低。

大规模组织的生存优势首先来自其规模力量。小企业为遵循政府规章而产生的行政成本过于沉重,小企业在筹集资本方面较困难,税法不利于小企业的生存,小企业缺乏工作保障及生涯规划的能力(Aldrich,Auster,1986)。反之,大公司一般拥有规模经济(economies of scale)、经验经济(economies of experience)、品牌公信力、市场势力和关键资源的获取能力(Pfeffer,Salancik,1978;Woo,Cooper,1991)。大型组织还可以利用内部劳动力市场来获取劳动力供应的优势(Aldrich,Auster,1986)。与小型竞争者相比,大型组织具有更强的行动能力,而由小规模组织组成的种群缺乏寻求合法性和游说政府的资源(Aldrich,Fiol,1994)。大型组织对环境的适应范围更宽。在面临经济衰退时,大型厂商可以借由缩小经营规模来应对;而小型厂商则没有什么空间可以缩小,因此会被较快地淘汰出局。除此之外,大型组织较有能力去发掘和维系可靠的合作伙伴关系,如时间、资金、订单和人力等组织资源,有能力去执行关系网络维修工作。Carroll(1987)注意到,一般而言,通用型组织的规模更大,更能经受外界条件的变化。与小型组织相比,大型组织能创造更强的竞争优势,它们能更直接地影响环境,垄断关键的环境资源或对制度环境施加控制。

其次,大规模组织的生存优势来自其组织惰性。组织惰性是影响组织生存的另一个关键因素,它对组织死亡具有复杂的影响。高水平的组织惰性使组织难以适应多变的环境,而组织惰性太低又无法保障组织为维持其与其他组织互动所必需的可靠性和解释性。大多数研究者认为,大型组织的组织惰性水平较高。组织规模越大,组织结构的变革越多,组织惰性就会积累得越多。随着组织规模的扩大,沉没成本越高,对组织变革的阻碍作用也越大(Hannan,Freeman,1984,1989)。组织规模的扩大还会拉大组织等级之间的差距,使得既得特权利益者难以容忍组织变革。随着组织规模的扩大,协调行动和沟通信息所需的时间和精力更多,这就会提高组织的复杂性(Blau,1970),由此引发的官僚嵌套水平会导致满足、程式化行为和对适应性需求的迟钝反应(Starbuck,1983)。组织可变性和响应力的降低会进一步降低组织创新率(Aldrich,Auster,1986)。大型组织对雇员更为不利,因为工作通常是专业化的,自主程度很低(Wicker et al.,1976),雇员不太情愿也不太可能推动必要的组织变革(Whetten,1987)。

最后,大型组织还可能从成功的经验中获得惰性。事实上,有些研究者就直接将组织规模作为衡量组织成功的指标之一。组织的结构惰性越强,组织的一致性与解释性就越高。而在自然选择的过程中,具有一致性及解释性的组织被留存(retention)的可能性较大,也就是说,环境偏好保留具有惰性的组织,故大规模组织所面对的死亡风险较小规模组织更低(Hannan,Freeman,1989)。

实证研究结果倾向于支持小规模组织的生存不利性,这些研究包括Delacroix 和 Swaminathan(1991)对葡萄酒酿造厂的研究、Baum 和 Oliver(1991)对孩童日间照看中心的研究、Ranger-Moore 等(1991)对人寿保险公司的研究、Banaszak-Holl(1992)对银行业的研究、Baum 和 Mezias(1992)对酒店业的研究以及 Wholey、Christianson 和 Sanchez(1992)对卫生维护组织的研究。只有 Hannan 和 Freeman(1988)对劳工工会(labor unions)的研究和 Haveman(1992)对信用联合会(credit unions)的研究报告了组织规模对组织死亡率具有正的影响。唯一没有证实组织规模与组织存活率正相关的是 Harhoff 和 Stahl(1994)对五个新兴产业的研究。

但组织规模与组织死亡率之间的关系并非单调的线性关系。根据资源分割理论,规模中等的组织生存机会最小。Dobrev(1999)对保加利亚报业种群的研究发现,在资源耗减的条件下,中等规模组织的死亡率最高。但有两项研究否定了 Hannan 和 Freeman(1977)提出的在规模分布中处于中间区域的组织的存活机会较小的假设。Wholey、Christainson 和 Sanchez(1992)指出,这一现象只发生在 1976—1991 年以小组活动为基础的健康维护组织亚种群中,对其他亚种群而言,组织规模对组织死亡率具有单调负效应。Amburgey 等(1994)设计了一个组织规模与组织死亡率的三次多项式模型,发现中等规模组织的死亡率被高估了。

(二)组织规模与组织生态位宽度的交互影响

组织规模与组织生态位之间存在着替代关系。一个组织既可以在现有的业务框架和市场基础上通过实现规模经济而获得成长,也可以在新开拓的业务和市场中通过实现范围经济而获得成长。在不同的成长阶段,组织规模扩张和生态位宽度拓展对组织死亡具有不同的影响。如果组织种群密度不变,在低水平上的规模扩张与生态位拓展可能有助于组织的存活,但在高水平上的规模扩张与生态位扩展则可能增加组织的死亡风险。此外,在不同的规模条件下拓展组织生态位与在不同的生态位宽度上扩张组织规模,会引致不同的组织存活效应。组织规模与组织生态位宽度对组织死亡风险的交互影响结果取决于规模依赖死亡率(α)和生态位依赖死亡率(β)的方向组合以及这两种死亡率的强度对比。可能的结果包括以下几种典型的组合:①$\alpha>0,\beta>0,\alpha>\beta$;②$\alpha>0,\beta>0,$

$\alpha<\beta$;③$\alpha>0,\beta<0,|\alpha|>|\beta|$;④$\alpha<0,\beta>0,|\alpha|>|\beta|$;⑤$\alpha<0,\beta>0,|\alpha|<|\beta|$;⑥$\alpha<0,\beta<0,|\alpha|>|\beta|$;⑦$\alpha<0,\beta<0,|\alpha|<|\beta|$。在第①种情况下,组织死亡风险的分布如图 6-1 所示。

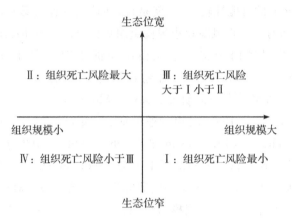

图 6-1　组织规模与组织生态位对组织死亡的交互影响

四、组织形式

种群生态理论(population ecology approach)对于新的组织形式的出现给予了极大关注。该理论一直在致力解释为什么会存在这么多(或者这么少)种类的组织这一问题。关于组织形式(organizational form)的经典研究是由汉南(Hannan)和弗里曼(Freeman)做出的。他们认为,组织形式就是组织为了把输入转换成产出而采取的行动的蓝图(blue print)。这个蓝图通常是通过考察以下几方面的内容而推断出来的:①组织的正式结构,指组织的法律条规和成文的操作规则等;②组织内的活动模式;③规范秩序,指被组织成员和环境中的相关部门定义为"正确的"和"适当的"组织方式。

组织的形式往往具有专用性。组织的形式专用性是指某一形态的组织可用于不同用途和由不同使用者利用的程度。某些形式的组织具有较高程度的形式专用性,只能采用组织资源的提供者和消费者、管理机构以及提供类似服务和产品的组织都认可的、与其形式相对应的、特定的方式来行动,否则就会受到它们的抵制,进而影响到该组织的合法性。组织形式的专用性不仅表现在某些组织形式只能用于某些用途,而不能用于其他用途,同时也表现在某一组织的形式只能由相应的行动者来使用。例如,慈善组织的形式专用性较高。由于慈善资源的聚集依赖于个人和组织在时间、金钱等方面的自愿捐献,从社会认同的普遍价值取向来看,它应该属于非营利部门的范畴。这意味着慈善资源是不适合以政府的形式加以利用的,否则会影响到政府行动的合法性,进而容易遭到组织参与者的抵制。

组织形式对组织死亡的影响早就得到了研究(如 Hannan,Freeman,1989)。在零售业中,连锁店(chain stores)是 20 世纪早期重要的组织形式创新。杂货店、药店、鞋店、烟草店等纷纷引入了连锁店形式。与独立的竞争者相比,连锁店具有很多竞争优势(Hollander,Omura,1989)。首先,它们在采购、仓储、运输甚至商品制造等方面具有规模经济(Chandler,1977;Hollander,Omura,1989)。连锁店的低成本优势有利于进入市场。其次,连锁店建立了高标准的专业化管理和培训体系。这些优势有助于提高连锁店在经济衰退期间的存活率。在美国经济大衰退期间,食品连锁店 A&P、药品连锁店 Walgreen 和多品种连锁店 Woolworth 等都得以存活。

不同的组织形式具有不同的治理方式。Pennings 和 Wezel(2007)在对 1880 年以来荷兰会计公司的研究中比较了个体业主制(sole proprietorships)(只有一个会计师)、简单合伙制(P-forms)[拥有若干无限责任合伙人(partner)]和复杂合伙制(PA-forms)(既拥有无限责任合伙人,又拥有有限责任合伙人)这三种不同形式的组织的存活概率。结果表明,复杂合伙制会计公司既具有制度性优势,又具有市场反馈优势,能根据相关人员的工作业绩来雇用有限责任合伙人,具有更好的人力资本配置结构,因而拥有更多的生存机会。

与本地企业相比,外资企业也是一种特殊的组织形式。跨国公司理论说明,外资企业会遇到诸如协调成本高、对当地文化和市场特性不熟悉、在东道国缺乏信息网络和政治影响力等问题,因此,这些企业面临着外国组织的生存不利性(liability of foreignness)。例如,Zaheer(1995)对美国和日本外国分公司的研究表明,外国分支机构的盈利性比本地分支机构的盈利性要差。Zaheer 和 Mosakowsk(1997)对 1974—1993 年全球货币交易所(currency trading room)种群的研究也证实了外国组织生存不利性的存在。他们的研究得出了如下结论:①与本地交易所相比,外国交易所的存活概率明显较低。②除了第 1 年和第 17 年,外国交易所在其他年份的退出率都要大大高于本地交易所的退出率。但随着时间的推移,外国交易所和本地交易所退出率的差异会发生变化。第 1 年到第 9 年,外国交易所的退出率比本地交易所的退出率高 0.005[中间差(median difference)为 0.007];从第 11 年到第 19 年,外国交易所的退出率只比本地交易所的退出率高 0.002(中间差为 0.003)。这意味着随着时间的推移,外国组织的生存不利性在不断降低,其退出率最终接近本地交易所的退出率。③随着管制的不断放松和全球市场一体化程度的提高,外国组织的生存不利性逐步降低。④随着当地外国交易所比例的提高,外国交易所和当地交易所的退出率都会降低。

五、组织绩效

新古典经济学将公司视为生产函数,一种生产特定产品集的机制。如果公司不能以低于市场价格的成本水平生产出产品,它就必须停止生产(Ghemawat,Nalebuff,1985;Deily,1988;Lieberman,1990)。因此,在经济学理论中,没有达到预期利润是公司退出市场的主要原因。

组织理论也认为经济业绩的变化可能会产生组织死亡率的差异。Hambrick和D'Aveni(1988)通过对比美国破产公司与存续公司的大型样本发现,用资产回报率衡量的经济业绩指标比其他非经济指标对组织死亡具有更强烈和更一致的影响。Barnett和Carroll(1987)在对电话公司的死亡研究中发现,市场份额对组织死亡率具有负的影响。Silverman等(1997)在对美国卡车运输业中大型组织死亡的研究中发现,用销售回报率和资产回报率指标衡量的经济业绩对组织死亡率具有负的影响。

较好的经济业绩可以缓冲竞争压力(Porter,1985;Barney,1991;Silverman et al.,1997),并增强组织的存活概率。当期利润可以平衡未来暂时的亏损,以避免引起组织的失败;较好的经济业绩可以增加组织的资源积累,并给组织提供进行其他投资所需要的资金。因此,较好的经济业绩减弱了密度驱动的竞争性对组织死亡率的影响。

经济学理论对利润的短期变化提供了三种解释。第一,业绩的变化是产业层面进入壁垒或战略集团层面机动性壁垒(mobility barriers)的体现(Porter,1980,1985)。这些壁垒通常建立在现有企业的战略承诺基础上,并阻碍新企业的进入(Ghemawat,1991)。第二,业绩的变化可能来自不可测量的公司异质性,这些异质性的公司可能拥有极有价值而又难以被模仿的资产、资源或能力,这些资源的效率较高,能确保公司获得较多的利润(Demsetz,1973;Barney,1991)。第三,经济业绩的变化还可能来自市场生态位的异质性,具有市场生态位异质性的公司很少遭受不可意料的直接竞争,但可能享有意料不到的高的需求,因而能获得较多的利润。而公司对异质性能力、特殊资产和战略性承诺的投资程度主要取决于其战略定位。公司对战略定位的选择,即将何种类型的消费者当作战略目标,对资产的性质和公司特定能力的形成具有深远的影响。例如,Pirrong(1993)注意到,汽轮运输公司将运输特殊类型的物品当作其目标市场,并投资建造了特殊的船舶来便宜地运输这类货物。由于其资产具有特殊性,而且聚集这些资产需要较长的时间,因而这类公司就可通过部分地屏蔽新组织的进入而获得较高的利润。相反,海洋运输中的高利润仅依赖于一般的或可替代的资产,因此极可能吸引到组织进入,削弱其长期利润基础。然而,依赖于专业化船舶而业绩水平较低的海洋运输公司不会轻易地将其资产转移到盈利性更高的生态位,但依赖于一般性船舶而经济业绩较差的海洋运输公司就更容易完成这类转变。因此,对那些战略定位依赖于特定的公司资源或产业资源的公司而言,经济业绩对组织死亡的影响较大。

Nickerson 和 Silverman(1998)对 1977—1989 年美国卡车运输业组织死亡的研究表明,销售回报率高的公司具有更低的死亡风险。与经济业绩水平较低的竞争者相比,经济业绩水平较高的公司受到种群密度竞争效应的影响较小。当大型公司的密度和小型公司的密度都在平均水平时,销售回报率在平均值上每增加 1 个标准差,组织死亡率就下降 5%。更有意思的是,在不同的种群密度水平上,销售回报率对组织死亡具有不同的影响。当种群密度水平较低时,销售回报率对组织死亡影响的差异较小,随着种群密度的提高,销售回报率对组织死亡影响的差异也相应增大。

卡车运输一般分为小容量运输和容量运输两类。小容量运输指运载量低于 1 万磅(4535.9237 千克)的货物运送(如铁路快运);容量运输是指运载量大于等于 1 万磅,且直接从出发点到达目的点的货物运送。这两种运送方式需要完全不同的投资和组织资源。小容量运输一般利用中心—辐射系统(hub-and-spoke system)从不同的地点收集货物,然后向不同的目的地配送,因此需要一些快速卸载、分类和再装载的专门工具,对这些设备的投资具有高度的行业特性和地点特性。Nickerson 和 Silverman(1998)的研究表明,与容量运输组织相比,经济业绩对小容量运输组织死亡率的影响较大。经济业绩对容量运输公司死亡率的影响仅为对小容量运输公司死亡率影响的一半。

六、组织族系

(一)组织族系对母体组织死亡的影响

组织族系对组织死亡的影响源于组织惯例、组织资源和社会资本在母体组织和后裔组织之间的转移。当后裔组织接受了母体组织技能、知识和资源的转移后,它们的存在就会给母体组织的存活带来不利影响。因为母体组织对后裔组织的培育会改变或切断母体组织与其相关组织之间的联系,改变母体组织在市场社会结构中的位置。母体组织的资源和惯例被转移到后裔组织的程度取决于后裔组织的创建者在母体组织中的地位。其在母体组织中的地位越高,资源和惯例被转移的程度就越大。Hannan 和 Freeman(1984)以及 Amburgey、Kelly 和 Barnett(1993)认为,惯例涉及组织与环境之间广泛的互动。组织惯例的改变会增加组织的死亡风险。惯例的改变需要重新进行日积月累的学习,需要重新配置组织的内部资源,重新构建外部关系。因此,组织惯例与组织资源紧密相关。母体组织资源的转移就会相应地改变其组织惯例,从而会加大其死亡的风险。因此,后裔组织的创建者在母体组织中的职位越高,母体—后裔转移的程度越大,母体组织的死亡风险也就越大。

后裔组织与母体组织之间还可能存在经营范围的相似性,即生态位的重叠。在这种情况下,母体组织与后裔组织就会互为直接的竞争者。即使它们的生态位是分离的,后裔组织的设立也提高了组织种群的密度。在种群密度较高的情况下,它也会增加母体组织的死亡风险。但随着时间的推移,母体组织会重建其内部过程,调整其生产函数,发现新的业务骨干,重新培训员工,恢复老顾客的信心并发现新的顾客。通过内部调整和重建外部关系,母体组织又会重新建立其在社会市场结构中的地位和角色。因此,随着时间的推移,对后裔组织的养育给母体组织带来的生存风险会逐渐降低。

(二)组织族系对后裔组织死亡的影响

母体—后裔转移虽然增加了母体组织的生存风险,却降低了后裔组织的死亡概率。与那些没有族系关系的新建组织相比,后裔组织能更容易地克服新组织的生存不利性。例如,后裔组织不需要学习每一个新的角色、每一个管理规程和其他特殊的专门化技能。后裔组织成员之间的信任关系也更牢靠,他们与组织种群中其他组织成员之间的社会关系网络也更发达(Gulati,Higgins,2003;Burton,Sørensen,Beckman,2002)。对不同国家、不同行业和不同历史时期所做的实证研究都表明,与新建企业(de novo firms)相比,具有组织族系的组织具有明显的存活优势,这一优势在下列组织种群中表现得尤为显著:美国劳工联合会(Hannan,Freeman,1988)、美国半导体生产商(Barnett,Freeman,2001)、美国汽车生产商(Rao,1994;Carroll,Teo,1996)、曼哈顿传真发送服务组织(Baum,Korn,Kotha,1995)、英国、法国和德国的汽车制造商(Hannan et al.,1998;Dobrev et al.,2001)、美国电视机生产商(Klepper,Simons,2000)和美国计算机公司(Swanson,2002)。

但随着时间的推移,具有组织族系的后裔组织的生存优势就会逐渐减弱。Carroll 和 Teo(1996)认为,新建企业具有更大的灵活性,如果环境的变化速度很快,随着时间的推移,新建企业的生存优势就会逐渐显现。对美国(Carroll,Teo,1996)、英国、法国和德国的汽车制造业(Hannan et al.,1995)以及美国医药设备制造业(Mitchell et al.,1994)等行业的研究表明,与具有族系关系的后裔组织相比,新建企业的初始死亡率较高,但随着产业寿命的延长,后裔组织的存活优势就会逐渐消失。例如,Carroll 和 Teo(1996)将美国汽车制造业中的企业组织分为三种类型:具有族系关系的企业、具有试生产经验的新设企业和没有试生产经验的新设企业。研究结果表明,随着企业年龄的增长,所有组织的死亡风险都会降低。在组织年龄较低的阶段,具有族系关系的企业死亡的风险最低,其次是具有试生产经验的企业,死亡风险最高的是没有试生产经验的新设企业。但随着组织年龄的增大,初始死亡率最低的具有族系关系的企业,其后期死亡率反而最高。当企业年龄达到 8 年左右时,具有族系关系的企业的死亡率就会超过具有试生产经验的新设企业,企业年龄增长到 12 年左右时,其死亡率又会超过没有试生产经验的企业。

在不同的后裔组织之间,母体—后裔转移程度较高的后裔组织具有较低的死亡风险。由于母体组织之间在成功的惯例、知识和资源方面具有不同的特性,不成功的母体组织不仅不能给后裔组织转移很多的资源,而且会与后裔组织在同一市场位置中争夺资源。因此,那些创建者刚从失败的母体组织中脱离出来的后裔组织具有更大的死亡风险。

然而,从母体组织转移来的惯例,对后裔组织而言不一定是最佳的。大型组织与老组织的惯例通常会使得其竞争力要弱于小型组织的竞争力,但大型组织与老组织会利用其地位、制度影响力和充足的资源来与小型组织竞争(Barnett,1997)。Haveman(1993b)发现,大型组织向新市场拓展的许多优势并非源于其内部结构,而是来自其市场势力。已建立起来的组织所形成的惯例会更好地支持那些更加复杂和官僚化(比如专业化)的结构。而小型组织和年轻的新创组织的惯例不需要太复杂,却需要具备较好的可延展性。因此,母体组织的惯例不一定适合后裔组织的需要。

因此,母体组织对后裔组织具有双重的影响,正反两方面的影响如何平衡取决于后裔组织创建者的特性。后裔组织的创建者如果能最大限度地转移母体组织的资源,同时又能最小限度地转移母体组织过时的、不相关的以及完全无用的惯例,则母体组织对后裔组织的有利作用就最大。在组织中,高阶雇员更容易受到惯例的约束,因为他们通常负责创造、实施和强化组织惯例(Hall,Schneider,1972),他们更容易将那些无用的和有害的惯例带入后裔组织之中。因此,母体组织的规模越大、年龄越大,其可资转移的资源越多,后裔组织的死亡风险就越低;但后裔组织创建者原来的职位越高,母体—后裔转移的程度越大,母体公司规模和年龄的有利性就越小。

另一个有趣的问题是,某些后裔组织具有多重族系关系。与只有单一族系关系的后裔组织相比,具有多重族系关系的后裔组织可能具有更高的死亡率。如果认为在母体—后裔转移过程中,资源的影响大于惯例的影响,则具有多重族系关系的后裔组织就具有更大的资源可得性。多重族系关系还能扩张后裔组织创建者的社会网络,有利于后裔组织资源的积累。但如果惯例是母体—后裔转移的关键,则多重族系关系的成本就会很高。由于每一个母体组织的惯例都具有一定程度的组织特性,后裔组织的创建者就必须对多种组织模式进行比较和协调。大量的组织人口统计学研究认为,多重族系关系会导致冲突的发生(O'Reilly,Caldwell,Barnett,1989;Wiersema,Bird,1993;Williams,O'Reilly,1998;Chatman,Flynn,2001)。因此,一般而言,具有多重族系关系的后裔组织比只有单一族系关系的后裔组织具有更高的死亡风险。

Phillips(2002)对 1945—1996 年美国硅谷法律服务公司的研究表明,母体—后裔转移程度越大,母体组织的死亡风险就越大。当命名合伙人(name partners,即以其名字来作为公司命名基础的合伙人)离开并设立新公司时,母体公司的死亡风险上升。当规则合伙人(regular-partner,职位低于命名合伙人,一般负责公司的日常事务)离开并设立新公司时,给母体公司带来的死亡风险就更大。合作者的离开具有相似的效果。但对最小型的公司而言,却存在着相反的效应。当小型公司的合作者离开并设立一家新公司时,母体公司的死亡率更低。这表明由合作者创办的后裔公司与其小型母体公司之间存在着互补的关系。随着时间的推移,养育后裔公司对母体公司死亡风险的负面影响会逐渐降低。随着母体公司规模的扩大,由母体公司中高阶管理者创建的后裔公司的死亡率有小幅度的提高,但由母体公司中低阶管理者创办的后裔公司的死亡率却有持续的、大幅度的降低。

Phillips(2002)没有系统地分析族系关系中的知识转移问题,Agarwal 等(2002)对此作了补充。他们对美国硬盘驱动器产业的研究表明,后裔公司比非后裔的新设公司具有更大的生存机会。较丰富的技术性诀窍也能提高组织的存活概率,但市场领先诀窍对组织的存活概率没有影响。有趣的是,母体公司与后裔公司生产相同型号的产品并不会给后裔公司的生存带来消极的影响。

第三节　组织死亡的生态化过程

一、组织自疏

种内竞争的确是影响组织死亡的重要因素,但并不是所有的竞争都导致死亡。汉南和弗里曼建立的规模性定位竞争模型认为,种群中大规模的组织会对中等规模的组织产生威胁,但不会威胁小规模的组织;中等规模的组织在与大规模的组织竞争的同时,还容易受到小规模组织的攻击。在大规模组织出现的同时,中等规模的组织会衰落,而小规模组织则蓬勃发展。种内组织专业化程度的差异也是影响种内竞争的主要因素,卡罗尔建立的资源分割模型说明,大型通用型组织市场竞争的集中会提高它们死亡的比率,但会为小型专业型组织提供更大的发展空间。以美国报社为样本的研究发现,随着竞争范围的集中,大型通用型组织的死亡比率上升,而小型专业型组织的死亡比率下降。

相反,密度效应是制约组织死亡的关键因素。最后产量恒值法则(law of constant final yield)表明,不管初始组织密度如何,在一定范围内,当条件相同时,特定组织种群的最后产量差不多是一样的。在密度很低的情况下,产量随着组织种群密度的提高而增加,当密度超过一定程度之后,最终产量不再随着组织种群密度的变化而变化。在高密度情况下,个体组织之间对资源的竞争较为激烈,在有限的资源中,个体的成长率降低,规模变小(包括其中构件数少)。Ghemawat(1990)等考察了具有特定成本结构的企业情况(它们生产同质产品,单位成本不变,固定成本和生产能力成比例增减),指出随着需求量的下降,最大的企业会降低产出,直到和其最接近的竞争对手相同。随后,两家企业一起降低产出,直到和下一个最大的竞争对手相同。这种过程一直持续下去。研究者对美国纯碱业企业进行了考察,结果证实,大企业确实会先关闭一部分工厂。Lieberman(1990)发现,规模较大的多厂企业倾向于比它们的竞争对手先关闭个别工厂。

这表明在组织种群中可能存在自疏(self-thinning)现象。即如果组织种群密度进一步提高且组织个体继续成长,种群内的组织对资源的竞争不仅影响到个体组织的成长速度,而且影响到个体组织的存活率。与生物种群不同,组织种群所特有的自疏现象的发生需具有以下条件:①组织种群的发展潜力一定或正在衰退。处于引入期和成长期的行业难以发生自疏。②组织是同质的,其规模和能力相当,个体之间的分工与协作关系不强。③没有其他组织种群的竞争和环境因子的胁迫。④组织种群的密度较大。⑤尚未或较长时间内没有对组织种群进行强制稀疏。

自疏法则可直接影响组织的密度。在种植业和养殖业企业群落中,最后产量恒值法则决定了单位面积和单位时间内的最大产量,而最小经济规模原理决定了企业的进入壁垒,这两大机制会自动地进行组织种群的密度调节。其他产业中的自疏现象也普遍存在,频繁发生的行业内部兼并活动就是企业组织自疏的具体表现。

二、幂律

经济学理论对公司死亡的研究集中在经济低迷时期特定产业中公司数量的变化方面。Salter(1966)的模型说明,公司的死亡与资本回收期的效率不同相关。公司合并被视为公司死亡的原因之一,但公司合并并不是随机发生的,而是呈现出一次次的合并浪潮,经济学对此现象缺乏令人满意的理论解释。

幂律(power law)是生物学用来阐述物种灭绝的频率与规模之间关系的常用理论。沃尔泰拉(Volterra)咨询公司的研究人员用它来研究了1912年世界上最大的100家产业公司发展到1995年的情况。这些公司的规模都很大。例如,美国钢铁公司的雇员规模超过了22万人,其他大多数公司的雇员规模都超过了1万人。但这些公司的总体死亡率也很高。到1995年,这100家公司中只有52家还存活着,其中只有19家仍属于前100大产业公司。

幂律的数学形式是:

$$F = \alpha N^{\beta} \tag{6-7}$$

式中,F 是频率,即观察期内每年的公司灭绝数量;N 是每年的灭绝数。Volterra 咨询公司对这些公司的实证研究表明,$\alpha = 18.0$,$\beta = -1.76$。β 的标准差是 0.18,方程的标准差是 0.94。与数据的标准差 6.75 相比,方程对数据的拟合程度很好。

三、组织种群之间的竞争

竞争选择既来自同一种群的组织之间,也来自不同种群内的组织。一个组织种群的成长会影响到其他组织种群的存活。如果两个不同的组织种群依赖于同样的资源,则它们之间就会产生直接的竞争关系。某一组织种群的规模越大,它消耗的资源就越多,给其竞争者带来的生存威胁也就越大。也就是说,生态化的竞争是规模依赖(scale dependent)的(Barron et al.,1998)。

种群规模一般用种群密度来衡量,因此种群之间的竞争强度与竞争性种群的密度成比例。根据 Lotka-Volterra 模型,种群之间的相互依赖对组织存活具有直接的影响,但影响的方向并不一致。组织种群之间存在着三种形式的相互依赖关系(Hannan,1986;Hannan,Freeman,1989):竞争、捕食形式(predator form)和互利共生(mutualistic)。竞争是指一个种群的存在降低了另一个种群的成长率(Baum,Oliver,1991;Brittain,1994);在捕食形式中,第一个种群的扩张会提高第二个种群的合法性,但第二个种群的成长会通过侵蚀第一个种群的资源基础而使第一个种群的生存机会恶化(Swaminathan,Wiedenmayer,1991;Brittain,1994)。当一个种群的扩张会刺激另一个种群的扩张并降低其死亡率时,表明这两个种群之间存在互利共生关系。Carroll 和 Wade(1991)、Carroll 和 Swaminathan(1992)的研究证实了组织种群之间互利共生关系的存在;Hannan 和 Freeman(1988),Barnett(1990),Rao 和 Neilsen(1992),Baum、Korn 和 Kotha(1995)的研究证实了组织种群之间竞争关系的存在。

Ingram 和 Baum(1997)首次研究了一个种群的平均规模(mass)对另一个种群死亡率的影响。Núñez-Nickel 和 Moyano-Fuentes(2006)研究了 1940—2000 年西班牙橄榄油生产商中互助公司和股份公司两个亚种群之间的竞争关系对每个组织种群死亡率的影响。这两个亚种群在同一个商业领域经营,依赖于同一个消费市场,但它们之间在对组织成员的激励、治理制度、利润分配、公共管理机构的支持和税收政策等方面具有明显的差异。研究结果表明,互助公司和股份公司这两个亚种群的密度对股份公司种群的死亡率具有非线性的影响。股份公司亚种群的死亡风险随着其自身密度的提高而缓慢降低。但随着互助公司亚种群密度的提高,股份公司亚种群的死亡风险起初缓慢上升,继而迅速上升。当互助公司的总体规模增大时,两个亚种群之间的竞争强度会加大,股份公司亚种群的死亡风险会提高到一定的水平,然后下降。互助公司亚种群集中度的提高对股份公司亚种群的死亡率也具有重要的影响。随着互助公司种群集中度的提高,股份公司种群的死亡风险会降低到一个特定的水平,但随后即呈指数级上升。

四、种内竞争

种内竞争是指同一区域内同种组织之间的竞争。组织生态学认为,组织竞争是由组织资源需求的相似性引起的,组织间所需的资源越相似,竞争程度就越高。因此,组织之间的潜在竞争程度与其所需资源的重叠度或紧密度相关。种群中一个本地组织与它的竞争对手越相似,则它所面临的竞争就越激烈。

根据组织间的联系程度,可将种群间的竞争分为多层面竞争(种群中的竞争者在多个市场或业务领域相似)和单层面竞争。两种竞争模式主要由组织之间的战略集团(strategy group)是否相似所决定。同时,两种竞争又会使组织的战略层面趋于本地化(同化)。例如,相似的价格、产品策略、顾客群、供应商和分销渠道等。地域分布范围会造成种群密集度的不同,因而种群中组织之间竞争的程度也会存在差异。Swaminathan 和 Wiedenmayer(1991)以美国啤酒业为研究对象的研究表明,区域内企业竞争的程度要远高于全国范围内的企业竞争。

(一)定位竞争模型

在生态位重叠模型(niche-overlap model)中,两个组织之间的竞争和它们资源基础重叠的程度成正比:当两个组织对资源有着类似的需求时,彼此竞争的压力将会巨大,而当两个组织之间的功能互补时,它们之间相互扶助的效果也就越强。这一概念衍生出了定位竞争理论(localized competition theory),即当两个组织之间在专长领域、能力、价格或坐落位置等的维度上的距离越小,它们之间的竞争就会越激烈。而地理空间为组织提供了一个可以和其竞争对手区别开来的维度,所以组织会和同处一个地方的其他组织激烈竞争。同一产业在同一空间上的群聚会增加竞争压力,进而导致群体内的组织死亡率也随之上升(Sorenson,Audia,2000)。

规模性定位竞争模型也得出了如下类似的结论:①规模性的本地竞争会降低组织的存活比率。②不同规模的组织,其相互竞争的程度是不同的。相似规模的组织,竞争最为激烈。种群中一个组织面对的竞争程度不仅取决于种群中组织的数量,还取决于其他组织的规模。③大规模的组织会对中等规模的组织产生威胁,但不会威胁小规模的组织;中等规模的组织在与大规模的组织竞争的同时,还容易受到小规模组织的攻击。在大规模组织出现的同时,中等规模的组织会衰落,而小规模组织则蓬勃发展。

Silverman、Nickerson 和 Freeman(1997)研究了美国汽车运输业中小公司的发展对大公司死亡率的影响。他们发现,小公司与大公司之间存在竞争效应,小公司数量的增加会使大公司的死亡率上升。因此,小公司的种群密度与大公司的死亡率之间存在着 U 形关系。由于互利共生关系的存在,小公司种群密度的提高开始时会使大公司的死亡率下降,但随着竞争效应的加强,小公司种群密度的进一步提高就会使大公司的死亡率上升。

(二)资源分割模型

组织种群内组织专业化程度的差异是影响种内竞争的主要因素。资源分割模型假定种群中大型通用型组织间的竞争集中在市场的中心业务地带,这样就可以把市场外围的资源留给小型专业型组织去自由使用。随着少数大型通用型组织市场竞争的集中,小型专业型组织可能会挖掘更多的外围可用资源而不必参与到与大型组织的竞争中。资源分割模型说明,大型通用型组织市场竞争的集中会提高它们的死亡率,但会为小型专业型组织提供更大的发展空间。Carroll(1985)对美国七个大都市区报业组织的研究发现,随着竞争范围的集中,大型通用型组织的死亡率上升,而小型专业型组织的死亡率下降。随后,Carroll 和 Swaminathan(1992)又发现,美国微型啤酒酿造商的死亡率随着市场集中程度的提高而下降。

在资源分布的中心地区,大型组织更容易获得规模经济。市场中心定位假说(market-center location hypothesis)(Carroll,Dobrev,Swaminathan,2002)认为,大型通用型组织离市场中心越远,其死亡风险就越高。Dobrev 等(2001)对欧洲汽车制造商和美国汽车制造商的研究支持了这一假设。这些研究将汽车制造商的技术生态位定义为汽车引擎的容量,将市场中心定义为每个国家四个最大的汽车制造公司所涵盖的生态位。结果发现,汽车制造商的生存概率随着它离市场中心距离的增大而成比例地降低。

对处于市场中心的通用型组织而言,规模竞争是其主要的竞争焦点。一个组织遭遇的规模竞争取决于两个因素:一是它面对的大型组织的数量;二是它与每一个大型竞争者在规模维度上的距离的总和。将这两者结合起来可提出规模竞争假设,即在基于规模竞争的通用型组织之间,某一组织与每一个大型组织在规模维度上距离的总和越大,其死亡的风险就越高。其中,距离可根据很多原则来计算,以表示规模较小的组织在规模竞争中的劣势。很多研究使用长期平均成本曲线来衡量规模距离。支持规模竞争假设的实证研究包括Carroll 和 Swaminathan(2000)对美国酿酒厂死亡率的研究。

(三)社会区分模型

Hawley(1950)建立的社会区分模型说明,为了获取有限资源,各种企业之间的竞争最终会导致生存环境的分化。随着竞争的演进,选择机制使一些不适应的竞争者退出市场,促使失败的企业去寻找适合其生存的特殊环境。在描述竞争的社会过程方面,定位竞争模型和资源分割模型与社会区分模型有相似之处。不同之处在于,前两种都认为失败的企业会走向衰亡。而社会区分模型则认为,失败的企业可以通过地域和功能区分而得以转型,从而有机会获得新生。

五、种群密度

种群密度是指组织种群中的组织数量(Hannan,Freeman,1989)。研究者通常采取当期效果与递延效果两种模式来探讨组织种群密度对组织死亡的影响。

(一)当期效果

当期效果是指某一时点(t)的种群密度对该时点(t)的组织死亡率的影响。Hannan 和 Freeman(1989)以新制度理论(neo-institutional theory)和组织生态学为基础,提出了基于种群密度的组织死亡率模型。该模型假定密度对组织死亡率的影响反映了两个对立的过程:合法性(legitimation)和竞争性(competition)。当密度较低时,新的组织形式缺乏合法性。但当某种类型的组织可以在特定的环境条件下维生时,必会引起其他组织的争相仿效,进而增加该组织种群的密度,一开始时会有助于提高种群的制度合法性以及取得资源的能力,所以组织死亡率会随着种群密度的增加而降低。

但当密度成长到某种程度时,环境的承载力会达到饱和状态,种群成员的关系将由相互依赖转变为竞争,而竞争会使有限的环境资源渐呈不足。对于网络组织而言,当密度逼近环境承载力时,网络成员在生态位拥挤的情况下,较易动摇彼此的互信基础,网络内的竞争性也会增加,但成员间的相互依赖又是不可或缺的。换言之,虽然网络关系的本质是一种相互依赖的关系,但事实上是兼具竞争性与互补性的(Johanson,Mattson,1987),竞争使组织死亡的可能性增加,互赖使得骨牌效应扩散。所以竞争会使网络组织的整体死亡率上升。因此,组织死亡率则随着种群密度的提高而上升。故组织种群密度与组织死亡的关系呈 U 形,曲线递减的部分可归因于合法性的提高,而曲线递增的部分则归因于种群内部的激烈竞争。或者说,死亡率是密度的非单调函数(no monotonic function),当密度提高时,死亡率起初下降,然后上升。

对密度依赖死亡率的实证研究广泛分布在劳动组织、报业、酿酒业(Carroll,Hannan,1989b;Olzak,West,1991)、贸易协会(Aldrich et al.,1990)、护士学校(Baum,Oliver,1991)、葡萄酒制造商(Delacroix et al.,1989)、社会服务志愿组织(Tucker et al.,1990)、电话公司(Barnett,Carroll,1987)等领域。Ranger-Moore(1997)对纽约人寿保险组织种群的研究也表明,高密度条件下的组织设立对组织存活具有长期的有害影响。在密度指数为 10 时所设立公司的死亡率是在密度指数为 0 时所设立公司死亡率的 1.4 倍。在种群密度最高(140 家公司)时设立的公司的死亡率是种群最初设立公司死亡率的 3.5 倍。

所有的研究均证实了组织密度与组织死亡率之间的相互关系,但组织死亡率的 U 形密度依赖效应并不显著。这是因为有的研究去掉了时间维度,忽视了组织种群演化的早期和晚期差异。在有的研究中,种群之间的密度被其他邻近种群的存在淹没了。因此 Barnett 和 Amburgey(1990)认为,密度依赖模型应包括种群内部组织规模分布的控制变量。

但并非所有的研究都支持这一模型。Delacroix、Swaminathan 和 Solt(1989)对加利福尼亚州葡萄酒制造商种群 1940—1985 年退出率的分析没有发现密度依赖的证据。Tucker 等(1990)的报告声称,多伦多社会服务志愿组织(1970—1982 年)的密度依赖死亡率确实存在非单调的情形,但死亡率与密度的依赖关系与以前的分析结论相反。Carroll 和 Hannan(1989a)认为,造成这种差异的原因是各项研究对种群历史的覆盖程度大不一样。只有对美国全国劳动力工会、半导体制造商、报业组织和医用影像业等种群的研究涵盖了这些种群的早期历史。由于种群早期的低密度对组织的合法性具有强烈的影响,因此将种群形成期的数据排除在分析之外会引起很多问题。

(二)递延效果

密度递延(density delay)系指组织创建时的密度会影响组织的生存机会。Carroll 和 Hannan(1989a)认为,组织设立时的密度对组织死亡率有长期的、显著的正效应。在高密度期间设立的组织会具有较高的死亡风险。这说明,从长期来看,某种特定类型的历史路径依赖会影响到组织种群的演化。关于设立密度对组织存活风险的影响,组织生态学提出了两种理论解释。首先是资源稀缺的生存不利性(liability of resource scarcity)观点。根据这一解释,在高密度期间,新进入者要与在位组织争夺在短期内不会迅速膨胀的资源,资源稀缺会导致在该时期设立的组织发育不足。在高密度时期设立的组织面临着更高的环境不确定性,组织成员缺乏投资于特定组织技能的激励,成员之间的合作和信任框架也难以建立起来。其次是紧生态位包裹(tight niche packing)假说。在高密度期间,资源的开发利用程度很高,鲜有开发不足的资源。在高密度期间进入种群的个体组织,在资源积累的早期阶段会遭遇较为激烈的竞争,它们获得资源的绝对数量水平和相对质量水平都较低。高密度导致组织生态位被充分占据,新进入者只能利用边缘资源。根据 Stinchcombe(1965)的观点,紧生态位包裹对组织的战略导向具有重要的影响,它会影响组织形式的核心维度,而组织的核心维度一旦形成,就很难再改变(Amburgey et al.,1993)。

Carroll 和 Hannan(1989a)利用美国劳动力工会组织(1836—1985 年)、美国旧金山地区报纸印刷业组织(1840—1975 年)、阿根廷报业组织(1800—1900

年)、爱尔兰报业组织(1800—1970 年)和美国啤酒酿造业组织(1633—1988 年)的数据进行的检验均支持了这些假设。他们的研究结果表明,在所有被研究的 5 个组织种群中,设立密度对组织死亡率都有正的影响。当前密度的一次效应为负,二次效应为正,表明当期密度对死亡率具有 U 形影响。在这 5 个组织种群中,当期密度效应与延期密度效应均很明显。比较在最高密度时设立的组织与在最高密度水平的一半时设立的组织的年龄别死亡率可以发现,在爱尔兰报业组织种群中,前者比后者高 31%;在阿根廷报业组织种群中,前者比后者高 147%;在美国旧金山地区报纸印刷业组织种群中,前者比后者高 107%;在美国劳动力工会组织种群中,前者比后者高 338%;在美国啤酒酿造业组织种群中,前者比后者高 99%。这一结论也说明,组织种群的规模在达到一个顶点后一般会趋于缩小。Hannan 和 Carroll(1992)对美国人寿保险公司和曼哈顿银行业的研究、Barron 等(1994)对 1914—1990 年纽约城市信用联合会的研究均提供了类似的结论。Suarez 和 Utterback(1995)也发现了设立密度与资源稀缺生存不利性之间的直接证据。

为了检验设立时的密度对组织死亡率的长期效应,Carroll 和 Hannan(1989a)创建了如下死亡率模型:

$$\mu_i(a) = \exp(\theta_1 n_a + \theta_2 n_a^2 + \varphi n_{tj}) \tag{6-8}$$

式中,n_a 代表在年龄 a 时的密度,n_{tj} 代表在设立时第 j 个组织的密度。种群密度 n_a 的一次方项 θ_1 代表合法性和互利关系(mutualism)的作用;而密度的二次方项代表了竞争的力量。根据密度依赖理论,前者应为负,后者应为正。也就是说,在达到组织生态位承载力(carrying capacity)的极限之前 $\left(\theta^* = \dfrac{\theta_1}{2\theta_2}\right)$,组织死亡率随着种群密度的增加而下降。但一旦种群密度超过了其承载能力的极限,则组织死亡率随着密度的增加而提高。即假设:

$$\theta_1 < 0, \theta_2 > 0; \varphi > 0$$

其中,用来检验报纸业和啤酒酿造业的模型是:

$$\mu_{ia} = \exp(\theta_1 n_a + \theta_2 n_a^2 + \varphi n_{tj} + \pi' x_{ja} + \psi a)$$
$$a = 0, 1, \cdots, a_j \tag{6-9}$$

用来检验劳动力工会的模型是:

$$\mu_{ia} = \exp(\theta_1 n_a + \theta_2 n_a^2 + \varphi n_{tj} + \pi' x_{ja}) a^{\rho-1}, a = 0, 1, \cdots, a_j \tag{6-10}$$

实例中,a 是衡量组织年龄的离散时点,n_a 代表组织到达年龄 a 时当年初的密度,x_{ja} 是该时组织特征和环境条件的衡量向量,a_j 是观察期内组织的最大年龄,$\exp(\psi a)$ 是年龄依赖 Gompertz 模型的离散近似值,$a^{\rho-1}$ 是年龄依赖 Weibull 模型的离散近似值。因为 $a^\sigma = \exp(\sigma \ln a)$,可用在一段时间开始时的年龄的对数形式来执行韦布尔(Weibull)分布模型。用最大可能法(maximum likelihood,ML)对模型的参数进行估计。

王婵、彭璧玉和陈有华(2014)以 1999—2012 年广州市 51236 家制造业企业的数据为基础,以企业是否存活为因变量,以种群密度、种群密度的平方为自变量,以组织年龄为调节变量,以组织是否多样化、是否外资企业、是否劳动密集型企业为控制变量,采用时变变量 Cox 模型,分析了广州市制造业企业的死亡风险。

数据表明,在观察期内死亡的企业的平均存活年龄为 3.3 年,其中存活年龄最长的为 13 年,存活年限为 0~3 年的企业占 57.9%,存活年限在 4~7 年的占 34.5%,存活年限在 8 年以上的占 7.5%。可用广州市 1999 年至 2010 年成立的制造业企业各个年龄的死亡数占可选样本的比例来分析总体样本存活的年龄效应。图 6-2 反映的是不同年龄的制造业企业死亡数占可选样本的比例。例如 5 年死亡的企业数占 1999—2003 年成立企业数的比例、7 年死亡的企业数占 1999—2005 年成立企业数的比例,以此类推,这样可以直观地反映广州市制造业企业总体样本生存的年龄效应特性。

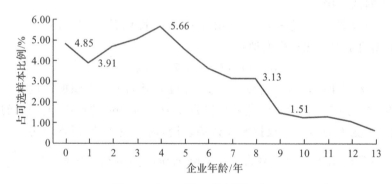

图 6-2　不同年龄的制造业企业死亡数占可选样本的比例

资料来源:王婵,彭璧玉,陈有华,2014.基于密度依赖模型的广州制造业企业死亡风险研究[J]. 华南师范大学学报(自然科学版)(5):126-132.

从图 6-2 中可以看出,4 年是企业存活年龄的分水岭。1~4 年死亡数占可选样本数比例越来越高,即企业存活越来越艰难。但 4 年以后,企业的死亡数占可选样本数的比例又呈下降趋势,至 7~8 年时达到一个平稳期,9~13 年企业的存活能力又进一步提升。

在企业存活的前 5 年,非劳动密集型企业的死亡率高于劳动密集型企业,但存活 9 年以后,非劳动密集型企业的死亡率开始低于劳动密集型企业(见图 6-3)。

按照经营范围的不同,可将企业分为多元化企业和专业型企业。在广州市 1999—2010 年新成立的制造业企业中,多元化企业占 54.7%,专业型企业占 45.3%。在企业存活的前 9 年,专业型企业的死亡风险高于多元化企业,但此后两者的死亡风险基本持平(见图 6-4)。

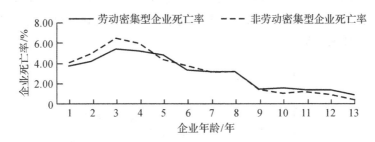

图 6-3 劳动密集型企业与非劳动密集型企业死亡率比较

资料来源：王婵,彭璧玉,陈有华,2014.基于密度依赖模型的广州制造业企业死亡风险研究[J].华南师范大学学报(自然科学版)(5):126-132.

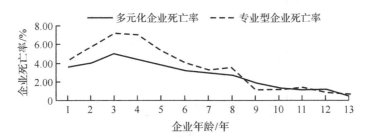

图 6-4 多元化企业与专业型企业死亡率比较

资料来源：王婵,彭璧玉,陈有华,2014.基于密度依赖模型的广州制造业企业死亡风险研究[J].华南师范大学学报(自然科学版)(5):126-132.

模型验证结果表明：①2000—2012年,广州制造业的种群密度与组织死亡风险正相关。②组织年龄与组织死亡风险负相关,且组织年龄可以抑制种群密度对组织死亡的影响。③在相同的企业年龄水平下,多元化企业面临的死亡风险大于专业型企业的死亡风险,且随着企业年龄的增大,两者的死亡风险差距逐渐扩大。④种群密度对外资企业死亡风险的影响大于对内资企业死亡风险的影响。但随着外资企业组织年龄的增大,其死亡风险与内资企业面临的死亡风险基本相同(见图6-5)。⑤种群密度对非劳动密集型企业死亡风险的影响大于对劳动密集型企业死亡风险的影响。

六、组织种群的内部差异

密度依赖理论主要应用在种群层面,它将种群中的组织视为同质的,不考虑种群内部组织的差异性。事实上,同一种群内部的组织往往具有较大的差异。首先,种群内部的组织具有规模差异性,不同规模的组织往往采取不同的竞争策略。对曼哈顿银行业(Ranger-Moore et al.,1991)、曼哈顿酒店业

(Baum,Mezias,1992)和美国健康维持组织行业(Wholey,Christianson,Sanchez,1992)等的实证研究表明,组织种群中的竞争密度不仅受到组织数量的影响,而且受到组织规模的制约。

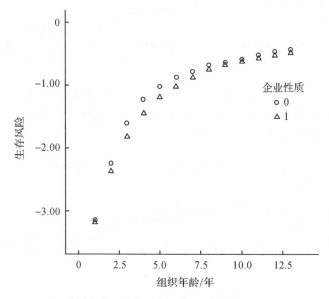

图 6-5　不同年龄内资企业、外资企业的生存风险

资料来源:王婵,彭璧玉,陈有华,2014.基于密度依赖模型的广州制造业企业死亡风险研究[J]. 华南师范大学学报(自然科学版)(5):126-132.

其次,同一种群内的组织具有地理区位差异性,这种差异性对竞争类型也有不同的影响效应。Carroll 和 Wade(1991)根据地理区位对美国的酿酒业种群进行分解,以检验本地种群内的竞争是否强于全国种群内的竞争。结果发现,酿酒业内新增组织对本地种群死亡率的竞争效应要大于全国范围内的竞争效应。Swaminathan 和 Wiedenmayer(1991)对德国酿酒业的研究也发现了类似的结论。

最后,同一种群内的组织在战略目标和经营目标上具有差异性,产品线的宽度和深度也可能不同。比如,同样属于空调制造业种群的企业,有的采取技术领先的战略,有的采取成本领先的战略;有的企业生产中央空调,有的则生产分体式空调,还有的生产窗式空调。这种战略和策略的差异性弱化了组织之间的直接竞争。

这些研究表明,组织差异通过减少直接竞争者的数量而减弱了竞争的潜势(Baum,Mezias,1992)。但有的学者认为,种群成员间的差异除了会降低竞争的密度,还有补充性功能差异,它能引起成员之间的互惠性相互依赖(Astley,1985;Barnett,Carroll,1987;Fombrun,1986;Hawley,1950)。对加利福尼亚州葡萄酒业的研究表明,对竞争的适应会产生组织差异,组织设立时的功能性差异和进入邻近生态位降低了加利福尼亚州葡萄酒制造商的死亡率(Delacroix,Swaminithan,Solt,1989;Swaminithan,Delacroix,1991)。

Carroll(1985)的资源分割模型与 Hawley(1950)对竞争过程的描述以及Hannan 和 Freeman(1977)的规模定位竞争(size-localized competition)模型有很多相似之处。Carroll(1985)指出,大型的多功能组织之间通常为占领中心市场而展开竞争,无暇顾及外围资源。因此,组织种群中小型的专业化组织能够利用这些资源来提供补充性的产品或服务,而无须与大型的多功能组织展开直接的竞争。Carroll(1985)对报业组织的研究发现,在市场集中化过程中,多功能报业组织的死亡率上升,而小型专业化报业组织的死亡率下降。

综上所述,组织种群内部的竞争和互利形式取决于种群成员对相同资源的需求程度和补充性功能差异。对资源的需求越相同,潜在的竞争就越大;补充性功能差异越大,互利的可能性就越大。因此,将种群内部的组织差异纳入种群动态模型有利于理解组织种群内的竞争和共存形式。

Swaminathan 和 Delacroix(1991)分析了 1940—1984 年美国葡萄酒产业种群中组织之间的差异对组织死亡风险的影响。Delacroix 和 Solt(1987)的研究表明,进口葡萄酒对启动美国淡酒(table wine)市场发挥了关键的作用。Swaminathan 和 Delacroix(1991)认为,那些进入了淡酒市场的酿造商具有更大的生存机会。酿造商进入淡酒市场的方式有两种:设立新的酿造厂和实现现有产品的多样化。为此,他们采用 Gompertz 模型(Hannan,Freeman,1989)对组织死亡率进行了估计。在该模型中,死亡率被定义为:

$$r_{i(t^*)} = \exp[b_0 + b_1 X_{i1}(t^*) + \cdots + b_j X_{ij}(t^8)]\exp(c_0 t^8) \tag{6-11}$$

式中,t^* 是组织 i 的年龄;c_0 度量年龄依赖效应;$X(t^*)$ 是共变系数(covariates),其值根据组织 i 在年初达到的年龄 t^* 来计算。许多研究表明,组织死亡率会随着组织年龄的增长而降低,因此,c_0 一般取负值。

研究结果表明,一开始就生产淡酒的酿造商和通过产品多样化而进入淡酒市场的酿造商比那些没有进入淡酒市场的酿造商具有更低的死亡率。这一结果表明,在种群层面上,密度的提高不一定必然导致组织死亡率的上升,因为种群差异是消除竞争的有效途径。

七、组织生态位

(一)组织生态位宽度与组织死亡风险

生态位宽度(niche width)是指一个实体组织资源利用的变化范围(Hannan,Freeman,1989)。生态位宽度理论是适配集理论(fitness set theory)的主要方面,它研究组织在环境资源范围上的扩展能力,分析在何种情况下专业化组织和通用型组织具有较强的演化优势。组织在环境资源上扩展的最佳数量即为组织适合度(fitness)。组织适合度有时会等同于组织的存活机会。根据生态位宽度理论,一种有效的组织形式一定具有高的适合度,定位在一个窄的环境(窄生态位)中。如果组织定位在一个宽的环境(宽生态位)中,则其适合度就低,组织形式的有效性也低。在生态位宽度理论中,专业化组织(specialist)即指生态位窄的组织,而通用型组织(generalist)即为生态位宽的组织。生态位的最佳宽度取决于特定时期内最高的平均适合度以及环境波动、环境状态的差异性等因素。在 Levins(1968)的基础上,Freeman 和 Hannan(1983)对生态位宽度理论进行了强化。他们重点研究了环境变化的两个特征:环境可变水平(levels of environmental variability)和纹路。可变性指环境围绕其平均值波动的变化。纹路指这些变化的斑纹(patchiness),有很多短周期变化的被称为细纹(fine grain),而只有少数长周期变化的则被称为粗纹(coarse grain)。可变性水平和纹路能彼此单独变化。根据生态位宽度理论,在细纹环境中,专业化战略是有利的。例如,不管环境变化水平如何,专业化组织都能度过短暂的艰苦时期,因而其死亡率较低。在粗纹环境中,专业化战略能从低水平的环境可变性中获益,而通用化战略则从高水平的可变性中获益。

在生态位宽度理论中,环境的状态被描述为多维环境空间中的一点,其中的维度表示资源和环境的约束。同样,一个组织和一种组织形式也被描述为一个多维参数空间中的一点,参数空间中的每一个维度代表一种组织属性,被称为特性(trait)。适合度是环境和组织的函数,记为 $f(\vec{E}, \vec{X})$。其中,$\vec{E}$ 代表环境空间中的一点,$\vec{X}$ 代表组织参数空间中的一点。为了简化起见,假定环境空间和组织参数都是一维的,适合度函数(fitness function)为 $f(E, X)$。根据组织惰性理论,组织的特性是固定的,只有环境是变化的。因此,可将适合度仅仅表示为环境的函数,即生态位函数 $n(E)$。给定一个组织参数值 X,$n(E) = F(E, X)$。

生态位宽度理论假定,组织在一种环境中的表现最佳。随着环境或资源水平差异性的提高,组织的能力会降低。这一假设被刻画为一个钟形曲线(bell-shaped curve)(Levins,1968)。这意味着在一个特定的组织形式下,存在一个产生最大适合度的环境值,而其他环境值产生的适合度都较低。一般而言,生态位函数(niche function)假定具有如下属性(Levins,1968):

(1)n 总为正;$\vee E, n(E) > 0$。

(2)n 是 E 的连续二次可微函数。

(3)当 E 的极限 $E \to \pm\infty, n(E) \to 0$。

(4)n 有一个单一的局部最大值 $E_0, n'(E_0) = 0, n''(E_0) < 0$。这是特定组织最大适合度的环境值。

(5)n 有两个拐点 $E_i, n''(E_i) = 0$。

高斯函数被认为是能满足以上属性的最简单和最普遍的函数形式,写成:

$$n(E) = \varphi\, e^{-\gamma^2(E-\varepsilon)^2} \tag{6-12}$$

式中,ε 是组织形式最佳适合度的环境值,φ 是最佳适合度,γ 是生态位宽度的大小。如果 n 服从统计分布,则 γ 是统计分布标准差的倒数。Hannan 和 Freeman(1983)认为,组织固有的能力是有限的,它只能将自身定位于特定范围的环境,即生态位。这种限制被称为分配原理(principle of allocation)。

组织生态学一般运用几何平均适合度(geometric mean fitness)A_g 来分析观察期内组织的存活机会。考虑一个从 t_0 到 t 的观察期,该观察期被分为 k 个长度为 Δt 的间隔期。在每一个时间间隔 Δt,组织有一个生存机会 $w(t)\Delta t$,$w(t)$ 为 t 时环境状态的适合度值。假设 Δt 足够小,则 w 在任一时间间隔 $(t_i, t_i + \Delta t)$ 都有一个值。令 $P(t)$ 为组织在 t 时仍存活的概率。由于组织在观察期内的存活机会是其在 k 个时间间隔内存活机会的乘积,因此

$$P(t_0 + k\Delta t) = \left\{ \prod_{i=0}^{k-1} \left[w(t_0 + i\Delta t)\Delta t \right] \right\} P(t_0) \tag{6-13}$$

组织在时间间隔 (t_0, t) 的存活机会等于

$$\prod_{i=1}^{k-1} w(t_0 + i\Delta t)\Delta t \tag{6-14}$$

某种环境只能在两种状态 E_1 和 E_2 中取一种,E_1 和 E_2 发生的比例为 $c_1 : c_2$,并将其标准化,以使 $c_1 + c_2 = 1$。这使几何平均适合度 A_g 变为:

$$A_g = w_1^{c_1} w_2^{c_2} \tag{6-15}$$

组织的生存机会取决于在环境 E_1 中 w_1 的值和在环境 E_2 中 w_2 的值。根据 Levins(1968)和 Roughgarden(1979)的观点,最优化原则是要使 A_g 的数值最大。要使 A_g 最优化,就要发现最大组织努力的最优点 ε_{max} 和最优的专业化程度 γ_{max}。在特定环境中,具有这两个参数最优值的组织具有最大的适合度。

为了发现在 E_1 和 E_2 两种类型的斑纹以 $c_1 : c_2 (c_1 + c_2 = 1)$ 比率发生时这两个参数的最优值,设 $\dfrac{\partial A_g}{\partial \varepsilon} = 0$, $\dfrac{\partial A_g}{\partial \gamma} = 0$。在 A_g 内,$w_1 = n(E_1)$,$w_2 = n(E_2)$。代入方程 $A_g = w_1^{c_1} w_2^{c_2}$,求得 $\varepsilon_{max} = c_1 E_1 + c_2 E_2$,$\gamma_{max} = \dfrac{1}{\sqrt{2}}$。这说明选择过程对那些努力值和专业化程度等于或接近 ε_{max} 和 γ_{max} 的组织最有利。

Freeman 和 Hannan(1983)区分了斑纹的纹路大小(grain size),认为在粗纹环境中,斑纹持续的时间较长,因此应被赋予更大的权重,而在细纹环境中,斑纹被赋予的权重就较小。但 Bruggeman 和 Nualláin(2000)认为,几何平均适合度 A_g 能解决这些问题,不需要再区分环境变化的粗纹和细纹。

(二)组织生态位重叠度与组织死亡风险

组织生态位宽度与组织之间的生态位重叠度相关。当组织扩大其生态位宽度时,它一般会同时扩大与其他组织之间的生态位重叠度。所以在考察组织

生态位宽度时,一定要分析生态位扩张战略带来的组织生态位的额外重叠。对生态位拥挤(niche crowding)引发的竞争类型的分析一般基于定位竞争理论(Hannan, Freeman, 1977; Barnett, Carroll, 1987; Podolny, Stuart, Hannan, 1996; Han et al. ,1998)和密度依赖的合法性与竞争性理论(theory of density-dependent legitimation and competition)(Hannan, Carroll, 1992)。一般认为,在市场分割的条件下,一个组织所经历的竞争激烈程度是其重叠的生态位数量,即生态位重叠密度(niche-overlap density)的正的增函数。因此,组织的死亡风险是其生态位重叠密度的正的增函数。

Hannan(1997)认为,生态位重叠密度对竞争性和合法性的影响在种群成长的早期阶段较大,因为这时的种群和行业还没有形成合理的结构。但随着种群年龄的增长,组织生态位重叠密度的影响会减弱。在特定的情况下,组织生态位重叠密度的提高可能是新成立的企业之间的一种联合体或者联盟,而不是潜在竞争者之间的聚集。资源分割的分析也表明,那些新进入的专用型组织之间会倾向于形成共生合作(symbiotic cooperation)关系,而不是割喉式竞争。例如,在美国酿造行业中,小生态位制造商(小酿造商和出售自制啤酒的小酒馆)的进入浪潮就与社会运动中的共同进化互利共生类型(Swaminathan, 1995)非常类似。一般来说,随着产业成熟度的提高,生态位拥挤对组织存活概率的有害影响会逐渐减弱(Hannan, 1997)。因此,生态位重叠密度对组织死亡风险的影响随着产业年龄的增长而减弱。

既然组织种群内部组织生态位重叠密度越大,组织之间对资源的竞争就越大,而竞争强度又影响组织死亡,那么,重叠密度与组织死亡率负相关。非重叠密度反映了组织之间的差异性,这种差异性会导致非重叠生态位组织之间的互惠性相互依赖。处在非重叠密度生态位上的组织可能具有不同的能力,从而可能使组织之间直接合作。非重叠密度还反映了合法性和组织制度植根性的信息(Baum, Oliver, 1992; Hannan, Freeman, 1989)。因此,非重叠密度与组织死亡率负相关。

Baum 和 Singh(1994a)将生态位重叠密度、非重叠密度以及它们的本地效应和分散效应作为模型的自变量,将组织特性、种群密度和环境承载能力作为控制变量。其中组织特征变量包括组织年龄、组织规模、盈利导向、政府的服务购买协议、区位分享协议;环境变量包括对孩童照看服务的市场需求、小额商业贷款的利率。

孩童照看组织的死亡率可用风险率 $h(t)$ 来估计:

$$h(t) = \lim_{n \to \infty} \frac{\text{prob}(t, t + \Delta t | t)}{\Delta t} \tag{6-16}$$

式中,prob$(t, t + \Delta t | t)$ 是假定组织在 t 时存活条件下,在时段 $(t, t + \Delta t)$ 死亡的可能性。风险率 $h_{(t)}$ 可由下式估计:

$$h_{jk}(t) = \exp[b_{jk}X(t)] \tag{6-17}$$

式中,h_{jk}是从状态j(存活)转换到状态k(死亡)的即时转换率。$X(t)$是在时点t的共变值向量,b_{jk}是参数的估计向量。在该模型中,假定转换率为变量X的对数线性函数(Log-linear functions)。b_{jk}用最大可能性方法估计。

模型模拟的结果表明,重叠密度显著提高了组织死亡率,而非重叠密度显著降低了组织死亡率。其他城市孩童照看组织数量的增加对组织有互惠共生的影响,而邻近地区孩童照看组织的数量增加则具有明显的竞争效应。不管是当地组织还是外地组织,只要其生态位是不重叠的,其有效数量的增加均能起到互惠共生的作用,能降低组织的死亡率。组织规模与组织死亡率之间确实存在负相关关系。非营利性的孩童照看组织、政府购买条件下的孩童照看组织和参加了区位分享协议的孩童照看组织具有明显较低的死亡率。

Barnett 和 Woywode(2004)以维也纳报业组织 1918—1938 年的资料为基础的研究表明,意识形态相近的组织之间的竞争最为激烈。意识形态相近的组织虽然可以分享集体智慧,但它们必须为争夺身份而展开竞争。

八、密度依赖—生态位依赖的交互作用

在传统的组织生态学理论研究中,有大量的文献研究了组织种群密度对组织演化的影响,也有少量的文献研究了组织生态位宽度对组织演化的影响。但鲜见将组织种群密度和组织生态位宽度结合起来分析组织演化的文献。其原因可能是组织种群密度的载体是组织种群,而组织生态位宽度的载体是个体组织,这两个因素分布在不同的分析层面,难以进行有机整合。所以大多数研究探讨的是诸如组织种群规模、组织种群密度与组织种群成长、组织规模与组织死亡这些同一分析层面上的问题。

事实上,个体组织的产品多样化程度与组织种群密度之间存在着必然的联系。只要产品市场存在尚未被满足的市场空间,这一空间就迟早要被弥补,弥补的方式或者是由现有的组织扩充其产品范围,提高其产品多样化程度,或者是通过设立新的组织来生产这些产品。后者则意味着组织种群密度的提高。同理,当市场需求过剩、市场竞争加剧时,也可通过收缩现有企业产品范围或者降低企业密度这两种方式来调整。所以,在组织产品多样性程度与组织种群密度之间存在着替代关系。

将组织种群密度和组织生态位宽度结合起来分析产业组织演化的最大好处,是能将组织特性纳入传统的密度依赖模型,弥补密度依赖原理仅仅将个体企业组织当作数量单元而忽视组织特征的缺陷,在组织种群特性与组织个体特性之间建立关联,有利于后续研究继续深入探讨组织种群密度演化的微观组织基础。

以密度依赖死亡率和生态位依赖死亡率为例来说明。密度依赖原理说明，组织种群密度与组织死亡风险之间呈现 U 形关系。但随着生态位宽度的增大，组织的死亡风险既可能上升，也可能下降。此外，组织种群密度与组织生态位宽度之间也存在着同向变化和反向变化两种趋势。组织种群密度越大，组织生态位宽度越大，意味着组织生态位重叠度同步增大，所有组织都追求基于产品多样化战略的范围经济；组织种群密度越小，组织生态位宽度越小，意味着组织生态位宽度重叠度同步降低，所有组织都追求基于产品专一化的规模经济。如果组织种群密度增大而组织生态位宽度缩小，则说明组织种群内部的分工程度提高，所有组织都追求内部要素效率。

假设：①组织种群密度对组织死亡风险具有 U 形影响；②组织生态位宽度与组织死亡风险线性相关；③组织种群密度和组织生态位宽度受到同一个环境承载力的约束，两者线性相关。根据组织生态位宽度与组织死亡风险正相关还是负相关、组织种群密度与组织生态位宽度是同向变化还是反向变化等因素，可概括出几种密度依赖死亡率和生态位依赖死亡率相互作用的典型模式。

例如，考虑一种生态位宽度与企业死亡风险正相关、种群密度与生态位宽度同向变化的情况，如图 6-6 所示。图中，n 代表组织种群的密度，w 代表生态位宽度，h 代表组织死亡风险，a 代表企业死亡风险等于零时的密度水平。

已知：$h = (n-a)^2 (a > 0)$，$w = kn (k > 0)$。

假设：$h = lw$，当 $n = a$ 时，$w = kn = ka$，$\therefore h = lw = lka$。

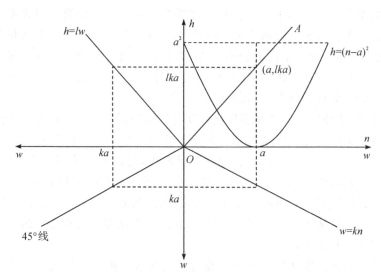

图 6-6 生态位宽度与种群密度正相关对密度依赖死亡风险的影响

表示生态位宽度效应的斜线 OA 的方程为：$h = lkn$。

将生态位宽度效应斜线 OA 映射到密度效应曲线所在的象限，如图 6-7 所示。

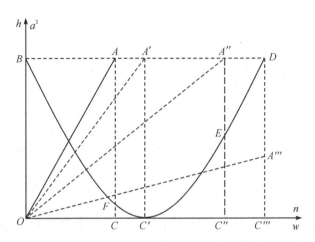

图 6-7　生态位宽度效应对密度依赖效应的映射

因为最高死亡率为 a^2，所以斜线 OA 的最高点 $h = a^2$。

当 $0 < n < a$ 时，种群密度对死亡风险呈现降低效应；

当 $a < n < 2a$ 时，种群密度对死亡风险呈现提高效应。

假设：$OC = x(x > 0)$。

当 $x = a$ 时，斜线 OA 在图上反映为 OA'：

组织种群密度对组织死亡风险的降低效应为 $S_{BOC'} = \int_0^a (n-a)^2 \mathrm{d}n$。

生态位宽度对组织死亡风险的提高效应为 $S_{OA'C'} = \dfrac{1}{2} a^3$。

因为 $S_{BOC'} - S_{OA'C'} = \int_0^a (n-a)^2 \mathrm{d}n - \dfrac{1}{2} a^3 = -\dfrac{1}{6} a^3 < 0$，所以组织种群密度对死亡风险的降低效应小于生态位宽度对死亡风险的提高效应。

斜线 OA 的斜率为 lk，$lk = a$。

在这种情况下，生态位宽度效应对密度依赖死亡率的影响结果如图 6-8 中箭头所指的虚线图形所示。由图可知，在该区间内，生态位宽度效应和密度效应叠加图形的密度顶点向左移动了 $\dfrac{1}{2} a$，向上移动了 $\dfrac{3}{4} a$，原来的密度依赖死亡率降低效应大大缩小了。

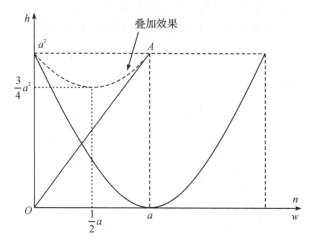

图 6-8　生态位宽度效应与密度效应对组织死亡风险的叠加效果

　　同理,可推算在 $a < x \leqslant 2a$、$0 \leqslant x < a$、$x > 2a$ 等条件下,组织种群密度与组织生态位宽度对组织死亡产生交互影响的情形。

九、竞争依赖与红皇后效应

(一)组织存活的竞争依赖

　　红皇后进化对组织死亡既有适应性效果,又有不适应性效果。组织对最近经验的学习被认为能提高其对竞争性环境的适应性,从而有利于组织的存活;而组织在其发展历史中形成的过去的经验则可能使组织陷入能力陷阱(competency trap),从而加大组织的死亡风险。

　　红皇后进化理论表明,组织竞争是历史依赖(history dependence)的,它从共同演化(co-evolution)角度提出了有利于组织存活的基本条件(Barnett,Hansen,1996;Barnett,Sorenson,2002):组织需要处在不断竞争的环境中,不存在可以长期规避竞争的战略;组织应始终保证拥有新近的竞争经验并使之在组织内传播分享,以便让整个组织对环境保持高度的协同性;组织的竞争环境应尽量保持稳定与专一,当企业面对过多、过杂的竞争环境时,也会由于学无章法、经验无法有效积累而失败。在特定环境中经历过竞争的组织如果进入不同的环境,就会面临更高的死亡风险。

　　Barnett 和 Hansen(1996)对 1900—1993 年美国伊利诺伊州零售银行的研究证实了红皇后进化对组织存活的影响。该项研究验证了三个重要的假设:第一,组织最近经历的持续时间较长的竞争关系会提高组织的生存能力,组织过去经历的持续时间较长的竞争关系会降低组织的生存能力;第二,组织的竞争对手最近经历的持续时间较长的竞争关系会降低组织的存活能力,组织的竞争对手过去经历的持续时间较长的竞争关系会在客观上提高组织的存活能力;第三,组织竞争关系在其持续期内的变化越大,组织的存活能力越低。

他们的实证研究结果表明,组织最近的竞争经历所带来的有利效应是其过去竞争经历所带来的不利效应的 15 倍,也就是说,最近 1 年的竞争经历能补偿过去 15 年的竞争经历。组织的生存机会会随着其年龄的变化而变化。由于垄断优势的存在,垄断组织的生存机会开始时较高,但随后会持续降低。与此相反,经历了竞争的组织在最初 10 年里死亡的概率比垄断组织高,但随后其死亡率随着年龄的增长而持续降低。红皇后效应在组织年龄为 5 年以后开始出现。此时,经历过竞争的组织,其死亡率不断降低,而垄断组织的死亡率还在不断提高。结果还表明,红皇后效应具有不对称性,它对竞争组织存活能力的增强效应会大于来自竞争对手的竞争效应。最近竞争经历的变化越大,组织死亡率越高。

Barnett 和 Pontikes(2008)以美国 1951—1994 年所有电子数字制造商和通用电脑系统制造商的资料为基础,研究了红皇后效应对组织死亡的影响。结果表明,竞争经历使得中型机制造商进入小型机市场的概率增加,但中型机制造商在小型机市场的死亡风险很高,平均而言有 67% 的死亡率。电脑公司的多样性(指小型机制造商同时进入中型机和大型机领域)完全是历史依赖的。小型机制造商的死亡率在中型机市场也较低,且这一效果具有周期依赖(duration dependent)的特性,即小型机制造商待在中型机市场有助于它的存活。小型机制造商在大型机市场的经历也有利于它们在小型机市场的存活,但小型机制造商进入大型机市场后所遭遇的竞争会极大地提高它们在大型机市场的死亡率。

在小型机市场,红皇后竞争的效应十分明显。一方面,最近的竞争经历能促进组织的生存;另一方面,在竞争过程中遭遇的竞争对手的数量又会提高组织的死亡率。这是因为,与不同的对手竞争需要不同的固定成本(fixed costs)。将这两种竞争效应结合起来就可以发现竞争的净效应是否足以抵消当前竞争的生存不利性(liability of current-time competition)。Barnett 和 Pontikes(2008)的研究发现,在平均每年遭遇 335 个竞争对手的条件下,当前竞争者的增多会将组织死亡率提高近四倍,因此,新组织面临着巨大的竞争风险。但随着时间的推移,竞争经历对组织存活的促进作用会逐渐积累起来,在 5 年时间内会抵消大部分竞争效应。在 7 年的时间内,由竞争经历带来的好处就会完全抵消当前竞争的风险。因此,竞争的综合效应是有利于组织存活的。

组织存活的竞争依赖促使人们重新考虑战略选择的正反两方面效果。许多学者曾经一致认为,一个组织要想在快速变革的高技术行业生存,就必须选择领先战略和差异化战略。但如果考虑到红皇后竞争,组织采取的这两种战略就会带来不利的后果。由于参与的竞争较少,差异化组织早期的死亡率显著较低。但这些组织与红皇后演化的力量隔绝,不能获得竞争经历对增强其存活力的有利影响。随着时间的推移,缺乏竞争经历的不利影响就会超过与竞争隔绝的有利影响。随着时间的推移,垄断组织的存活机会会大大减少;同样,从长远来看,技术领先战略和市场领先战略也不利于组织的存活。如果产业竞争可分为高—低生态位和低—高生态位,则技术领先者会遭遇最强的竞争,因为弱势竞争者都处在低端生态位上。市场领先者也会因为遭遇到强大的竞争者而比市场跟随者具有较少的存活机会。

(二)竞争依赖的全球效应

随着世界经济一体化程度的提高,产业组织之间的竞争具有更强的全球化效应,这在技术快速变革的产业中表现得尤为突出。因此,必须考虑红皇后演化的全球效应,探讨不同国家之间组织存活率的差异是否反映了红皇后演化的国家间差异,分析位于有竞争经历的国家的组织与那些位于没有竞争经历的国家的组织在存活率方面是否存在差异。

考虑组织的竞争者既有国内组织又有国外组织的情况。在一种极端情况下,如果只有国内竞争者对组织产生了巨大的竞争压力,而国外组织对其没有产生竞争压力,则市场竞争就被视为严格的国内竞争;在另一种极端情况下,如果国内组织和国外组织带来的竞争程度是相等的,则可视这种竞争为全球竞争。在任一时点,产业中的竞争类型一般都介于这两种极端类型之间。随着时间的推移和竞争的演化,红皇后效应的作用强度也会发生变化。在红皇后效应的早期,组织尚未充分发展,其竞争力不强,只能产生有限的国内竞争。但随着时间的推移和组织的发展,组织的竞争力就会具有全球影响。也就是说,在组织实现了全球化之后,红皇后效应也会在全球发展。这和 Porter(1990)等学者提出的观点形成了鲜明的对比,这些学者认为,在组织实现了全球化之后,国家间的差异仍然存在。

为此,McKendrick 和 Barnett(2001)开发了如下全球竞争模型:

$$r_j(t) = r_j(t)^* \exp[a_d N_d + a_f N_f] \tag{6-18}$$

式中,r_j 是组织 j 的死亡率,它是市场时长(market tenure)的函数;$r_j(t)^*$ 是组织 j 的基准死亡率;N_d 是组织 j 遇到的国内市场竞争者的数量(不包括 j);N_f 是国外竞争者的数量;系数 a 用来测试生态化竞争,即竞争者数量的增加会提高组织 j 的死亡率。如果国内竞争者的竞争性大于国外竞争者,则可发现 $a_d > a_f$。如果竞争是全球化的,即国内外竞争者的竞争性相同,则可发现 $a_d > 0$ 且 $a_f > 0$。

McKendrick 和 Barnett(2001)研究了 1956—1998 年全球硬盘驱动器产业。研究范围涵盖了该产业中 169 个生产硬盘驱动器的组织,但到 1998 年底,其中的 155 个组织退出了该产业。他们的研究结果表明,经历过竞争的公司具有较低的死亡风险。对那些从未遭遇过竞争的组织,即那些具有技术差异和地理差异的组织而言,随着它们在市场中的时间的延长,其死亡风险会逐步上升。然而,如果公司具有平均水平的竞争经历,则其死亡风险的上升幅度会降低一半。如果公司积累了最多的竞争经历,则其死亡风险的上升幅度只及那些推行技术专利主义的公司死亡风险上升幅度的三分之一。这些差异表明,实行技术差异化和地理差异化的公司在当前会遭遇较少的竞争压力,但它们无法得到由竞争带来的有利于其未来生存的种种好处。

随着时间的变化,竞争带来的不利影响和有利影响会动态变化。竞争会显著地提高失败的风险。如果一个组织在先进技术生态位上遭遇一个竞争者,那么其死亡率将上升 14.6%。在低技术生态位上遭遇一个竞争者,其死亡率将上升 8.5%。但随着时间的推移,竞争带来的不利影响就会被竞争经历的有利影响所抵消。假设竞争者的数量不变,处于低技术生态位上的公司在经历了 10 年左右的竞争后,其竞争经历的有利效应就会超过当前竞争的不利影响。对处于风险性更高的先进技术生态位上的组织而言,竞争的有利效应超过不利效应则要经过 16 年的时间。在其他情况下,竞争经历最终也能增加组织的生存机会。

对大多数公司而言,竞争具有全球化特征。McKendrick 和 Barnett(2001)的研究表明,在早期,外国竞争者的存在有利于公司的存活。例如,在 1963 年,存在一个外国竞争者就会使公司的死亡率降低 20%。这说明在地理上分割的组织即使因为距离太远而没有竞争性,也会增强彼此的合法性。但随着时间的推移,外国竞争者的竞争性就会不断增强。到 20 世纪 80 年代末,一个国家的公司死亡率实际上就是由其他国家的竞争者抬高的。到 1998 年的时候,国外竞争者的竞争效应已发展到与国内竞争者的竞争效应相当。这说明到 90 年代末时,硬盘驱动器市场的竞争已经全球化了。研究还证实,一个组织的国内竞争经历有助于其在竞争的全球化中取得生存优势。

(三)竞争依赖演化理论的意义

以红皇后竞争为代表的竞争演化理论将组织学习和组织竞争结合起来,这一分析视角对组织管理实践和产业组织研究都具有很好的借鉴意义。

对组织管理者而言,首先必须充分认识组织核心优势的两重性。经典的战略管理理论一致认为,一个组织要想在竞争激烈的市场环境中取得优势,就必须培育出竞争对手不能模仿的核心优势,那些具备核心竞争力的组织能通过拉大其与竞争对手的距离而获得较好的生存和发展机会,因此,领先战略和差异化战略被认为是两种最有效的竞争战略。但红皇后竞争演化所揭示的组织存活的竞争依赖表明,组织采取的这两种竞争战略也会带来不利的后果。由于遭受的竞争较少,差异化组织早期的死亡率显著较低,但这些组织与红皇后演化的力量隔绝,不能获得竞争经历对增强其存活力的有利影响。随着时间的推移,缺乏竞争经历的不利影响就会超过与竞争隔绝的有利影响,垄断组织的存活率会大大降低;同样,从长远来看,技术领先战略和市场领先战略也不利于组织的存活。如果领先战略导致整个产业的竞争分布演化为高生态位—低生态位这一哑铃型形态,则处于高技术生态位的领先者会遭遇最强的竞争,因为弱势竞争者都处在低端生态位上。市场领先者也会因为遇到强大的竞争者而比市场跟随者具有更低的存活率。因此,组织对其竞争者的领先程度绝非越高越好,要以能保证组织之间的竞争性学习为前提。

其次,组织联盟(alliance)必须同时是学习联盟。联盟是不同的组织为了达到某一目的而通过契约形成的联合体。组织联盟包括一系列的正式制度和非正式制度,它能通过改变组织种群的竞争动态而对组织存活产生影响。一方面,参与联盟的组织能更经济或更快捷地获得稀缺的资源,这利于联盟组织的成长和存活;另一方面,联盟隔离了竞争,使组织无法通过竞争性学习而提高自身的存活能力。协调这一矛盾的有效措施是将组织联盟从单纯的功能联盟转变为学习联盟,为联盟组织构建开放的学习平台和知识共享体系。

竞争依赖演化理论对现有的组织学习理论以及战略管理理论均有很好的借鉴意义。现有的组织学习理论将组织学习的途径分为两个方面:"干中学"(learning by doing)和"看中学"(learning by observation)。"干中学"理论假定组织是按照既定的程序展开学习的,组织学习与环境无关。但红皇后竞争理论认为,与竞争隔绝的组织不会自发地产生学习行为,组织学习需要通过竞争来触发。此外,在"干中学"模型中,组织学习的内容是已知的,组织学习的目的是理解设定程序和规则。传统的组织学习曲线是组织年龄和累计产出的函数。但红皇后竞争理论认为,组织学习的内容必须根据当前的竞争逻辑来确定,不参与竞争就无法理解竞争的内容,从而无法确定组织学习的方向。

"看中学"理论认为,组织会通过对其他组织的观察来学习。它意味着当组织"看到"其他组织行动得很好时就会对这些行为进行模仿。这一理论隐含的假设比红皇后竞争效应的假设还要严格。在红皇后竞争效应中,个体无须知晓触发搜寻的具体问题,因此间接的竞争也能充当问题搜寻的触发器。但在"看中学"理论中,准备模仿的组织需要了解被模仿对象的准确知识和直接知识。事实上,这一严格的假定往往难以满足。

传统的战略管理理论鼓励组织通过竞争屏蔽和差异化而获取对潜在竞争者的领先优势。但红皇后竞争理论认为,通过这种方式获取的位置优势是要以牺牲组织的能力优势(capability-based advantage)为代价的。这就是说,位置优势和能力优势之间存在着相反的作用。随着时间的推移,这两种优势可能相互逆转。因此,在成熟的市场中,那些具有位置优势的在位企业往往会被那些名不见经传的非在位企业所取代。在传统的战略理论中,组织之间的这种适应性差别通常被简单地理解为市场的在位者效应(incumbency effects)。但组织生态学理论认为,在位者和替代者之间的竞争力差异并非源于组织是否在位,而是源于在位者在获得了战略位置优势以后,是否将自己与红皇后竞争隔离开来。更为重要的是,位置优势战略学派宣扬的是掠夺的逻辑,即崇尚通过毁灭对手而获取优势,这种战略虽然能赢得竞争,但这种市场优势的取得不能改善组织的业绩。

十、组织种群内部的接触性传染

由于信息的公开性、资源的共同依赖性以及组织之间合作关系的存在,一个组织的死亡及其死亡信息会对相关组织的生存带来直接的影响。决定组织死亡的关键因素可能会在相关或不相关组织之间传播,从而造成组织群落中组织的大面积死亡。组织之间的接触性传染是指由濒死组织或已死亡组织而引发的健康组织的死亡。反过来说,如果没有濒死组织或已死亡组织的传染,健康组织根本不会死亡。

接触性传染造成的组织死亡扩散最易发生在金融业组织种群中。20世纪90年代末发生的东南亚金融危机的传导机制与以往金融市场的传统传导机制有所不同,即出现了所谓的金融市场接触传染。金融市场接触传染有三个明显的特征:第一,在现代金融市场中,计算机技术和网络通信技术被前所未有地应用于金融业,资金的流动与交易变得越来越迅速和便捷;第二,信息产业的高速发展使信息在金融市场上的透明度越来越高,传播的速度越来越快;第三,在现代金融市场中,参与金融交易的人比任何时候都敏感。正是因为这种传导机制,在一个国家的金融市场出现动荡后,在其债权和债务关系还没有受到直接影响时,动荡就已经被传导出去并在相邻国家甚至全世界引起了反响。

对特定组织危机传染的研究日益受到重视,但研究对象仍囿于金融组织。在已发展的各种模型中,有刻画死亡传播机制的理论模型,如接触传染性银行失败模型、货币危机传染模型等;也有用于预测传染速率的数理模型,如 Reed-Frost 改进模型和 SIS 传染模型等。

(一)接触传染性银行失败模型

Aghion(1999)建立了一个接触传染性银行失败模型。该模型存在4个时期 t_0、t_1、t_2、t_3。银行数量 $N \geqslant 2$,每家银行拥有3群相同的存款者。在初始期 t_0,每群存款者在银行存入数量为 $I=1$ 的存款,存款本息可以在随后 t_1、t_2、t_3 中的任一时期提取。假设有部分的存款者想在时期 t_1、t_2 或 t_3 提取 $I=1$ 的存款,投资于一个更好的项目。因此,若存款者在时期 $t(t_1,t_2,t_3)$ 有更好的投资项目,则称其为 t 型存款者。在时期 t_0,存款者并不知道自己的类型,他们只能在 t_1、t_2、t_3 知道自己是否为 t 型存款者。

在时期 t_0,银行与存款者鉴定了存款合同。在时期 t_1,t_1 型的存款者知道他们的类型并提取了他们的资金。如果某银行不能够满足所有提款要求,它便倒闭了,这将成为一个公共信息事件。于是,存款者原本只在他需要资金时才会最后提款,但这时他也会选择尽早地提款,因为他们害怕自己的存款银行也是不能偿还债务的。过早的提款挤兑会导致自我实现的理性恐慌,因此,t_2 型与 t_3 型存款者全部在时期 t_1 就到银行提款便是理性的行为了。该模型的结果说明,自由银行制度不可能对接触传染性银行失败具有免疫力。

(二)沙堆模型

根据西蒙(Simon)的观点,企业危机可以分为蔓延性危机、周期性危机和突发性危机三大类。蔓延性危机的特点在于,从表面上看起来企业一切正常,但实际上这种危机正在慢慢地渗透发展,而且不易被察觉到。Bak 等(1987)在沙堆模型的基础上提出了自组织临界性(self-organized criticality)的概念。自组织临界性是关于具有时空自由度的复杂动力学系统的时空演化特性的一个概念。其主要观点在于,多种要素相互作用的大系统能够自发地朝临界状态演化:在这种自组织临界状态,一个小的事件会导致一个大事件乃至突变("雪崩")的发生。

根据经典的传播理论,疾病若持久存在,则必然波及大量个体。关于这一问题,Bak 等(1987)是通过沙堆模型进行解释的。根据自组织临界性的原理,组织系统是以幂率的形式展示无标度特性的,则"雪崩"的规模 $P_a(S)$ 和持续时间 $l(t)$ 服从如下分布:

$$P_a(S) \sim S^{-\tau}, l(t) \sim t^{-\delta}$$

将组织系统看作是一个网络系统,则其沙堆模型的动力学规则如下:

(1)假定每一个节点 i 都有一个给定的初值 $Z_i (\leqslant k_i)$,不小于 Z_i 的整数表示为 $[Z_i]([Z_i \leqslant k_i])$。

(2)在任意的时间序列,每一粒沙随机地添加在节点 i 上,节点 i 的高度便增加 1。

(3)当 i 的高度达到或超过 Z_i 时,它将变得不稳定,$[Z_i]$ 沙堆向它邻近节点上的沙堆 $|Z_i|$ 随机倾倒,$h_i \to h_j \to |Z_i|$。

(4)如果这种倾倒导致任意邻近的节点接收到沙粒后变得不稳定,那么倾倒将继续发生,一直到没有不稳定的节点剩余。这个过程被称为"雪崩"。

(5)重复(2)~(4)。

这里,节点 i 的初值 Z_i 由 $Z_i = k_i^{1-\eta}(0 < \eta < 1)$ 给出,于是可以得到:①"雪崩"的区域 A,即在一个假定的"雪崩"中包含的特征节点数;②"雪崩"的大小 S,即在雪崩中倾倒的节点数;③"雪崩"的持续时间。可知,"雪崩"的出现频率是由初始值的平均水平 $\overline{Z_i}$ 决定的,而"雪崩"的规模和持续时间由各节点初值的离差程度决定,利用沙堆模型可以对组织种群的发展和演化进行分析和模拟,并找到组织种群可能出现的关键节点。

十一、组织群落的互利共生与竞争

同一区域内不同性质和类型的组织构成各种组织种群,而不同组织种群的共存就构成了组织群落。组织群落是一个特定的功能单位,其进化特征、结构和群落内部组织种群之间的交互方式等因素对组织死亡有直接的影响。组织种群之间的交互作用会影响种群动力学、改变资源的生态位,影响共同进化类型,或导致置换,形成新的组织形式。

由于组织群落中互利共生关系的存在,单个组织不仅会受到同一规模组织群落变革的影响,而且会受到其他规模的组织群落变革的影响。一般而言,大企业的变革会对中小企业产生重大的影响。有学者指出,对于一个企业群而言,社会资源分成核心资源和边缘资源。一般大企业占据核心资源,中小企业占据边缘资源,互相形成共生关系。一旦大企业发现需要进行新的社会资源分配,进行变革来占据更加有利的核心地位,或者进行核心资源的转移,那么,一些与原先大企业形成共生关系的中小企业,如果不能及时调整,就容易死亡。同时,一个组织种群的密度可能对另一个组织种群的死亡率产生正向的影响(Brittain,Wholey,1988)。这意味着用交叉密度效应(density cross-effects)来衡量组织群落对组织的生存能力的影响有实际的意义。一些组织生态学家已经将密度模型扩展到了组织群落层面,并检验了种群内部密度对不同组织种群死亡率的影响。

Hawley(1950)认为,互利共生来自两个方面,即单位之间的辅助性相似(supplementary similarity)和补充性差异(complementary difference)。以此为基础,Barnett(1990)以技术性相似和技术性差异为基础分析了美国电话公司之间的互利共生关系。在电话公司的发展过程中,技术的相似性表现在电话机电源系统上,即使用非标准化的磁发动机还是使用普通电池。技术性差异表现在传输系统上,即只拥有本地电话服务还是拥有长途电话服务。

标准化的组织能在同一技术系统中一起运作,而技术不兼容的公司之间会展开竞争。在产业发展的早期,竞争可能源于标准的缺乏。非标准的组织导致了产业的离散(fragment),没有组织能够在同一技术系统里运作,引发了技术系统内的竞争扩散,使整个产业内的组织都具有较低的存活力。在电话公司产业中,使用磁发动机的公司会对所有的电话公司产生竞争压力。根据密度依赖原理,生产磁发动机电话机的公司密度越大(包括当地和外地),所有电话公司的死亡率越高。Barnett(1990)的研究强烈地支持了这一结论。由生产磁电电话机公司产生的竞争压力极大地提高了宾夕法尼亚州电话公司的死亡率。到1915年,由于生产磁电电话机的公司的大量设立,该州电话机公司的死亡率提高了近7倍。从种群层次来看,技术的分割产生了实际的竞争压力。

在技术系统有差异的情况下,由技术变革产生的差异会使组织互补,即互利共生,导致双方死亡率下降。例如,由于计算机硬件之间是互补的,当技术变革产生了大量的制造商时,该制造商种群的存活力就更强。然而,只有当其统一使用的系统是标准化的时,组织之间才能产生技术性互补。例如,计算机组件制造商都必须遵循一个标准化的操作系统才能实现技术互补。现代运输系统也是由许多的铁路、公路、水路和空中运输等互补机构组成的,这些不同的组织在同一系统中一起运作,以弥补彼此的不足,但这种互补关系要求这些组织所使用的集装箱必须是标准化的。相反,当标准化的组织之间没有差异,即它们在技术系统的同一部分运作时,就会产生竞争。因此,在标准化的组织之间,竞争性和互利共生都可能发生。差异化的组织之间是互利共生的,而其他的组织之间则是竞争性的。在电话机产业中,在标准化的、生产普通电池电话机的公司之间既有竞争关系,也有互利共生关系,关键是看它们是否有差异性。具体来说,多交换系统的公司之间存在着竞争关系,单一交换系统的公司之间也存在着竞争关系,但多交换系统公司种群与单交换系统公司种群之间是互利共生的。因此,在生产普通电池电话机的公司中,多交换系统公司与单一交换系统公司的密度的提高会使它们本身的死亡率上升,但会使对方种群的死亡率下降。Barnett(1990)的研究也证明了这一推论。多交换系统公司种群不仅没有取代单一交换系统公司种群,而且由于技术互补,多交换系统公司种群的发展反而有助于单一交换系统公司种群的发展。起初,单一交换系统公司种群的死亡率相对较高,但多交换系统公司种群的迅速发展扭转了单一交换系统公司种群的这一不利局面。当四分之三的多交换系统公司出现以后,单一系统公司种群的生存劣势就完全消失了。超过这一点后,技术先进的多交换系统公司就会使技术水平较低的单一交换系统公司具备相对的生存优势。

其他的研究也得出了类似的结论。Baum和Singh(1994a)发现了被照看孩童年龄不重叠的孩童照看中心之间的互利共生关系。Staber(1992)以加拿大海事合作社部门组织1900—1987年的资料为背景,分析了种群相互依赖对工人合作社、市场合作社、消费合作社、信用合作社等组织的死亡率的影响。研究发现,工人合作社受其他种群增长显著的非单调影响。当市场合作社和信用合作社种群较小时,它们的增长会提高工人合作社的死亡率,表现出强烈的竞争效应。当密度水平足够高时,市场合作社和信用合作社种群的进一步增长将会降低工人合作社的死亡率,表现出强烈的互利共生效应(mutualism effects)。消费合作社的增长对工人合作社的死亡率有相反的影响,开始时表现出互助效应,然后在高密度水平上表现出竞争效应。消费合作社的密度对市场合作社的死亡率存在曲线效应,开始是竞争效应,然后是合作效应。工人合作社的密度对市场合作社的死亡率具有严格单调的竞争效应,每增加一个工人合作社,市场合作社的死亡率就提高约6%。市场合作社和信用合作社的密度对消费合作社死亡率的联合影响表现出先竞争后互助的特性,而对工人合作社的影响表现为严格单调的竞争效应。工人合作社的密度对消费合作社死亡率的影响要比对市场合作社死亡率的影响更弱。在对消费合作社死亡率的影响方面,企业群落中种群之间的密度效应比种群内部的密度效应要弱。尽管竞争始终在企业群落中存在,但互助对维持群落中组织形式的持续生存是有效的。

秦宛顺和顾佳峰(2003)用实证研究的方法,分析了我国澳门地区企业的死亡率与企业群落内部调整之间的关系。企业群落的内部调整是指群落内的企业修改其公司章程的行为。其原因包括:①有关法律、行政法规修改后,章程规定的事项与其相抵触;②公司的情况发生变化,与章程记载的事项不一致;③股东大会决定修改章程。

为了研究企业群的内部调整对于企业死亡的影响,可以通过计算企业群的调整死亡弹性来反映。企业群的调整死亡弹性的定义为:

$$E = \frac{\mathrm{d}\ln Y}{\mathrm{d}\ln X} \tag{6-19}$$

其中,E 表示企业群的调整死亡弹性;Y 是企业的死亡数;X 是群体内部修改章程的企业数,表示群体内部的调整。如果 $E > 0$,表明企业群落的内部调整增加了企业的死亡;如果 $E < 0$,表明企业群落的内部调整减少了企业的死亡。

结果表明,在其他变量不变的情况下,澳门企业平均每季死亡率为 7%。调整死亡弹性为 0.77,即当其他变量不变时,澳门企业群落内申请变更的企业数每季度增长 1%,导致企业死亡数每季度增长 0.77%。其原因之一是,进行调整的企业由于过度调整而不能有效地适应环境,进而削弱了企业的市场竞争力。所谓过度调整,是指企业调整的力度超出自身的承受能力。

十二、组织死亡和组织出生的同向变动

密度依赖模型是组织生态学研究中应用得最为广泛的模型,密度依赖理论通过合法性(legitimacy)和竞争性(competition)来解释组织出生率、组织死亡率、组织种群密度和组织增长率的演变(Hannan,Carroll,1992;Hannan,Freeman,1993)。在组织发展的初级阶段,组织出生率低,组织死亡率尤其高,种群增长率很低。随着组织密度的提高,现有组织的数量能为相似组织的成立提供意识形态空间(ideological space)(Stretesky et al.,2011),有利于组织形式被社会普遍性认可,达到“理所当然的地位”(social taken-for-grantedness;Hannan et al.,1995),使组织收获更多资源(蔡宁,王发明,2006)。合法性随着密度的提高,以递减的速度增强(Barron,1998)。瑞典 IT 行业的发展表明:行业的成长使得出生率上升,IT 组织在资源提供者心中的合法性逐步增强,组织

更容易成立(Zaring,Eriksson,2009)。组织出生率逐渐提高、死亡率降低,组织种群实现整体的成长。当出生率达到最大值、死亡率接近最小值时,种群成长率达到最大值。之后,组织出生率下降,组织死亡率上升,组织成长率下降。最终,组织种群的规模稳定在环境承载力水平上(van Wissen,2004)。

当资源充足时,出生率高,死亡率低,组织种群增殖扩展。当资源稀缺时,新进入者会发现现有资源池(pool of resources)难以在短期内拓宽,保护组织生存的能量也有限,所以此阶段成立的组织实力羸弱。个体组织缺乏投资组织专业技能的激情,在组织生存存在诸多不确定因素的情况下,建立合作和信任的框架尤为困难(Lomi,1998)。Lomi(2000)研究了1846—1989年丹麦商业银行组织的出生率,发现哥本哈根银行的出生率与银行密度负相关,组织密度的上升意味着资源竞争越发激烈。对资源的竞争使死亡率上升,阻止了新企业进入,组织种群处于停滞或企业数量下降状态(Gómez et al.,2014)。

在种群发展的初始阶段,随着种群中组织数量的增加,组织死亡率下降。其后,当组织密度达到最高临界值时,竞争性的作用增强(Lazzeretti,Capone,2017),组织死亡率随着密度的上升而呈现上升趋势。种群中组织的大量死亡释放出环境不利于生存的信号(Messallam,1998),所以当组织死亡率上升时,人们普遍认为组织出生率会下降。高出生率使许多企业家看到了未来有利的结果,良好的预期激励着企业家们,使得新出生者更有可能成功(Carroll,Khessina,2005)。组织出生率上升时,人们普遍认为组织死亡率会下降。

以往研究一般认为密度依赖模型的组织出生率与组织死亡率函数呈反向关系。组织出生率上升时,组织死亡率下降;组织出生率下降时,组织死亡率上升。组织死亡率上升时,试图进入该行业种群的组织减少;组织死亡率下降时,试图进入该行业种群的组织增加。然而,实际情况是否如此? 组织出生率与组织死亡率是否可能存在同向变动现象?

(一)理论模型推导

Hannan 和 Freeman(1993)假设,t 时刻的组织出生率 $\lambda(t)$ 主要受合法性 L_t 和竞争性 C_t 的影响,组织出生率 $\lambda(t) = a(t) \cdot \dfrac{L_t}{C_t}$。其中,合法性 $L_t = \alpha N_t^\beta$,$\alpha > 0, 0 < \beta < 1$;竞争性 $C_t = \gamma e^{\delta N_t^2}$,$\gamma > 0, \delta > 0$。合法性以递减的速度随密度上升而增强,竞争性则随密度上升而递增(汉南,弗里曼,2014)。代入可得组织出生率 $\lambda(t) = a(t) \cdot \dfrac{\alpha}{\gamma} N_t^\beta \exp(-\delta N_t^2)$,求导可得 $\dfrac{\mathrm{d}\lambda(t)}{\mathrm{d}N} = \varphi(t) N_t^{\beta-1} [\exp(-\delta N_t^2)](\beta - 2\delta N_t^2)$,$N$ 的极大值点 $N^* = \sqrt{\dfrac{\beta}{2\delta}}$。Hannan 和 Carroll(1992)在此基础上将出生率表示为普遍性尤尔模型(generalized-Yule model,GY):$\lambda(t) = \dfrac{\alpha}{\gamma} N_t^\beta \exp(kN_t^2)$,

$k = -\delta$，其中 $0 < \beta < 1$，$k < 0$。Hannan 和 Freeman(1988)发现，GY 模型无法拟合美国工会组织的数据，于是采用对数二次方近似法(log-quadratic approximation,LQ)求取模型参数近似解，发现 LQ 法比 GY 模型更能拟合报业组织的出生率(Carroll，Hannan,1989a)。组织设立率密度依赖性的 LQ 近似值(Hannan,Carroll,1992)具有如下形式：$\lambda(t) = \frac{\alpha}{\gamma}\exp(\theta_1 N_t + \theta_2 N_t^2)$。随着密度上升，出生率上升，直到 $N_\lambda^* = -\frac{\theta_1}{2\theta_2}$。当密度大于 N_λ^* 时，则出生率随密度上升而下降。

　　组织年龄为 u 时的组织死亡率 $\mu(u) = b(u) \cdot \frac{C_u}{L_u}$，其中 $L_u = \nu N_u^k$，$C_u = \xi\exp(\lambda N_u^2)$。所以，$\mu(u) = \frac{\xi b(u)}{\nu} N_u^{-k}\exp(\lambda N_u^2)$。由于该模型难以得到收敛的参数估计，因此将其转换成参数解释力相同的：$\mu(u) = \frac{\xi b(u)}{\nu}\exp(-\theta_1 N_u + \theta_2 N_u^2)$。将死亡率函数两边同时取对数以方便计算，可得：$\ln\mu(u) = \ln\frac{\xi b(u)}{\nu} - \theta_1 N_u + \theta_2 N_u^2$。求导可得，$\frac{d\mu(u)}{dN_u} = \mu(u) \cdot (-\theta_1 + 2\theta_2 N_u)$，密度最小值为 $N^* = \frac{\theta_1}{2\theta_2}$(Hannan,Freeman,1993)。

　　同理，将组织出生率求导可得 $\frac{d\lambda(t)}{dN_t} = \lambda(t) \cdot (\theta_1 + 2\theta_2 N_t)$。所以，当 $\lambda(t) > 0$ 时，如果 $\theta_1 + 2\theta_2 N_t > 0$，即 $N_t > -\frac{\theta_1}{2\theta_2}$，组织出生率函数呈上升趋势；如果 $N_t < -\frac{\theta_1}{2\theta_2}$，则组织出生率函数呈下降趋势。当 $\lambda(t) < 0$ 时，如果 $N_t < -\frac{\theta_1}{2\theta_2}$，则组织出生率函数上升；如果 $N_t > -\frac{\theta_1}{2\theta_2}$，则组织出生率函数下降。

　　就组织死亡率而言，当 $\mu(u) > 0$ 时，如果 $-\theta_1 + 2\theta_2 N_u > 0$，即 $N_u > \frac{\theta_1}{2\theta_2}$，则组织死亡率函数呈上升态势；如果 $N_u < \frac{\theta_1}{2\theta_2}$，则函数呈下降趋势。当 $\mu(u) < 0$ 时，如果 $-\theta_1 + 2\theta_2 N_u < 0$，即 $N_u < \frac{\theta_1}{2\theta_2}$，则组织死亡函数呈上升趋势；反之，组织死亡函数呈下降趋势。

　　综上所述，组织出生率和组织死亡率函数的变动趋势如表 6-1 所示。

表 6-1 组织出生率和组织死亡率函数的取值和变动趋势

出生率	死亡率	N_t 和 N_u 的取值	变化趋势
$\lambda(t)>0$	$\mu(u)>0$	$N_t>-\dfrac{\theta_1}{2\theta_2}$, $N_u>\dfrac{\theta_1}{2\theta_2}$	组织出生率和组织死亡率函数同时上升
$\lambda(t)>0$	$\mu(u)<0$	$N_t>-\dfrac{\theta_1}{2\theta_2}$, $N_u<\dfrac{\theta_1}{2\theta_2}$	组织出生率和组织死亡率函数同时上升
$\lambda(t)<0$	$\mu(u)>0$	$N_t<-\dfrac{\theta_1}{2\theta_2}$, $N_u<\dfrac{\theta_1}{2\theta_2}$	组织出生率函数上升,组织死亡率函数下降
$\lambda(t)>0$	$\mu(u)<0$	$N_t<-\dfrac{\theta_1}{2\theta_2}$, $N_u<\dfrac{\theta_1}{2\theta_2}$	组织出生率函数下降,组织死亡率函数上升
$\lambda(t)<0$	$\mu(u)>0$	$N_t>-\dfrac{\theta_1}{2\theta_2}$, $N_u<\dfrac{\theta_1}{2\theta_2}$	组织出生率函数和组织死亡率函数同时下降
$\lambda(t)<0$	$\mu(u)<0$	$N_t>-\dfrac{\theta_1}{2\theta_2}$, $N_u>\dfrac{\theta_1}{2\theta_2}$	组织出生率函数和组织死亡率函数同时下降

(二)实证模型与变量界定

沿用 Hannan 和 Carroll(1992)设计的经典组织设立率模型,通过实证模型可以检验理论假设。

$$\lambda(t)=\frac{\alpha}{\gamma}\exp(\theta_1 N_t+\theta_2 N_t^2) \tag{6-20}$$

式中,被解释变量 $\lambda(t)$ 表示组织出生率,即新出生的组织数量占种群中现有组织数量(组织密度)的比重。N_t 表示 t 时刻(1993≤t≤2017,单位:年)种群中的组织密度,如 N_{2016} 即表示 2016 年广州市外资制造业种群的组织密度。市场主体退出市场的方式主要有两种:一是企业主动申请注销登记,二是工商行政管理部门依法吊销企业的营业执照。因此,本书将企业的注销和吊销这两种方式都定义为组织死亡。据此,统计 1993—2017 年每年广州市出生和死亡的外资制造企业数量。用 $t-1$ 年外资制造业的企业数量加上 t 年新成立的企业数量,再减去 t 年注销和被吊销营业执照的企业数量代表组织密度 N_t。

Hannan 和 Freeman(1993)提出能得到收敛参数估计的死亡率函数:

$$\mu(u)=\frac{\xi b(u)}{\nu}\exp(-\theta_1 N_u+\theta_2 N_u^2) \tag{6-21}$$

式中,被解释变量 $\mu(u)$ 代表组织死亡率,组织死亡率 $\mu(u)$ 等于每年注销和吊销的企业数量除以每年的组织密度。等式右边的解释变量 N_u 则表示:组织达到年龄 u 时,每年初种群中组织的数量(汉南,弗里曼,2014)。年龄为 0 年,即在成立当年死亡。

彭璧玉和徐堇(2018)研究了广州市工商行政管理局企业数据库中 1993 年 1 月 1 日到 2017 年 5 月 12 日广州市成立、注销和被吊销营业执照的外资及我国港澳台地区投资的制造业企业数据,企业类型包括外国法人独资有限责任公司及我国港澳台地区法人独资有限责任公司、自然人独资有限责任公司、与境内合资有限责任公司、与境内合作有限责任公司,以及外商合资有限责任公司、中外合资有限责任公司、中外合作有限责任公司及其分公司和办事处、外商投资企业分支机构等。行业门类包括机械制造、电子器件制造、电子元件制造、纺织业、服饰制造、机织服装制造、工艺美术品制造、设备制造业、计算机制造、金属制品制造、化学产品制造、塑料制品业、汽车制造业、食品制造业、医药制造业、石油加工、炼焦和核燃料加工业等制造业相关行业代码的所有制造业。企业状态包括已开业、注销、吊销营业执照、清算中和经营期限届满。因为 2014—2017 年 320 家外资制造企业中仅有 5 家外资制造企业处于"清算中"状态,1993—2013 年 4338 家外资制造开业企业中,仅有 47 家经营期限届满,110 家清算中,所以,清算中和经营期限届满不具代表性,将涉及的企业数据剔除。再排除若干出生或死亡信息缺失的企业,共得到 10328 条企业数据。

根据收集到的数据,统计 1993—2017 年每年新成立的外资制造企业数量,除以当年外资制造行业中的企业总数,作为组织出生率。本研究将每年企业主动注销和被吊销营业执照视为组织死亡,统计每年死亡的组织数量,除以当年行业中的企业总数,作为组织死亡率。每年的组织密度 N_t 则用上一年外资制造业的企业总数 N_{t-1},加上当年新成立的企业数量,减去当年死亡的企业数量表示。

1993—2017 年广州市每年成立、注销和吊销营业执照的外资制造业企业数量如表 6-2 所示。对 1993—2017 年广州市外资制造业企业的出生和死亡情况进行统计分析,描述统计量如表 6-3 所示。

表 6-2 1993—2017 年广州市成立、注销和吊销营业执照的外资制造业企业数量

单位:家

年份	成立	注销	吊销营业执照
1993	302	1	0
1994	199	10	1
1995	240	12	48
1996	79	22	20
1997	105	35	18
1998	119	29	0
1999	149	73	120
2000	201	37	144
2001	218	50	141
2002	284	60	0
2003	315	63	1429

续表

年份	成立	注销	吊销
2004	389	68	456
2005	368	118	152
2006	303	179	0
2007	256	197	467
2008	177	170	285
2009	127	148	20
2010	149	143	1
2011	144	139	264
2012	115	119	83
2013	99	143	142
2014	111	40	0
2015	89	2	0
2016	77	16	0
2017	42	4	2

资料来源:彭璧玉,徐堇,2018.基于密度依赖模型的组织出生和组织死亡同向变动研究[J].南方经济,37(5):128-138.

表 6-3　描述统计量

单位:家

变量	平均值	标准差	最小值	最大值	中位数
出生的组织数量	186.28	97.42	42	389	149
死亡的组织数量	226.84	317.65	1	1492	168

资料来源:彭璧玉,徐堇,2018.基于密度依赖模型的组织出生和组织死亡同向变动研究[J].南方经济,37(5):128-138.

(三)实证检验结果分析

运用 Stata 14.0 分析软件对式(6-20)和式(6-21)进行回归,主要结果如表6-4 所示。两个模型的 R^2(R-squared)均大于 0.5,拟合优度较好。方程的显著性检验在 5% 的显著性水平上都非常显著。回归结果显示,出生率函数所有系数的 t 绝对值均大于 2.58,表明系数在 1% 的显著性水平上显著,模型拟合效果较好;$-\frac{\theta_1}{2\theta_2}=827.11$。1993—2002 年出生率大于 0,1993—2000 年 $N_t<-\frac{\theta_1}{2\theta_2}$,所以组织出生率函数呈下降趋势。2001—2002 年 $N_t>-\frac{\theta_1}{2\theta_2}$,理论上组织出生率函数上升。2003—2017 年出生率小于 0,$N_t<827$ 即 $N_t<-\frac{\theta_1}{2\theta_2}$,理论上组织出生率函数应呈上升趋势。

表 6-4　回归结果分析

模型	R^2	θ_1	θ_2	θ_1 的 t 值	θ_2 的 t 值	p 值
出生率函数	0.7376	−0.0104051	6.29×10^{-6}	−3.50	2.89	0.010
死亡率函数	0.5732	−0.3002622	−0.00119	2.60	−2.37	0.014

最小二乘法(OLS 回归)在拟合特异值的过程中容易损失样本案例,为减弱特异值的影响,提升拟合效率,应用 Stata 软件中的 reg 命令对死亡率和密度、密度平方等变量进行稳健回归(robust regression)。运用加权最小二乘法赋予异常值较小的权重,结合胡伯尔(Huber)函数和双权数函数,再按 95% 的高斯效率进行调整(汉密尔顿,2011)。稳健回归的结果显示:$\theta_1 = -0.0103239$,$\theta_2 = 6.23\times10^{-6}$,所以 $-\dfrac{\theta_1}{2\theta_2} = 828.56$。1993—2002 年出生率 $\lambda(t)$ 大于 0,1993—2000 年 $N_t < -\dfrac{\theta_1}{2\theta_2}$,所以组织出生率函数呈下降趋势;2001—2002 年 $N_t > -\dfrac{\theta_1}{2\theta_2}$,理论上组织出生率函数上升。2003—2017 年出生率小于 0,$N_t < -\dfrac{\theta_1}{2\theta_2}$,理论上组织出生率函数应呈上升趋势。两种方法进行的模型理论推导结果相同。

1993—2017 年企业实际出生率情况如图 6-9 所示。可以看出:除 2002—2006 年出生率有较大幅度下降外,其余年份的实际情况与理论推导大致相同。2001 年广州市外资制造业组织出生率的较大幅度下降应与当时世界经济增长趋势放缓、外需拉动减弱[①]有较大关联。

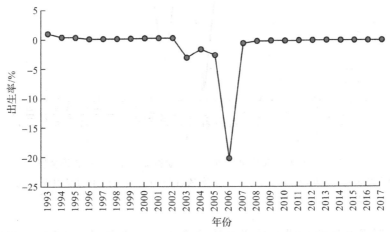

图 6-9　1993—2017 年广州市外资制造业企业实际出生率情况

资料来源:彭璧玉,徐堇,2018.基于密度依赖模型的组织出生和组织死亡同向变动研究[J].南方经济,37(5):128-138.

---

① 资料来源:《2001 年广州市国民经济和社会发展统计公报》。

对死亡率函数的回归结果显示：主要系数的 t 值均大于 1.96，系数在 5% 的显著性水平上显著，拟合效果较佳。代入表 6-4 数据可得，$\dfrac{\theta_1}{2\theta_2} = 126.16$。1993—2002 年 $N_u < \dfrac{\theta_1}{2\theta_2}$，1993—1997 年 $N_u > \dfrac{\theta_1}{2\theta_2}$，理论上组织死亡率函数应上升。1998—2002 年 $N_u < \dfrac{\theta_1}{2\theta_2}$，组织死亡率函数下降。2003—2017 年死亡率 $\mu(u) < 0$，$N_u < \dfrac{\theta_1}{2\theta_2}$，理论上组织死亡率函数应上升。稳健回归的 R^2 和调整 R^2 数值均未优于 OLS 回归结果。N_u 的系数为 -0.7478279，N_u^2 的系数为 0.0027413，$\dfrac{\theta_1}{2\theta_2} = 136.40$。结合死亡率的数学推导结论与前面论述相同，不再赘述。

1993—2017 年实际死亡率情况如图 6-10 所示，除 2002—2003 年、2005—2006 年死亡率有较大程度下降外，其余年份情况与理论推导相符。2004 年广州市开始加快发展利用外资的制造业，其中交通运输设备制造业的合同利用外资金额增长幅度最大，增长了 94.6%[①]。外资的大量涌入优化了广州市外资制造业企业的生存环境，使其组织死亡率下降。

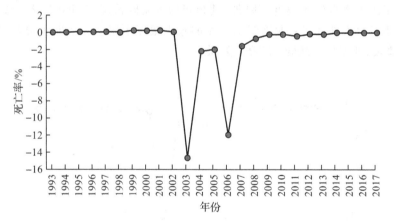

图 6-10　1993—2017 年广州市外资制造业企业实际死亡率情况

资料来源：彭璧玉，徐董，2018. 基于密度依赖模型的组织出生和组织死亡同向变动研究[J]. 南方经济，37(5)：128-138.

实际观察到的广州市外资制造业企业出生率和死亡率情况如图 6-11 所示。

———————————

① 　数据来源：《2004 年广州市国民经济和社会发展统计公报》。

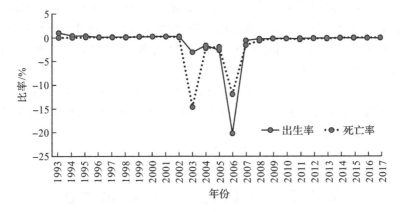

图 6-11　1993—2017 年广州市外资制造业企业实际出生率和死亡率情况

资料来源:彭璧玉,徐堇,2018.基于密度依赖模型的组织出生和组织死亡同向变动研究[J].南方经济,37(5):128-138.

由图 6-11 可知,1993—2017 年广州市外资制造业企业出生率和死亡率的变化趋势大致相同。实际观察到的现象也与理论上的数学推导大体保持一致。

根据以上研究结果,可以推断出:组织出生率与组织死亡率并非绝对呈现反向关系,当死亡率、出生率和组织密度形成一定组合时,组织出生率函数和组织死亡率函数会出现同时上升或者同时下降的同向变动现象。例如:当组织死亡率大于 0、组织出生率小于 0 时,如果 $N_t < -\frac{\theta_1}{2\theta_2}$,$N_u > \frac{\theta_1}{2\theta_2}$,就会出现组织死亡率函数和组织出生率函数同时增长的现象。当出生率 $\lambda(t) > 0$ 且死亡率 $\mu(u) > 0$ 时,如果 $N_t > -\frac{\theta_1}{2\theta_2}$,$N_u > \frac{\theta_1}{2\theta_2}$,组织出生率和组织死亡率函数同时呈现上升趋势。当 $\mu(u) > 0$ 时,如果 $N_u < \frac{\theta_1}{2\theta_2}$,则组织死亡率函数下降。当组织出生率小于 0 时,如果 $N_t > -\frac{\theta_1}{2\theta_2}$,则组织出生率函数呈现下降趋势(彭璧玉,徐堇,2018)。

在密度依赖基础理论出生率和死亡率函数数学推导的基础上,结合 1993—2017 年广州市外资制造业组织种群的实际情况,可以论证组织出生率和组织死亡率的同向变动现象。组织的死亡可以释放更多资源到种群中,有利于种群现存组织获得新资源(Aldrich,Wiedenmayer,1993),使得组织的生存能力增强。种群可得资源的略微减少会使适应环境的种群在生态系统中的相对权重增加,敦促种群更有效率地开发和利用资源,反而有利于组织种群存活。所以,在组织死亡率上升的同时,组织出生率反而会出现增长的现象。更多资源涌入反而会使效率的重要性下降,不利于组织种群发展(Arthur et al.,2017)。过度丰裕的资源反而会使组织效率下降,不利于组织成长。因此,组织死亡率下降时,组织出生率反而会下降。在资源充裕的时期,组织要专注于提升专业性和竞争力。在资源有限的时期,组织则要实行多元化发展战略,寻求更多样的利润来源,全方位增强组织的综合实力。

组织死亡率和组织出生率的同向变动研究突破了对组织出生率和死亡率变化趋势的普遍认知,为密度依赖模型研究提供了新的研究视角,充实了现有的组织生态学研究。

第四节 组织死亡的制度化过程

一、组织之间的制度性联系

外部环境的变革是导致组织死亡的重要因素。但有些组织能在环境动荡的情况下受到保护。所谓缓冲(buffering)是指把环境动荡对组织的影响封锁起来(Thompson,1967)。缓冲器(buffer)是指将组织与环境动荡隔离开来的介入因素。在这一概念框架内,存在着两种类型的缓冲,即基于资源的缓冲(resource-based buffering)和制度性缓冲(institutional buffering)(Aldrich,1979;Scott,1987)。

资源缓冲是指组织实现的对物质资源、信息和技术渠道的隔离。一个组织可通过与另一个能向其提供资金、人员、设备、信息、技术、产品和服务等资源的公司建立联盟而得到直接的缓冲。资源缓冲可来自许多因素,包括组织之间的安排、政府的支持、社会或政治精英的帮助(Aldrich,1979),以及获得外部财务资源的特殊途径和信息网络等(Quinn,1980)。资源缓冲的根本特征是组织对获取物质资源的渠道的隔离。

制度性缓冲是指组织通过合法性而实现的隔离。它来自对一般社会期望、专业准则或政府规制的服从(Aldrich,1979)以及与已经拥有了高的合法性的组织之间的同一性(Galaskiewicz,1985)。制度性缓冲也能给组织带来另外的资源。例如,银行更愿意向合法性程度高的贷款者发放大额贷款。

组织之间的联系能带来两种类型的组织缓冲,它能缓解环境不确定性的影响,增强组织的能力(Pfeffer,Salancik,1978),确保更高和更稳定的资源流(Aiken,Hage,1968),降低其在新投资中的风险(Rogers,Whetten,1982),增强组织的合法性,改善社会形象(Meyer,Rowan,1977;Meyer,Scott,1983;Oliver,1990),使其不容易受到各种质询的伤害,提高组织的稳定性和可预见性

（Meyer，Rowan，1977；DiMaggio，1988）。制度性关系同时能提供更多的特殊资源（如准许、补助、捐赠等）。因此，与没有组织间联系的组织相比，具有组织间联系的组织具有较低的死亡率。

许多研究认为，组织环境的变化是呈断点（punctuated）形态的（Tushman，Anderson，1986；Hannan，Freeman，1989）。在相对稳定期，环境变革是增量的、慢速的和连续的。此时的组织死亡源于对资源的竞争和组织内部力量的衰退和混乱。但在环境动荡期，环境变革是深度的、快速的和离散的。该时期内可能包含着主要的技术变革、规制的变换或一般社会环境的根本性破坏。环境的动荡意味着资源的减少、不确定性的增加和来自特定竞争者的死亡威胁的增加。而来自组织间联系的资源缓冲有助于降低这些不利因素对组织死亡的影响。例如，补充性资源能使组织快速动员资源，以形成新的、未曾计划的活动，或进行自我防御，以避免向有敌意的组织集团寻求帮助。因此，组织间的联系可降低组织基于外部冲击的死亡风险。

Baum 和 Oliver（1991）利用多伦多都市区和安大略湖地区孩童照看服务组织 1971—1987 年的资料，分别在政府层面和社区层面分析了两种类型的制度性联系（institutional linkage）——购买服务协议（purchase of service agreements，POSAs）和位置共享安排（site-sharing arrangements，SSAs）——对组织死亡的影响。结果表明，制度性联系降低了组织死亡的风险。参加了位置共享安排的幼儿园比没有参加位置共享安排的幼儿园具有更低的死亡率。Dobrev（1999）对保加利亚报业种群的研究发现，与某一政党建立了联系的组织具有更强的生存优势。此外，制度性联系还能显著降低竞争效应对组织死亡的影响。随着组织密度的提高和竞争的加剧，组织的死亡率都在不同程度地提高。但参加了位置共享安排和服务购买协议的组织具有更低的死亡率。其中，竞争对位置共享安排条件下的组织死亡率的影响微乎其微。

但制度性联系对降低组织死亡风险的效应与组织的年龄、规模以及其他特性有关。与年老组织相比，制度性联系更能降低年轻组织的死亡率。许多的实证研究已证明，组织死亡率会随着组织年龄的增长而降低（Carroll，Delacroix，1982；Carroll，1983；Freeman，Carroll，Hannan，1983）。对这一现象进行解释的是新组织生存不利性理论。种群层次的年龄依赖模型假定，年轻的组织必须学习作为社会行动者的新规则并在资源达到极限时形成组织惯例（Singh，House，Tucker，1986；Hannan，Freeman，1989）。新组织缺乏广泛的影响和认可基础，缺乏与重要的外部要素之间的稳定关系。同样地，选择过程倾向于选择结构复制性高的组织，而随着组织年龄的增长，组织结构复制性提高（Hannan，Freeman，1984）。因此，与年轻组织相比，年老组织失败的可能性较低。

Singh、House 和 Tucker（1986）对社会志愿服务组织种群的研究发现，外部合法性的提高可降低新组织的生存不利性。当年轻的组织能够保护其与制度性环境的联系时,制度性条件将能减轻年轻组织面临的风险。因为合法性、稳定性和制度性因素提供给年轻组织的资源能够弥补年轻组织经验不足的缺陷。年老组织一般具有某种程度的特权,如重要制度行动者对其行为的认可、按惯例解释其产品和服务的能力、与外部要素的稳定关系等。因此,在年轻组织与年老组织之间的制度性联系中,年轻组织的收益比年老组织的收益要大。Baum和Oliver(1991)的实证研究表明,不管是否参加了位置共享协议,幼儿园组织的死亡率都随着其年龄的增长而降低。但与参加了位置共享协议的幼儿园相比,未参加位置共享协议的幼儿园的年龄依赖死亡率效应要明显得多。

与大型组织相比,制度性联系更能降低小型组织的死亡率。实证研究发现,组织死亡率随着组织规模的扩大而下降(Freeman,Carroll,Hannan,1983;Singh,House,Tucker,1986)。小组织的生存不利性包括资金筹措、雇员招聘和培训等方面的困难,以及为了与政府规制保持一致而发生的管理成本(Aldrich,Auster,1986)。但规模依赖的死亡率模型忽略了制度过程对这种关系的修正作用。如果制度性联系能够减少小型组织在获得文化支持和资源支持方面所遇到的问题,从而提高组织的存活率,则制度性联系在降低小型组织的死亡率方面就具有特别的作用。Baum和Oliver(1991)的实证研究表明,没有制度性联系的组织、有政府购买协议的组织和有位置共享协议的组织均服从规模依赖死亡率模型。但有制度性联系的小型组织具有更低的死亡率,且规模扩大给其带来的生存优势要小于没有制度性联系的组织。

与通用型组织相比,制度性联系更能降低专用型组织的死亡率。在组织种群生态学中,对通用型组织(多样化条件下的广适应性)与专用型组织(特定条件下的高成长率)差异的探讨是一个重要的研究主题。对这一问题的研究结果表明,组织采用何种战略取决于环境变化的类型和纹路,即环境变化的时间长度或周期(例如需求的季节性变化或星期性变化)(Hannan,Freeman,1989)。制度性过程对通用型组织和专用型组织的生存也有不同的影响(Brittain,Wholey,1988)。制度性联系对环境变化具有缓冲的功能,而专用型组织的剩余资源有限,目标市场狭窄,且缺乏多样化战略的保护,因此它们能从制度性联系中获得更多的收益。制度性关系能提高组织的合法性,降低环境的不确定性,稳定资源流,并在组织适应环境的变化中提供保护性援助。当组织在组织关系网络中的制度根植性得以强化时,组织的存活和成功就更多地取决于制度性联系的缓冲效应,而不是组织本身的适应能力。例如,只要政府许可一个社会服务组织在一个特定的专业领域内营业若干年,它就会努力保持承诺,并维持这种服务的合法性,而不管对这种服务的需求如何变化。

二、制度环境

生态理论与制度理论对组织死亡的观点其实是互补的（Hannan，Carroll，1992）。制度理论强调组织若能取得合法性、社会支持及外部要素（external constituents）的认可，将有助于组织的存活（Baum，Oliver，1991）。而组织生态学者则认为，制度环境的改变会塑造出不同的组织形式及历史联结，进而影响组织存活的概率（Hannen，Freeman，1989）。由此可知，制度环境对组织死亡具有重要的影响力。而制度环境系由社会规则、社会信仰及社会关系网络所组成（Meyer，Scott，1983），涵盖政治、社会、文化及经济环境等层面。

（一）政治环境

政治的不稳定会干扰组织与社会的历史联结关系，并释放资源给其他组织（Baum，1996），此种环境的冲击将会造成组织种群的高死亡率（Amburgey，Kelly，Barnett，1993）。换言之，组织能在稳定的政治环境下进行前瞻性的行动（Aldrich，1979），因为政治动乱会扰乱既有的社会配置，改变社会群体与社会资源之间的联结（Carroll，Delacroix，1982）。因此，政治动乱会使组织的死亡率增加。Amburgey、Kelly 和 Barnett（1993）研究了芬兰报业组织种群中 1011 个组织 1771—1963 年的死亡率，结果表明，在芬兰国内形势混乱的时期，尤其是在1917—1919 年芬兰国内战争期间，该组织种群的死亡率特别高。这证明了特定历史环境对组织存活的重要性。

（二）经济条件

很多研究曾以经济增长率、经济发展阶段、通膨率、失业率、出口成长率、进口成长率等指标为基础，探讨经济条件对组织死亡率的影响。Carroll 和 Delacroix（1982）认为，组织所面对的经济条件越佳，则死亡的可能性越低，因为经济水平越高，意味着组织所拥有的资源越充裕（Stinchcombe，1965），而且组织之间的网络具有较高的整合性，彼此较能保持共生的关系（Hawley，1978）。因此，经济发展水平越高，组织存活的概率就越高。Nickerson 和 Silverman（1998）对美国卡车运输业组织死亡的研究表明，未来的 GDP 对组织死亡率具有显著的负的影响，这意味着对大型卡车运输公司而言，经济的预期比当前的经济条件对组织死亡率具有更显著的影响。

（三）政府管制的改变

政府管制是组织重要的制度环境因素。由于不同的组织具有不同的环境适应力，因此政府管制的改变会给不同的组织带来不同的死亡风险。例如，对美国医院的研究表明，当有关制度改变时，小型医院（少于 100 张病床）、营利性医院和乡村医院（Cleverly，1991；Lillie-Blanton et al.，1992）、员工较少的医院

(Mullner et al.,1983)具有较高的死亡风险,而教学医院的死亡率较低(Sager,1983)。但一般来说,政府解除管制或放宽法令对组织死亡具有反向的影响。因为政府管制的放宽往往意味着增加公平性、刺激需求、提供补助、规范竞争等方面的措施,因此组织种群赖以生存的生态位会随之扩大,进而能增加组织的存活机会。

政府管制的加强则会提高组织的死亡风险。Gruca 和 Nath(1994)研究了美国 1983 年颁布的医药预付费系统规则对芝加哥地区医院组织死亡率的影响。结果发现,这一规则的实行会通过就诊人数中私人付费的比例、医院经营的规模经济和范围经济三个因素而影响到组织的死亡风险。那些在新环境中死亡的医院,其就诊人数中私人付费的比例较低,规模经济和范围经济的程度也较低。一般而言,政府管制的加强意味着对组织行动的限制,会加大组织获取资源和利用资源的成本,往往会加大组织死亡的风险。

(四)同业组织前一年的死亡数量

同业组织的死亡对尚存组织的影响取决于同业组织之间的竞争—合作类型和竞争—合作程度。如果同业组织之间缺乏合作,则前一年同业组织的死亡会使竞争者数量减少,降低同业组织之间的竞争程度,有利于尚存组织的生存。但随着生产外包形式的不断普及,组织之间基于合同制造的网络生产方式逐渐流行,各种协作网络随即出现。虽然协作网络可协助组织降低交易成本、取得关键资源、进行资源交换、取得合法性,并使组织与其他成员达到互补互惠的状态,但网络对组织存活的负面影响亦不容忽视。网络的联结程度越高,网络成员在资金、加工、原料调度等方面的相互依赖程度越高,网络成员的死亡连带造成其他组织死亡的可能性就越大。

三、社会资本

(一)组织的社会资本

一个专业化的公司为了吸引和留住客户,不仅要依靠高质量的服务,还要依靠它与潜在客户之间的联系,因为社会关系能够调节经济交易活动(Granovetter,1985)。组织的社会资本(social capital)可定义为组织与其他经济行为者之间,尤其是与潜在客户之间的支持性关系。这种关系可通过学校教育、家庭和其他个人联系、交叉成员、公司间的流动性、合资企业或其他合作安排等方式来形成。

组织层面的社会资本能增强公司吸引和留住客户的能力,因而能降低组织的死亡风险。组织的社会资本是组织成员与潜在客户之间联系的集合。这些联系是公司最有价值的资本之一(Burt,1992),因为在其他条件不变的情况下,潜在客户会根据与公司专业人员之间的现有人际关系来选择服务提供商。因此,与强有力的供应者或购买者之间的紧密关系可以提高公司的存活率(Uzzi,1996)。Pennings、Lee 和 Witteloostuijn(1998)对 1880—1990 年 1851 家荷兰会计公司的研究表明,如果以职业教育来表征产业形式的社会资本,则组织死亡风险与成员的社会资本负相关。如果公司所有者具有硕士以上学位,则其创办的公司具有显著较低的死亡风险。组织死亡风险与产业经验、公司经验之间存在 U 形的关系。在公司年龄相当的情况下,产业经验越少的组织越容易死亡。

社会资本对公司存活的贡献程度依赖于公司的资本特性和所有者的诉求。公司资本的专用性越强,它对公司存活的贡献就越大。专业人员培养的人力资本对公司的专用性越强,他们离开公司的可能性就越小。社会资本对公司专用性具有中介影响。在专业服务公司内,通常由单个的专业人士来处理一套客户资料,客户既与公司联系,也与个人联系。在很多情况下,专业人员的职责包括保守机密和取得信任。如果他们转到别的公司,专业人员只会损失部分社会资本,但其原来供职的公司就要丧失产生租金(rent-producing)的潜力。由此可以推断,与产业层面的人力资本相比,公司层面的人力资本和社会资本对组织死亡风险具有更强的负的影响。

所有者的社会资本也能对公司的存活产生影响。在合伙制企业中,与雇员的社会资本相比,合伙人的社会资本与公司的盈利性相关性更强。这是因为,作为剩余索取者的合伙人比其他员工更愿意将其社会资本运用到公司成长和公司业绩上;合伙人投资某一行业既有经济性的因素,又有非经济的因素,他比其他员工面临更高的退出壁垒(exit barriers)。因此,与其他员工相比,合伙人的社会资本和人力资本对组织死亡具有更强的负的关系。

社会资本对组织死亡的影响程度还与组织分立和组织并购有关。通过分立而设立的组织更容易死亡。因为组织的分立意味着共同经验的严重分割和有价值的社会资本的消失,通过分立而新设的组织,其专业人员之间缺乏知识和技能的补充。并购也会提高组织死亡的风险,尤其是当并购组织的规模相当时。通过并购而形成的新组织必须花费大量的资源来整合原来两家公司的技能。新组织的死亡风险取决于其相对规模,如果是一家大公司兼并了一家小公司,则只有少量的专业人员需要学习新的知识和技能。当两家公司的规模相当,且要沿用其中一家公司的规程时,则有一半的专业人员需要重新学习。在专业化服务行业,新设立的公司通常会启用新的名称,以表明其与过去的区别。名称的改变意味着组织社会资本的变化。Pennings、Lee 和 Witteloostuijn(1998)的研究表明,经过并购而改名的组织比那些经过并购但不改名的组织和改名但没有经过并购的组织具有更高的死亡风险。

(二)组织创建者的人力资本

研究者认为,影响组织死亡的因素可分为三类:组织创建者的个人特性、新建组织的结构特征和战略、新组织的环境条件。组织创建者是组织成功的关键因素。心理学家通常从人格特性的角度,如高的成就需要等来描述企业家;经济学家将企业家和创业者视为协调者、冒险者和创新者;社会学家从社会人口学(social demography)的角度将创业者视为置换人(placed persons)(Collins,Moore,Unwalla,1964);很多实证研究都从组织设立者的个人特性,如缺乏相关领域的经验和管理技能的角度来分析组织的死亡(Mayer,Goldstein,1962;Dun & Bradstreet,1981)。

但现代组织社会学怀疑创业者个人特性对组织成功和组织死亡的影响。例如,如将组织视为一个政治实体(March,Olsen,1976),则组织活动和组织绩效将由组织内部冲突的动态所决定。或然性理论(contingency theory)(Thompson,1967;Lawrence,Lorsch,1967)则强调组织结构对技术和环境条件的适应。资源依赖学派(resource dependence school)(Pfeffer,Salancik,1978)则试图从环境的不确定性和环境扰动的方面解释组织结构和组织绩效。总之,现代组织社会学强调组织的结构特性与环境条件,而不是创业者和管理者的个人特性。

组织生态学虽然十分重视环境因素的影响,但也不排斥创业者特性,尤其是创业者的人力资本(human capital)对组织存活的作用。人力资本被定义为个体所具有的技能和生产性知识的存量(Becker,1964;Schultz,1975)。在组织生态学中,组织和种群的人力资本还未得到广泛的研究。但已有一些研究分析了人力资本对新创企业(startup)存活的影响。Bates(1985)研究了人力资本对少数商业组织存活的影响,发现在人力资本和组织盈利之间存在着正相关关系,且人力资本需求程度高的产业组织具有更高的盈利水平。Preisendorfer 和 Voss(1990)探讨了创业者的人力资本对德国商业组织的影响。他们的研究表明,由年轻人创立的组织具有很低的存活率,由中年人创立的组织存活率最高,而由老年人创立的组织存活率也很低。他们认为,组织存活率与创业者年龄之间的这种倒 U 形关系类似于人力资本理论中的年龄—收入曲线。

创业者较高的人力资本禀赋似乎有利于组织的存活。创业者的人力资本水平越高,其生产力就越高。高的生产力意味着创业者在组织和管理产品生产过程中更有效率,或能吸引更多的投资者和消费者。而且,创业者的人力资本越多,其所有的关于如何成功设立一家新公司的知识和信息也就越多。有学者对 1985—1986 年在德国慕尼黑地区和上巴伐利亚地区设立了新公司的 1849 名创业者进行了访谈,以期研究创业者人力资本对组织存活的影响。他们将创业者的人力资本分为通用人力资本和专用人力资本两大类。其中,通用人力资本由创业者的学校教育年限和到 1985 年为止的工作经历年限来表示;专用人力资本又分为特定行业工作经历和特定企业工作经历两个方面。他们的研究结论表明,接近四分之一的公司会在设立以后的两年内死亡,37%的公司会在设立后的五年内死亡。创业者接受学校教育的时间和工作经历的增加会显著地增加新创企业的生存机会；创业者具有特定的行业经历、自我雇佣经历、领导经历，或创业者的父亲具有自我雇佣经历等因素都能显著地降低组织的死亡风险。Schultz(1975,1990)认为，人力资本的提升能提高经济行为者在商业环境变化时的应变能力，他对农业企业的研究证实了这一结论。

四、组织联盟

联盟(alliance)是不同的组织为了达到某一目的,通过契约而形成的联合体。企业组织之间的联盟包括合资企业式联盟、功能协议式联盟、股权参与式联盟、框架协议式联盟和同业俱乐部等多种形式。从参与联盟的组织在产业中的位置来看,企业组织联盟又可分为向上游联盟(upstream alliances)、水平联盟(horizontal alliances)和向下游联盟(downstream alliances)。

组织联盟包括一系列的正式制度和非正式制度,它能通过改变组织种群的竞争动态而对组织存活产生影响。首先,基于资源基础观的公司理论认为,参与联盟的组织能更经济或更快捷地获得稀缺的资源(Kogut,1988)。在潜在联盟者数量有限的条件下,公司之间的联盟一方面能增强其竞争力,另一方面能通过阻止竞争对手接近其合意的合作者和资源而削弱对手的竞争力(Gomes-Casseres,1994)。其次,组织生态学中的环境承载力理论和合法性理论认为,组织种群成员与种群外部组织之间的联系能提高整个组织种群资源的可获得性。也就是说,联盟对种群内的所有竞争者都有利,尽管参与联盟的公司能获得更多的收益(Baum,Oliver,1992)。

Silverman 和 Baum(2002)认为,组织联盟对产业竞争动态的影响取决于两个因素:其一是联盟公司阻挡竞争对手加入联盟的程度;其二是组织联盟对整个产业环境承载力的提高程度。在此基础上,他们区分了向上游联盟、水平联盟和向下游联盟对组织种群竞争动态的不同影响。

向下游联盟是指公司与现有产业外的补充性资产、商品化知识和资本建立的联盟。例如生物技术公司与制药公司、药品公司或市场销售公司之间的联盟。这种联盟能增加公司获得资源的途径,提高公司的存活力和竞争力。但这种联盟也会直接或间接地提高所有产业参与者的资源可用性。与下游公司的联盟表明公司具有商业生存能力,因而能吸引更多的资本投入公司所在的产业。与下游公司的联盟还表明特定领域的创新活动具有较大的商业价值,因而能吸引其他下游公司的加入,从而提高整个产业资源的可获得性(Amburgey et al.,1996)。一家公司与下游公司的联盟并不会强烈地抵制竞争对手形成相同的联盟。例如,大型制药公司通常同时与许多不同的生物技术公司保持联盟关系。而且,在技术性产业价值链中,市场营销和产品配送等下游活动通常是规模集约和范围集约的(Calabrese et al.,2000),它要求下游公司与产业中的其他许多公司保持合作关系。总之,与下游公司的联盟能同时扩大整个产业的资源基础。

向上游联盟是指公司与研究知识之间的联盟。例如生物技术公司与大学、研究机构、医院、政府实验室、行业协会之间的联盟。这种联盟能向公司提供产品创新和过程创新所需的科学和技术前沿知识,因而能增加对公司所在行业的科技投入。但一家公司与上游公司的联盟会阻断其竞争对手形成相同的联盟。因为单个的研究项目并不存在规模经济和范围经济的需要。此外,与向下游联盟不同的是,向上游联盟很少直接增加产业参与者的资本和提高其他资源的获得水平。

水平联盟是公司与产业中的其他同类公司之间的联盟。与垂直联盟不同的是,这种潜在竞争者之间的联盟不会引入本产业之外的资源。此外,水平联盟数量越多,竞争对手能找到的潜在合作者的数量就越少,因此水平联盟会阻挡竞争对手形成相同的联盟,也不能扩大产业的资源基础。

由此可见,每一种组织联盟都能强化联盟组织的竞争力,因此会提高其他组织的死亡率。但与水平联盟相比,垂直联盟更能扩大产业的资源基础。与向上游联盟相比,向下游联盟更不容易阻挡竞争对手形成相同的联盟,对竞争者带来的有害影响得以减轻。也就是说,随着竞争对手联盟数量的增多,组织的死亡率会上升,但向上游联盟给组织死亡带来的影响会小于水平联盟给组织死亡带来的影响,向下游联盟给组织死亡带来的影响要小于向上游联盟和水平联盟给组织死亡带来的影响。

除单个组织之间的联盟以外,联盟网络的整个组成也可能影响竞争的强度。公司联盟的目的是通过联盟获得必要的资源和能力。如果公司参加了很多联盟,但其中许多联盟向公司提供的资源和能力是相同的,则意味着公司联盟网络的冗余程度很大,经济性较低。经济性高的联盟结构使得每一个联盟能尽可能多地向组织提供其所需的资源和能力。Baum、Calabrese 和 Silverman(2000)发现,在加拿大生物技术公司中,联盟结构的效率越高,联盟公司的业绩就越好。因此,随着竞争对手联盟网络效率的提高,公司的死亡率也会相应上升。

在联盟网络中,不同的公司处于不同的网络位置。处于联盟网络中心的组织能更快地获得更多信息、技术、知识和相关的资源。与处于网络中心的、关联较多的合作者之间的联盟有助于组织学习新的能力,获得先进的技术诀窍。因此,随着合作者联盟数量的增多和合作者联盟网络效率的提高,公司的死亡率就会相应下降。

第五节　组织死亡的空间过程

一、组织存活的社会地理学

随着产业演化程度的加深,以中小企业为主体的相关产业在特定地区集结成产业聚落,同时在这些产业聚落里,专长互补的企业通过协作网络彼此联结起来,形成在生产面向上分散,但在社会面向上凝聚的产业体系,这一区域即被称为产业区(industrial district)。空间经济学、新经济社会学和社会地理学从不同的方面分析了产业区对组织死亡的影响。

(一)空间经济学

空间经济学主要从规模的外部经济性(external economies of scale)来讨论生产者由分享基础建设和服务、熟练工人、专门化的供货商以及知识的外溢等所带来的生产力的提升(Marshall,1920)。这些要素的提供具有规模经济的效果,随着资源使用者数目的增加,每家厂商的负担也就减轻,更容易得到高水平的供给。厂商为了响应后福特主义(post-fordism)顾客需求个性化和产品多样化的要求,必须通过大量的业务外包来追求组织弹性,但这会导致交易成本的提高。而厂商之间在空间上的邻近提供了一个降低交易成本的有效方式,即群聚经济性(economies of agglomeration)(Scott,1988)。

(二)新经济社会学

相对于空间经济学关于原子化个体以及经济与社会领域分离的假设,以格兰诺维特(Granovetter)为首的新经济社会学者强调人际或组织间持续的社会关系的重要性(Granovetter,1985)。这些学者主张,经济活动镶嵌于持续进行的社会关系之中,社会网络的存在压抑了经济行动者机会主义的冲动,因而确保了合作,而信任这种社会资本降低了欺诈的可能性。实证研究发现,虽然过度镶嵌会导致信息闭锁、过多义务造成的生产力下降和缺乏创新等问题,但镶嵌的联结的确会为厂商带来生存的好处(Portes,Sensenbrenner,1993;Uzzi,1996,1997)。产业区中存在大量的由人际和组织间关系交织而成的结构性镶嵌(structural embeddedness),这样的环境便于厂商从中获益。

产业区对组织存活的影响还通过地方社会特有的文化系统和政治制度表现出来(Zukin,DiMaggio,1990)。就第三意大利(the Third Italy)和美国硅谷的例子来看,地方社会因为历史的因素累积下来的文化传统,对于厂商是否能够进行合作有重大的影响。由高科技移民构成的硅谷打破了美国东岸阶级森严的社会秩序,鼓励厂商之间彼此开放,同时民法法典化的遗迹,使得公司无法对离职员工提出竞业条款的诉讼,这都使得创新资源得以超越公司界线而自由流动。而在第三意大利,小佃耕体制使得在当地存在合作的传统和人际信任的基础(Capecchi,1990)。更重要的是,第三意大利有着丰富的结社生活和活跃的地方政府,志愿性组织结合政府力量,通过集体性的努力,提供了个别厂商无力单独面对,但是对于产业区的转型升级至关重要的公共服务,在地方的层次上形成了 Evans(1996)认为的对经济发展非常重要的公私合力(public-private synergy)。

(三)社会地理学

具有地理空间敏感度的学者也试图探索组织密度对于组织群体的出生率及死亡率的影响是否会因为地理分析层次的高低而有所不同。Carroll 和 Wade(1991)在全国、大的地理区域、州和市这几个层次研究了美国酿酒业的厂商设立率和死亡率。Swaminathan 和 Wiedemayer(1991)在邦、区及市的层次对德国巴伐利亚地区的酿酒业做了相似的研究。Freeman 和 Lomi(1994)则从全国和区域两个层次对意大利农村合作银行的设立率做了深入的考察。Hannan 等(1995)研究了比利时、法国、德国、英国和意大利这五个欧洲工业国家近百年来汽车制造商的设立率。他们认为,合法性主要发生在像全欧洲这样比较高的地理层次,因为组织形式的合法性依靠文化理念的传播,比较不容易受到国家政治力量或地理疆域的限制;相对地,因为厂商总是竞争同一个地方资源库,如同一群熟练工匠、同一个国内消费市场等,因此厂商在境内的互动主要被竞争的逻辑所引导。根据他们的理论,在密度依赖的数理模型里,代表合法性的一次方项,应该代入较高地理层次(比如说全欧洲)的厂商密度,而代表竞争的平方项应该代入较低地理层次(个别国家)的组织密度。他们的研究成果发现,欧洲主要汽车生产国的总和组织密度的确对于每个国家中个别的汽车制造厂商的设立率有显著的正面影响,而在个别国家层次的厂商密度(的平方项)则对该国的厂商设立率有显著的抑制作用。

二、定域密度

许多产业具有很强的地域空间集中特性。例如,美国的制鞋业高度分布在东北地区以及从圣路易斯到威斯康星州的走廊上。其中制鞋厂最多的州分别是马萨诸塞州和纽约州,有些州则没有制鞋厂。随着时间的推移,美国制鞋业的地域分布情况并未得到改变。尽管由于进口产品的流入,美国的制鞋厂总数有所减少,但在 1940 年拥有较多制鞋厂的州到 1989 年仍然是制鞋厂高度集中的地域。

产业组织在地域空间的集中与产业组织的生存机会之间存在着直接的关系。一方面,产业组织的空间集聚意味着组织的选址是有效的;另一方面,产业组织的空间集聚会加剧组织之间基于资源的竞争。空间集聚对组织存活的净效应就取决于这正反两方面的平衡。Sorenson 和 Audia(2000)构建了一种定域密度(localized density)指数来分析这一问题。企业 i 在 t 时的定域密度 LD 由以下方程来计算:

$$LD = \sum_j \frac{x_j}{(1 + d_{ij})} \tag{6-22}$$

式中,j 代表除 i 之外的所有其他企业,x 是权重变量,d_{ij} 代表企业 i 和企业 j 之间的距离。

公司之间的距离可用其地理位置的经度和纬度来标示,利用球面几何学(spherical geometry)方法,任意两点 i 和 j 之间的距离可由下式计算:

$$d_{ij} = C\{\arccos[\sin(lat_i)\sin(lat_j) + \cos(lat_j)\cos(lat_j) + \cos(long_i - long_j)]\} \tag{6-23}$$

式中,经度 long 和纬度 lat 用弧度来衡量,C 是将球面弧度转换为线性度量单位的常数。如要将弧度转换为英里数,可将 C 值取为 3437。

Sorenson 和 Audia(2000)以定域密度指数为基础,采用瞬时风险率方法,对 1940—1989 年美国鞋类制造业种群空间密度与组织死亡率之间的关系进行了估计。结果表明,空间密度对鞋类制造业工厂的存活具有重要的影响,位于鞋类制造业集中地区的工厂比那些分散地区的工厂具有更高的死亡率,且这种死亡率的差异是连续的。在空间密度差异最大的 1948 年,组织最密集地区的工厂的死亡率是最分散地区的工厂的死亡率的三倍。这一结论支持了在空间上接近的公司之间的竞争更为激烈的观点(Carroll,Wade,1991;Hannan,Carroll,1992;Baum,Mezias,1992;Ingram,Inman,1996)。这一结论也表明,随着时间的推移,定位竞争会导致鞋类制造工厂之间的空间距离逐渐拉大。有意思的是,对不同年龄的工厂而言,定位竞争对组织死亡率具有不同的影响,新建工厂比已经建立起来的工厂遭受更大的竞争损失。在经过了工厂寿命周期的前 10 年后,定位竞争与工厂死亡率之间的相关系数就会变得很稳定。但在分散地区建立的老工厂仍比在集中地区建立的老工厂具有更低的死亡率。例如,在 1948 年,密集地区老工厂的死亡率比分散地区老工厂的死亡率高 111%,密集地区新工厂的死亡率比分散地区新工厂的死亡率高 327%。

第七章 组织种群演化理论

组织种群演化(population evolution)是指组织种群规模的变化以及种群内部组织数量(种群密度)的变化,这种演化是在环境承载力约束条件下,通过组织种群的组织设立率、成长率和死亡率的变化,即组织种群动态(population dynamics)来实现的。组织种群动态要解决的是组织种群的数量波动问题,它主要研究组织种群密度与组织种群环境条件之间的适应关系和适应过程,以及限制组织种群规模变化的基本因素。

组织种群演化理论关注的基本问题是:①组织种群发展的历史轨迹;②组织种群规模与组织种群密度之间的互动关系;③组织种群规模、种群密度与环境承载力之间的互动关系。Lomi 和 Larsen(1996)认为,对组织种群演化的研究主要体现在六个方面,每一个方面都有其自身的存活率特征。这六个方面是:①新组织形式的创立(组织形成率,speciation rates);②新组织的设立(设立率);③组织成长和收缩(成长率);④在位组织的改变(改变率);⑤组织的解散(失败率);⑥种的灭绝(灭绝率)。目前,对组织形式的形成和组织种群灭绝的研究尚非常缺乏。

组织种群演化理论与产业演化理论有着明显的区别。产业演化理论假定产业是由异质性公司组成的,且在产业发展过程中存在着持续的随机进入。产业演化理论主要研究竞争动态的特征和结果,分析总体经济变量,如价格、数量、间接分配份额和产业的结构特征。例如,产业演化理论认为,供给冲击会影响总价格,它反过来又会影响每个组织的生存和成长机会。

产业演化理论也关注行业进入率和退出率以及这两者之间的关系。例如,Dunne 等(1988)就注意到,在很多产业中,某一时点的进入率和退出率是高度相关的,那些进入率高于平均水平的产业,其退出率也高于平均水平;且每个刚进入企业群的企业的市场份额都会随着企业群年龄的增长而降低。这是因为,尽管与在位企业相比,新进入企业的相对规模要大,但其退出率要高,尤其是在新进入企业群尚年轻时。

与组织种群演化理论基于种群层面的分析不同,产业演化理论在分析这些问题时通常使用价格和利润等组织绩效指标。例如,Geroski(1995)在分析行业进入率时提出了如下观点:①当接近高的利润水平时,进入率会降低;②很难用常规收益性指标和进入壁垒来解释进入率;③产业中的在位企业并不总用价格策略作为阻止其他企业进入的手段。

第一节 环境约束与组织种群演化

一、资源约束与 Verhulst-Pear 逻辑方程

组织生态学探讨在特定的条件下选择过程对组织种群的影响。Delacroix 和 Carroll（1983）认为，随着时间的推移，组织的设立遵循着循环的模式，这可用环境中资源的可获得性来解释。以地区投资和基础设施为基础的地区环境承载力是产业发展的限制因素（Gambarotto，Maggioni，1998）。下列 Verhulst-Pearl 逻辑方程可用来描述在一个组织生态系统中组织种群的成长限制（Zammuto，1988）：

$$\frac{dN}{dt} = rN\left[\frac{K-N}{K}\right] \tag{7-1}$$

式中，$\frac{dN}{dt}$ 是即时改变率，N 是种群中的个体数量，K 是环境承载力，$(K-N)/K$ 是种群成长尚未利用的机会，r 是种群的再生率（reproductive rate）（Zammuto，1988）。种群的成长率等于种群的潜在增长乘以资源的未利用比率。

Verhulst-Pearl 方程描述的逻辑成长曲线表明，组织种群开始会快速成长，然后成长速度会降低。随着环境承载力的限制，种群的成长会表现出周期性。在竞争性环境中，组织的存活依赖于在生态系统中的 r 选择或 K 选择。采取 r 战略的组织会迅速进入某一生态位，从而利用资源丰裕的优势；而采取 K 战略的组织则集中在一个密集的种群环境中展开竞争（Brittain，Freeman，1980）。

Javalgi、Todd 和 Scherer（2005）用 Verhulst-Pearl 逻辑模型拟合了全球范围内国际互联网的地区增长情况。许多地区的互联网域名数量的增长位于低于承载力的成长曲线上，而美国则处在下降曲线上，但其波动性较小。亚洲处在种群成长曲线的上升阶段，南美洲、中东和非洲则刚刚开始成长。欧洲也即将超过环境承载力而开始下降。

种群动态学可用来描述互联网环境的变化。随着资源数量的减少，商业组织的数量也会减少，但存活下来的组织其规模会扩大。在前期开发阶段（pre-colonization stage）（阶段 1），早期的进入者面临无限的资源，且没有竞争。大量小型公司采取 r 选择战略，开始充分利用看似无限的资本、渠道、计算机和通信服务。但随着越来越多的商业组织的进入，资源开始向那些通过合伙或扩张产品服务而实现进化的公司倾斜。从 r 战略向 K 战略转变的例子是亚马逊公司。

亚马逊公司是最早在互联网上开始经营电子商务的公司之一,且专注于成为图书零售商。该公司建立了自己的商业模式,并迅速成长起来。但随着其他公司的进入,该公司就开始将其业务扩展到其他产业领域(Chakrabarti,Scholnick,2002)。

随着公司的衰亡,选择战略开始淘汰 r 战略者,而 K 战略者则继续向阶段 2 演进。该阶段的特点是组织种群中组织数量减少。在该阶段死亡的公司包括 Pets. com、Garden. com 和 MotherNature. com。对 dot. com 而言,2000 年是一个关键时点,130 多家互联网公司在该年宣布破产或关闭。2001 年 1 月至 4 月,又有 450 家互联网公司宣告死亡。

阶段 3 的特点是公司合并和单家大型公司的形成。亚马逊公司、电子湾(eBay)公司和雅虎(Yahoo)公司均成功地度过了这一阶段。AutoTrader. com、401KExchange. com 和 eAutoclaims. com 等公司则通过与其他公司建立关键合作而部分地存续下来。1997 年,全球有 50 多万家注册域名的公司,这时在亚洲、欧洲和美洲有 7500 万个商业组织。当时估计将有 2400 万个商业组织会在 10 年时间内联入互联网。此时的互联网种群数量确实大大低于环境承载力。但自 2000 年以来,互联网种群的增长速度放慢了,随着环境承载力的限制加强,许多公司纷纷死亡。

阶段 4 的特点是该阶段的组织种群由符合 K 战略的组织所占据。随着组织数量的递减,竞争得以缓解,均衡得以达成。随后,组织的环境趋于稳定,只围绕环境承载力发生小幅度的波动。那些存活下来的组织均采取了 K 战略,这一战略是通过产品线的扩张和战略联盟(strategic alliances)实现的。如亚马逊公司最初以图书销售商起家,但随着基础的稳固,其便将其业务扩展到其他商品和服务的提供,并与塔吉特(Target)等其他零售商建立了伙伴关系。亚马逊公司还与其他 16 家零售商建立了战略联盟(Mahajan et al. ,2002)。通过实施该战略,亚马逊公司显著地扩展了其产品提供范围,发展和利用了 K 战略者的资源特征。正如《经济学人》所描述的,可以预见,在线商业将要么被能提供多种产品的大型在线超级市场所占据,要么被某些拥有特殊产品大额市场占有率的零售商所主宰。

二、时间约束与 Logistic 成长曲线

美国经济学家佩罗兹曾经提出,时间是企业成长的重要制约因素。她认为,无论企业规模有多大,在给定期限内所能达到的扩张的总量总是有限度的。因此,企业成长是时间和成长率的函数,即规模＝时间×成长率。跟这一思路相一致,Logistic 组织种群成长曲线模型能用于描述组织种群规模随时间变化而成长的规律。

Logistic 成长曲线模型的常见形式为：

$$y_t = \frac{s}{(1+\gamma e^{-\alpha t})} \quad (s>0, \alpha>0, \gamma>0) \tag{7-2}$$

该模型描绘的组织种群成长过程分成 4 个阶段：引入期、成长期、成熟期和衰退期。

Logistic 成长曲线模型的成长趋势及成长速度的变化情况是，当 $0<y_t<\frac{s}{2}$，$0<t<\ln\frac{\gamma}{\alpha}$ 时，即开始时 y_t 值较小，随着时间的推移，增长速度变得越来越快，当 y_t 达到饱和水平的一半 $(s/2)$ 时，增长速度达到最快；当 $\frac{s}{2}<y_t<s, t>\ln\frac{\gamma}{\alpha}$ 时，增长速度变得越来越慢，y_t 逐渐趋于饱和水平。

黎志成和左相国（2003）把一个产业的产量从观察起点时间的产量按照 Logistic 成长曲线规律增长到饱和水平的 90% 时所需经历的时间阶段数定义为该产业的成长周期时间，并分析了中国、日本、美国等国家 18 个产业的成长周期。结果表明，产业之间的成长周期有明显的差别，最短的中国洗衣机工业的成长周期只有 6 年，美国钢铁业和世界烟草产业的成长周期最长，都是 80 年。在这 18 个产业中，成长时间少于或等于 15 年的快速成长产业包括中国洗衣机工业、中国汽车工业和中国电视机工业等产业；成长时间多于 15 年但少于或等于 30 年的中速成长产业包括日本汽车工业、中国水泥工业、中国玻璃工业、中国烟草行业、中国缝纫机产业和中国氮肥产业等 6 个产业；成长时间多于 30 年但少于或等于 50 年的慢速成长产业包括中国合成洗涤剂行业、中国电力工业、世界汽车工业和中国钢铁工业等 4 个产业；成长时间多于 50 年的低速成长型产业包括美国电力、美国钢铁工业和世界烟草行业等 3 个产业。

邵婧等（2002）以 Logistic 成长曲线模型分别拟合了全国和天津市的信息产业成长趋势。结果表明，中国信息产业所处阶段仍为孕育期，增长速度较慢，直至 2007 年（起飞点）才进入成长期。此后，发展速度大大加快。2040 年左右是飞跃点，信息产业发展程度迅速提高；2073 年以后为信息产业的全盛时期，此后发展速度渐缓。

第二节　密度依赖与组织种群演化

在产业组织理论中，产业组织的演化是一个外源性调整过程，市场规模的变化、经济发展周期、技术体系的差异等外部因素被认为是推动产业组织演化的关键因素，因此，通过调整外生的市场结构政策就能实现对产业组织演化的调控。而制定市场结构政策的目的有两个:一是防止垄断,形成有效竞争;二是形成规模经济,防止过度竞争。政府运用的市场结构政策主要有企业兼并政策、企业联合政策、经济规模与直接管制政策、反垄断政策和中小企业促进政策等。

与产业组织理论一样,组织种群演化理论也认为产业规模(组织种群规模)与产业集中度(组织种群密度)之间存在着互动关系。但这两种理论对产业组织演化的过程分析则存在着根本性分歧。在组织种群演化理论中,组织种群的演化是一个密度依赖的内稳定过程(homeostatic process),当组织种群达到一定规模时,某些与密度相关的因素就会发生作用,借助于降低出生率和提高死亡率而抑制种群的增长。如果种群数量降到了一定水平以下,出生率就会提高,死亡率就会下降。这样一种反馈机制将会导致组织种群数量的上下波动。一般来说,波动将发生在组织种群的平衡密度周围,平衡密度的维持是靠新的组织个体不断设立以补充因死亡而减少的种群数量。对种群平衡密度的任何偏离都会引发调节作用或补偿反应,由于时滞效应的存在(对种群密度做出反应需要时间),组织种群很难保持在平衡密度的水平上。

一、密度依赖模型

该模型认为,组织的存活率和死亡率依赖于组织种群的密度。种群密度对组织设立率的影响是倒 U 形的,在低密度水平上具有递增效应,而在高密度水平上具有递减效应;种群密度对组织死亡率具有 U 形效应,即在低水平上对组织死亡率具有递减效应而在高密度水平上具有递增效应。组织种群的成长率是组织设立率和组织死亡率综合作用的结果。当组织种群的规模较小时,组织设立率较低而组织死亡率相对较高,总体而言,组织种群的成长率较低。如果组织死亡率超过了组织设立率,不成功的组织种群就会在其成熟之前走向灭绝。对成功的组织种群来说,其初始成长率较低,但随着种群密度的提高,组织的设立率递增,组织死亡率递减,组织种群的总体成长率递增。当组织设立率达到最高值、死亡率接近最低值时,组织种群的成长率最高。超过这个水平以后,组织的设立率降低而死亡率上升,组织种群的成长率开始降低。其结果是,组织种群的规模会稳定在环境承载力水平上。

Hannan 和 Carroll(1992)所做的计算机仿真结果显示,在密度依赖的组织设立模型和组织死亡模型中,种群密度会趋向于一个最大的均衡水平。这就是说,虽然组织设立率和组织成长率曲线是倒 U 形的,但密度依赖模型所刻画的组织种群密度曲线是 S 形的而不是 U 形的。

组织种群成长的这种 S 形曲线可写成:

$$\Delta N(t) = \rho_0 + \rho N(t-1) + \varepsilon(t) \tag{7-3}$$

如果 $\rho_0 = 0$,则 N 的预期成长率为 ρ。密度依赖模型的本质是组织种群的成长率受种群密度的影响。因此,

$$\rho = \rho_1 + \rho_2 N(t-1) \tag{7-4}$$

这里 $\rho_1 > 0$,但 $\rho_2 < 0$。将(7-3)式和(7-4)式结合起来得到:

$$\Delta N(t) = \rho_0 + \rho_1 N(t-1) + \rho_2 N(t-1)^2 + \varepsilon(t) \tag{7-5}$$

大多数组织生态学家倾向于将进入率和死亡率分开来进行解释,因而难以对整个组织种群的演化做出预测,而该模型弥补了这一缺陷。

许多组织种群的演化轨迹与密度依赖模型的描述基本一致。这些种群包括美国劳工联合会、美国酿酒业、美国啤酒酿造业、爱尔兰全国报业和旧金山湾地区报业、曼哈顿地区银行业(Hannan,Carroll,1992),美国汽车和轮胎制造业(Jovanovic,MacDonald,1994)和美国广播业(Leblebici,1995),马萨诸塞州铁路业(Dobbin,1995),德国、法国和英国的汽车制造业,以及孩童日间照看中心等非市场组织等。对多国汽车制造业种群的研究也证实了组织种群成长曲线之间的相似性(Hannan et al.,1995)。例如,在汽车制造业开始发展后的最初十年内,产业成长率很低。在美国和德国,汽车制造商的总数不超过 10 家,在法国稍多一些。从 1895 年开始,汽车制造商的数量迅速增长,一直持续到 1915—1925 年。在这段时间内,美国的汽车制造商数量达到了约 350 家,法国达到了 150 家,德国达到了 80 家。这一水平可理解为各国汽车市场的环境承载力。这个时期以后,汽车制造商的死亡率超过了设立率,在随后 30 年左右的时间里,汽车制造商的数量显著减少。1945 年以后直到 20 世纪 70 年代末期,美国汽车制造商的数量稳定在 50 家以下,法国和德国的汽车制造商数量稳定在 20 家左右。这些公司都是大型公司,同时汽车市场演化为一种高度集中的市场。

美国汽车制造业种群的发展历史也表现出类似的特征。在该种群发展的前 30 年,种群的规模在快速地扩张,随后则开始收缩。最近 80 年左右,种群规模进入了稳定期。1894—1994 年,美国每年生产的乘用车数量大体呈 S 形曲线,但市场规模的扩大恰恰是在种群的稳定期起步的,市场规模与种群规模在此阶段负相关。事实上,生产商数量的长期减少反映了产业集中度的不断提高,这意味着在这一特定的产业中,市场集中度与市场规模在大多数发展阶段是正相关的。

自从 1989 年被引入以来,密度依赖模型就得到了广泛的应用和认可。对该模型的批评主要来自以下四个方面:一是该模型没有考虑组织规模的因素,因为大公司与小公司对组织种群的演化具有明显不同的效应(Baum,Powell,1995)。二是合法性与竞争性解释了组织种群成长的 S 形曲线,说明组织种群的规模会稳定在承载力水平上,但它不能解释密度曲线在达到顶点之后组织种群的负的成长率(Baum et al.,1995)。三是组织之间的差异不仅表现为规模与

经济活动之间的差异,而且表现为地理位置之间的差异,即空间异质性(spatial heterogeneity)。组织种群的地理维度对组织种群的定义是十分重要的,它在定义组织种群的合法性与竞争性过程中也起着重要的作用(Carroll,Wade,1991;Swaminathan,Wiedenmayer,1991;Bigelow,Carroll,1997),但密度依赖模型没有考虑到组织分布的空间性。四是组织设立率、组织死亡率和组织成长率这些不同的存活率是由不同的过程驱使的,并处在不同的分析层面。设立率是组织种群层面的过程,而死亡率和成长率则属于组织层面。单个组织的特性,如规模和年龄等会影响死亡率和成长率,但不会影响设立率。组织种群的特征及其环境会影响设立、成长和死亡这三个过程,但影响的程度有较大的差别。所以,很难直接从存活率模型中得到有关组织种群密度演化以及组织种群规模及规模分布的推论。

也有少数研究不支持密度依赖模型的推论。根据 Ranger-Moore 等(1991),种群密度对组织种群的成长率具有单调的负效应,他们认为相对于密度依赖合法性而言,竞争性对组织种群的成长率起着决定性作用。此外,不同的组织种群具有不同的密度特性。有些组织种群的密度一直不大,因为它们是由现存的组织转化形成的,例如半导体制造业;有些组织种群的密度则一直很大,如酒店业。但一般而言,基于密度依赖的组织种群演化模型是成立的。

值得注意的是,在组织种群密度降低的同时,组织种群的规模并不一定缩小,甚至还可能继续扩大。因为存活下来的组织能通过兼并和合并其他组织或在竞争释放的条件下提高效率而使单个组织的平均规模得以扩大,从而保持组织种群的持续增长趋势。

二、密度延迟模型

密度依赖选择理论被认为能合理地解释组织种群的寿命周期。在这个循环中,组织形式首先出现,组织种群起初缓慢成长,继而随着规模的扩大而加速,最后随着设立率的降低和死亡率的提高而稳定。密度依赖的合法性和竞争性模型意味着种群密度会演化到一个稳定状态(Carroll,Hannan,2000a)。

但很多研究发现,当组织种群的密度达到顶点后,密度的随后变化会呈现多样化的轨迹:降低、崩溃(collapse)、复苏、振荡(oscillate)或者灭绝。例如,Ruef(2006)对美国医药学校种群的研究发现,该种群在 1898 年首次达到其密度顶点(174 所学校),到 1929 年,组织密度下降至 76 所学校,直到 1980 年,组织密度才恢复到 141 家。美国牙科学校种群也呈现出了类似的特性:1900 年首次达到密度顶点(约 50 所学校),1945 年种群规模下降至少于 40 家,80 年代又上升到超过 60 家。

其他研究则发现了组织种群密度在达到顶点后所表现出来的周期性波动。

Murmann 和 Tushman(2001)对多个国家合成染料行业 1857—1914 年的研究发现,英国、美国和瑞士等国家的公司种群表现出了种群密度的周期性。Dobrev(2001)发现,保加利亚报业组织从 1890 年的 33 家成长为 1933 年的 868家。在随后的 20 年时间里,报业组织减少到 100 余家。在 20 世纪 50 年代到60 年代之间,报业组织种群重新扩大到 600 来家,到 1989 年又减少到 267 家。1992 年,保加利亚的报业组织超过了 700 家。Wezel 和 Lomi(2003)对国际摩托车产业的研究表明,在英国、意大利和比利时的摩托车制造业种群中,组织密度的变化呈现出了明显的周期性。1904 年,比利时的摩托车制造商只有 12 家,到 1913 年减少到 3 家,到 1942 年只剩下 8 家。二战以后,摩托车制造业种群密度快速提高,到 1952 年已有 25 家厂商。但到了 20 年后的 1972 年,只剩下了 3家厂商。1981 年,比利时的摩托车产业走向灭绝。

这些研究表明,在成熟的组织种群中存在着种群密度的繁荣—萧条周期(boom-and-bust cycles),种群密度在达到顶点后的下降和波动与种群形成的过程明显无关,这需要对密度依赖模型进行修改才能解释这一现象。目前形成的理论假说主要有密度延迟假设(density delay hypothesis,DDH)、种群规模依赖假设(mass dependence hypothesis,MDH)、竞争强度假设(competitive intensity hypothesis,CIH)、时间异质性假设(temporal heterogeneity hypothesis,THH)、动态选择压力假设(dynamic selection pressure hypothesis,DSPH)和系统依赖选择假设(system-dependent selection hypothesis,SDSH)。

密度延迟假设(Carroll,Hannan,1989a)认为,组织种群密度从顶点下降是因为设立密度对组织死亡率具有延迟效应。在组织种群密度达到顶点后,一方面组织设立率不再提高;另一方面在高密度时期设立密度对组织死亡率的延迟效应逐渐聚集,在密度达到顶点及其稍后的时间里,这些延迟效应会大量发挥作用,导致组织的大比例死亡,组织种群密度陡然下降。

Carroll 和 Hannan(1989a)认为,组织种群的死亡率除了受到当期密度的制约,还会受到组织设立时密度的影响,即种群密度对组织死亡率具有延迟效应。存在密度延迟效应的关键原因有两个。首先,存在着资源稀缺的生存不利性(liability of resource scarcity)。组织设立时的高密度所带来的激烈竞争引发了资源短缺,那些不能及时转向多种经营领域(full-scale operation)的新组织将会面临非常大的选择压力。那些能在初始期间存活下来的组织也没有充裕的时间、精力和资源来产生正式的结构,完善稳定的、可复制的决策惯例和形成集体行动。在这样的形势下,组织雇员很少有动机对获得与组织相关的技能进行投资。由于惰性力量的存在,在高密度期间设立的组织在其生命周期的任何一个年龄段都具有竞争劣势。

其次,在高密度期间的组织设立会带来紧的生态位充盈(tight niche packing)。在高密度条件下,资源被密集利用,鲜有资源开发不足。新建组织无法与已建立的组织展开面对面的竞争,常被挤压到资源分布的边缘区域,以开发分布稀疏的、利用周期很短的资源。即使新建组织成功地创建了结构和惯例,并很好地适应了这种不利的资源环境,它们的结构、制度和雇员的技能也只适合于在这种环境中发展。如果今后能向资源的中央区域移动,也要承受巨大的死亡风险。因此,边缘组织的死亡率要高于平均水平。

为了检验设立时密度对组织死亡率的延迟效果,Carroll 和 Hannan(1989a)提出了如下组织死亡率模型:

$$\mu_i(a) = \exp(\theta_1 n_a + \theta_2 n_a^2 + \varphi n_{fi}) \tag{7-6}$$

式中,n_a 代表在年龄 a 时的密度,n_{fi} 代表第 i 个组织在设立时的密度。假设设立时密度对特定年龄的死亡率具有正的效应,且这一效应会随着时间的推移而强化。根据上述模型,该假设可表示为:

$$\theta_1 < 0, \theta_2 > 0; \varphi > 0$$

Carroll 和 Hannan(1989a)对美国劳工联合会(1836—1985 年)、阿根廷报业(1800—1900 年)、爱尔兰报业(1800—1970 年)、旧金山地区报纸印刷业(1840—1975 年)和美国酿酒业(1633—1988 年)等组织种群的演化趋势做了分析。结果表明,这些组织种群的密度都呈现出了先增长后下降的一般趋势。利用上述死亡率模型对这些组织种群的实证研究强烈地支持了密度依赖延迟假设。通过比较在密度顶点时设立的组织与在密度顶点水平一半时设立的组织的年龄别死亡率,就可以发现设立时密度对组织死亡率的延迟效应。对爱尔兰报业种群而言,在密度顶点时设立的组织的年龄别死亡率比在密度顶点水平一半时设立的组织的年龄别死亡率高 31%;在阿根廷报业种群,这一年龄别死亡率高 147%;在旧金山报纸印刷业种群,这一死亡率高 107%;在美国劳工联合会,这一死亡率高 338%;在美国酿酒业,这一死亡率高 99%。

Carroll 和 Hannan(1989a)的密度延迟模型很好地解释了组织种群密度在达到顶点后的陡然下降现象。但这一模型没有考虑到单个组织的战略导向和资源禀赋的差异性。例如,在高密度期间设立的组织可能是小型组织,它们对资源的需求没有大型组织紧迫,此时,资源稀缺的存活不利性就可能失效。即使新建组织是大中型组织,它们也能通过开发新的市场而避开紧的生态位。

虽然有很多的实证研究支持密度延迟假设,但密度延迟模型只能用来分析诸如死亡和成长等组织层面的过程,不能用来当作诸如组织设立等种群层面的解释变量。这就是密度延迟模型只能解释种群密度在达到顶点时的短时期陡然下降,而不能解释种群密度持续下降的根本原因。很容易发现,随着在种群密度达到顶点时组织死亡率的提高,密度延迟会导致种群密度从密度曲线的顶点下降。事实上,随着密度的提高,组织种群的平均死亡概率也会提高。但密度的降低会反过来缓解种群的竞争,导致设立率上升。由于这些新组织是在密度较低时设立的,它们的死亡风险被降低了,结果是种群密度再次上升,且这一过程会无限循环下去。

三、种群规模依赖

在产业演化过程中,组织种群规模(population mass)的变化有时与种群密度并不呈简单的线性相关关系。在组织种群规模扩大的同时,种群密度可能反而降低,从而使产业内的组织规模发生变化,产业集中度相应提高(Barron, 2001;Hannan et al.,1995)。这就是说,任何特定的组织种群规模轨迹都是与许多不同的组织规模分布相联系的。凭直观可知,由组织之间大体相同的成长率而引起的种群规模的扩大,与由种群中一小部分组织较大的成长率而引起的种群规模的扩大具有显著不同的意义。所以,在关注种群密度演化和种群规模演化的同时,还必须关注种群中组织规模分布的改变。

Barnett 和 Amburgey(1990)提出的种群规模依赖假设试图说明,随着组织种群集中度的提高,大型组织能利用规模经济和范围经济,并利用其市场势力来操纵竞争,强化优势。因此,大型组织的成长会改变种群中的竞争环境。当组织种群的规模变化程度较大时,种群内的组织竞争就更多地依赖于种群规模,而不是组织数量(密度)。这和资源分割(resource partitioning)(Carroll, Swaminathan,2000)理论、规模同一性竞争(size-localized competition)(Baum, Mezias,1992)理论的分析具有相似之处。

事实上,规模依赖的竞争与密度依赖的竞争之间存在着互动关系。如果在种群密度达到顶点时种群的规模还在继续扩大,则组织的规模就会变大。如果大组织引发了更激烈的竞争,则所有组织成员所面对的竞争压力将增大,组织死亡率会提高,而设立率会降低,种群密度将降低。而密度的降低又会缓解基于密度依赖的竞争,降低死亡率而提高设立率。这也意味着种群密度会重新围绕着均衡水平循环,而不是经历持续的降低。然而,规模的持续扩大可能会引发规模依赖的竞争性的提高,其提高的程度会超过密度依赖竞争性的降低程度。因此,种群密度的实际意义取决于密度依赖竞争性和规模依赖竞争性在种群规模演化方面的对比力量,而这种力量对比会通过影响组织设立率、成长率和死亡率而影响组织种群的演化。

(1)在种群规模扩大的条件下,组织设立率(founding rate)会随着种群密度的降低而衰减(decoupling),种群密度会继续降低。

密度延迟理论认为,种群密度从密度顶点的下降会降低密度依赖的竞争性,引起设立率的上升。然而,在种群密度下降的同时,组织设立率不仅不一定上升,反而可能降低。这是因为:第一,新建组织必须利用一系列的新资源。这些资源包括金融资本、熟练的雇员和管理者、顾客等。显然,随着种群密度不断接近环境承载力上限,新组织获得这些资源的可能性越来越小。密度依赖模型假定,每一个种群占有一个生态位。随着密度的提高,很大比例的可获得性资源被消耗掉了,生态位变得越来越拥挤。况且,随着种群集中度的提高,只利用种群密度来衡量生态位的利用程度就存在问题,因为一个单一的大型组织就足以消耗掉一个生态位上的所有资源。因此可以假定,如果影响组织种群潜在规模的因素(如需求波动)和环境承载力不变,随着种群规模的扩大,设立新组织所必需的可获得性资源将越来越稀缺,新组织的设立率将下降。

第二,在许多组织种群中,大组织具有规模经济优势。在这样的条件下,一个产业的新进入者必须以最低有效规模(minimum efficient size)或与产业中占统治地位的组织相接近的规模来实施进入。而且,大型组织往往会为新组织的进入设立壁垒。即使它们不有意阻止新组织的设立,大型组织已经建立起来的与顾客和供应商之间的网络、已经形成的声誉、顾客的忠诚、雇员的专门技术等也使得新进入者难以成功。因此,如果影响种群潜在规模的因素不变,随着已经建立起来的组织平均规模的扩大,新组织的设立率也将下降。

Barron(1999)研究了 1914—1990 年纽约信贷联合会种群规模与组织规模分布对组织设立率的影响。结果表明,种群密度与设立率之间存在着明显的倒U形关系。而且,随着种群内组织平均规模的扩大,设立率的乘数陡峭下降。当组织规模达到最大值时,种群密度对设立率的影响即可忽略,种群密度变化的影响很小或没有影响。这就说明,随着种群内组织规模的扩大,组织种群的设立率下降。

组织设立率随着种群密度下降而衰减的机制有助于解释种群结构的演化。在 Hannan 和 Freeman(1989)的密度依赖模型中,密度的降低会导致竞争的减少,因此设立率会上升而死亡率会下降,种群密度会迅速回到其均衡水平。但种群规模依赖理论说明,种群密度在达到顶点后将开始下降,且这种下降与种群结构的转变相关,即组织规模分布会向右移动,种群的集中度提高。

(2)在种群规模扩大的条件下,随着种群集中度的提高,种群密度对组织失败率(failure rate)的影响逐渐减弱,这反过来又推进了种群集中度的提高。

在组织种群的早期,种群密度较低。密度依赖模型认为,此时组织形式的合法性也较弱,因此死亡率也较高。但此时种群密度远低于环境承载力,竞争性微弱,所以竞争不是影响组织死亡的重要因素。在这样的条件下,组织死亡在组织种群中是随机分布的,只要能获得足够的生存资源,就没有哪一种类型的组织比其他类型的组织更具有生存劣势。也就是说,在组织种群发展的早期,选择压力很小。

随着种群密度对环境承载力的接近,密度的提高会加剧竞争,选择压力变大,那些最能经受住激烈竞争的组织具有持续的生存优势。就组织规模的作用而言,已有很多关于小组织生存不利性的报告,即小组织的死亡概率要大大高于大组织。大组织可通过小组织不具备的方法来减少其对环境和其他组织的依赖(Pfeffer,Salancik,1978;Thompson,1967)。大组织会影响对其利益有利的重要的制度(Hirsch,1975)。与小组织相比,它们拥有闲散的资源(Levinthal,1991),能获得更廉价的资本(Hughes,1994),更容易雇用熟练工人,能投入更多的培训资源,更容易对付政府的管制(Aldrich,Auster,1986)。所有这些优点都可能降低大组织的死亡率。

不同规模的组织决定着组织种群的规模分布。如果随着竞争程度的提高,大型组织的生存优势不断强化,则种群的集中度会不断提高。概括地说,竞争的强化会提高小型组织的死亡率。但由于大型组织存活的概率较大,种群的规模不一定会缩小,甚至有可能继续扩大。因为那些存活的大型组织可以利用那些已死亡的组织的资源,它们还能兼并或收购小型组织。显然,如果同时期组织的设立率不变,则种群的密度会降低。所以,如果影响种群潜在规模的因素不变,则随着组织种群中组织数量的增长,组织规模对组织存活的正的影响将增强。

Barron(1999)对纽约信贷联合会的研究证实了上述结论,即随着种群密度的提高和竞争的加剧,大型信贷组织相对于小型信贷组织的存活优势不断加强。在密度的最高点,小型组织对大型组织的死亡比率是在密度最低点时的4倍。当种群密度为10时,小型组织的死亡率为0.255,大型组织的死亡率为0.0172,小型组织对大型组织的死亡比率为14.8;当种群密度提高到100时,小型组织的死亡率为0.304,大型组织的死亡率为0.00654,小型组织对大型组织的死亡比率提高到46.5。如果不考虑种群密度与组织规模之间的交互作用,则小型组织对大型组织的死亡比率会维持在常数13.14。

不仅如此,就密度依赖的死亡率而言,不同规模的组织也具有不同的表现形式。标准的密度依赖模型认为,种群密度与组织死亡率之间存在着U形函数关系。然而,大型组织和小型组织受密度制约的程度不同,其密度依赖的死亡率也会有差异。虽然两条密度依赖死亡率曲线都是U形的,但大型组织的密度依赖死亡率曲线比小型组织的曲线要平缓得多,这说明大型组织受种群密度制约的程度比小型组织要弱。也就是说,如果随着时间的推移,种群的规模变大,种群内密度依赖的组织死亡率就会持续降低,大型组织的生存优势不断强化,产业集中度不断提高。

(3)在种群规模已经较大的条件下,小型组织的成长率(growth rate)高于大型组织的成长率,这使得在种群密度降低的情况下,种群规模仍能维持一定的增长。

与设立率和死亡率相比,组织生态学家对组织成长率的研究相对不足。Barron等(1994)发现,农业信贷联合会的组织成长率依赖于密度的非单调函数。他们还发现,尽管小型组织的死亡风险大,但大型组织的成长率较低。这是因为大型组织已接近了最优规模或大型组织很难适应环境的快速变革

(Hannan,Freeman,1984)。如果是因为后者,则可以预见,随着竞争的加剧,大型组织与小型组织之间的成长率差异将逐步增大。当组织种群规模接近其环境承载力时,组织要获得支撑其扩张的资源就越来越难。那些最能利用好组织生态位上剩余机会的组织将获得较快的发展。如果大型组织的适应性弱,则随着竞争的加剧,其成长的难度会不断增大,它与小型组织之间的成长率差异将不断增大。

Barron(1999)对纽约信贷联合会的研究证实了上述结论,即大型组织的比例成长率(proportional growth,指当前规模的百分比)低于小型组织的成长率,且随着密度的提高,这种成长率之间的差异会不断增大。例如,在种群密度达到顶点时,小组织对大组织的成长率比率是密度水平最低时该成长率比率的2倍。在密度为10时,小组织的成长率为1.03,大组织的成长率为0.72,两者之比为1.43。当密度达到100时,小组织的成长率为2.10,大组织的成长率为0.91,两者之比增大到2.31。

从组织规模结构来看,种群规模的扩展取决于两个基本的因素:大型组织与小型组织的比例以及这两种组织成长率的差异。在种群密度达到顶点以前,种群规模的扩张主要取决于包含大型组织和小型组织的种群密度。但当种群密度达到顶点以后,大型组织相对于小型组织的存活率较高,而成长率较低,此时的种群规模扩张就源于大型组织的低水平扩张和小型组织的高水平扩张这两者的综合作用。这就是说,在种群密度达到顶点后,尽管种群密度下降了,小组织的高水平扩张却仍可能维持整个组织种群规模的增长。

为了明确地解释组织密度降低与组织种群规模扩大之间关系的规律性,Barron(1999)对纽约信贷联合会组织种群的演化动态进行了计算机仿真。在第一种情况中,他假设所有的组织具有相同的成长率,即成长率不受密度的影响。相对来说,这些仿真结果的变化很小:密度以递增的比率达到顶点,然后下降,最后降低到其顶峰水平的一半左右。在密度下降的同时,种群的规模还在持续扩大。在第二种情况中,他假定组织成长过程依赖于组织规模、种群密度以及密度与组织规模的交互作用(密度×组织规模)。这些仿真结果与第一种情况下使用的简单成长模型的仿真结果相比差异很大。有些种群在组织数量很少的情况下就停止了成长;有些种群的密度先降低到一个很低的水平,然后又重新提高。这种变化被称为组织种群演化的路径依赖(path-dependence)(Carroll,Harrison,1994)。平均最大密度是89.4,平均最小密度是35.1。最大密度的达到时间(平均在146个周期)比在简单成长模型下(第一种情况)要晚得多,但仍比最大种群规模的达到时间要早(平均在172个周期)。这说明,为了理解种群密度的变化轨迹,将设立率、成长率和死亡率概括在一个模型中非常重要。组织死亡风险与其规模紧密相关,规模的扩大或缩小对组织存活率具有重要的影响,组织设立率、成长率和死亡率等三种存活率之间存在着一套复杂的反馈机制,将它们孤立起来进行分析不能全面理解组织种群的演化。

总体来说,支持种群规模依赖假设的实证研究相对薄弱。Barnett 和 Amburgy(1990)以种群的总体规模为自变量检验了电话公司的设立率和死亡率。结果表明,随着种群规模的扩大,设立率下降而死亡率上升。Baum 和 Mezias(1992)在分析曼哈顿地区的酒店业时发现了规模依赖的竞争效应。Hannan 和 Carroll(1992)称,在他们研究的几个种群中,规模依赖的效果并不存在统计上的显著性。

四、竞争强度假设

在产业演化过程中,许多小型组织死亡,产业最终只被少数大型组织所占据。组织理论对此提供了许多不同的解释。普遍的共识是大型组织拥有超越小型组织的竞争力(competition strength)。从组织经济学的观点来看,大型层级组织能很好地协调行动(Simon,1945),获得规模经济和范围经济(Chandler,1962),且能补偿市场失败(market failures)(Williamson,1975)。市场社会学(sociology of markets)也认为,大型组织会因为具有结构集中性(structural centrality)(Pfeffer,Salancik,1978)、能聚集社会精英(social elites)(Mintz,Schwartz,1985)、具有较高的社会地位(Podolny,1993)而变得强大。新制度理论也认为,大型组织能通过加强常规活动而直接维护其优势地位(DiMaggio,Powell,1983),也能通过描述和强化理想结构的出现而间接地维持其优势地位(Meyer,Scott,1983)。总之,大型复杂性组织是强大的竞争对手,产业集中度会因为它们的存在而持续提高。

但 Barnett(1997)认为,从演化观点来看,大型组织的力量也是其弱点的来源。为了说明这一点,Barnett(1997)区分了组织力量(organizational strength)的两个方面。一方面,组织能因为其在组织环境中的特征或位置而拥有较好的生存机会,从而具有个体存活力(individual viability);另一方面,一个组织可能具有很强的生态能力(ecological strength),能给其他组织造成巨大的竞争压力。演化理论(evolutionary perspective)认为,组织的特征和位置决定了其个体存活力,组织个体存活力受到选择过程(selection processes)的影响,它反过来又会影响组织生态能力的发展。

Barnett(1997)研究了美国酿酒厂和宾夕法尼亚州电话公司的设立率和死亡率,结果表明,种群演化与组织是小型的、结构简单的还是大型的、结构复杂的有关。当组织规模较小时,组织演变与基准模型(baseline model)相一致,在该模型中,选择过程有利于强势竞争者的存活。但当组织规模扩大时,组织存活率和组织竞争力之间就会脱离关系,环境选择反而有利于弱势竞争者的存活。其研究结论解释了组织种群持续集中的原因,同时说明,随着种群集中度的提高,存活组织的竞争劣势也会强化,产业复兴(industrial renewal)随即开始。

(一)竞争强度

竞争一般被描述为组织之间的零和关系(zero-sum relations)。结构相似的组织之间(Burt,1992)或处于同一生态位(niche)的组织之间(Hannan,Freeman,1989)竞争最为激烈。这种对竞争的定义是以组织对同一资源库的争夺为基础的。事实上,有些组织具备某些能力,使其能超越资源而赢得竞争(Selznick,1957)。

组织的竞争强度(competitive intensity)可被定义为一个组织对其竞争对手生存机会影响力的大小。弱势竞争者只能给其对手的生存机会带来微弱的伤害,而强势竞争者则能显著地降低对手的生存概率。竞争强度概念将竞争分析的层次从市场转移到了组织。因为市场的不同,竞争发生的可能性差异很大,而竞争强度则会随着组织的变化而变化。在密度依赖模型(Hannan,1986)的基础上,Barnett(1997)开发了竞争强度模型。密度依赖模型通常用以下形式来检验:

$$\lambda = \lambda^* \exp(a_\lambda N + b_\lambda N^2) \tag{7-7}$$

$$\mu_K = \mu_K^* \exp(a_\mu N + b_\mu N^2) \tag{7-8}$$

其中,λ 是组织设立率,μ_K 是组织死亡率,λ^* 和 μ_K^* 是非密度依赖条件下的设立率和死亡率(作为控制变量的函数),N 是种群密度。当参数估计显示 $a_\lambda > 0$,$b_\lambda < 0$ 和 $a_\mu < 0$,$b_\mu > 0$ 时,密度依赖理论即可得到验证。

在密度依赖模型中,每个组织对种群密度 N 的贡献是相等的,组织被假定为同等强度的竞争者,竞争强度仅仅取决于拥挤(crowding)程度或组织试图利用同一资源的可能性。所以密度依赖模型预计,组织数量的 Logistic 增长最终会达到均衡水平(Hannan,Carroll,1992)。因此,组织 j 对组织 k 的竞争威胁可表述为 $\alpha_{kj} = wp_{kj}$,其中 p_{kj} 是组织 j 和组织 k 试图保护同一资源的可能性,w 是比例系数。假设组织的战略是独立的,组织 k 遇到的总体竞争来自每个组织的竞争的加成集合(additive aggregation):$\sum_j \alpha_{kj} = \alpha N$,其中 $\alpha = wp$,α 和 p 是所有单个 α_{kj} 和 p_{kj} 的平均数。其他生态学模型在描述 p_{kj} 时允许其随着可观察到的组织之间资源基础的重叠和组织规模的相似性而变化。在这些模型中,竞争反映的是种群内竞争交互作用的可能性和程度,当竞争发生时,不允许组织的竞争强度发生变化。

将不同的竞争力模型化的直接方法是允许 w 随着组织的不同而发生变化,以使组织 j 对组织 k 的威胁为 $\alpha_{kj} = w_j p_{kj}$,其中 w_j 表示组织 j 的竞争强度。这就是说,组织 j 受到的竞争威胁不仅取决于发生竞争的可能性,而且与当竞争发生

时它对组织 k 的影响强度有关。如果用不同的标准来衡量，组织 j 和组织 k 的竞争性可能差异很大，典型的研究一般会分析这些差异对组织个体存活力的影响。例如，许多研究分析了组织战略、组织年龄和组织规模等因素对组织存活的影响。Barnett(1997) 认为，应该通过对 w_j 和 w_k 这些竞争强度的估计来研究组织的特征对其竞争者生存机会的影响。

(二) 强者生存假设

组织存活力、组织竞争强度与组织年龄之间存在着必然的联系。强者生存假设(strong-survivor hypothesis) 认为，随着时间的推移，组织会变得既更具存活力，又更具竞争力。该假设可从 Stinchcombe(1965) 提出的新组织生存不利性(liability of newness) 观点演绎而来。该观点认为，随着组织年龄的增长，组织的存活机会增加。因为随着组织年龄的增长，组织成员的社会化程度更高，组织程序更加惯例化，组织的结构和角色更容易定义。从组织外部来看，随着组织年龄的增长，组织有更多的时间来与供应商、分销商和规制者等重要机构行动者(institutional actors) 建立联系。根据 Stinchcombe(1965) 的模型，组织会随着时间的推移而不断学习，老组织死亡的风险较低。即使个体组织不会学习，根据去留模型(mover-stayer model)(Tuma, Hannan, 1984)，单纯的选择过程也能使老组织的死亡风险降低。

移动者—滞留者模型(亦称去—留模型)是马尔可夫链模型(Markov chain model) 的扩展，它用来处理种群中特定的、未被观察到的异质性(heterogeneity)。假定种群由两类未被观察到的群(groups)组成：滞留群和移动群。滞留群由变化概率为零的人组成，而移动群则遵循普通的马尔可夫过程。

设绝对变量(categorical variable) Y_t 在 T 时被衡量，t 代表特定的时刻，$1 \leqslant t \leqslant T$，$D$ 是 Y_t 的水平的数量，y_t 是 Y_t 的某一特定水平，$1 \leqslant y_t \leqslant D$。向量符号 Y 和 y 特指一种完全应答类型。

理解去—留模型的一个好办法是将其当作混合的马尔可夫模型的一个特例。混合的马尔可夫模型可通过在标准的马尔可夫链模型中增加一个离散的未被观察到的异质性组分而获得。设 X 代表一个水平为 C 的离散潜在变量，特定的潜在等级(class)用指数 x 来赋值，$x = 1, 2, \cdots, C$。混合的马尔可夫模型具有以下形式：

$$P(Y = y) = \sum_{x=1}^{C} P(X = x) P(Y_1 = y_1 \mid X = x) \prod_{t=2}^{T} P(Y_t = y_t \mid Y_{t-1} = y_{t-1}, X = x)$$

$$(7-9)$$

由式(7-9)可知，潜在等级随着初始状态和转换概率的变化而变化。若 $C = 2$ 且对每一个 y_t 而言，$P(Y_t = y_t \mid Y_{t-1} = y_t, X = C) = 1$，则可形成一个去—留模型。$P(X = x)$ 是移动者等级和滞留者等级中的人员比例，$P(Y_{1 = y_1} \mid X = x)$ 是这些群在各种状态下的初始分布。

为了识别去 — 留模型,至少需要三个时点,但无须假定在移动者链中这一过程是固定的。有三个时点($T = 3$)和两个状态($D = 2$)的非固定模型是一个饱和模型。

独立 — 滞留者模型(independence-stayer model)是去 — 留模型的变化形式。在该模型中,移动者被认为是随机行事的,即 $P(Y_t = y_t \mid Y_{t-1} = y_{t-1}, X = 1) = P(Y_t = y_t \mid X = 1)$。另一种变化形式是通过改变吸收状态获得的。在这种情况下,所有的人都从最初的状态开始,$P(Y_1 = 1 \mid X = x) = 1$,移动者群不可能后向转换,$P(Y_t = 2 \mid Y_{t-1} = 2, X = C) = 1$。

为了说明这一点,假设在时段1(比如设立时间)组织之间的适合度不同,且不随时间的变化而改变。再假设存在某种适合度极限水平,在极限水平之上的组织能存续到时段2。只要环境选择的标准不随时间而改变,即使个体组织不学习,在时段2种群成员的平均存活机会也会变大。Brüderl 和 Schussler(1990)模拟了移动者 — 滞留者模型中的初始变化,然后允许组织在经历了一个较低的死亡风险后开始学习,得出了以上结论。Levinthal(1991)对移动者 — 滞留者模型进行了修正,通过随机游走来体现变化,也得到了类似的结论。总之,许多模型都承认,平均而言,老组织更容易存活。

假设存活力强的组织是强势竞争者,则意味着老组织会产生强大的竞争力:$\dfrac{\mathrm{d}w}{\mathrm{d}\tau} > 0$。假设竞争强度随着时间的推移呈现出的提高趋势是线性的,$w_j = s + \gamma_1 \tau_j$,代入初始竞争方程 $a_{kj} = w_j p_{kj}$ 得到。此时 $a_{kj} = s p_{kj} + \gamma_1 \tau_j p_{kj}$,组织 k 遇到的总体竞争为:

$$a = \sum_{j \neq k} a_{kj} = \eta N + c_1 T \tag{7-10}$$

式中,$\eta = sp, c_1 = \gamma_1 p, T = \sum_{j \neq k} \tau_j$。这样,如果最强的竞争者存活,种群层次的竞争就是密度和 T 的函数,即种群中存活组织年龄的集成。将其合并到初始密度依赖模型中,得到:

$$\lambda = \lambda^* \exp[a_\lambda N + b_\lambda N^2 + c_{1\lambda} T] \tag{7-11}$$

$$\mu_K = \mu_K^* \exp[a_\mu N + b_\mu N^2 + c_{1\mu} T] \tag{7-12}$$

如果强者生存假设是正确的,则老组织会产生更强的竞争力,方程(7-11)和方程(7-12)的估计将显示 $c_{1\lambda} < 0$ 而 $c_{1\mu} > 0$,即组织种群成员的加成年龄降低了组织设立率而提高了组织死亡率。

这一模型既能检验强者生存假设,也能检验竞争强度随时间发展的其他假设。Barron 等(1994)认为,由于结构惰性与组织的衰老,组织会逐渐过时,即随着年龄的增长,组织越来越不适合环境的需要。因此,如果控制组织的规模,则组织死亡率会随着年龄的增长而上升。在竞争强度模型中,他们的这一观点可根据生态能力来检验。假设存活力较弱的组织是弱势竞争者,根据他们的观点,老的组织竞争力较弱,所以方程(7-11)和方程(7-12)的估计将反过来显示为 $c_{1\lambda} > 0$ 而 $c_{1\mu} < 0$。

(三) 弱者生存假设

考虑一个综合了组织数量、组织规模和组织年龄的一般模型。假设单个组织 j 产生的竞争强度与其规模成比例:$a_{kj} = sp_{kj} + \gamma_1\tau_j p_{kj} + \gamma_2 s_j p_{kj}$,其中 s_j 是组织 j 的规模。组织 k 遇到的来自组织 j 的竞争可完整地表示为:

$$a = \sum_{j \neq k} a_j = \eta N + c_1 T + c_2 M \tag{7-13}$$

式中,$M = \sum_{j \neq k} s_j$ 是种群规模,种群规模依赖用 $c_2 = \gamma_2 p$ 来参数化。将该式代入方程(7-11)、方程(7-12),允许组织的竞争强度既依赖于规模,又依赖于年龄,得到:

$$\lambda = \lambda^* \exp[a_\lambda N + b_\lambda N^2 + c_{1\lambda}T + c_{2\lambda}M] \tag{7-14}$$

$$\mu_K = \mu_K^* \exp[a_\mu N + b_\mu N^2 + c_{1\mu}T + c_{2\mu}M] \tag{7-15}$$

如果竞争强度随着规模的增长而提高,则 $c_{2\lambda} < 0$ 而 $c_{2\mu} > 0$。

弱者生存假设(weak-survivor hypothesis)认为,随着时间的推移,组织规模对环境选择具有关键的影响。由于大型组织的结构复杂,环境适合度(fitness)低的单位也能在大型组织中生存,这会降低在种群中存活的大型组织的平均适合度水平,不利于环境对大型组织的选择(selection)。但与小型组织相比,大型组织拥有更强的制度优势,这使得它们在失去竞争强度优势的情况下仍能存活,但这同样会降低大型组织的平均适合度水平。大型组织的生存机会受到以下两个因素的严重制约。

1. 搭便车性组分(hitchhiking component)

许多实证研究表明,大型组织的结构差异更大(Scott,1975)。对多产品组织而言,它组合了许多基于地域或顾客的单一产品市场。大型组织还包括很多运营单位,如财务部门、销售部门和原料采购部门等。从事特定活动的单位其适合度是不同的,一个组织完成其既定目标的效率越高,其适合度就越高。如果所有的特定活动都由单独的组织来完成,环境就会按照组织的适合度对它们做出选择或取消选择(de-select)。当这些活动组合成一个大型组织之后,其适合度仍然不同,但此时环境的选择发生在整个组织层面上。所以,大型组织通过这种方式将发生变异(variation)和选择的层次分开了。

这种分离使得组织规模对组织进化具有重要的意义。为了说明这个问题,比较基准演化过程对两个种群的影响:一个种群由小型的、单一的组织组成,另一个种群由大型的、多单位结构的组织组成。为了比较,首先假定两个种群在开始时的组织活动总数是相同的,即存在 n 个单一组织,大型、复杂组织内部也

随机分布着 n 个单位;其次假定在每一个组织种群中,n 个单位随机分布在不同的初始适合度水平上,每个种群的分布曲线具有相同的平均数和标准差;最后假定两个种群面临相同的选择极限,设定为所有单位适合度的平均值。通过这些假设,两个种群在开始时看起来几乎是一样的,面临相同的选择环境。唯一的差别是其中一个种群将其单位按等级秩序组合成了一个高级结构。如果环境选择在种群从时段 1 发展到时段 2 时发生作用,对小型的、单一组织而言,它们服从基准演化模型:适合度高于平均水平的单位将被留存(retained),而适合度低于平均水平的单位将被取消选择,导致种群在时段 2 的适合度更高。如果增加另外的时间周期,这一过程会继续下去,选择和发展会提高每一个阶段的种群适合度,根据基准模型 $w_i = s + \gamma_1 \tau_i$,老组织将产生更强的竞争力。

大型组织则与此不同。大型组织内部各单位的适合度有 n 个水平,但环境选择只在组织层面上发生。因此必须建立一套集成规则来决定每一个大组织的适合度。Barnett(1997)提出了附加适合度(additive fitness)概念,即大型组织的适合度是其组成单位适合度的平均值。将单位集成为大型组织会改变适合度分布。与单位层次相比,平均化会削弱组织层面的适合度差异,大型组织的适合度倾向于集中在适合度分布的平均数附近。大型组织与小型组织的适合度分布具有相同的平均数,但与小型组织相比,大型组织适合度分布的变化程度较低。当环境对大型组织发生选择时,只有那些适合度水平高于极限水平的组织才能存活,而那些处于适合度分布尾部的大型组织将被淘汰。其结果是,随着时间的推移,只能观察到适合度分布的上部,而此处大型组织之间适合度变化的削弱导致了其比小型组织的适合度水平更低。在适合度分布的上部,大型组织得以存活,但它们在拥有一些适合单位的同时也包括了一些搭便车的(hitchhiked)不适合的单位,这些单位如果在小组织种群中将会被取消选择,但作为大型组织的一部分,它们能与其他适合度高的单位一起存活。因此,从长期来看,小组织种群内组织的平均适合度要高于大型组织种群的平均适合度。如果适合度高的组织更能赢得竞争,则小型组织将产生更强的竞争力,即使它们的存活能力不一定比大型组织强。也就是说,在时段 1,两个种群的平均适合度没有差异,但随着时间的推移,组织规模对组织演化的作用就会表现出来,组织规模越大,其在选择过程中的弱点就越突出,组织存活力与竞争强度之间的分离程度就越大,与小组织相比,大型组织的竞争力就越弱。

2.补偿性适合度(compensatory fitness)

大型组织的官僚结构和程序能产生制度理性(institutional rationality)(Meyer,Rowan,1977),大型组织拥有的制度功能和制度合法性(institutional legitimacy)使得大型组织的存活方式具有选择性,它们的存活既可依赖于在市场中的竞争性成功,又可依赖于它们与其他机构的紧密联系。很多研究认为,制度性机制(institutional mechanisms)给大型组织提供了不依靠技术环境而打败其竞争对手的方法。通过这些补偿性适合度,大型组织即使不是强势竞争者也能存活。

但 Barnett(1997)认为,正是因为这些补偿性适合度的存在,与小型组织相比,大型组织最终会演化为弱势竞争者。小型组织控制重要制度资源的可能性低,它们除非在技术环境中取得竞争优势,否则将被取消选择。对小型组织而言,如在基准演化模型中描述的那样,其存活力需要竞争性成功,且其存活力和竞争强度会随着时间的推移而提高。与此不同的是,大型组织致力于构建小型组织难以获得的制度性要塞(institutional fortification),制度性机制能使它们在技术环境中没有取得竞争优势的情况下仍能提高存活力。根据定义,选择只要求一个组织是存活的。存活的大型组织中也包括了那些在技术环境中没有竞争优势但仍能依靠制度原因而存活的组织。随着时间的推移,大型组织种群中的多数组织将能存活,但与存活的小型组织相比,其竞争强度将降低。

在竞争强度模型中,可通过允许组织基于规模的竞争强度随着时间的变化而发展来体现大型组织的弱点,即 $w_j = s + \gamma_1 \tau_j + \gamma_3 (\tau S)_j$。根据弱势存活者假设,大型组织的竞争强度低于小型组织,即 $\gamma_3 < 0$。组织 j 产生的竞争为 $a_{kj} = s p_{kj} + \gamma_1 \tau_j p_{kj} + \gamma_2 s_j p_{kj} + \gamma_3 (\tau S)_j p_{kj}$,组织 k 遇到的总体竞争为:

$$a = \sum_{j \neq k} a_j = \eta N + c_1 T + c_2 M + c_3 Q \tag{7-16}$$

其中,$Q = \sum_{j \neq k} (\tau S)_j$,$c_3 = \gamma_3 p$。

弱者生存假设可用以下公式检验:

$$\lambda = \lambda^* \exp[a_\lambda N + b_\lambda N^2 + c_{1\lambda} T + c_{2\lambda} M + C_{3\lambda} Q] \tag{7-17}$$

$$\mu_K = \mu_K^* \exp[a_\mu N + b_\mu N^2 + c_{1\mu} T + c_{2\mu} M + c_{3\mu} Q] \tag{7-18}$$

如果弱者生存假设正确,即由于搭便车性单位和补偿性适合度存在,大型组织最终将演变为弱势竞争者,则 $c_{3\lambda} > 0$ 而 $c_{3\mu} < 0$。

将强者生存假设和弱者生存假设结合起来能对产业演化的方式做出解释。一般来说,组织种群的发展遵循着凹面的方式,即组织的数量开始增长继而下降,产业集中度提高。密度依赖模型假定组织之间的竞争强度是相等的,因此组织数量的增长会达到某种均衡(Hannan,Carroll,1992)。强者生存假设认为,在种群发展的早期,组织规模较小,强势竞争者将持续地将其竞争对手驱逐出种群,且会阻止新组织的设立,这一过程可能会达到某一点,最终使集中度提高,除非由于某些原因而发生了新的设立浪潮,降低了组织的年龄分布。然而,随着集中度的提高,某些组织的规模会扩大,根据弱者生存假设,这会持续地降低其竞争力,其结果是,在种群中留存的将是大型的而日益虚弱的组织。

Barnett(1997)利用美国酿酒厂和宾夕法尼亚州电话公司设立率和死亡率数据检验了强者生存假设和弱者生存假设。对酿酒业设立率的估计支持了强者生存假设,加成的年龄效应为负,且在统计学意义上是显著的。较老的酿酒厂产生了较强的竞争力,降低了种群的设立率。对电话公司设立率的估计表明,集成的年龄效应支持了强者生存假设的所有七个标准,但也支持了弱者生存假设。随着设立率的提高,一方面组织规模在扩大,另一方面组织经验在增强。这些效应共同表明,随着年龄的增长,小型组织产生了较强的竞争力,而大型组织产生的竞争力较弱。对酿酒业死亡率模型的估计支持了强者生存假设。对电话公司死亡率模型的估计支持了弱者生存假设,即随着年龄的增长,小型公司会持续地产生强大的竞争力,其竞争对手的死亡率上升。同时,大型组织会不断演变为弱势竞争者,随着大型组织的成长,小型组织的死亡率降低了。

Barnett(1997)还利用式(7-17)和式(7-18)模拟了组织种群的演化轨迹。最初模拟的是每个组织产生的竞争强度相同的情况,此时模型的参数值分别为:$a_\lambda = 0.005, b_\lambda = -0.0000063, a_\mu = -0.015, b_\mu = 0.000018$,设计模型截距为2.3,死亡模型截距为0.1,死亡模型中的年龄依赖为-0.021,死亡模型中的密度延迟为0.006。

为了比较,在第二次仿真中,设立模型和死亡模型都包含加成年龄项T,以允许竞争强度异质性的存在。仿真利用酿酒业的数据进行,各参数的设定值为:$S_\mu = 0.001, S_\lambda = -0.001, a_\lambda = 0.01, b_\lambda = -0.00015, a_\mu = -0.022, b_\mu = 0.000023$。随机仿真(stochastic simulations)结果表明,在组织竞争强度相同的情况下,组织种群的演化遵循着 Logistic 曲线,种群密度趋于稳定;在第二次仿真模型中,种群演化轨迹中就有了下降的趋势,就像在实际产业种群中观察到的那样,产业集中度在提高。种群的成长速度更快,因为加入集成年龄效应后,密度效应提高了。更为惊奇的是,竞争强度的异质性降低了组织种群的最大密度,使得密度很快达到顶点。

(四)时间异质性假设

由 Hannan(1997)提出的时间异质性假设(temporal heterogeneity hypothesis, THH)试图解释组织种群中的衰退。根据该理论,随着时间的推移,竞争效应对密度的反应会越来越不敏感。因为在成熟的组织种群中,竞争主要不是依赖于密度,而是依赖于其在社会角色结构中的位置(Hannan,1997)。合法性对密度的反应也是如此,因为寿命本身就能赋予合法性(Barnett,1995)。这种时间依赖的过程在密度与竞争性、密度与合法性之间引入了黏性(viscosity)。在对欧洲 5 个汽车制造商种群设立率的研究中,Hannan(1997)报告了与时间异质性假设相一致的结果,表明密度—年龄的交互作用驱动了种群密度的降低和随后的提高。Wezel(2005)对 1895—1993 年英国摩托车制造商种群设立率的研究也报告了类似的结论。在对 1846—1992 年保加利亚报业种群设立过程的研究中,Dobrev(2001)部分地发现了对该模型的支持;Ruef(2006)对 1765—1999 年美国医药学校种群设立率的研究只发现了时间异质性的混合证据。Barron

(2001)对纽约城信贷联合会设立率的研究结果支持了时间异质性假设,但对组织解散和组织成长的研究结果没有支持时间异质性假设。

达尔文演化观认为,与进入一个年轻的种群相比,进入成熟的种群要困难得多。因为随着时间的推移,存活的组织会提高它们的平均适合度水平,并且会散布到资源空间的每一个角落,从而阻止新的进入者进入(Sorenson,Audia,2000)。选择过程的时间变化会调节种群的进入率和组织的生存机会(Barnett,Sorenson,2002)。

(五)系统依赖选择假设

常规的组织生态学模型认为,外在环境会约束组织种群的成长率,但组织种群不会影响外在环境,环境资源约束对种群动态的影响是外在的。但系统依赖选择假设(system-dependent selection hypothesis,SDSH)(Lomi,Larsen,Freeman,2005)认为,组织与其资源环境之间存在着反馈机制,组织不仅是环境资源的消耗者,而且是环境资源的生产者,现存组织的资源生产能力使得组织种群的环境承载力具有一定的内生性(endogeneity)。因此,在系统依赖演化(system-dependent evolution,SDE)模型中,组织种群的环境承载力是变动的,且变动率与组织密度紧密相关。组织存活率的变化是现存密度与环境承载力之间距离的函数。由于组织存活率对资源环境的反应存在着延迟(delay),组织设立、组织成长和组织死亡等活动往往会超出环境承载力的制约。

组织种群与其资源环境之间的反馈途径很多,最主要的是对资源丰富度的直接反馈。例如,组织种群的扩张会通过互利共生而刺激资源库的发展(例如,硅谷中的风险资本家和以技术为基础的企业组织)。组织种群会通过贸易协会等形式组织起来,通过劳工培训和有利的税收政策来扩大其资源基础。它们还能通过自己的人力资源系统培养出管理骨干和技术骨干,使得开办相似类型的新公司变得更加容易。组织种群的扩张还能传递出成功机会较多的信号,为其他组织扩展资源空间。

动态资源约束要求提出种群惰性(population inertia)假设。惰性是一个相对的概念,来源于组织结构的变动率与资源约束和机会的变动率的比较(Hannan,Freeman,1989)。在组织生态学模型中,惰性通常被定义在组织层次,即随着组织的成熟,组织受到的成长阻力逐渐增大,组织种群能向其资源约束作平滑的、无延迟的调整。在用图形表示这一假设时,环境承载力通常被描绘为一条水平渐近线,组织种群从下方向其逼近。但如果考虑到资源约束是动态的,就必须研究组织种群能以多快的速度通过改变组织设立率和解散率来对动态的资源约束做出调整,研究资源约束变化与组织种群对这些变化反应之间的延迟,或者说研究资源可用性与组织存活率之间的关系。如果组织存活率对环境变化的反应存在延迟,组织种群密度就可能实际上超出其环境承载力。或者反过来说,组织存活率对资源环境的延迟反应会使组织种群在实际达到密度顶点之前就遭遇了资源约束。当这一情况发生时,密度的突然崩溃就是系统层次对资源过度利用的调整。

Lomi、Larsen 和 Freeman(2005)利用虚拟试验(virtual experiments)研究了种群惰性和系统依赖选择在组织种群统计模型中的重要意义。结果表明,组织成长率的下降意味着组织种群密度正在接近环境承载力,密度的崩溃意味着组织种群密度实际上超过了环境承载力。在密度崩溃以后,新组织的投资决策是以观察到的组织设立率和死亡率为基础的,但由于信息延迟和实体延迟的存在,这种投资决策不能适时地对种群的密度效应做出反应,使得种群的复苏和振动成为可能。当种群惰性、延迟与动态资源约束交互作用时,种群的灭绝就有可能发生。在此过程中有三种机制在起作用,即组织活动延迟(delay in organizing)、公共资源的过度利用和社会分类(social categorization)。

组织设立活动的延迟源于在组织正式建立之前的投资决策、资源动员、法人组织边界的形成、生产能力的形成等方面。组织死亡过程的延迟则源于组织解散需要遵循的法律程序、劳动合同和雇用协议、法人财产的评估困难和沉没成本等方面,这些复杂的制度因素和行为因素会导致环境条件与观察到的组织死亡事件之间的不一致。在组织设立的实证研究中,惰性包括感知延迟(perception delays)和实体延迟(material delays)。感知延迟是指机会的出现到机会被潜在企业家感知之间的时间间隔(Aldrich,1999;Carroll,Hannan,2000a;Sørensen,Sorenson,2003)。实体延迟是指企业概念的形成与将这一概念转化为实际有效生产能力之间的等待时间(Carroll,Hannan,1989a)。由于组织设立过程存在黏性(stickiness),因此种群层次的惰性会导致对资源约束的超出。一般而言,当种群密度达到顶点时,设立活动不会立即减少至零。例如,法国的汽车制造业(Hannan,1997)。但有些组织种群的设立活动会在达到密度顶点后迅速减少,延迟期很短,如美国汽车制造业(Carroll,Teo,1996)、美国人寿保险公司(Ranger-Moore et al.,1991)、美国劳工联合会(Hannan,Freeman,1988)和铁路运输业(Dobbin,1995)。延迟期长的种群包括曼哈顿银行业(Ranger-Moore et al.,1991)和意大利合作银行(Lomi,1995a)。

公共资源的过度利用源于新组织对合法性的竞争。合法性可理解为一套被联合拥有的非物质资源,或者说公共资源(Hardin,1968)。新组织会努力在可靠性和责任性(accountability)方面进行集体投资,以图获取适当的回报。这在具有明显社会运动特征的组织种群中尤其如此,如报业(Olzak,West,1991)、劳工联合会、信贷联合会(Barron,1998)和微型酿酒商(Carroll,Swaminathan,2000)等。在这些种群和类似种群中,组织设立者一般具有广泛的与合法性相关的资源,如产业声誉、顾客注意力、顾客亲和力、获取风险资本的结构化通道、供应商和管制者的信任、现存竞争者的忍耐、政府的支持、财政激励和熟练的人力资源的可获得性等。显然,在已经建立起来的成熟种群中,这些公共资源更加丰裕,这会吸引新公司的加入,同时也加大了种群崩溃的风险。

社会分类在组织增殖(organizational proliferation)过程中起着重要的作用(Brittain,Freeman,1980)。在产业形成阶段,产业成员之间存在着一种审视新活动是否熟悉和是否可信赖的有意识的集体努力,而这就会导致社会分类的出现,组织同一性(organizational identities)就越来越受制于业已建立起来的社会分类。例如,在产业发展的最早期,风险资本家对新投资方案的价值可能并不确定,但随后他们会开发出一套评价程序以帮助他们评价新投资对象的生存能力和盈利潜力。随着潜在组织设立者对这些新制度约束的调整,组织设立率就会提高。随着密度的提高和种群的成熟,企业面临的机会结构就会发生变化,但由于已经建立的社会分类对信息的反应迟缓,相反的传染需要一段时间才能发生。企业家还有一段时间能较易地获得资金,进入新市场。也就是说,在高密度期,设立活动可能依然很多。也有学者得出了类似的观点,认为后来的进入者能够从早期风险投资的成功经验中受益。社会分类的结果是组织种群可能会超出其环境承载力,直到来自环境的延迟反馈触发了种群层次和群落层次的修正行为。

目前,组织生态学关于组织种群演化的研究已初成体系,进一步的研究应特别关注以下问题。

第一,应特别重视组织特征的差异对组织种群演化的影响。不管是组织种群演化理论还是产业组织演化理论,其基本的前提条件是:组成种群的个体是没有差异的。两个学派都忽视了组织个体差异对产业组织演化的重要性。事实上,不同规模的组织对产业组织演化具有不同的影响,即使是同一规模的组织,也存在着资源利用方式的不同和资源利用效率的差异,而这些差异对组织种群的数量调节是十分重要的。不同年龄的组织、处在不同寿命周期阶段的组织、不同惰性特征的组织都对环境具有不同的反应速度和反应能力,因而对组织种群的演化具有不同的影响。

第二,注意研究资源分布异质性对产业组织演化的影响。大多数产业组织都具有高效的散布机制,即产业组织总是集中分布在资源丰富的地方,而在资源贫乏的地方则数量很少。这说明,产业组织的散布是同它们的重要资源密切相关的。因此,必须把资源作为理解组织种群调节的一个至关重要的因素来加以研究。一般来说,分布在资源空间边缘的组织种群具有较低的自我调节能力,因为边缘空间的资源稀缺,难以满足组织变革对资源多样化和资源富余化的需求。此外,需要进一步分析密度依赖模型中的竞争性和合法性在不同的空间层次上具有哪些不同的表现方式,不同空间层次上的组织种群在演化规律上有何差异。

第三,尝试研究个体组织演化与组织种群演化之间的互动关系。组织种群的适应性是通过所谓的群选择(group selection)来实现的。正如自然选择可以在个体组织层次上起作用一样,群选择也可以在组织种群层次上起作用。具有某种适应力的组织种群很可能会逃脱灭绝的命运。如果某一特征对组织种群有利,对个体组织不利,那么群选择就会使这一特征显现的频率增加,而个体选择就会使这一特征显现的频率下降。也就是说,群选择与个体选择的方向是相反的。在这种情况下,个体选择总是强于群选择,结果必然导致组织种群渐渐灭绝。但如果群选择与个体选择的作用方向一致,那么选择特征就会既对种群有利也对个体有利。因此,需要进一步研究组织个体选择与群选择之间的耦合条件和互动机制。

此外,组织生态学对组织种群演化的研究视角被限制在组织种群内部,这种研究思路主要存在两个方面的问题。

第一,种群渐变论(phyletic gradualism)。组织生态学对组织种群演化的研究集中在种群内部组织之间的更替上,一些失败的组织被选择出种群,而其他的组织则继续存活。同时,新的组织被创立并进入种群。随着组织的更替,组织种群会逐渐改变其组成部分。生态学家将这种改变称为种群渐进主义。种群渐进主义研究方法最大的弊端是无法解释新组织种群的形成和既有组织种群的灭绝。McKelvey(1982)指出,组织生态学不关注组织种群的起源,而是关注既存组织种群的调节和成长,因此不能解释组织种群数量的增多和不同类型组织种群的多样性。同样,由于选择过程不能使组织种群内的所有组织消失,因此这一方法也不能用于解释组织种群的灭绝。

第二,种群稳定性(population stability)。组织生态学强调组织种群内部同质性(homogeneity)和稳定性的产生。组织生态学的研究是建立在组织种群的形式保持相对稳定的假设之上的(Aldrich,McKelvey,Ulrich,1984)。组织生态学家虽然承认在组织种群内部存在着逐渐展开的演化转型,但他们强调这种转型仅仅发生在整个种群的稳定性范围内。McKelvey(1982)认为,随着时间的推移,不同的组织种群会因其主要能力或者技术特征和管理诀窍的不同而形成不同的组织种类(organizational species)。就像生物学认为杂交和基因流能使生物物种得以稳定一样,信息流是稳定组织种类的基础。通过交流而建立起来的共同知识库会将不同的组织连接起来而形成一个统一的整体。Mansfield(1962)研究了组织采用新技术的决策行为,结果表明,只有大约一半的决策信息来自公司内部,另一半的信息则来自同一产业内其他公司。他还发现,在某一产业中,一项新技术一旦被采用,就会呈指数状扩散。一家公司采用新技术的可能性是同一产业中已经采用该项技术的其他公司的比例的增函数,即所谓的从众效应(bandwagon effect)。

同时,由于组织种群的主要能力不容易被学习,且难以跨越种群边界而转移,因此不同的组织种群会保留各自不同的特征。Sahal(1981)研究了不同的组织种群之间的隔绝过程。他发现,产业之间的技术转移很少发生,大部分技术诀窍具有产品特性和产业特性。一个产业采用新技术的成本不仅包括对新技术的搜寻成本,而且包括将这些新技术应用到新环境和新条件的成本。这些成本会显著地降低新技术向某一产业的流入,限制种群内部组织的可变性,从而使组织形式得以长期稳定。例如,在农用拖拉机、飞机以及摩托车产业中,核心技术在半个多世纪以前就已经被引进了。尽管它们经过了许多成本改进,但这些改进都是对其基本设计类型的逐渐强化。

从种群生态学的观点来看,这意味着自然选择可能在一定程度上修正了组织种群,但组织种群的形式最终是稳定的。自然选择对组织种群的逐渐修正只能强化组织种群最初建立的组织形式。然而,组织种群演化的现实可能与此不符。例如,在美国商业组织演变的过程中,单部门企业(single-unit business enterprise)已经存在了几个世纪,在 1870 年以前,现代多部门企业(multiunit business enterprises)很少,但到了 1920 年,多部门企业就主宰了美国的经济。这种现代组织不是从传统的组织中遗传下来的,而是依托新的技术,在新的产业部门中形成的新的组织种群。显然,组织种群生态学所强调的稳定种群中的种族遗传观点就不能对这种类型的演化做出解释。

为此,Astley(1985)提出,应该将组织种群演化的研究层面拓展到组织群落上来。就产业组织演化的过程而言,组织种群生态学和组织群落生态学遵循着不同的原则。从组织种群生态学的观点来看,组织变革因循着环境的轨迹,自然选择是一个有效的优化机制,能使组织种群向着业已建立的生态位做出微调。演化的过程是一个向有限最优逼近的过程,当原先采用的组织形式得以实现时,演化的过程就收敛了。与此不同的是,组织群落生态学认为,演化可能向任意方向发展,演化的过程是发散的,而不是收敛的。新的组织种群之所以取得成功,不是因为它们成功地复制了先行者的功能,而是因为它们开辟了新的生态位,建立了新的发展路径。

关于组织可变性对演化过程的影响,组织种群生态学和组织群落生态学也有不同的看法。在组织种群生态学模型中,组织可变性是一个基本的组成部分,组织可变性要服从于选择的力量。模型的假设是,当环境变革时,组织就要表现出适当的可变性,以便对变化了的选择因素做出有效的反应。相反,在组织群落生态学看来,变化是一种重要的、自主的演化力量。机会是决定演化过程方向的主要因素。在缺乏选择压力的情况下,组织可变性就成了变革的主要动力。

第八章 组织种群的灭绝

灭绝(extinctions)是组织种群演化的一种潜在结果。任何组织种群都有可能遭受灭绝的命运。经典的组织生态学理论主要研究组织死亡,对组织种群的整体消亡现象关注不够。本章试图将解释组织死亡的种群密度依赖模型拓展为群落密度依赖模型,构建解释组织种群灭绝的机制,并利用计算机仿真来模拟组织种群灭绝的条件和过程。

第一节 组织种群灭绝现象

组织种群灭绝可能是理论上的灭绝,也有可能是事实上的灭绝。数学上的灭绝(mathematical extinction)指的是种群规模趋近于 0,或者当时间趋向无穷时,种群规模收敛于 0。真实灭绝(realistic extinction)是指当种群规模小于其最小可能值时,种群走向灭绝。组织种群在数学上灭绝时,其在事实上也灭绝了;但当组织种群真实灭绝时,可能从理论推导上其还没有灭绝(Braumann,Carlos,2013)。

历史上出现过很多事实上的组织种群灭绝现象。1868 年,美国路易斯安那州冰品制造公司获得了使用汽油和压缩技术生产冰的专利,之后开设了第一家人造冰制造工厂。受其影响,新英格兰地区冰品经济组织种群在 19 世纪 70 年代就灭绝了。该组织种群的灭绝并不是因为消费者对冰的需求骤降,而是因为该冰品经济主要是源于对自然冰的开采。面对技术的冲击,该组织种群无可避免地灭绝了。

1902 年,蒙特雷沙丁鱼罐头产业诞生,罐头工厂街开始营业。第一次世界大战爆发后,沙丁鱼罐头的全球市场需求大幅增加。20 世纪 30 年代,蒙特雷成为"世界沙丁鱼之都",加州的沙丁鱼产业也被认为是西半球最大的产业。在1936—1937 年的鱼汛期中,蒙特雷湾捕获了超过 20.6 万吨沙丁鱼,罐头厂生产了接近 300 万个沙丁鱼罐头。1950 年,有 31 家罐头厂仍在运营。然而到了1961 年,当地只剩下 5 家罐头厂。1960 年左右,捕鱼量的短暂恢复使得组织种群在较低密度水平上保持短期的稳定。1964 年,最后一家罐头厂倒闭,沙丁鱼罐头产业组织种群灭绝(Freeman et al.,2011)。

　　如图 8-1、图 8-2 所示,1900—1993 年,比利时的摩托车产业经历了从兴盛到灭绝的过程。在该种群发展的前 10 年里,摩托车制造商的数量增长得很快。在经历了两个明显的繁荣—萧条周期之后,该种群规模在 1951 年达到了 24 家制造商的历史最高值。但该种群随后即开始持续衰退,最终走向灭绝。

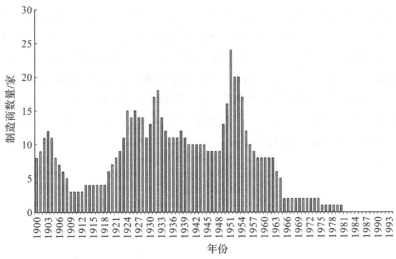

图 8-1　1990—1993 年比利时摩托车制造商数量

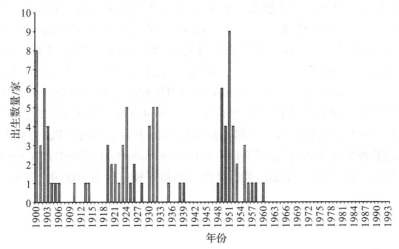

图 8-2　1990—1993 年比利时摩托车制造商出生数量

　　资料来源:Wezel F C,2002. Why do organizational populations die? Evidence from the Belgian motorcycle industry,1900—1993[Z]. Groningen:University of Groningen.

　　与比利时摩托车制造业经历了近 100 年时间才趋于灭绝的情况不同,我国浙江省永康市的保温杯产业种群仅仅存活了 4 个月就走向了衰落。1994 年

12月,永康的第一个不锈钢保温杯诞生。1995年春,产品正式投放市场。由于价格比日本产的保温杯要低一半左右,产品一经推出立刻引来了一大群模仿者,从1995年5月开始,永康不锈钢保温杯生产企业不断增加;9月,大量原先生产电动工具、五金、铝锭、农机、电暖锅的企业纷纷转产,突击上马生产保温杯;到12月的高峰期间,永康全市有1300家专门从事保温杯及其配套生产的厂家,全市保温杯生产线扩张到2000多条,日产保温杯10万只以上。1995年一年,永康仅保温杯的单项产值就达到15亿~17亿元。产量几百倍的增加引发了企业间无比惨烈的价格战,保温杯的价格迅速从200~300元下跌到15~20元。而价格战几乎同时导致了偷工减料现象,生产原料从进口的不锈钢变成国产不锈钢又变成普通的铁皮,保温用材料从进口保温材料变成国产保温材料,单个保温杯的平均生产成本从60元下降到不到10元。到1995年12月底,生产保温杯已经基本无利可图,产量开始迅速下降。到1996年2月,永康保温杯月产量仅为高峰时期的八分之一。

第二节　组织种群灭绝的原因

目前,针对组织种群灭绝的研究尚很匮乏。Lomi、Larsen和Freeman(2005)认为,关于组织种群演化的研究,尚有三个问题未能得到解释,即为什么组织种群在达到其密度顶点时会突然崩溃? 为什么组织种群在崩溃后会发生振荡? 组织种群灭绝的原因是什么? 韦策尔(Wezel)从经济地理学(economic geography)、经济社会学(economic sociology)、演化生物学(evolutionary biology)和古生物学(paleontology)角度提出了解释组织种群灭绝的三个假设。在演化生物学中,关于种群灭绝的主要理论是Diamond(1984)提出的"邪恶四重奏"(evil quartet)观点,它概括了引起种群灭绝的四个最主要的原因:①栖息地的丧失;②物种的引入;③消光层级(extinction cascades);④资源的过度利用。以下提出的经济学和社会学假设能反映出影响组织种群灭绝的这四个方面原因。

一、经济社会学假设

不同的组织种群会通过基于技术、标准化程序或法律规则体系的共栖和共生关系而形成一个组织群落(Aldrich,1999)。组织群落具有两个重要的特点:组织种群之间的关系以及组织种群之间的边界。群落层面的演化一般是通过种群之间边界的抹消来实现的(DiMaggio,1994)。而组织种群边界的抹消又是通过认知因素或地理因素来完成的。随着信息技术的普及和制度一体化程度的提高,组织种群之间的边界有不断交叉和融合的趋势。例如,计算机公司和通信公司之间的边界就变得越来越模糊了。而随着政府管制的放松和市场开放程度的提高,不同国家和地区之间组织种群的地理边界也变得越来越开放和融和。

同时,经济活动本身就具有地域集中的倾向。因为组织的空间聚集能带来很多的优势(Marshall,1922)。首先,大范围的劳动力分割能产生专门经济性。集群有利于组织分享规模经济的好处,并能提升技术创新(Chinitz,1961)。其次,地理上的接近能产生信息的经济性(Scherer,1980)。既然意会知识(tacit knowledge)的转移需要人际交流,那么公司之间在地理位置上的邻近就有助于知识的分享。最后,集群能提高劳动供给的经济性,工人能更加弹性地适应地域集中的公司对劳动力的需求。

然而,产业活动的聚集会影响经济系统的空间结构。Krugman(1991)的研究认为,运输成本会导致经济系统在两个地区之间形成地理分叉。Krugman 和 Venables(1995)开发的国际贸易模型认为,运输成本的降低会将世界分为核心经济系统和边缘经济系统。越来越多的研究认为,为了保护现存的独立的经济系统,各经济系统之间应该保持最小的地理距离。

人类社会学也广泛研究了社会和空间秩序的出现,认为人类活动遵循着一种空间的秩序安排,它最终会导致人类生态学中空间和地理边界的形成。而边界的进化甚至消失会导致生态系统的时空结构发生重大变化。Lomi 和 Larsen(1996)分析了组织地理邻近的社会生态学意义,发现组织不能在其聚集的空间之外存活。这就是说,组织种群在空间上的聚集过程可能会抹消组织实体之间的边界,并吸干邻近地区的资源。古生物学理论也认为,孤立的物种更容易灭绝(McKinney,1997)。因此,可提出如下假设:邻近的组织种群会抹消其空间边界,并加速那些定义狭窄的组织种群的灭绝。

二、历史效率假设

环境资源具有稀缺性。资源的稀缺限制了组织的成长,强化了组织之间的竞争。基于此,大多数对组织演化的研究都假定竞争过程会增加有效的产出(Carroll,Harrison,1994)。现代组织的结构是一个有效竞争过程的结果:演化实现了组织环境适合度的最大化,并使后来者的可用资源受到了限制。

Hannan(1997)认为,组织种群也具有惰性,组织种群对环境变化的反应会有所延迟,这是造成种群规模大小不一的一个重要原因。美国新英格兰地区的冰品经济(Botkin,1988)、瑞士的钟表产业和美国的电视机产业(Dimmick,Rothenbuhler,1984)代表了组织种群之间掠夺式竞争的三个极端的例子。1620—1870 年,提取和保存自然冰一直是马萨诸塞州环 128 号公路附近区域主要的经济活动,但由于机制化制冰技术的引进,该地区所有的自然冰提取和保存组织都死亡了,该产业走向了灭绝。瑞士钟表业种群的演化也经历了类似的情况。1945 年,世界上十分之九的手表产自瑞士。10 年以后,该产业发展得更加成功,全瑞士拥有 2300 家手表公司。到了 20 世纪 80 年代,日本生产商引进了石英手表技术,但大多数制造机械手表的瑞士公司没有适应这一新的环境。几年以后,1600 家瑞士手表公司死亡了。电缆技术的扩散对美国广播电视业的生存也产生了严重的威胁。这说明,历史效率演化过程不仅与种群内动态相关,而且与种群之间的互动相关。那些能更好地适应环境转变的种群的发展会引起对环境适应力较差的组织种群的灭绝。这与生物生态学中的竞争排除(competitive exclusion)过程类似。Gause(1934)提出的这一概念旨在说明,依赖于同一基础生态位的两个混合种群,其中的一个必定会灭绝。

三、自我毁灭假设

前面的假设认为,组织种群的灭绝要么是因为它不能适应环境的变化,要么是因为它受到了其他组织种群对其生态位的侵袭,都没有考虑组织种群的内部因素。然而,种群内部组织之间的竞争性互动是种群演化的关键因素。其中与组织种群灭绝紧密相关的两个现象分别是空缺链(vacancy chains)和共同演化(co-evolutionary)过程。

组织的存在并不是孤立的,它们在一个角色互联的系统中运行,这一系统既是组织发展机会的来源,同时又约束着组织的发展。基于这样的认识,Lomi和 Larsen(2001)模拟了一个组织死亡的空缺链模型。与将组织死亡当作一个独立事件来看待不同,该模型假设组织是同时互联的,且都占有一个特定的位置。模型预算的结果表明,一个组织单位的消失会在资源空间中腾出位置。因此,单个组织的死亡事件会在组织种群中传播,并通过在角色互联和位置互联的系统中触发空缺链而影响其他组织的生存机会。

关键组织的消失会触发喷发效应(cascade effects)。关键组织的形成是种群演化的必然结果,关键组织对组织种群的稳定性具有重要的影响。因此,关键组织的死亡会产生非线性的效果,引发系统内灭绝的喷发(Solé,Montoya,2000)。这些理论观点表明,组织死亡具有潜在的微观效应和宏观效应,个体组织的死亡可能对整个组织种群产生破坏性的影响。

另一个从种群内部来解释组织种群灭绝的理论是系统依赖选择(system-dependent selection)。Lomi、Larsen 和 Freeman(2005)通过模拟一个系统依赖的选择过程而刻画了组织及其资源的共同进化。在他们设计的公式中,种群的环境承载力被认为是资源消耗和再生的副产品。他们的研究表明,在具有内生承载力的动态环境中,特定水平的种群惰性与种群灭绝之间具有系统性关联。

这一结果之所以有可能成立,是因为密度对组织存活率的效应发生得不够快,以至于不能弥补对资源的过度消耗。如果公司滥用与其相联系的非物质资源,如其组织形式的合法性,过度消耗现象就会发生。这一现象与 Hardin(1968)提出的公共地悲剧(tragedy of commons)观点相类似,会加速组织种群的灭绝。

除此之外,有学者认为,种群灭绝是由物理因素导致的。对于组织种群来说,制度、技术和环境等外部变化使得资源基收缩,导致组织种群减少甚至灭绝。1920 年,美国酿酒厂组织种群几近灭绝。这并不是因为啤酒需求突然降为 0,而是因为美国政府颁布了《沃尔斯特法案》(Volstead Act),即联邦禁酒令。1920—1933 年,酒精饮料的生产和销售都被禁止,这使得大部分酿酒厂在这个时期倒闭(Carroll,Swaminathan,1991)。只有少数企业通过发展其他业务得以保持运营状态。法令禁止后,又有许多新的和重建的酿酒企业进入酿酒行业。

20 世纪 20 年代到 30 年代,制定反连锁商店法(anti-chain-store laws)的州会更加支持当地独立经营的零售商,而不鼓励连锁商店的发展。在隆重推行反连锁商店法的时期,美国连锁商店组织种群密度急剧降低。虽说最终连锁商店还是在市场上占据主导地位,反连锁商店法也被废除,退出历史舞台,但该法律的影响依然存在(Ingram,Rao,2004)。组织形式不仅需要有效,而且需要在社会上和制度上得到认可。合法性是影响制度变革的核心,法律认可是组织种群和其反对者抗争的结果,是否能获得国家权力机关的法律认可,决定了组织种群是繁荣发展还是走向灭亡。

还有一种观点认为:灭绝是生态系统的自然组成部分,无论环境是否施加压力,灭绝都会发生(Newman,Palmer,2003)。组织种群灭绝源于种群内部的特征和作用机制。Ruef(2004)对 1860 年到 1880 年美国南部种植园农业的研究发现,外生制度因素(奴隶制的废除)和外生物质因素(内战或者城市化进程导致的破坏)并无法解释种植园组织形式的消失。替代性组织带来的挑战以及种植园、中型农场和小型农业生产者之间的相互作用导致了种植园组织的减少。Tovar 等(2013)通过对墨西哥电力种群的研究发现,该组织种群灭绝的原因是缺乏效率、生产力低下以及福利待遇过好导致劳动力费用高。预算、技术、组织、物料分配、行政效率、分销网络和其他外在因素也直接影响了种群的运行效率。例如,聘用期结束时该种群需要面临 2400 亿比索的损失,然而其中只有 800 亿比索属于在职员工,剩余的 1600 亿比索要支付给退休人员,人力资源管理效率非常低下(Tovar et al.,2013)。

有学者把组织种群分为核心种群(core species)和云种群(cloud species)这两个不相交的集合。核心种群是种群密度大于最大种群 5% 的种群,核心种群之外的种群则统称为云种群。核心种群构成种群密度的绝大部分,云种群则为种群多样性做出贡献。核心种群在基因空间中能最大限度地适应环境,周边则被小的云种群包围。核心种群突变体(mutant)的流入使云种群间歇成长,如果突变体能从核心种群获取正向积极的支持,那么它就能够更迅速地成长。云种群会导致跳跃(jumps)或者震荡(quakes),并通过震荡动摇整个系统。当对核心种群有负向作用的新种群崛起时,核心种群密度会急速下降。一旦发生急剧震荡,整个核心种群会被取代。此外,还有一种比较温和的震荡:虽然能保留现有的核心种群,但还是会导致种群的剧烈变化。种群会根据新的互动机制进行种群再调整,以实现结构平衡。早期成立的核心种群可能会合并新成员,给新出现的种群提供支持,亦可能轻易被瓦解。新种群逐步成长,可能会找到适合发展的立足点,也可能导致整个生态系统的分崩离析。震荡会改变种群,甚至可能导致现有的整个组织种群灭绝(Arthur et al.,2017)。

第三节 组织种群灭绝的机制

组织生态学领域有诸多解释种群波动的模型:密度依赖模型、双密度依赖模型、时间异质性模型、规模依赖模型、种群惰性模型和系统依赖模型等。传统组织生态学以规模、年龄、销售额等外部变量和计量数据来描述组织,致力于发现种群动态发展中的特征。此类模型对种群内部相互关系和资源可得性有着不同的假设,但都认为种群多样性与环境所能提供的资源数量紧密联系。当资源基(resource base)的多样性增加时,能适应环境的种群趋于多样化(Hannan,Freeman,1989)。

Kauffman(1993)在研究生物有机体演化时提出NK模型:N代表物种所包含的基因的总数;K表示影响该基因的等位基因数量,反映基因间的互动程度。基因型是生物遗传物质的总和,是促使表型发育的内因。表型则是生物体性状的表现,是基因型和环境共同作用的结果(吴建祖,廖颖,2010)。通过在基因型(genotype)和表型(phenotype)之间建立映射关系,组合形成适应度景观(高长元,何晓燕,2014)。后来,NK模型逐渐被引入战略和管理领域,成为描述组织进化的权威框架,得到广泛应用。但是,NK模型只能研究单个种群,外生地限定了生态系统的多样性,没考虑种间竞争的相互作用关系。

有学者提倡使用复杂自然模型(tangled nature model,TNM)这一新工具来模拟种群和组织的演变。该模型综合了传统生态学模型和NK模型的优点,既考虑种群依赖的选择压力(population-dependent selection pressure),又能内生决定种群多样性。TNM在种群层面是个开放的系统,没有上限,下限是种群密度为0,代表种群灭绝。TNM巧妙地将战略考虑和种群动态特征结合起来,能仿真模拟组织创立和生存的整个过程以及种群的共同进化(Arthur et al.,2017)。本研究基于Logistic方程进行模型构建。

$$\frac{\mathrm{d}N}{\mathrm{d}t} = rN\left(1 - \frac{N}{K}\right) \tag{8-1}$$

其中,N 为种群密度,t 为时间变量,r 为种群增长率,K 为环境承载力。种群增长率指的是:在资源无限制情况下,种群的成长速度(Tuma,Hannan,1984)。环境承载力是环境状态和结构对人类社会规模、强度和速度的限制,是环境有限自我调节能力的量度,是某一区域环境所能支持的最大社会经济活动强度。r 表示在 t 时刻的单位时间内,组织种群新增加的组织数量。N 表示种群的数量,K 表示环境所能承载的最大种群数量限度。

当 $N > K$ 时,$\frac{\mathrm{d}N}{\mathrm{d}t} < 0$;当 $N = K$ 时,$\frac{\mathrm{d}N}{\mathrm{d}t} = 0$;当 $N < K$ 时,$\frac{\mathrm{d}N}{\mathrm{d}t} > 0$。当 $1 < N < K$ 时,式(8-1)可表示为 $\frac{\mathrm{d}N}{\mathrm{d}t} = rN$。Logistic 模型认为,出生率随密度提高线性下降,死亡率随密度提高线性上升,$r_c(N) = b_0 - k_c N, b_0 > 0, k_c > 0$,$r_s(N) = d_0 + k_s N, d_0 > 0, k_s > 0$。由于种群增长率 $r =$ 出生率 $-$ 死亡率 $= r_c(N) - r_s(N)$,将 $r_c(N)$ 和 $r_s(N)$ 代入 $\frac{\mathrm{d}N}{\mathrm{d}t} = rN$,化简可得经典 Logistic 种群成长模型 $\frac{\mathrm{d}N}{\mathrm{d}t} = \pi_1 N - \pi_2 N^2$(其中 $\pi_1 > 0, \pi_2 > 0$)。令上式等于0,可得:当 $N = 0$ 或者 $N = \frac{\pi_1}{\pi_2}$ 时,种群稳定。$N = \frac{\pi_1}{\pi_2}$ 是环境承载力,即 $\frac{\mathrm{d}N}{\mathrm{d}t} = rN - \frac{r}{K}N^2$。

由式(8-1)可得,$\frac{K\mathrm{d}N}{N(K-N)} = r\mathrm{d}t \Rightarrow \frac{(N+K-N)\mathrm{d}N}{N(K-N)} = r\mathrm{d}t$

$\therefore \mathrm{d}\ln N - \mathrm{d}\ln(K-N) = r\mathrm{d}t$

$\therefore \ln N - \ln(K-N) = rt$,即 $\ln\frac{N}{K-N} = rt + c \Rightarrow d\frac{N}{K-N} = \mathrm{e}^{rt+c}$

$$\therefore N = \frac{K}{1 + \mathrm{e}^{-c-rt}} \tag{8-2}$$

其中,c 为常数,N、K、r、t 的含义同模型(8-1)。

一、组织种群密度与种群灭绝

当种群密度较小时,灭绝的可能性较大,所以大多数的灭绝发生在种群发展的初期。当种群密度低于一定数量时,组织之间的交易成本很高,协作能力下降,导致"种群局部消亡"。当组织种群密度达到临界值时,规模低于最低种群规模适合度的组织种群最终会灭绝,即阿利(Allee)效应(彭璧玉,2006b)。Allee 效应使种群能够"自抑"规模,从而更好地适应环境承载力。Allee 效应能更准确地评估种群面临的风险以及种群灭绝的可能性。

强 Allee 效应下种群存在一个临界密度(critical density),高于该值时,种群成长;低于该值时,种群增长率为负,种群衰减(Braumann,Carlos,2013)。Allee 效应产生的原因之一是配对限制(mating limitation),加入配对限制因素后 Logstic 模型变为 $\dfrac{dN}{dt} = rN - \dfrac{r}{K}N^2 - \dfrac{\lambda\theta}{\theta+N}N$。该模型会有两个平衡点,一个是较低的不稳定平衡点 $\tilde{n}_1$,另一个是较高的稳定平衡点 $\tilde{n}_2$。$\tilde{n}_i = \dfrac{-B \pm \sqrt{B^2 - 4AC}}{2A}$,其中 $A = -\dfrac{r}{K}$,$B = \dfrac{r(K-\theta)}{K}$,$C = \theta(r-\lambda)$,$\theta$ 和 λ 都为正数。高于 $\tilde{n}_1$ 的种群密度解集会收敛于 $\tilde{n}_2$,低于 $\tilde{n}_1$ 的解集会收敛于 0(Dennis,2002),种群趋于灭绝。存在 Allee 效应的种群是否会灭绝还要考虑初始种群规模,如果 Allee 效应在种群规模还很小时非常强烈,那么低于种群规模不稳定均衡值的种群都注定会灭绝。

根据式(8-1),可把种群增长率表示为 $r = \delta(R_0 - 1)$。δ 是低密度时的死亡率;R_0 是无种间竞争时,每一个体的平均后裔数量。$K = N\left(1 - \dfrac{1}{R_0}\right)$,组织种群灭绝抑或继续保持不变取决于灭绝临界点(extinction threshold)R_0。$R_0 > 1$,即种群增长率大于 0 时,种群密度以时间的指数形式接近环境承载力 K,并在该点维持一定时间。$R_0 < 1$ 时,种群密度以时间的指数形式降低,直至灭绝。$R_0 = 1$ 时,种群密度以远远缓慢于 $R_0 < 1$ 的 $n(t) = n_0\,(1 + \delta R_0 n_0 t/N)^{-1}$ 形式降低(Ovaskainen,Meerson,2010),直至灭绝。

组织种群密度低时,种群是否灭绝取决于平均增长率是正数还是负数。通过数学运算,Braumann(2008)推演出规模为 x 种群的几何平均增长率为:

$$R_g(x) = \frac{1}{x}\lim_{\Delta t \to 0} \frac{\exp(E_{t,x}[\ln N(t + \Delta t)]) - x}{\Delta t} = \begin{cases} g_i(x) - \dfrac{\sigma^2}{2} \\ g_s(x) \end{cases}$$

生态学上认为,当种群成长非世代重叠时,应该使用随机分析方法。如果使用随机分析方法,当 $g(0^+) < \dfrac{\sigma^2}{2}$ 时,种群灭绝。当种群成长世代重叠时,应该使用斯特拉托诺维奇运算方法(stratonovich calculus),即当 $g(0^+) < 0$ 时,种群灭绝。就组织种群而言,同一时点会有不同世代的组织种群存在,即世代重叠,所以种群灭绝发生的条件是 $g(0^+) < 0$。当种群密度低时,一旦平均增长率为负,种群灭绝就会发生。

二、环境承载力与种群灭绝

环境承载力与种群灭绝密切相关。环境承载力较低时,种群灭绝所需时间随 K 的增加指数型增长。环境承载力高,即 K 值较大时,种群会持续很长一段时间。Griffen 和 Drake(2008)通过克隆水蚤,发现:环境承载力与种群灭绝所需时间高度正相关，环境承载力能有效解释种群灭绝的时间差异。环境承载力 K 微弱的随机波动可能不会影响灭绝风险，但如果 K 的标准差大于 K 的 30%（Henle et al.，2004），那么种群灭绝的概率会急剧增加。

环境承载力反映了环境对种群的影响机制，环境恶化使得组织死亡率上升，从而使环境承载力发生变化。环境承载力 K 的下降速度会对种群灭绝产生不同影响。凹形下降会使种群灭绝需要的时间更长，凸形下降则只导致小的灭绝延迟效应（Zarada，Drake，2016）。死亡率模型中，K 的下降呈凸形，一开始缓慢下降，后来下降速度变快，种群灭绝的速度更快。出生率模型中，K 的下降呈凹形，一开始急剧下降，后来下降速度减缓，种群灭绝所需时间更长。

环境承载力 K 值较小时，捕获会降低种群的净生殖率，从而导致种群突然灭绝。但是，当种群捕获死亡率（harvesting mortality of the population）较高时，种群灭绝或许不会出现。因为捕获死亡率增加能避免资源的过度消耗，给种群得以生存下来的组织个体提供更多的资源，从而避免种群灭绝。资源充裕时，捕获死亡率很小的种群会灭绝；捕获死亡率增大，种群反而能生存下来（Dilão et al.，2004）。环境承载力对种群的影响大小还要取决于初始条件（Marshall，Edwards-Jones，1998），如果种群是从接近 K 的起点开始发展，那承载力对种群灭绝的影响会远远大于发展起点远低于 K 值的种群。

三、环境承载力、种群密度与种群灭绝

环境承载力有如下函数形式：

$$\frac{\mathrm{d}K}{\mathrm{d}t} = wK - pN \tag{8-3}$$

其中，p 是承载力消耗率，w 是承载力再生率，K 是承载力，N 为密度。承载力再生率 w 代表单位组织种群对环境承载力发展的贡献率，wK 表示共享同一环境资源的所有组织种群能为环境承载力贡献的资源总数。承载力消耗率 p 表示单位组织种群对环境承载力的消耗程度，所以 pN 代表现有全部组织种群消耗的环境资源的总数量。把 $N = \dfrac{K}{1 + e^{-c-rt}}$ 代入（8-3）式，可得 $\dfrac{\mathrm{d}K}{\mathrm{d}t} = \left(w - \dfrac{p}{1 + e^{-c-rt}}\right)K$。设 $A_t = w - \dfrac{p}{1 + e^{-c-rt}}$，则 $(\ln K)' = A_t$ $\therefore \ln K = \int A_t \mathrm{d}_t + \mathrm{C} = wt - \dfrac{p \ln(1 + e^{c+rt})}{r} + \mathrm{C}$

$$K = e^{wt - \frac{p\ln(1 + e^{c+rt})}{r}} \cdot e^{\mathrm{C}}，\mathrm{C} \text{ 为常数} \tag{8-4}$$

由式（8-4）可知，当 r 为正数且增大时，$\dfrac{p\ln(1 + e^{c+rt})}{r}$ 数值变小，K 主要依赖于 w 的值。承载力再生率 w 越高，种群承载力越大。当 r 为负数时，r 的减小和 $|r|$ 的增大会使得 K 减小。当 r 趋向于 0 时，$K = e^{wt+c}$，K 的大小取决于 w 的值。种群内组织为种群提供发展所需资源，促进承载力再生率的提升，因此 w 取决

于种群密度,即环境承载力 K 依赖于种群密度 N。

当组织种群密度低于环境承载力时,种群密度尚未达到环境的最大承载力,还有剩余能力,种群密度将继续上升。当组织种群密度大于环境承载力时,种群出现拥挤效应,竞争激烈,将有种群衰减甚至灭绝。当种群密度与环境承载力相等时,种群密度不变,种群规模趋于稳定。种群密度增加,种群将加大对环境承载力的施压,承载力消耗率上升。与此同时,存在的组织能为种群发展提供更多可利用资源,承载力再生率上升。资源再生能力增强,种群密度促进环境承载力增长。

在适应环境的过程中,组织种群不断壮大,商业生态系统中也不断涌现更多新种群。然而,环境承载力是有限的,同一商业环境中有多个不同组织种群,势必会发生种间竞争。种间竞争是对资源与空间要求相似的两种物种直接或间接地互相压制对方,受抑制的种群有可能走向衰落甚至灭绝。种间竞争是影响种群适合度的重要因素,云种群导致的"震荡"可以视为种间竞争的结果,种间竞争可能导致受抑制种群完全灭绝。

研究种间竞争最常用的模型是 Lotka-Volterra 种间竞争模型,该模型假设生态系统中存在两个种群密度相当的种群 N_1 和 N_2,且两种物种均按 Logistic 模型增长。增长方程为

$$\begin{cases} \dfrac{\mathrm{d}N_1}{\mathrm{d}t} = r_1 N_1 \left(1 - \dfrac{N_1}{K_1} - a_{12}\dfrac{N_2}{K_1}\right) \\ \dfrac{\mathrm{d}N_2}{\mathrm{d}t} = r_2 N_2 \left(1 - \dfrac{N_2}{K_2} - a_{21}\dfrac{N_1}{K_2}\right) \end{cases}$$

,其中 r_1、r_2 分别为种群 N_1 和 N_2 的种群增长率;a_{12} 为种群 N_1 对种群 N_2 的竞争系数,a_{21} 为种群 N_2 对种群 N_1 的竞争系数;K_1 为种群 N_1 的环境承载力,K_2 为种群 N_2 的环境承载力。由模型可知,K 和 a 决定种群竞争的结果。竞争系数 a 反映了种群密度的影响,所以环境承载力和种群密度共同影响种群灭绝。

生态学研究生物种间竞争时会引入寄生概念,寄生是生物个体通过吸取宿主营养物质而生存的方式。组织种群在竞争力较弱时,会寄生到实力更为雄厚的组织种群上,汲取发展壮大所需要的资源。其他组织种群寄生于本组织种群可能导致组织种群承载力减小。组织种群承载力一旦受损,组织种群就不可能长时间生存,就会走向灭绝(Yukalov et al.,2012)。环境承载力可以视为是消费者需求,当环境承载力较高时,种群会倾向于进行渐进性创新。当环境承载力较低时,环境对种群有更多的约束,迫使种群进行更多大型的调整,种群遭受创造性种群打击和破坏的风险上升(Arthur et al.,2017)。由于市场需求有限,能为消费者提供更好的服务和产品、更加适应消费者需求的种群会继续生存。在种间竞争中"失败"了的、无法获取所需资源的组织种群就会走向灭绝。由式 $N = \dfrac{K}{1+\mathrm{e}^{-c-n}}$ 可知,由于分母不为 0,理论上 $K = 0$ 时,$N = 0$,组织种群灭绝。

第四节　组织种群灭绝的仿真模拟

　　组织生态学领域当前研究组织种群的方法主要是：采集行业种群数据，建立计量经济学模型，计算检验模型中的各个系数，从而发现各变量之间的关系。而计算机仿真能处理更多数学关系，解决演绎推断方面的问题，能做出更多合理假设，是科学研究的第三种方法（Brent，2013）。仿真的优势在于能检验组织种群的整体特征，而且能挖掘模型隐含的动态行为。

　　仿真模拟的方法之一是系统动力学，系统动力学适用于研究具有长期性和周期性的复杂社会经济问题。系统动力学将研究对象视为系统，基于内部动态结构和反馈机制来分析系统的行为模式和特性。系统动力学需要识别影响系统结果的关键变量，再通过方程来定义变量以及表达变量间的相互关系。系统动力学模型在处理高阶、非线性、多重反馈、复杂动态系统和数据缺陷方面具有无法比拟的优势（王其藩，2009；常香云等，2013）。系统动力学能对复杂的大型系统进行有效的仿真模拟，能增强对系统整体和所处环境的实时动态把握，因此十分适用于研究整个组织种群发展进化趋势的问题。

　　考虑了承载力消耗率、承载力再生率、组织出生率、组织死亡率的组织种群灭绝存量流量如图 8-3 所示。承载力是由承载力再生率和承载力消耗率共同决定的变量，种群密度则受组织出生率和死亡率影响。为避免仿真结果的随机性，本研究对组织出生率、组织死亡率、承载力再生率和承载力消耗率等核心参数都进行了 20 次仿真模拟，选取其平均值作为主要参考值。重点观察仿真结果中具有稳定性和代表性的结果，结合参数合理取值范围，综合得出仿真最终结果。

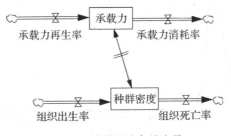

图 8-3　种群灭绝存量流量

一、组织种群密度和环境承载力同时变动时的演变规律

　　根据式（8-1），通过对出生率和死亡率的参数进行多次仿真，本研究发现：

当出生率＝0.7时,死亡率＝0.4,即当 $r=0.3$ 时,种群密度的演变规律如图 8-4 所示。种群密度随着时间推移逐步上升,仿真到第 27 年时,种群密度达到最高值 154.958。之后,密度开始逐步下降,到了第 63 年时,开始逐渐等于 0,种群逐步灭绝。

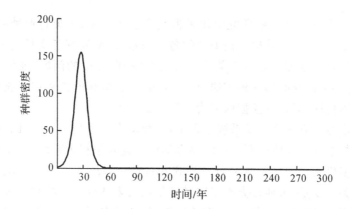

图 8-4 组织种群密度的变化趋势

资料来源:徐堇,彭璧玉,2019.种群密度与环境承载力对组织种群灭绝的影响[J].科研管理(3):143-152.

根据式(8-3)进行仿真模拟,可以发现:当承载力再生率 $w=0.125$,承载力消耗率 $p=0.2$ 时,承载力呈现如图 8-5 所示的发展趋势。承载力开始时逐步上升,在第 23 年时达到最高点 178.761。之后呈现递减趋势,当仿真到第 60 年时,承载力开始逐步趋向于 0,种群走向灭绝。

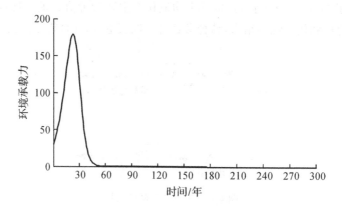

图 8-5 环境承载力的变化趋势

资料来源:徐堇,彭璧玉,2019.种群密度与环境承载力对组织种群灭绝的影响[J].科研管理(3):143-152.

环境承载力和组织种群密度的共同演化趋势如图 8-6 所示。由图可知,环境承载力和种群密度都有其增长上限,在达到该上限之后,种群逐步衰减,直至灭绝。随着环境承载力的收缩,种群密度也随之下降。种群密度的发展滞后于承载力的变化,延迟了 4 年时间。模型通过仿真印证了组织种群的演化趋势。组织种群灭绝既受环境承载力的影响,又受组织种群内部在位组织的影响。环境承载力和种群密度相互作用,环境承载力延迟影响组织种群密度。

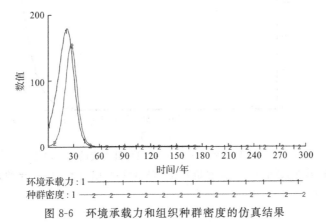

图 8-6　环境承载力和组织种群密度的仿真结果

资料来源:徐堇,彭璧玉,2019.种群密度与环境承载力对组织种群灭绝的影响[J].科研管理(3):143-152.

二、承载力参数不变时,组织种群密度的变化轨迹

承载力参数不变、死亡率一定,当-0.1<出生率<0.5 时,组织种群密度单调递增;当 0.5<出生率<3.2 时,组织种群密度呈现先增后减的倒 U 形结构(见图 8-7);当出生率>3.3 时,组织种群密度为负,出现浮点数溢出错误(floating point error computing)。

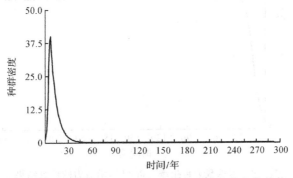

图 8-7　当出生率=1.438 时,组织种群密度的变化趋势

资料来源:徐堇,彭璧玉,2019.种群密度与环境承载力对组织种群灭绝的影响[J].科研管理(3):143-152.

承载力和出生率不变,当 $-1.9<$ 死亡率 <0.5 时,种群密度先增后减;当 $0.55<$ 死亡率 <0.75 时,种群密度单调递增(见图8-8);当死亡率 >0.8 后,种群密度总在 $[0,1]$ 区间。

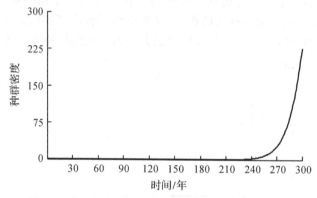

图 8-8 当死亡率 $=0.6$ 时,组织种群密度的变化趋势

资料来源:徐堇,彭璧玉,2019.种群密度与环境承载力对组织种群灭绝的影响[J].科研管理(3):143-152.

三、组织种群密度不变时,环境承载力的变化趋势

组织种群密度一定,承载力消耗率不变,当 $0.1<$ 承载力再生率 <0.18,当承载力先增后减;承载力再生率 $=0.2$ 时,承载力逐步增加,第65年达到 528.745,之后保持该水平不变(见图8-9);当 $0.25<$ 承载力再生率 <0.4 时,承载力呈指数增长;承载力再生率 >0.4 后,浮点数溢出。

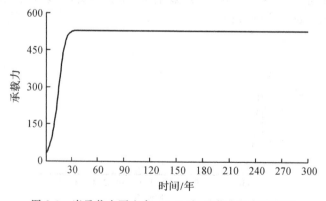

图 8-9 当承载力再生率 $=0.2$ 时,承载力的仿真结果

资料来源:徐堇,彭璧玉,2019.种群密度与环境承载力对组织种群灭绝的影响[J].科研管理(3):143-152.

承载力再生率不变,当 −0.4<承载力消耗率<0.1 时,承载力递增;当 0.1<承载力消耗率<0.35 时,承载力先增后减(见图 8-10);承载力消耗率>0.35后,浮点数溢出。

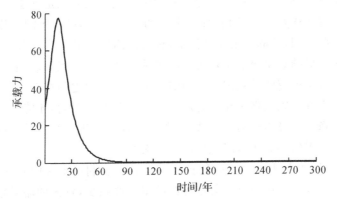

图 8-10　当承载力消耗率＝0.15 时,环境承载力的仿真结果

资料来源:徐堇,彭璧玉,2019.种群密度与环境承载力对组织种群灭绝的影响[J].科研管理(3):143-152.

四、研究结论

通过仿真模拟组织种群密度和环境承载力的演变轨迹,本研究得出以下三点结论。

第一,在组织种群发展的初始阶段,种群密度的上升速度慢于环境承载力的增速。组织正式成立之前,企业需要进行资源的调动,争取产品的合法授权,确立组织的法律地位,进行新企业正式运行前的一系列筹备启动工作。这些必需的时间使得当环境承载力上升时,组织种群密度需要一定的准备时间才能随之上升。

第二,种群密度对环境承载力变动的反应存在滞后效应。环境承载力开始减小后,种群密度需要四年的时间才开始下降。从理论模型上看,当环境承载力等于零时,种群密度等于零,种群走向灭绝。仿真结果则更真实地反映了组织种群发展的趋势,更符合实际情况。变革是管理意向和环境影响共同作用的结果(姜晨,刘汉民,2005)。企业成立意图受预期资源水平的影响,组织创立者会考虑上一期可得资源与上一期期望预期水平的差距,并通过偏好 E 来修正预期(Lomi et al.,2005)。E 代表不同创始人的预期偏好,$E=1$ 代表创始人会根据当前观测到的资源水平即刻修正未来预期;$E=0$ 代表创立者忽视当前观测值,永不改变他们的预期。当环境承载力上升时,$E=1$ 的企业家立刻预期未来可得资源会增多;E 趋近于 1 的企业家也逐步修正对资源的预期。

当生存环境恶劣、环境承载力下降时,E 趋近于或者等于 0 的企业家可能还没意识到环境和市场的变化,主观上依然想进入或者继续参与该种群。新组织依然陆续成立,旧组织不退出,种群密度保持上升或者稳定状态。但是,环境所能提供的资源毕竟有限,随着种群密度的上升,个体组织所能享用的资源缩减。竞争日益激烈,不断有组织被淘汰,种群内组织的死亡率上升。与此同时,试图进入该种群的观望企业家观察到组织种群的发展现状而放弃进入,组织出生率下降。对可得资源的主观预期与实际可利用资源之间存在差距,对环境承载力下降形成判断以及做出相应的反应大概需要四年时间,才能使得种群密度开始逐步下降。环境承载力等于零时(第 60 年),种群密度也要经过三年的延迟才逐渐等于零(第 63 年),组织种群才会灭绝。

第三,环境承载力略微下降能提高种群开发和利用资源的效率,有利于组织种群存活。环境承载力下降会使种群可得资源减少,资源的略微减少会使适应环境的种群在生态系统中的相对权重增加,敦促生态系统中的种群更有效率地开发和利用资源。更多资源涌入反而会使效率的重要性减弱,不利于组织种群发展(Arthur et al.,2017)。但是如果资源过度减少,还是会使种群灭绝的可能性大大增加。所以,要把握好资源控制的尺度,根据环境承载力的情况以及可得资源的情形做出更加适合环境的战略决策。在资源有限的时期,要寻找更多样的利润来源,实行多元化发展战略,从多方面增强组织种群的综合实力;而在资源充裕的时期,则要更专注于专业技术的提升,提高组织的专业性和竞争力。

参考文献

[1] 蔡宁,王发明,2006.中关村高新技术产业组织死亡率分析:基于组织生态学的视角[J].统计研究(4):39-44.

[2] 常香云,钟永光,王艺璇,等,2013.促进我国汽车零部件再制造的政府低碳引导政策研究:以汽车发动机再制造为例[J].系统工程理论与实践(11):2811-2821.

[3] 陈放,1999.企业病诊断[M].北京:中国经济出版社.

[4] 陈金波,2005.企业生态位的选择、控制与优化[J].企业活力(3):20-21.

[5] 陈有华,彭璧玉,聂普焱,2012.组织生态位、高管团队特征对高管团队成员变更影响的实证研究[J].产业组织评论(1):53-71.

[6] 陈宗仕,郑路,2015.制度环境与民营企业绩效:种群生态学和制度学派结合视角[J].社会学研究(4):26-45.

[7] 菲佛,萨兰基克,2006.组织的外部控制:对组织资源依赖的分析[M].闫蕊,译.北京:东方出版社.

[8] 高长元,何晓燕,2014.基于NK模型的HTVIC知识创新适应性提升研究[J].科学学研究(11):1732-1739,1746.

[9] 高飞,2002.关于产业聚集的地理学思考[J].经济地理(2):134-136.

[10] 高培业,张道奎,2000.企业失败判别模型实证研究[J].统计研究(10):46-51.

[11] 郭金山,2003.西方心理学自我同一性概念的解析[J].心理科学进展(2):227-234.

[12] 海,莫瑞斯,2001.产业经济学与组织(上下册)[M].钟鸿钧,王勇,等译.北京:经济科学出版社.

[13] 韩福荣,徐艳梅,2002.企业仿生学[M].北京:企业管理出版社.

[14] 韩太祥,2002.企业成长理论综述[J].经济学动态(5):82-86.

[15] 汉密尔顿,2011.应用STATA做统计分析(更新至STATA10.0版)[M].郭志刚,等译.重庆:重庆大学出版社.

[16] 汉南,弗里曼,2014.组织生态学[M].彭璧玉,李熙,译.北京:科学出版社.

[17] 霍尔,2003.组织:结构过程及结果(第8版)[M].张友星,刘五一,沈勇,译.上海:上海财经大学出版社.

[18] 姜晨,刘汉民,2005.组织演化理论研究进展[J].经济学动态(7):88-92.

[19] 柯江林,孙健敏,张必武,2006.我国上市公司高管团队成员的离职原因:基于人口特征差距的解释及经验研究[J].经济管理(23):55-60.

[20] 邝少明,夏伟明,2004.论我国非营利组织的进入规制[J].中山大学学报(社会科学版)(1):21-25.

[21] 黎志成,左相国,2003.产业成长周期与产业成长速度特征分析[J].科技进步与对策(9):75-77.

[22] 李文华,韩福荣,2004.电冰箱行业种群演化规律与实证研究[J].技术经济与管理研究(6):63-65.

[23] 李熙,彭璧玉,2012.母体组织经验影响后裔组织成长的实证研究[C]//梁磊,刘桦.组织生态学理论与应用:2011组织生态学学术会议论文集.北京:科学出版社:134-154.

[24] 李小建,2002.公司地理学[M].北京:科学出版社.

[25] 梁磊,2004.中外组织生态学的比较分析[J].管理评论(3):51-57.

[26] 林承亮,2005.专业化产业区的起源[J].浙江社会科学(6):30-39.

[27] 林瑞基,2001.企业组织发育与死亡的影响因素[J].经济理论与经济管理(8):51-55.

[28] 刘桦,2008.建设项目组织生态学引论[M].北京:化学工业出版社.

[29] 刘会民,张树文,张玉娟,等,1998.临界退偿系统的捕获优化问题[J].生物数学学报(4):478-483.

[30] 马中东,2006.基于分工视角的产业集群形成与演进机理研究[D].沈阳:辽宁大学.

[31] 彭璧玉,2006a.企业衰亡的生态化过程和制度化过程[J].学术研究(5):32-36.

[32] 彭璧玉,2006b.组织设立和存活的空间过程研究[J].当代经济研究(10):16-19.

[33] 彭璧玉,2006c.组织生态学理论述评[J].经济学家(5):111-117.

[34] 彭璧玉,2007a.生态学视角的产业组织设立理论研究[J].学术研究(3):57-62.

[35] 彭璧玉,2007b.资源分割与产业组织的演化[J].学术月刊(2):87-91.

[36] 彭璧玉,2007c.组织种群演化理论述评[J].经济评论(5):156-160.

[37] 彭璧玉,2007d.组织族系与产业组织演化[J].经济学家(5):75-82.

[38] 彭璧玉,2013a.广东省汽车零部件制造业的演化趋势和调控对策研究[R].广东省普通高校人文社会科学重点研究基地重大项目研究报告.

[39] 彭璧玉,2013b.结构惰性、组织变革与产业组织存活[J].华南师范大学学报(社会科学版)(5):118-126.

[40] 彭璧玉,李熙,2009a.生态学视角的产业组织成长理论研究[J].经济评论(1):147-153.

[41] 彭璧玉,李熙,2009b.组织竞争经历对产业组织演化的影响研究[J].广东培正学院论丛(1):1-7.

[42] 彭璧玉,夏申,2005.生态学视角的组织死亡理论研究[J].当代经济研究(8):21-26.

[43] 彭璧玉,徐董,2018.基于密度依赖模型的组织出生和组织死亡同向变动研究[J].南方经济(5):128-138.

[44] 彭璧玉,杨韶枫,2013.亚种群间共生作用对组织设立影响实证研究:以广州制造业为例[Z].工作报告.

[45] 戚永红,宝贡敏,2004.企业成长阶段及其划分标准:一个评论性回顾[J].商业研究(4):31-32.

[46] 钱辉,项保华,2006.企业演化观的理论基础与研究假设[J].自然辩证法通讯(3):46-50.

[47] 秦宛顺,顾佳峰,2003.企业群内部调整对于企业死亡的影响[J].数量经济技术经济研究(8):113-116.

[48] 任建雄,2005.技术跨越提升汽车零部件制造业竞争优势[J].浙江经济(18):40-41.

[49] 邵婧,李忠民,杨忠直,2002.信息产业发展规律的实证研究[J].天津大学学报(3):372-375.

[50] 施蒂格勒,1968.产业组织[M].王永钦,薛锋,译.上海:上海三联书店.

[51] 孙蔼彬,范铮强,王凯,2002.台湾资讯软体产业发展之生态演进分析[J].资讯管理研究(1):65-87.

[52] 孙伟,黄鲁成,2002.产业群的类型与生态学特征[J].科学学与科学技术管理(7):94-96.

[53] 陶礼明,1998.对亚洲金融动荡的再思考[J].经济与管理研究(3):21-23.

[54] 田凯,2004.非协调约束与组织运作:一个研究中国慈善组织与政府关系的理论框架[J].中国行政管理(5):88-95.

[55] 王安宇,司春林,骆品亮,2006.研发外包中的关系契约[J].科研管理(6):103-108.

[56] 王婵,彭璧玉,陈有华,2014.基于密度依赖模型的广州制造业企业死亡风险研究[J].华南师范大学学报(自然科学版)(5):126-132.

[57] 王剑,徐康宁,2004.FDI 的地区聚集及其空间演化[J].中国工业经济(12):61-67.

[58] 王立志,韩福荣,2003.企业寿命结构分析方法研究[J].北京工业大学学报(1):126-128.

[59] 王其藩,2009.系统动力学(2009年修订版)[M].上海:上海财经大学出版社.

[60] 王强,2002.企业失败定义研究[J].北京工业大学学报(社会科学版)(1):21-26.

[61] 王兆华,武春友,2002.基于工业生态学的工业共生模式比较研究[J].科学学与科学技术管理(2):66-69.

[62] 邬爱其,贾生华,2002.国外企业成长理论研究框架探析[J].外国经济与管理(12):2-5.

[63] 吴建祖,廖颖,2010.NK模型及其在组织与战略管理研究中的应用[J].外国经济与管理(10):34-41.

[64] 吴利华,2004.广义Logistic曲线模型在人才资源分析中的应用[J].武汉理工大学学报(2):142-143.

[65] 吴孟玲,林月云,2001.组织死亡与产业变迁:石材制品制造业之生态研究[J].管理学报(2):327-353.

[66] 夏华龙,2000.产业演进理论评述[J].江汉论坛(3):28-30.

[67] 谢冰,刘卫江,2002.接触传染性银行失败与自由银行制度[J].财经理论与实践(1):23-25.

[68] 徐健,2006.组织柔性:内涵、理论演化与未来的研究方向[J].科技进步与对策(3):171-173.

[69] 徐堇,彭璧玉,2019.种群密度与环境承载力对组织种群灭绝的影响[J].科研管理(3):143-152.

[70] 徐艳梅,2004.组织生态变迁研究[D].北京:北京工业大学.

[71] 许芳,李建华,2004.企业生态位原理探析[J].求索(7):43-44.

[72] 张慧,彭璧玉,2014.组织变革对组织存活的影响研究:基于组织生态学的视角[J].改革与战略(8):36-39.

[73] 张龙,刘洪,2009.高管团队中垂直对人口特征差异对高管离职的影响[J].管理世界(4):108-118.

[74] 张宇星,1995.城镇生态空间理论初探[J].城市规划(2):17-19.

[75] 赵红,陈绍愿,陈荣秋,2004.企业群落演替过程与企业生态对策选择及其优势度比较研究[J].管理评论(8):12-17.

[76] 赵孟营,2005.组织合法性:在组织理性与事实的社会组织之间[J].北京师范大学学报(社会科学版)(2):119-125.

[77] 钟宪瑞,2003.组织间同质异质状态之演变:多层次多构面途径[J].管理学报(1):21-42.

[78] 钟永光,贾晓青,钱颖,等,2013.系统动力学[M].2版.北京:科学出版社.

[79] 朱建新,2006.基于自组织临界性的企业组织蔓延性危机形成机理[C].

2006 年中国管理学年会.

[80] 朱磊,2002. 浙江温岭市的中小企业群落研究[J]. 经济地理(5):602-611.

[81] Abbott A, Hrycak A, 1990. Measuring resemblance in sequence data: An optimal matching analysis of musicians' careers[J]. American Journal of Sociology, 96(1): 144-185.

[82] Abburrà L, 1998. Quale spin-off? Riorganizzazioni aziendali, creazione d'imprese, nuovi imprenditori-looking into spin-offs: Company reorganization, business creation, new entrepreneurs[R]. Turin: Codex Development Agency.

[83] Abernathy W J, Clark K B, 1985. Innovation: Mapping the winds of creative destruction[J]. Research Policy, 14(1): 3-22.

[84] Agarwal R, Audretsch D B, 2001. Does entry size matter? The impact of the life cycle and technology on firm survival[J]. The Journal of Industrial Economics, 49(1): 21-43.

[85] Agarwal R, Bayus B L, 2004. Creating and surviving in new industries [M]// Baum J A C, McGahan A M. Business Strategy over the Industry Lifecycle: Advances in Strategic Management. Oxford: Elsevier/JAI Press: 107-130.

[86] Agarwal R, Echambadi R, Franco A M, et al., 2004. Knowledge transfer through inheritance: Spin-out generation, development, and survival[J]. Academy of Management Journal, 47(4): 501-522.

[87] Agarwal R, Sarkar M B, Echambadi R, 2002. The conditioning effect of time on firm survival: An industry life cycle approach[J]. Academy of Management Journal, 45(5): 971-994.

[88] Aghion P, Bolton P, Fries S, 1999. Optimal design of bank bailouts: The case of transition economies[J]. Journal of Institutional and Theoretical Economics, 155(1): 51-70.

[89] Ahlstrom D, Yeh K S, Bruton G D, 2006. Venture capital in China: High technology investing in an emerging economy[M]//Li H. Growth of New Technology Ventures in China's Emerging Market. Cheltenham: Edward Elgar Publishing: 61-84.

[90] Aiken M, Hage J, 1968. Organizational interdependence and intra-organizational structure[J]. American Sociological Review, 33(6): 912-930.

[91] Albarran A B, Dimmick J W, 1993. An assessment of utility and competitive superiority in the video entertainment industries[J]. Journal

of Media Economics, 6(2):45-51.

[92] Aldrich H E, 1979. Organizations and Environments[M]. Englewood Cliffs: Prentice-Hall.

[93] Aldrich H E, 1990. Using an ecological perspective to study organizational founding rates[J]. Entrepreneurship Theory and Practice, 14(3): 7-24.

[94] Aldrich H E, 1999. Organizations Evolving[M]. London: Sage Publications.

[95] Aldrich H E, 2008. Organizations and Environments[M]. Palo Alto: Stanford University Press.

[96] Aldrich H E, Auster E R, 1986. Even dwarfs started small: Liabilities of age and size and their strategic implications [J]. Research in Organizational Behavior, 8(2): 165-186.

[97] Aldrich H E, Fiol C M, 1994. Fools rush in? The institutional context of industry creation[J]. Academy of Management Review, 19(4):645-670.

[98] Aldrich H E, McKelvey B, Ulrich D, 1984. Design strategy from the population perspective[J]. Journal of Management, 10(1):67-86.

[99] Aldrich H E, Pfeffer J, 1976. Environments of organizations[J]. Annual Review of Sociology, 2(1): 79-105.

[100] Aldrich H E, Waldinger R, 1990. Ethnicity and entrepreneurship[J]. Annual Review of Sociology, 16: 111-135.

[101] Aldrich H E, Wiedenmayer G, 1993. From Traits to Rates: An Ecological Perspective on Organizational Foundings[M]// Advances in Entrepreneurship, Firm Emergence, and Growth. Greenwich: JAI Press: 145-195.

[102] Alexander J, Nuchols B, Bloom J, et al., 1995. Organizational demography and turnover: An examination of multiform and nonlinear heterogeneity[J]. Human Relations, 48(12): 1455-1480.

[103] Allison P D, 1984. Event History Analysis, Sage University Paper Series on Quantitative Applications in the Social Sciences, 07-046[M]. Beverly Hills and London: Sage Publications.

[104] Allmendinger J, Hackman J R, 1996. Organizations in changing environments: The case of East German symphony orchestras [J]. Administrative Science Quarterly, 41(3): 337-369.

[105] Alutto J, Hrebiniak L, 1975. Research on commitment to employing organizations: Preliminary findings on a study of managers graduating from engineering and MBA programs[C]. New Orleans: Academy of Management Meetings.

[106] Amburgey T L, Dacin T, Kelly D, 1994. Disruptive selection and population segmentation: Interpopulation competition as a segregating process[M]// Baum J A C, Singh J V. Evolutionary Dynamics of Organizations. New York: Oxford University Press.

[107] Amburgey T L, Kelly D, Barnett W P, 1993. Resetting the clock: The dynamics of organizational change[J]. Administrative Science Quarterly, 38(1):51-74.

[108] Amburgey T L, Rao H, 1996. Organizational ecology: Past, present, and future directions[J]. Academy of Management Journal, 39(5): 1265-1286.

[109] Amin A, Thrift N, 1995. Institutional issues for the European regions: From markets and plans to socioeconomics and powers of association [J]. Economy and Society, 24(1): 41-66.

[110] Anderson P, Tushman M L, 2001. Organizational environments and industry exit: The effects of uncertainty, munificence and complexity [J]. Industrial and Corporate Change, 10(3): 675-711.

[111] Ardichvili A, Cardozo R, Ray S, 2003. A theory of entrepreneurial opportunity identification and development[J]. Journal of Business Venturing, 18(1): 105-123.

[112] Argote L, Beckman S L, Epple D, 1990. The persistence and transfer of learning in industrial settings[J]. Management Science, 36(2): 140-154.

[113] Arthur R, Nicholson A, Sibani P, et al., 2017. The tangled nature model for organizational ecology[J]. Computational and Mathematical Organization Theory, 23(1): 1-31.

[114] Arthur W B, 1994. Inductive reasoning and bounded rationality[J]. The American Economic Review, 84(2): 406-411.

[115] Astley W G, 1985. The two ecologies: Population and community perspectives on organizational evolution[J]. Administrative Science Quarterly, 30(2): 224-241.

[116] Auh S, Menguc B, 2005. The influence of top management team functional diversity on strategic orientations: The moderating role of environmental turbulence and inter-functional coordination [J]. International Journal of Research in Marketing, 22(3): 333-350.

[117] Bain J S, 1956. Barriers to New Competition: Their Character and Consequences in Manufacturing Industries[M]. Cambridge: Harvard

University Press.

[118] Bak P, Tang C, Wiesenfeld K, 1987. Self-organized criticality: An explanation of the 1/f noise[J]. Physical Review Letters, 59 (4): 381-384.

[119] Baldwin J R, Gorecki P K, 1989. Measuring the dynamics of market structure: Concentration and mobility statistics for the Canadian manufacturing sector[J]. Annales d'Économie et de Statistique(15/16): 315-332.

[120] Baltagi B H, Li Q, 1995. Testing AR (1) against MA (1) disturbances in an error component model[J]. Journal of Econometrics, 68(1): 133-151.

[121] Banaszak-Holl J C, 1992. Incorporating organizational growth into models of organizational dynamics: Manhattan banks, 1791−1980[Z]. Ithaca: Cornell University.

[122] Banbury C M, Mitchell W, 1995. The effect of introducing important incremental innovations on market share and business survival[J]. Strategic Management Journal, 16(S1): 161-182.

[123] Barkema H G, Vermeulen F, 1998. International expansion through start-up or acquisition: A learning perspective [J]. Academy of Management Journal, 41(1): 7-26.

[124] Barnett M, 1993. Institutions, roles, and disorder: The case of the Arab states system[J]. International Studies Quarterly, 37(3): 271-296.

[125] Barnett M N, 1995. Sovereignty, nationalism, and regional order in the Arab states system[J]. International Organization, 49(3): 479-510.

[126] Barnett R, 1994. The Limits of Competence: Knowledge, Higher Education and Society[M]. Buckingham: SRHE & Open University Press.

[127] Barnett W P, 1990. The organizational ecology of a technological system[J]. Administrative Science Quarterly, 35(1): 31-60.

[128] Barnett W P, 1994. The liability of collective action: Growth and change among early American telephone companies[M]// Baum J A C, Singh J V. Evolutionary Dynamics of Organizations. New York: Oxford University Press.

[129] Barnett W P, 1997. The dynamics of competitive intensity [J]. Administrative Science Quarterly, 42(2): 128-160.

[130] Barnett W P, 2008. The Red Queen among Organizations [M].

Princeton: Princeton University Press.

[131] Barnett W P, Amburgey T L, 1990. Do larger organizations generate stronger competition? [M]// Organizational Evolution: New Directions. London: Sage Publications: 78-102.

[132] Barnett W P, Burgelman R A, 1996. Evolutionary perspectives on strategy[J]. Strategic Management Journal, 17(S1): 5-19.

[133] Barnett W P, Carroll G R, 1987. Competition and mutualism among early telephone companies[J]. Administrative Science Quarterly, 32 (3): 400-421.

[134] Barnett W P, Carroll G R, 1995. Modeling internal organizational change[J]. Annual Review of Sociology, 21(1): 217-236.

[135] Barnett W P, Freeman J, 2001. Too much of a good thing? Product proliferation and organizational failure[J]. Organization Science, 12 (5): 539-558.

[136] Barnett W P, Hansen M T, 1996. The red queen in organizational evolution[J]. Strategic Management Journal, 17(S1): 139-157.

[137] Barnett W P, Pontikes E G, 2008. The Red Queen, success bias, and organizational inertia[J]. Management Science, 54(7): 1237-1251.

[138] Barnett W P, Sorenson O, 2002. The Red Queen in organizational creation and development[J]. Industrial and Corporate Change, 11(2): 289-325.

[139] Barnett W P, Woywode M, 2004. From Red Vienna to the Anschluss: Ideological competition among Viennese newspapers during the rise of national socialism [J]. American Journal of Sociology, 109 (6): 1452-1499.

[140] Barney J, 1991. Firm resources and sustained competitive advantage [J]. Journal of Management, 17(1): 99-120.

[141] Baron J N, Mittman B S, Newman A E, 1991. Targets of opportunity: Organizational and environmental determinants of gender integration within the California civil service, 1979—1985[J]. American Journal of Sociology, 96(6): 1362-1401.

[142] Barron D N, 1992. An ecological analysis of the dynamics of populations of financial institutions in New York City, 1914—1934 [M]. Ithaca: Cornell University.

[143] Barron D N, 1998. Pathways to legitimacy among consumer loan providers in New York City, 1914—1934[J]. Organization Studies, 19

(2):207-233.

[144] Barron D N, 1999. The structuring of organizational populations[J]. American Sociological Review, 64(3): 421-445.

[145] Barron D N, 2001. Organizational ecology and industrial economics: A comment on Geroski[J]. Industrial and Corporate Change, 10(2): 541-548.

[146] Barron D N, West E, Hannan M T, 1994. A time to grow and a time to die: Growth and mortality of credit unions in New York City, 1914—1990[J]. American Journal of Sociology, 100(2): 381-421.

[147] Barron D N, West E, Hannan M T, 1998. Deregulation and competition in the financial industry[J]. Industrial and Corporate Change, 7(1): 1-32.

[148] Bates T, 1985. Entrepreneur human capital endowments and minority business viability[J]. Journal of Human Resources, 20(4): 540-554.

[149] Baum J A C, 1990. Inertial and adaptive patterns in organizational change[J]. Academy of Management Proceedings(1): 165-169.

[150] Baum J A C, Calabrese T, Silverman B S, 2000. Don't go it alone: Alliance network composition and startups' performance in Canadian biotechnology[J]. Strategic Management Journal, 21(3): 267-294.

[151] Baum J A C, Haveman H A, 1997. Love thy neighbor? Differentiation and agglomeration in the Manhattan hotel industry, 1898—1990[J]. Administrative Science Quarterly, 42(2): 304-338.

[152] Baum J A C, Ingram P, 1998. Survival-enhancing learning in the Manhattan hotel industry, 1898—1980[J]. Management Science, 44(7): 996-1016.

[153] Baum J A C, Korn H J, Kotha S, 1995. Dominant designs and population dynamics in telecommunications services: Founding and failure of facsimile transmission service organizations, 1965—1992[J]. Social Science Research, 24(2): 97-135.

[154] Baum J A C, Mezias S J, 1992. Localized competition and organizational failure in the Manhattan hotel industry, 1898—1990[J]. Administrative Science Quarterly, 37(4): 580-604.

[155] Baum J A C, Mezias S J, 1993. Competition, institutional linkages, and organizational growth[J]. Social Science Research, 22(2): 131-164.

[156] Baum J A C, Oliver C, 1991. Institutional linkages and organizational mortality[J]. Administrative Science Quarterly, 36(2): 187-218.

[157] Baum J A C, Oliver C, 1992. Institutional embeddedness and the dynamics of organizational populations [J]. American Sociological Review, 57(4): 540-559.

[158] Baum J A C, Oliver C, 1996. Toward an institutional ecology of organizational founding[J]. Academy of Management Journal, 39(5): 1378-1427.

[159] Baum J A C, Powell W W, 1995. Cultivating an institutional ecology of organizations: Comment on Hannan, Carroll, Dundon, and Torres[J]. American Sociological Review, 60(4): 529-538.

[160] Baum J A C, Singh J V, 1994a. Organizational niches and the dynamics of organizational mortality[J]. American Journal of Sociology, 100(2): 346-380.

[161] Baum J A C, Singh J V, 1994b. Organizational niches and the dynamics of organizational founding[J]. Organization Science, 5(4): 483-501.

[162] Baum J A, Singh J V, 1996. Dynamics of organizational responses to competition[J]. Social Forces, 74(4): 1261-1297.

[163] Baumol W J, 2002. Entrepreneurship, innovation and growth: The David-Goliath symbiosis[J]. Journal of Entrepreneurial Finance, 7(2): 1-10.

[164] Beaver W H, 1966. Financial ratios as predictors of failure[J]. Journal of Accounting Research, 4: 71-111.

[165] Becker W C, 1964. Consequences of different kinds of parental discipline[J]. Review of Child Development Research, 1(4): 169-208.

[166] Benkhoff B, 1997. A test of the HRM model: Good for employers and employees[J]. Human Resource Management Journal, 7(4): 44-60.

[167] Best M H, 1990. The New Competition: Institutions of Industrial Restructuring[M]. Cambridge: Harvard University Press.

[168] Beugelsdijk S, Slangen A, van Herpen M, 2002. Shapes of organizational change: The case of Heineken Inc[J]. Journal of Organizational Change Management, 15(3): 311-326.

[169] Beyer J M, Trice H M, 1981. Managerial ideologies and the use of discipline[J]. Academy of Management Proceedings(1): 259-263.

[170] Bidwell C E, Kasarda J D, 1987. Structuring in Organizations: Ecosystem Theory Evaluated[M]. Greenwich: JAI Press Inc.

[171] Bigelow L S, Carroll G R, Seidel M D, et al., 1997. Legitimation, geographical scale, and organizational density: Regional patterns of

foundings of American automobile producers, 1885 — 1981[J]. Social Science Research, 26(4): 377-398.

[172] Blau P M, 1970. A formal theory of differentiation in organizations[J]. American Sociological Review, 2(1): 201-218.

[173] Blau P M, 1977. Inequality and Heterogeneity: A Primitive Theory of Social Structure[M]. New York: Free Press.

[174] Blau P M, 1987. Contrasting theoretical perspectives[M]//Alexander J C, Giesen B. The Micro-Macro Link. Berkeley: University of California Press: 71-85.

[175] Blau P M, Herman J L, Blau M, et al., 1971. Structure of Organizations[M]. New York: Basic Books.

[176] Boeker W, 1987. Strategic origins: Entrepreneurial and environmental imprinting at founding[J]. Academy of Management Proceedings(1): 150-154.

[177] Boeker W, 1991. Organizational strategy: An ecological perspective [J]. Academy of Management Journal, 34(3): 613-635.

[178] Bond R S, Lean D F, 1977. Sales, promotion, and product differentiation in two prescription drug markets[R]. Staff Report to the Federal Trade Commission, Bureau of Economics.

[179] Boone C, Bröcheler V, Carroll G R, 2000. Custom service: Application and tests of resource-partitioning theory among Dutch auditing firms from 1896 to 1992[J]. Organization Studies, 21(2): 355-381.

[180] Boone C, Carroll G R, van Witteloostuijn A, 2004. Size, differentiation and the performance of Dutch daily newspapers[J]. Industrial and Corporate Change, 13(1): 117-148.

[181] Boone C, van Olffen W, van Witteloostuijn A, 2003. Team composition, leadership and information-processing behavior: A simulation game study of the locus-of-control personality trait [Z]. METEOR, Maastricht University School of Business and Economics.

[182] Boone C, van Olffen W, van Witteloostuijn A, et al., 2004. The genesis of top management team diversity: Selective turnover among top management teams in Dutch newspaper publishing, 1970 — 1994[J]. Academy of Management Journal, 47(5): 633-656.

[183] Boone C, van Witteloostuijn A, 2004. A unified theory of market partitioning: An integration of resource-partitioning and sunk cost theories[J]. Industrial and Corporate Change, 13(5): 701-725.

[184] Boone C, van Witteloostuijn A, Carroll G R, 2002. Resource distributions and market partitioning: Dutch daily newspapers, 1968 to 1994[J]. American Sociological Review, 67(3): 408-431.

[185] Boone J, 2008. A new way to measure competition[J]. The Economic Journal, 118(531): 1245-1261.

[186] Bothner M S, 2003. Competition and social influence: The diffusion of the sixth-generation processor in the global computer industry [J]. American Journal of Sociology, 108(6):1175-1210.

[187] Bothner M S, 2005. Relative size and firm growth in the global computer industry[J]. Industrial and Corporate Change, 14(4): 617-638.

[188] Botkin J W, 1988. Route 128: Its history and destiny[M]// Smilor R W, Kozmetsky G, Gibson D V. Creating the Technopolis: Linking Technology, Commercialization, and Economic Development. Cambridge: Ballinger Pub. Co: 117-124.

[189] Bourgeois III L J, 1981. On the measurement of organizational slack [J]. Academy of Management Review, 6(1): 29-39.

[190] Boyne G, Dahya J, 2002. Executive succession and the performance of public organizations[J]. Public Administration, 80(1): 179-200.

[191] Braumann C A, 2008. Growth and extinction of populations in randomly varying environments[J]. Computers& Mathematics with Applications, 56 (3): 631-644.

[192] Braumann C A, Carlos C, 2013. Allee effects models in randomly varying environments[C]//Hamilton I P, Vigo-Aguiar J. Proceedings of the 2013 International Conference on Computational and Mathematical Methods in Science and Engineering. Almeria, Spain: CMMSE: 304-307.

[193] Braun E, MacDonald S, 1978. Revolution in Miniature: The History and Impact of Semiconductor Electronics[M]. Cambridge: Cambridge University Press.

[194] Brent H K, 2013. Computer simulation: What's the story? [J]. American Journal of Management, 13(2): 22-35.

[195] Breslin D, 2014. What evolves in organizational co-evolution? [J]. Journal of Management & Governance, 20(1): 45-67.

[196] Brittain J W, 1994. Density-independent selection and community evolution[M]// Baum J A C, Singh J V. Evolutionary Dynamics of Organizations. New York: Oxford University Press.

[197] Brittain J W, Freeman J H, 1980. Organizational proliferation and

density-dependent selection[M]// John K, Robert M. Organizational Life Cycles. San Francisco: Jossey-Bass.

[198] Brittain J W, Freeman J, 1986. Entrepreneurship in the semiconductor industry[Z]. Berkeley: University of California, Berkeley.

[199] Brittain J W, Wholey D R, 1988. Competition and coexistence in organizational communities: Population dynamics in electronic components manufacturing[M]// Carroll G R. Ecological Models of Organizations. Cambridge: Ballinger Pub. Co. : 195-222.

[200] Brown G, 2002. Why change a good thing? [Z]. The liability of inertia, Working Paper, University of British Columbia.

[201] Brüderl J, Preisendörfer P, Ziegler R, 1992. Survival chances of newly founded business organizations[J]. American Sociological Review, 57 (2): 227-242.

[202] Brüderl J, Schussler R, 1990. Organizational mortality: The liabilities of newness and adolescence[J]. Administrative Science Quarterly, 35 (3): 530-547.

[203] Bruggeman J, Nualláin B Ó, 2000. A niche width model of optimal specialization[J]. Computational & Mathematical Organization Theory, 6(2): 161-170.

[204] Buchko A A, 1994. Conceptualization and measurement of environmental uncertainty: An assessment of the Miles and Snow perceived environmental uncertainty scale [J]. Academy of Management Journal, 37 (2): 410-425.

[205] Burns L R, Wholey D R, 1993. Adoption and abandonment of matrix management programs: Effects of organizational characteristics and interorganizational networks[J]. Academy of Management Journal, 36 (1): 106-138.

[206] Burt R S, 1983. Corporate Profits and Cooptation[M]. New York: Academic Press.

[207] Burt R S, 1992. Structural Holes: The Social Structure of Competition [M]. Cambridge: Harvard University Press.

[208] Burton M D, Sørensen J B, Beckman C M, 2002. Coming from good stock: Career histories and new venture formation[M]// Lounbury M, Ventresca M J. Social Structure and Organizations Revisited. Bradford: Emerald Group Publishing Limited.

[209] Cabral L, Mata J, 2003. On the evolution of the firm size distribution:

Facts and theory[J]. American Economic Review, 93(4): 1075-1090.

[210] Cafferata G L, 1982. The building of democratic organizations: An embryological metaphor[J]. Administrative Science Quarterly, 27(2): 280-303.

[211] Calabrese T, Baum J A, Silverman B S, 2000. Canadian biotechnology start-ups, 1991－1997: The role of incumbents' patents and strategic alliances in controlling competition[J]. Social Science Research, 29(4): 503-534.

[212] Cameron K S, Sutton R I, Whetten D A, 1988. Issues in Organizational Decline: Framework, Research and Applications [M]. Cambridge: Ballinger Pub. Co.

[213] Campbell III C M, 1996. The effects of state and industry economic conditions on new firm entry[J]. Journal of Economics and Business, 48(2): 167-183.

[214] Capecchi V, 1990. A history of flexible specialisation and industrial districts in Emilia-Romagna[M]// Pyke F, Becattini G, Sengenberger W. Industrial Districts and Inter-Firm Cooperation in Italy. Geneva: International Institute for Labour Studies: 20-36.

[215] Caplin A, Leahy J, 1998. Miracle on sixth avenue: information externalities and search[J]. The Economic Journal, 108(446): 60-74.

[216] Carlsson G, Karlsson K, 1970. Age, cohorts and the generation of generations[J]. American Sociological Review, 35(4): 710-718.

[217] Carroll G R, 1981. Dynamics of organizational expansion in national systems of education[J]. American Sociological Review, 46(5): 585-599.

[218] Carroll G R, 1983. A stochastic model of organizational mortality: Review and reanalysis[J]. Social Science Research, 12(4): 303-329.

[219] Carroll G R, 1984. Organizational ecology [J]. Annual Review of Sociology(10): 71-93.

[220] Carroll G R, 1985. Concentration and specialization: Dynamics of niche width in populations of organizations [J]. American Journal of Sociology, 90(6):1262-1283.

[221] Carroll G R, 1987. Publish and Perish: The Organizational Ecology of Newspaper Industries[M]. Greenwich: JAI Press.

[222] Carroll G R, Bigelow L S, Seidel M D L, et al., 1996. The fates of de novo and de alio producers in the American automobile industry 1885－1981[J]. Strategic Management Journal, 17(S1): 117-137.

[223] Carroll G, Delacroix J, 1982. Organizational mortality in the newspaper industries of Argentina and Ireland: An ecological approach [J]. Administrative Science Quarterly, 27(2): 169-198.

[224] Carroll G R, Dobrev S D, Swaminathan A, 2002. Organizational processes of resource partitioning [J]. Research in Organizational Behavior, 24: 1-40.

[225] Carroll G R, Hannan M T, 1989a. Density delay in the evolution of organizational populations: A model and five empirical tests [J]. Administrative Science Quarterly, 34(3): 411-430.

[226] Carroll G R, Hannan M T, 1989b. Density dependence in the evolution of populations of newspaper organizations [J]. American Sociological Review, 54(4): 524-541.

[227] Carroll G R, Hannan M T, 2000a. The Demography of Corporations and Industries[M]. Princeton: Princeton University Press.

[228] Carroll G R, Hannan M T, 2000b. Why corporate demography matters: Policy implications of organizational diversity[J]. California Management Review, 42(3): 148-163.

[229] Carroll G R, Harrison J R, 1994. On the historical efficiency of competition between organizational populations[J]. American Journal of Sociology, 100(3): 720-749.

[230] Carroll G R, Huo Y P, 1986. Organizational task and institutional environments in ecological perspective: Findings from the local newspaper industry [J]. American Journal of Sociology, 91 (4): 838-873.

[231] Carroll G R, Khessina O M, 2005. Organizational and corporate demography[M]// Poston D, Micklin M. Handbook of Population. Boston: Springer: 451-477.

[232] Carroll G R, Swaminathan A, 1991. Density dependent organizational evolution in the American brewing industry from 1633 to 1988[J]. Acta Sociologica, 34(3): 155-175.

[233] Carroll G R, Swaminathan A, 1992. The organizational ecology of strategic groups in the American brewing industry from 1975 to 1990 [J]. Industrial and Corporate Change, 1(1): 65-97.

[234] Carroll G R, Swaminathan A, 2000. Why the microbrewery movement? Organizational dynamics of resource partitioning in the U. S. brewing industry[J]. American Journal of Sociology, 106(3): 715-762.

[235] Carroll G R, Teo A C, 1996. Creative self-destruction among organizations: An empirical study of technical innovation and organizational failure in the American automobile industry, 1885 − 1981 [J]. Industrial and Corporate Change, 5(2): 619-644.

[236] Carroll G R, Wade J, 1991. Density dependence in the organizational evolution of the American brewing industry across different levels of analysis[J]. Social Science Research, 20(3): 271-302.

[237] Cattani G, Pennings J M, Wezel F C, 2002. Organizational turnover as endogenous precursor of industry dynamics and organizational dissolution[R]. University of Groningen Research Report.

[238] Cattani G, Pennings J M, Wezel F C, 2003. Spatial and temporal heterogeneity in founding patterns[J]. Organization Science, 14(6): 670-685.

[239] Cefis E, Marsili O, 2005. A matter of life and death: Innovation and firm survival[J]. Industrial and Corporate Change, 14(6): 1167-1192.

[240] Chakrabarti R, Scholnick B, 2002. International expansion of e-retailers: Where the Amazon flows [J]. Thunderbird International Business Review, 44(1): 85-104.

[241] Chandler A D, 1962. Strategy and Structure: Chapters in the History of the Industrial Enterprise[M]. Cambridge: The MIT Press.

[242] Chandler A D, 1977. The Visible Hand: The Managerial Revolution in American Business[M]. Cambridge: Harvard University Press.

[243] Chandler A D, 1990. The enduring logic of industrial success [J]. Harvard Business Review, 68(2): 130-140.

[244] Chang S C, Wang C F, 2007. The effect of product diversification strategies on the relationship between international diversification and firm performance[J]. Journal of World Business, 42(1): 61-79.

[245] Chatman J A, Flynn F J, 2001. The influence of demographic heterogeneity on the emergence and consequences of cooperative norms in work teams[J]. Academy of Management Journal, 44(5): 956-974.

[246] Chen M J, 1996. Competitor analysis and interfirm rivalry: Toward a theoretical integration[J]. Academy of Management Review, 21(1): 100-134.

[247] Chesbrough H, 2003. The governance and performance of Xerox's technology spin-off companies[J]. Research Policy, 32(3): 403-421.

[248] Child J, Kieser A, 1981. Development of organizations over time[M]//

Nystrom P C, Starbuck W H. Handbook of Organizational Design. New York: Oxford University Press.

[249] Chinitz B, 1961. Contrasts in agglomeration: New York and Pittsburgh [J]. The American Economic Review, 51(2): 279-289.

[250] Christensen C M, 1997. Marketing strategy: Learning by doing[J]. Harvard Business Review, 75(6): 141-151.

[251] Cleverly W O, 1991. Hospital Industry Financial Report: User's Guide [R]. HFMA.

[252] Coase R, 1937. The nature of the firm[J]. Economica, 4(16): 386-405.

[253] Collins O F, Moore D G, Unwalla D B, 1964. The Enterprising Man [M]. Michigan: Michigan State University Press.

[254] Cool K, Schendel D, 1988. Performance differences among strategic group members[J]. Strategic Management Journal, 9(3): 207-223.

[255] Cooper A C, 1971. The founding of technologically-based firms[Z]. Milwaukee: The Center for Venture Management.

[256] Cooper A C, Bruno A V, 1977. Success among high-technology firms[Z]. University of Illinois at Urbana-Champaign's Academy for Entrepreneurial Leadership Historical Research Reference in Entrepreneurship.

[257] Cooper A C, Dunkelberg W C, 1987. Entrepreneurial research: Old questions, new answers and methodological issues [J]. American Journal of Small Business, 11(3): 11-24.

[258] Cyert R M, March J G, 1963. A Behavioral Theory of the Firm[M]. Englewood Cliffs: Prentice-Hall.

[259] Dacin M T, 1997. Isomorphism in context: The power and prescription of institutional norms[J]. Academy of Management Journal, 40(1): 46-81.

[260] Dahlstrand Å L, Cetindamar D, 2000. The dynamics of innovation financing in Sweden[J]. Venture Capital: An International Journal of Entrepreneurial Finance, 2(3): 203-221.

[261] Darr E D, Argote L, Epple D, 1995. The acquisition, transfer, and depreciation of knowledge in service organizations: Productivity in franchises[J]. Management Science, 41(11): 1750-1762.

[262] Davis P, Robinson R, Pearce J, Park S, 1992. Business unit relatedness and performance: A look at the pulp and paper industry [J]. Strategic Management Journal, 13(5): 349-361.

[263] Davis S J, Haltiwanger J, 1992. Gross job creation, gross job destruction, and employment reallocation[J]. The Quarterly Journal of Economics,

107(3): 819-863.

[264] Deily M E, 1988. Investment activity and the exit decision[J]. The Review of Economics and Statistics, 70(4): 595-602.

[265] Delacroix C, 2004. Demande sociale et histoire du temps présent, une normalisation épistémologique? [J]. Espace Temps, 84(1): 106-119.

[266] Delacroix J, 1993. The European subsidiaries of American multinationals: An exercise in ecological analysis[M]// Ghoshal S, Westney D E. Organization Theory and the Multinational Corporation. London: Palgrave Macmillan.

[267] Delacroix J, Carroll G R, 1983. Organizational foundings: An ecological study of the newspaper industries of Argentina and Ireland [J]. Administrative Science Quarterly, 28(2): 274-291.

[268] Delacroix J, Solt M E, 1987. Niche formation and foundings in the California wine industry, 1941—1984 [J]. Academy of Management Annual Meeting Proceedings(1): 155-159.

[269] Delacroix J, Swaminathan A, 1991. Cosmetic, speculative, and adaptive organizational change in the wine industry: A longitudinal study[J]. Administrative Science Quarterly, 36(4): 631-661.

[270] Delacroix J, Swaminathan A, Solt M, 1989. Density dependence versus population dynamics: An ecological study of fallings in the California wine industry[J]. American Sociological Review, 54(2): 245-261.

[271] Demsetz H, 1973. Industry structure, market rivalry, and public policy [J]. The Journal of Law and Economics, 16(1): 1-9.

[272] Dennis B, 2002. Allee effects in stochastic populations[J]. Oikos, 96 (3): 389-401.

[273] Denrell J, 2003. Vicarious learning, undersampling of failure, and the myths of management[J]. Organization Science, 14(3): 227-243.

[274] Diamond J M, 1984. "Normal" extinctions of isolated populations [M]// Nitecki M H. Extinctions. Chicago: University of Chicago Press: 191-246.

[275] Dilão R, Domingos T, Shahverdiev E M, 2004. Harvesting in a resource dependent age structured Leslie type population model[J]. Mathematical Biosciences, 189(2): 141-151.

[276] DiMaggio P J, 1988. Interest and agency in institutional theory[M]// Zucker L G. Institutional Patterns and Organizations Culture and Environment. Cambridge: Ballinger: 3-21.

[277] DiMaggio P J, 1994. The challenge of community evolution [M]// Baum J A C, Singh J V. Evolutionary Dynamics of Organizations. New York: Oxford University Press: 444-450.

[278] DiMaggio P J, Anheier H K, 1990. The sociology of nonprofit organizations and sectors[J]. Annual Review of Sociology, 16: 137-159.

[279] DiMaggio P J, Powell W W, 1983. The iron cage revisited: Institutional isomorphism and collective rationality in organizational fields [J]. American Sociological Review, 48(2): 147-160.

[280] Dimmick J, Rothenbuhler E, 1984. The theory of the niche: Quantifying competition among media industries[J]. Journal of Communication, 34 (1): 103-119.

[281] Dobbin F, 1995. The Origins of Economic Laws: Railway Entrepreneurs and Public Policy in Nineteenth-Century America [M]// Scott W R, Christiansen S. The Institutional Construction of Organization: International and Longitudinal Studies. London: Sage Publications: 277-301.

[282] Dobbin F, Dowd T J, 1997. How policy shapes competition: Early railroad foundings in Massachusetts [J]. Administrative Science Quarterly, 42(3): 501-529.

[283] Dobrev S D, 1999. The dynamics of the Bulgarian newspaper industry in a period of transition: Organizational adaptation, structural inertia and political change [J]. Industrial and Corporate Change, 8 (3): 573-605.

[284] Dobrev S D, 2000. Decreasing concentration and reversibility of the resource partitioning process: Supply shortages and deregulation in the Bulgarian newspaper industry, 1987－1992[J]. Organization Studies, 21(2): 383-404.

[285] Dobrev S D, 2001. Revisiting organizational legitimation: Cognitive diffusion and sociopolitical factors in the evolution of Bulgarian newspaper enterprises, 1846－1992[J]. Organization Studies, 22(3): 419-444.

[286] Dobrev S D, Carroll G R, 2003. Size (and competition) among organizations: Modeling scale-based selection among automobile producers in four major countries, 1885－1981[J]. Strategic Management Journal, 24(6): 541-558.

[287] Dobrev S D, Kim T Y, Carroll G R, 2001. Niche and scale in organizational evolution: A unified empirical model of automobile

manufacturers in the US 1885—1981[R]. Anaheim: American Sociological Association.

[288] Dobrev S D, Kim T Y, Carroll G R, 2002. The evolution of organizational niches: US automobile manufacturers, 1885—1981[J]. Administrative Science Quarterly, 47(2): 233-264.

[289] Dobrev S D, Kim T Y, Carroll G R, 2003. Shifting gears, shifting niches: Organizational inertia and change in the evolution of the U. S. automobile industry, 1885—1981[J]. Organization Science, 14(3): 264-282.

[290] Dobrev S D, Kim T Y, Hannan M T, 2001. Dynamics of niche width and resource partitioning[J]. American Journal of Sociology, 106(5): 1299-1337.

[291] Dooley R S, Fowler D M, Miller A, 1996. The benefits of strategic homogeneity and strategic heterogeneity: Theoretical and empirical evidence resolving past differences[J]. Strategic Management Journal, 17(4): 293-305.

[292] Dosi G, 1982. Technological paradigms and technological trajectories: A suggested interpretation of the determinants and directions of technical change[J]. Research Policy, 11(3): 147-162.

[293] Dosi G, 1984. Technical Change and Industrial Transformation: The Theory and an Application to the Semiconductor Industry[M]. London and Basingstoke: Macmillan.

[294] Doutriaux J, 1992. Emerging, high-technology firms: How durable are their competitive start-up advantages? [J]. Journal of Business Venturing, 7(4): 429-442.

[295] Dun & Bradstreet, 1981. The failure record[R]. New York: Dun Bradstreet.

[296] Dunne P, Hughes A, 1994. Age, size, growth and survival: UK companies in the 1980s[J]. The Journal of Industrial Economics, 42 (2): 115-140.

[297] Dunne T, Roberts M J, Samuelson L, 1988. Patterns of firm entry and exit in U. S. manufacturing industries[J]. The RAND Journal of Economics, 19(4): 495-515.

[298] Dunphy D C, Stace D, 1990. Under New Management, Australian Organizations in Transition[M]. New York: McGraw-Hill.

[299] Eaton B C, Lipsey R G, 1979. The theory of market pre-emption: The persistence of excess capacity and monopoly in growing spatial markets

[J]. Economica, 46(182): 149-158.

[300] Edelman L B, 1992. Legal ambiguity and symbolic structures: Organizational mediation of civil rights law[J]. American Journal of Sociology, 97(6): 1531-1576.

[301] Eisenhardt K M, 1989. Making fast strategic decisions in high-velocity environments[J]. Academy of Management Journal, 32(3): 543-576.

[302] Eisenhardt K M, Schoonhoven C B, 1990. Organizational growth: Linking founding team, strategy, environment, and growth among U. S. semiconductor ventures, 1978 — 1988 [J]. Administrative Science Quarterly, 35(3): 504-529.

[303] Emery F E, Trist E L, 1965. The causal texture of organizational environments[J]. Human Relations, 18(1): 21-32.

[304] Ericson R, Pakes A, 1995. Markov-perfect industry dynamics: A framework for empirical work[J]. The Review of Economic Studies, 62 (1): 53-82.

[305] Evans D S, 1987. Tests of alternative theories of firm growth[J]. The Journal of Political Economy, 95(4): 657-674.

[306] Evans P, 1996. Introduction: Development strategies across the public-private divide[J]. World Development, 24(6): 1033-1037.

[307] Feeser H R, Willard G E, 1989. Incubators and performance: A comparison of high-and low-growth high-tech firms [J]. Journal of Business Venturing, 4(6): 429-442.

[308] Feeser H R, Willard G E, 1990. Founding strategy and performance: A comparison of high and low growth high tech firms [J]. Strategic Management Journal, 11(2): 87-98.

[309] Finkelstein S, 1992. Power in top management teams: Dimensions, measurement, and validation[J]. Academy of Management Journal, 35 (3): 505-538.

[310] Firth M, Fung P M Y, Rui O M, 2006. Firm performance, governance structure, and top management turnover in a transitional economy[J]. Journal of Management Studies, 43(6): 1289-1330.

[311] Fligstein N, 1985. The spread of the multidivisional form among large firms, 1919—1979[J]. American Sociological Review, 50(3): 377-391.

[312] Fligstein N, 1991. The structural transformation of American industry: An institutional account of the causes of diversification in the largest firms, 1919—1979 [M]// Powell W W, Dimaggio P J. The New

Institutionalism in Organizational Analysis. Chicago: University of Chicago Press.

[313] Fombrun C J, 1986. Structural dynamics within and between organizations [J]. Administrative Science Quarterly, 31(3): 403-421.

[314] Fong E, Luk C, Ooka E, 2005. Spatial distribution of suburban ethnic businesses[J]. Social Science Research, 34(1): 215-235.

[315] Forrester J W, 1994. System dynamics, systems thinking, and soft OR [J]. System Dynamics Review, 10(2-3): 245-256.

[316] Freeman J, Boeker W, 1984. The ecological analysis of business strategy[J]. California Management Review, 26(3): 73-86.

[317] Freeman J, Carroll G R, Hannan M T, 1983. The liability of newness: Age dependence in organizational death rates[J]. American Sociological Review, 48(5): 692-710.

[318] Freeman J, Erik R L, Lomi A, 2011. Why is there no cannery in 'Cannery Row'? Exploring a behavioral simulation model of population extinction[J]. Industrial and Corporate Change, 21(1): 99-125.

[319] Freeman J, Hannan M T, 1983. Niche width and the dynamics of organizational populations[J]. American Journal of Sociology, 88(6): 1116-1145.

[320] Freeman J, Hannan M T, 1989. Setting the record straight on organizational ecology: Rebuttal to young [J]. American Journal of Sociology, 95(2): 425-439.

[321] Freeman J, Lomi A, 1994. Resource partitioning and foundings of banking cooperatives in Italy [M]// Baum J A C, Singh J V. Evolutionary Dynamics of Organizations. New York: Oxford University Press.

[322] Freeman R B, 1986. Demand for education[M]// Ashenfelter O C, Layard R. The Handbook of Labor Economics. Amsterdam: Elsevier/ North Holland: 357-386.

[323] Fried V H, Hisrich R D, 1994. Toward a model of venture capital investment decision making[J]. Financial Management, 23(3): 28-37.

[324] Galaskiewicz J, 1985. Interorganizational relations[J]. Annual Review of Sociology, 11: 281-304.

[325] Galaskiewicz J, Burt R S, 1991. Interorganization contagion in corporate philanthropy[J]. Administrative Science Quarterly, 36(1): 88-105.

[326] Gambarotto F, Maggioni M A, 1998. Regional development strategies

in changing environments: An ecological approach [J]. Regional Studies, 32(1): 49-61.

[327] Garvin D A, 1983. Spin-offs and the new firm formation process[J]. California Management Review, 25(2): 3-20.

[328] Gause G F, 1934. Experimental analysis of Vito Volterra's mathematical theory of the struggle for existence[J]. Science, 79(2036): 16-17.

[329] Geroski P A, 1995. What do we know about entry? [J]. International Journal of Industrial Organization, 13(4): 421-440.

[330] Geroski P A, 2001. Exploring the niche overlaps between organizational ecology and industrial economics[J]. Industrial and Corporate Change, 10(2): 507-540.

[331] Geroski P A, Mazzucato M, 2001. Modelling the dynamics of industry populations[J]. International Journal of Industrial Organization, 19 (7): 1003-1022.

[332] Ghemawat P, 1984. Capacity expansion in the titanium dioxide industry [J]. The Journal of Industrial Economics, 33(2): 145-163.

[333] Ghemawat P, 1990. The snowball effect[J]. International Journal of Industrial Organization, 8(3): 335-351.

[334] Ghemawat P, 1991. Market incumbency and technological inertia[J]. Marketing Science, 10(2): 161-171.

[335] Ghemawat P, Nalebuff B, 1985. Exit [J]. The RAND Journal of Economics, 16(2): 184-194.

[336] Ghertman M, 1988. Foreign subsidiary and parents' roles during strategic investment and divestment decisions[J]. Journal of International Business Studies, 19(1): 47-67.

[337] Globerman S, Shapiro D, Vining A, 2005. Clusters and intercluster spillovers: Their influence on the growth and survival of Canadian information technology firms[J]. Industrial and Corporate Change, 14 (1): 27-60.

[338] Golder P N, Tellis G J, 1993. Pioneer advantage: Marketing logic or marketing legend? [J]. Journal of Marketing Research, 30 (2): 158-170.

[339] Gomes-Casseres B, 1994. Group versus group: How alliance networks compete[J]. Harvard Business Review, 72(4): 62-66.

[340] Gómez J, Orcos R, Palomas S, 2014. The evolving patterns of competition after deregulation: The relevance of institutional and

operational factors as determinants of rivalry[J]. Journal of Evolutionary Economics, 24(4): 905-933.

[341] Granovetter M, 1985. Economic action and social structure: The problem of embeddedness[J]. American Journal of Sociology, 91(3): 481-510.

[342] Greenwood R S, 1996. Down by the Station: Los Angeles Chinatown, 1880—1933[M]. Jeffersonville: ISD LLC.

[343] Greve H R, 1995. Jumping ship: The diffusion of strategy abandonment[J]. Administrative Science Quarterly, 40(3): 444-473.

[344] Greve H R, 1996. Patterns of competition: The diffusion of a market position in radio broadcasting[J]. Administrative Science Quarterly, 41 (1): 29-60.

[345] Greve H R, 1999. The effect of core change on performance: Inertia and regression toward the mean[J]. Administrative Science Quarterly, 44(3): 590-614.

[346] Greve H R, 2002. An ecological theory of spatial evolution: Local density dependence in Tokyo banking, 1894—1936[J]. Social Forces, 80(3): 847-879.

[347] Greve H R, Pozner J E, Rao H, 2006. Vox populi: Resource partitioning, organizational proliferation, and the cultural impact of the insurgent microradio movement[J]. American Journal of Sociology, 112 (3): 802-837.

[348] Griffen B D, Drake J M, 2008. Effects of habitat quality and size on extinction in experimental populations[J]. Proceedings of the Royal Society B: Biological Sciences, 275(1648): 2251-2256.

[349] Grinyer P H, McKiernan P, Yasai-Ardekani M, 1988. Market, organizational and managerial correlates of economic performance in the UK electrical engineering industry[J]. Strategic Management Journal, 9(4): 297-318.

[350] Gruca T S, Nath D, 1994. Regulatory change, constraints on adaptation and organizational failure: An empirical analysis of acute care hospitals[J]. Strategic Management Journal, 15(5): 345-363.

[351] Grusky O, 1963. Managerial succession and organizational effectiveness [J]. American Journal of Sociology, 69(1): 21-31.

[352] Guest R H, 1962. Managerial succession in complex organizations[J]. American Journal of Sociology, 68(1): 47-56.

[353] Gulati R, Higgins M C, 2003. Which ties matter when? The contingent effects of interorganizational partnerships on IPO success[J]. Strategic Management Journal, 24(2): 127-144.

[354] Haleblian J, Finkelstein S, 1993. Top management team size, CEO dominance, and firm performance: The moderating roles of environmental turbulence and discretion[J]. Academy of Management Journal, 36(4): 844-863.

[355] Hall D T, Schneider B, 1972. Correlates of organizational identification as a function of career pattern and organizational type[J]. Administrative Science Quarterly, 17(3): 340-350.

[356] Halliday T C, Powell M J, Granfors M W, 1993. After minimalism: Transformations of state bar associations from market dependence to state reliance, 1918 to 1950[J]. American Sociological Review, 58(4): 515-535.

[357] Hambrick D C, Cho T S, Chen M J, 1996. The influence of top management team heterogeneity on firms' competitive moves [J]. Administrative Science Quarterly, 41(4): 659-684.

[358] Hambrick D C, D'Aveni R A, 1988. Large corporate failure: The structure of security and the politics of corporate reorganization in Britain and the United States[Z]. Working Paper 9311.

[359] Hambrick D C, Fukutomi G D. 1991. The seasons of a CEO's tenure [J]. Academy of Management Review, 16(4): 719-742.

[360] Hambrick D C, Mason P A, 1984. Upper echelons: The organization as a reflection of its top managers[J]. Academy of Management Review, 9 (2): 193-206.

[361] Hamilton E A, 2006. An exploration of the relationship between loss of legitimacy and the sudden death of organizations [J]. Group & Organization Management, 31(3): 327-358.

[362] Hamilton R T, Shergill G S, 1992. The relationship between strategy-structure fit and financial performance in New Zealand: Evidence of generality and validity with enhanced controls [J]. Journal of Management Studies, 29(1): 95-113.

[363] Han J K, Kim N, Srivastava R K, 1998. Market orientation and organizational performance: Is innovation a missing link? [J]. Journal of Marketing, 62(4): 30-45.

[364] Hanna I R, Kolm P, Martin R, et al. , 2004. Left atrial structure and

function after percutaneous left atrial appendage transcatheter occlusion (PLAATO) six-month echocardiographic follow-up[J]. Journal of the American College of Cardiology, 43(10): 1868-1872.

[365] Hannan M T, 1986. Uncertainty, Diversity, and Organizational Change [M]. Washington, DC: National Academy Press.

[366] Hannan M T, 1997. Inertia, density and the structure of organizational populations: Entries in European automobile industries, 1886—1981 [J]. Organization Studies, 18(2): 193-228.

[367] Hannan M T, 1998. Rethinking age dependence in organizational mortality: Logical formalizations[J]. American Journal of Sociology, 104(1): 126-164.

[368] Hannan M T, 2005. Ecologies of organizations: Diversity and identity [J]. Journal of Economic Perspectives, 19(1): 51-70.

[369] Hannan M T, Carroll G R, 1992. Dynamics of Organizational Populations: Density, Legitimation, and Competition[M]. New York: Oxford University Press.

[370] Hannan M T, Carroll G R, Dobrev S D, et al., 1998. Organizational mortality in European and American automobile industries Part II: Coupled clocks[J]. European Sociological Review, 14(3): 303-313.

[371] Hannan M T, Carroll G R, Dundon E A, et al., 1995. Organizational evolution in a multinational context: Entries of automobile manufacturers in Belgium, Britain, France, Germany, and Italy [J]. American Sociological Review, 60(4): 509-528.

[372] Hannan M T, Freeman J, 1977. The Population Ecology of Organizations[J]. American Journal of Sociology, 82(5): 929-964.

[373] Hannan M T, Freeman J, 1984. Structural inertia and organizational change[J]. American Sociological Review, 49(2): 149-164.

[374] Hannan M T, Freeman J, 1986. Where do organizational forms come from? [J]. Sociological Forum, 1(1): 50-72.

[375] Hannan M T, Freeman J, 1987. The ecology of organizational founding: American labor unions, 1836—1985[J]. American Journal of Sociology, 92(4): 910-943.

[376] Hannan M T, Freeman J, 1988. The ecology of organizational mortality: American labor unions, 1836—1985[J]. American Journal of Sociology, 94(1): 25-52.

[377] Hannan M T, Freeman J, 1989. Organizational Ecology[M]. Cambridge:

Harvard University Press.

[378] Hannan M T, Freeman J, 1993. Organizational Ecology[M]. Cambridge: Harvard University Press.

[379] Hannan M T, Pólos L, Carroll G R, 2003a. The fog of change: Opacity and asperity in organizations [J]. Administrative Science Quarterly, 48(3): 399-432.

[380] Hannan M T, Pólos L, Carroll G R, 2003b. Cascading organizational change[J]. Organization Science, 14(5): 463-482.

[381] Hannan M T, Pólos L, Carroll G R, 2007. Logics of Organization Theory[M]. Princeton: Princeton University Press.

[382] Hannan M T, Ranger-Moore J, 1990. The ecology of organizational size distributions: A microsimulation approach[J]. Journal of Mathematical Sociology, 15(2): 67-89.

[383] Hannan M T, Ranger-Moore J, Banaszak-Holl J, 1990. Competition and the evolution of organizational size distributions[M]// Singh J V. Organizational Evolution: New Directions. Newbury Park: Sage: 246-268.

[384] Hardin G, 1968. The tragedy of the commons[J]. Science, 162(3859): 1243-1248.

[385] Harhoff D, Stahl K, 1994. Employment Dynamics in West Germany: The Role of Liability Statutes and Ownership Structure[Z]. Draft.

[386] Harrison J R, 2004. Models of growth in organizational ecology: A simulation assessment[J]. Industrial and Corporate Change, 13(1): 243-261.

[387] Harrison J R, Carroll G R, 2001. Modeling organizational culture: Demography and influence networks[M]// Cooper C L, Cartwright S, Early P C. The International Handbook of Organizational Culture and Climate. Chichester: Wiley: 185-216.

[388] Hart P E, Prais S J, 1956. The analysis of business concentration: A statistical approach[J]. Journal of the Royal Statistical Society, 119(2): 150-191.

[389] Haveman H A, 1992. Between a rock and a hard place: Organizational change and performance under conditions of fundamental environmental transformation[J]. Administrative Science Quarterly, 37(1): 48-75.

[390] Haveman H A, 1993a. Follow the leader: Mimetic isomorphism and entry into new markets[J]. Administrative Science Quarterly, 38(4):

593-627.

[391] Haveman H A, 1993b. Ghosts of managers past: Managerial succession and organizational mortality[J]. Academy of Management Journal, 36 (4): 864-881.

[392] Hawley A H, 1978. The presidential address: Cumulative change in theory and in history [J]. American Sociological Review, 43 (6): 787-796.

[393] Hawley F, 1950. Keresan patterns of kinship and social organization [J]. American Anthropologist, 52(4): 499-512.

[394] Hedström P, 1994. Contagious collectivities: On the spatial diffusion of Swedish trade unions, 1890—1940[J]. American Journal of Sociology, 99(5): 1157-1179.

[395] Hedström P, Sandell R, Stern C, 2000. Mesolevel networks and the diffusion of social movements: The case of the Swedish Social Democratic Party[J]. American Journal of Sociology, 106(1): 145-172.

[396] Heilman E A. 1933. Mortality of Business Firms in Minneapolis, St. Paul and Duluth, 1926-30[M]. Minneapolis: University of Minnesota Press.

[397] Helmich D L, 1974. Organizational growth and succession patterns[J]. Academy of Management Journal, 17(4): 771-775.

[398] Henderson A D, 1999. Firm strategy and age dependence: A contingent view of the liabilities of newness, adolescence, and obsolescence[J]. Administrative Science Quarterly, 44(2): 281-314.

[399] Henderson R M, Clark K B, 1990. Architectural innovation: The reconfiguration of existing product technologies and the failure of established firms[J]. Administrative Science Quarterly, 35(1): 9-30.

[400] Henle K, Sarre S, Wiegand K, 2004. The role of density regulation in extinction processes and population viability analysis[J]. Biodiversity & Conservation, 13(1): 9-52.

[401] Hill G C, 2005. The effects of managerial succession on organizational performance [J]. Journal of Public Administration Research and Theory, 15(4): 585-597.

[402] Hirsch P M, 1975. Organizational effectiveness and the institutional environment[J]. Administrative Science Quarterly, 20(3): 327-344.

[403] Hollander S C, Omura G S, 1989. Chain store developments and their political, strategic, and social interdependencies [J]. Journal of

Retailing, 65(3): 299-325.

[404] Hotelling H, 1929. Extend access to The Economic Journal[J]. The Economic Journal, 39(153): 41-57.

[405] Hsu G, Hannan M T, 2005. Identities, genres, and organizational forms[J]. Organization Science, 16(5): 474-490.

[406] Huber G P, Sutcliffe K M, Miller C C, et al. , 1993. Understanding and predicting organizational change[M]// Huber G P, Glick W H. Organizational Change and Redesign: Ideas and Insights for Improving Performance. New York: Oxford University Press: 215-265.

[407] Hutchinson J, Konings J, Walsh P P, 2010. The firm size distribution and inter-industry diversification[J]. Review of Industrial Organization, 37(2): 65-82.

[408] Ijiri Y, Simon H A, 1977. Skew Distributions and the Sizes of Business Firms[M]. Amsterdam: North-Holland.

[409] Ingram P, Baum J A, 1997. Chain affiliation and the failure of Manhattan hotels, 1898−1980[J]. Administrative Science Quarterly, 42(1): 68-102.

[410] Ingram P, Inman C, 1996. Institutions, intergroup competition, and the evolution of hotel populations around Niagara Falls [J]. Administrative Science Quarterly, 41(4): 629-658.

[411] Ingram P, Rao H, 2004. Store wars: The enactment and repeal of anti-chain legislation in the United States [J]. American Journal of Sociology, 110(2): 446-487.

[412] Ingram P, Simons T, 2000. State formation, ideological competition, and the ecology of Israeli workers' cooperatives, 1920 − 1992 [J]. Administrative Science Quarterly, 45(1): 25-53.

[413] Ito K, Rose E L, 1994. The genealogical structure of Japanese firms: Parent-subsidiary relationships[J]. Strategic Management Journal, 15 (S2): 35-51.

[414] Jackson S E, Brett J F, Sessa V I, et al. , 1991. Some differences make a difference: Individual dissimilarity and group heterogeneity as correlates of recruitment, promotions, and turnover[J]. Journal of Applied Psychology, 76(5): 675-689.

[415] Jaffe A B, Trajtenberg M, Henderson R, 1993. Geographic localization of knowledge spillovers as evidenced by patent citations [J]. The Quarterly Journal of Economics, 108(3): 577-598.

[416] Jaffee J W, 2001. The Resource partitioning of corporate legal markets: The competitive dynamics of generalist and specialist corporate law firm strategies in Austin and Silicon Valley[D]. Berkeley: University of California.

[417] Javalgi R R G, Todd P R, Scherer R F, 2005. The dynamics of global e-commerce: An organizational ecology perspective[J]. International Marketing Review, 22(4): 420-436.

[418] Jenna R, Leslie K, 2000. Diversify with care[J]. The McKinsey Quarterly, 22: 56.

[419] Johanson J, Mattson L G, 1987. Interorganizational relations in industrial systems: A network approach compared with the transaction cost approach[J]. International Studies of Management and Organization, 17(1): 34-48.

[420] Jovanovic B, 1982. Selection and the evolution of industry[J]. Econometrica: Journal of the Econometric Society, 50(3): 649-670.

[421] Jovanovic B, MacDonald G M, 1994. The life cycle of a competitive industry[J]. Journal of Political Economy, 102(2): 322-347.

[422] Judd K L, 1985. Redistributive taxation in a simple perfect foresight model[J]. Journal of Public Economics, 28(1): 59-83.

[423] Kahneman D, Slovic P, Tversky A, 1982. Judgment under Uncertainty: Heuristics and Biases[M]. New York: Cambridge University Press.

[424] Kamien M I, Schwartz N L, 1982. Market Structure and Innovation [M]. Cambridge: Cambridge University Press.

[425] Kaplan S N, 1994. Top executive rewards and firm performance: A comparison of Japan and the United States[J]. Journal of Political Economy, 102(3): 510-546.

[426] Kaplan S N, Weisbach M S, 1992. The success of acquisitions: Evidence from divestitures[J]. The Journal of Finance, 47(1): 107-138.

[427] Kasimoglu M, Hamarat B, 2003. Niche overlap-competition and homogeneity in the organizational clusters of hotel population[J]. Management Research News, 26(8): 60-78.

[428] Katz R, 1982. The effects of group longevity on project communication and performance[J]. Administrative Science Quarterly, 27(1): 81-104.

[429] Kauffman S A, 1993. The Origins of Order: Self-Organization and Selection in Evolution[M]. New York: Oxford University Press.

[430] Keck S L, 1997. Top management team structure: Differential effects

by environmental context[J]. Organization Science, 8(2): 143-156.

[431] Kelly D, Amburgey T L, 1991. Organizational inertia and momentum: A dynamic model of strategic change[J]. Academy of Management Journal, 34(3): 591-612.

[432] Khessina O M, 2003. Entry mode, technological innovation and firm survival in the worldwide optical disk drive industry, 1983—1999[D]. Berkeley: University of California.

[433] Kieser A, Woywode M W, 2006. Evolutionstheoretische Ansätze[M]// Kieser A, Ebers M. Organisationstheorie. Stuttgart: Kohlhammer: 309-352.

[434] Kim T Y, Dobrev S D, Solari L, 2003. Festina lente: Learning and inertia among Italian automobile producers, 1896—1981[J]. Industrial and Corporate Change, 12(6): 1279-1301.

[435] Kimberly J R, Miles R H, 1980. The Organizational Life Cycle: Issues in the Creation, Transformation, and Decline of Organizations[M]. San Francisco: Jossey-Bass Publishers.

[436] King R G, Levine R, 1993. Finance, entrepreneurship and growth[J]. Journal of Monetary Economics, 32(3): 513-542.

[437] Kiyohiko I, Rose E L, 1994. Industry Consolidation and Global Competition: Multiple Market Competition in the Tire Industry[Z]. Leonard N. Stern School of Business, New York University.

[438] Klepper S, Simons K L, 1997. Technological extinctions of industrial firms: An inquiry into their nature and causes[J]. Industrial and Corporate Change, 6(2): 379-460.

[439] Klepper S, Simons K L, 2000. Dominance by birthright: Entry of prior radio producers and competitive ramifications in the U. S. television receiver industry[J]. Strategic Management Journal, 21 (10-11): 997-1016.

[440] Klepper S, Sleeper S, 2005. Entry by spinoffs[J]. Management Science, 51(8): 1291-1306.

[441] Kogut B, 1988. A study of the life cycle of joint ventures[J]. Management International Review, 28(4): 39-52.

[442] Koriat A, Lichtenstein S, Fischhoff B, 1980. Reasons for confidence [J]. Journal of Experimental Psychology: Human Learning and Memory, 6(2):107-118.

[443] Krishnaswami S, Subramaniam V, 1999. Information asymmetry,

valuation, and the corporate spin-off decision[J]. Journal of Financial Economics, 53(1): 73-112.

[444] Krugman P, 1991. Increasing returns and economic geography[J]. Journal of Political Economy, 99(3): 483-499.

[445] Krugman P, Venables A J, 1995. Globalization and the inequality of nations[J]. The Quarterly Journal of Economics, 110(4): 857-880.

[446] Kuilman J, Li J, 2006. The organizers' ecology: An empirical study of foreign banks in Shanghai[J]. Organization Science, 17(3): 385-401.

[447] Kumar M S, 1985. Growth, acquisition activity and firm size: Evidence from the United Kingdom[J]. The Journal of Industrial Economics, 33 (3): 327-338.

[448] Lambkin M, 1988. Order of entry and performance in new markets[J]. Strategic Management Journal, 9(S1): 127-140.

[449] Land M F, Lee D N, 1994. Where we look when we steer[J]. Nature, 369(6483): 742-744.

[450] Lant T K, Mezias S J, 1992. An organizational learning model of convergence and reorientation[J]. Organization Science, 3(1): 47-71.

[451] Larsen E R, Lomi A, 1999. Resetting the clock: A feedback approach to the dynamics of organisational inertia, survival and change[J]. Journal of the Operational Research Society, 50(4): 406-421.

[452] Lawrence P R, Lorsch J W, 1967. Organization and Environment: Managing Differential and Integration [M]. Cambridge: Harvard University Press.

[453] Lazerson M, 1995. A new phoenix?: Modern putting-out in the Modena knitwear industry[J]. Administrative Science Quarterly, 40(1): 34-59.

[454] Lazzeretti L, Capone F, 2017. The transformation of the Prato industrial district: An organisational ecology analysis of the co-evolution of Italian and Chinese firms[J]. The Annals of Regional Science, 58 (1): 135-158.

[455] Leblebici H, 1995. Radio broadcasters[M]// Carroll G R, Hannan M T. Organization in Industry. New York: Oxford University Press: 308-331.

[456] Lee C, Lee K, Pennings J M, 2001. Internal capabilities, external networks, and performance: A study on technology-based ventures[J]. Strategic Management Journal, 22(6-7): 615-640.

[457] Lee K, Pennings J M, 2002. Mimicry and the market: Adoption of a

new organizational form[J]. Academy of Management Journal, 45(1): 144-162.

[458] Levins R, 1968. Evolution in Changing Environments[M]. Princeton: Princeton University Press.

[459] Levinthal D A, 1991. Random walks and organizational mortality[J]. Administrative Science Quarterly, 36(3): 397-420.

[460] Levinthal D A, Fichman M, 1988. Dynamics of interorganizational attachments: Auditor-client relationships[J]. Administrative Science Quarterly, 33(3): 345-369.

[461] Levitt B, March J G, 1988. Organizational learning[J]. Annual Review of Sociology, 14(1): 319-340.

[462] Li X, Chen Y, Peng B, 2014. Are organizations always benefit from change: A perspective of structural inertia [J]. Journal of Macau University of Science and Technology, 8(1): 56-66.

[463] Lieberman A, 1990. Schools as Collaborative Cultures: Creating the Future Now[M]. London: The Falmer Press.

[464] Lieberman M B, Montgomery D B, 1988. First-mover advantages[J]. Strategic Management Journal, 9(S1): 41-58.

[465] Light I H, Rosenstein C N, 1995. Race, Ethnicity, and Entrepreneurship in Urban America[M]. Piscataway: Transaction Publishers.

[466] Lillie-Blanton M, Felt S, Redmon P, et al. , 1992. Rural and urban hospital closures, 1985—1988: Operating and environmental characteristics that affect risk[J]. Inquiry, 29(3): 332-344.

[467] Lindholm M, Sarjakoski T, 1994. Designing a visualization user interface[M]// MacEachren A M, Taylor D F. Visualization in Modern Cartography. Oxford: Pergamon Press.

[468] Linz J J, de Miguel A, 1966. Within-Nation Differences and Comparisons: The Eight Spains[M]. New Haven: Yale University Press.

[469] Lomi A, 1995a. The population and community ecology of organizational founding: Italian co-operative banks, 1936—1989[J]. European Sociological Review, 11(1): 75-98.

[470] Lomi A, 1995b. The population ecology of organizational founding: Location dependence and unobserved heterogeneity[J]. Administrative Science Quarterly, 40(1): 111-144.

[471] Lomi A, 1998. Density delay and organizational survival: Computational models and empirical comparisons[J]. Computational & Mathematical

Organization Theory, 3(4): 219-247.

[472] Lomi A, 2000. Density dependence and spatial duality in organizational founding rates: Danish commercial banks, 1846—1989[J]. Organization Studies, 21(2): 433-461.

[473] Lomi A, Larsen E R, 1996. Interacting locally and evolving globally: A computational approach to the dynamics of organizational populations [J]. Academy of Management Journal, 39(5): 1287-1321.

[474] Lomi A, Larsen E R, 2001. Failure as a structural concept: A computational perspective on age dependence in organizational mortality rates[M]// Dynamics of Organizations: Computational Modeling and Organization Theories. Cambridge: The MIT Press: 269-304.

[475] Lomi A, Larsen E R, Freeman J H, 2005. Things change: Dynamic resource constraints and system-dependent selection in the evolution of organizational populations[J]. Management Science, 51(6): 882-903.

[476] Lubatkin M, Schulze W S, Mainkar A, et al., 2001. Ecological investigation of firm effects in horizontal mergers [J]. Strategic Management Journal, 22(4): 335-357.

[477] Lucas R E, 1967. Tests of a capital-theoretic model of technological change[J]. The Review of Economic Studies, 34(2): 175-189.

[478] MacArthur R H, 1962. Some generalized theorems of natural selection [J]. Proceedings of the National Academy of Sciences, 48 (11): 1893-1897.

[479] MacArthur R H, Wilson E O, 1967. The Theory of Island Biogeography[M]. Princeton: Princeton University Press.

[480] Mahajan V, Srinivasan R, Wind J, 2002. The dot. com retail failures of 2000: Were there any winners? [J]. Journal of the Academy of Marketing Science, 30(4): 474-486.

[481] Mahajan V, Wind Y, 1988. New product forecasting models: Directions for research and implementation[J]. International Journal of Forecasting, 4 (3): 341-358.

[482] Maidique M A, Zirger B J, 1985. The new product learning cycle[J]. Research Policy, 14(6): 299-313.

[483] Malmberg A, Maskell P, 1997. Towards an explanation of regional specialization and industry agglomeration [J]. European Planning Studies, 5(1): 25-41.

[484] Mann H M, 1966. Seller concentration, barriers to entry, and rates of

return in thirty industries, 1950—1960[J]. The Review of Economics and Statistics, 48(3): 296-307.

[485] Manns C L, March J G, 1978. Financial adversity, internal competition, and curriculum change in a university[J]. Administrative Science Quarterly, 23(4): 541-552.

[486] Mansfield E, 1962. Entry, Gibrat's law, innovation, and the growth of firms[J]. The American Economic Review, 52(5): 1023-1051.

[487] Mansfield R, 1973. Bureaucracy and centralization: An examination of organizational structure[J]. Administrative Science Quarterly, 18(4): 477-488.

[488] March J G, 1981. Decision making perspective: Decisions in organizations und theories of choice [M]// Van den Ven A H, Joyce W F. Perspectives on Organization Design and Behavior. New York: Wiley.

[489] March J G, 1994. The evolution of evolution[M]// Baum J A C, Singh J V. Evolutionary Dynamics of Organizations. New York: Oxford University Press: 39-49.

[490] March J G, Olsen J P, 1976. Ambiguity and Choice in Organizations [M]. Bergen: Universitetsforlaget.

[491] March J G, Simon H A, 1958. Organizations[M]. New York: Wiley.

[492] Marshall A, 1920. Principles of Economics[M]. London: Macmillan.

[493] Marshall A, 1922. Principles of Economics [M]. 8th ed. London: MacMillan.

[494] Marshall K, Edwards-Jones G, 1998. Reintroducing capercaillie (Tetrao urogallus) into southern Scotland: identification of minimum viable populations at potential release sites[J]. Biodiversity & Conservation, 7(3): 275-296.

[495] Mascarenhas B, 1996. The founding of specialist firms in a global fragmenting industry[J]. Journal of International Business Studies, 27 (1): 27-42.

[496] Mascarenhas B, Sambharya R B, 1996. The pattern of density dependence in two global industries [J]. Management International Review, 36(4): 331-354.

[497] Mayer K B, Goldstein S, 1962. The first two years: Problems of small firm growth and survival [J]. Journal of the American Statistical Association, 57(297): 251-253.

[498] Maynard D W, 1985. On the functions of social conflict among children

[J]. American Sociological Review, 50(2): 207-223.

[499] McCloughan P, 1995. Simulation of concentration development from modified Gibrat growth-entry-exit processes [J]. The Journal of Industrial Economics, 43(4): 405-433.

[500] McKelvey B, 1982. Organizational Systematics: Taxonomy, Evolution, and Classification[M]. Berkeley: University of California Press.

[501] McKendrick D G, Barnett W P, 2001. The organizational evolution of global technological competition [Z]. UC San Diego's Information Storage Industry Center.

[502] McKendrick D G, Doner R F, Haggard S, 2000. From Silicon Valley to Singapore[M]. Palo Alto: Stanford University Press.

[503] McKendrick D G, Jaffee J, Carroll G R, et al., 2003. In the bud? Disk array producers as a (possibly) emergent organizational form[J]. Administrative Science Quarterly, 48(1): 60-93.

[504] McPherson J M, 1983. An ecology of affiliation [J]. American Sociological Review, 48(4): 519-532.

[505] McPherson J M, Ranger-Moore J R, 1991. Evolution on a dancing landscape: Organizations and networks in dynamic Blau space[J]. Social Forces, 70(1): 19-42.

[506] McPherson J M, Smith-Lovin L, 1988. A comparative ecology of five nations: Testing a model of competition among voluntary organizations [M]// Carroll G R. Ecological Models of Organizations. Cambridge, Mass: Ballinge: 85-109.

[507] Mellahi K, Wilkinson A, 2004. Organizational failure: A critique of recent research and a proposed integrative framework[J]. International Journal of Management Reviews, 5(1): 21-41.

[508] Mensch G, 1979. Stalemate in Technology: Innovations Overcome the Depression[M]. Cambridge: Ballinger Pub. Co.

[509] Messallam A A, 1998. The organizational ecology of investment firms in Egypt: Organizational founding[J]. Organization Studies, 19(1): 23-46.

[510] Meyer J W, Rowan B, 1977. Institutionalized organizations: Formal structure as myth and ceremony[J]. American Journal of Sociology, 83 (2): 340-363.

[511] Meyer J W, Scott W R, Deal T E, 1983. Institutional and technical sources of organizational structure: Explaining the structure of

educational organizations[M]// Meyer J W, Scott W R. Organizational Environments: Ritual and Rationality. Beverly Hills: Sage: 45-67.

[512] Mezias J M, Mezias S J, 2000. Resource partitioning, the founding of specialist firms, and innovation: The American feature film industry, 1912—1929[J]. Organization Science, 11(3): 306-322.

[513] Mezias S J, Lant T K, 1994. Mimetic Learning and the Evolution of Organizational Populations[M]// Baum J A C, Singh J V. Evolutionary Dynamics of Organizations. New York: Oxford University Press.

[514] Michael S C, 2000. The effect of organizational form on quality: The case of franchising[J]. Journal of Economic Behavior & Organization, 43(3): 295-318.

[515] Michael S C, Kim S M, 2005. The organizational ecology of retailing: A historical perspective[J]. Journal of Retailing, 81(2): 113-123.

[516] Miles R E, Snow C C, 1978. Organizational Strategy, Structure, and Process[M]. New York: McGraw-Hill.

[517] Miller D, Chen M J, 1994. Sources and consequences of competitive inertia: A study of the U. S. airline industry[J]. Administrative Science Quarterly, 39(1): 1-23.

[518] Miller D, Friesen P H, 1984. A longitudinal study of the corporate life cycle[J]. Management Science, 30(10): 1161-1183.

[519] Miner A S, Amburgey T L, Stearns T M, 1990. Interorganizational linkages and population dynamics: Buffering and transformational shields[J]. Administrative Science Quarterly, 35(4): 689-713.

[520] Miner A S, Haunschild P R, 1995. Population level learning[M]// Cummings L L, Staw B M. Research in Organizational Behavior. Greenwich: JAI Press: 115-166.

[521] Minkoff D C, 1995. Interorganizational influences on the founding of African American organizations, 1955—1985[J]. Sociological Forum, 10(1): 51-79.

[522] Minkoff D C, 1997. The sequencing of social movements[J]. American Sociological Review, 62(5): 779-799.

[523] Minkoff D C, 1999. Bending with the wind: Strategic change and adaptation by women's and racial minority organizations[J]. American Journal of Sociology, 104(6): 1666-1703.

[524] Mintz B, Schwartz M, 1985. The Power Structure of American Business[M]. Chicago: Chicago University Press.

[525] Mitchell W, 1989. Whether and when? Probability and timing of incumbents' entry into emerging industrial subfields[J]. Administrative Science Quarterly, 34(2): 208-230.

[526] Mitchell W, Shaver J M, Yeung B, 1994. Foreign entrant survival and foreign market share: Canadian companies' experience in United States medical sector markets[J]. Strategic Management Journal, 15(7): 555-567.

[527] Moncada P, Tübke A, Howells J, et al., 1999. The impact of corporate spin-offs on competitiveness and employment in the European Union[R]. Institute for Prospective Technological Studies, Technical Report EUR-19040-EN.

[528] Montgomery D B, Lieberman M L, 1991. To Pioneer or Follow?: Strategy of Entry Order[Z]. Handbook of Business Strategy.

[529] Morris T, 2004. Bank mergers under a changing regulatory environment[J]. Sociological Forum, 19(3): 435-463.

[530] Mukherji A, Desai A, Francis J, 1999. Reclaiming the environment-organization fit: Matching turnaround strategies to environmental exigencies[J]. Journal of Business Strategies, 16(1): 27-47.

[531] Mullner R, Beyers M, Levy P, et al., 1983. Community hospital characteristics associated with RN and LPN vacancy rates[J]. Social Science & Medicine, 17(15): 1055-1059.

[532] Murmann J P, Tushman M L, 2001. From the technology cycle to the entrepreneurship dynamic[M]// Schoonhoven C B, Romanelli E. The Entrepreneurship Dynamic: Origins of Entrepreneurship and the Evolution of Industries. Palo Alto: Stanford University Press.

[533] Murray A I, 1989. Top management group heterogeneity and firm performance[J]. Strategic Management Journal, 10(S1): 125-141.

[534] Neale M A, Bazerman M H, 1992. Negotiator cognition and rationality: A behavioral decision theory perspective[J]. Organizational Behavior and Human Decision Processes, 51(2): 157-175.

[535] Nelson R R, Winter S G, 1982. The Schumpeterian tradeoff revisited [J]. The American Economic Review, 72(1): 114-132.

[536] Newman M E J, Palmer R G, 2003. Modeling Extinction[M]. New York: Oxford University Press.

[537] Nickerson J A, Silverman B S, 1998. Economic performance, strategic position and vulnerability to ecological pressures among U. S. interstate

motor carriers [M]// Baum J A C. Disciplinary Roots of Strategic Management. Greewich: JAI Press: 37-61.

[538] Nielsen F, Hannan M T, 1977. The expansion of national educational systems: Tests of a population ecology model[J]. American Sociological Review, 42(3): 479-490.

[539] Nielsen W R, Kimberly J R, 1976. Designing assessment strategies for organization development[J]. Human Resource Management, 15(1): 32-39.

[540] Núñez-Nickel M, Moyano-Fuentes J, 2006. New size measurements in population ecology[J]. Small Business Economics, 26(1): 61-81.

[541] O'Hearn D, 1994. Innovation and the world-system hierarchy: British subjugation of the Irish cotton industry, 1780-1830 [J]. American Journal of Sociology, 100(3): 587-621.

[542] O'Reilly III C A, Caldwell D F, Barnett W P, 1989. Work group demography, social integration, and turnover [J]. Administrative Science Quarterly, 34(1): 21-37.

[543] Oliver A L, Ebers M, 1998. Networking network studies: An analysis of conceptual configurations in the study of inter-organizational relationships[J]. Organization Studies, 19(4): 549-583.

[544] Oliver C, 1988. The collective strategy framework: An application to competing predictions of isomorphism [J]. Administrative Science Quarterly, 33(4): 543-561.

[545] Oliver C, 1990. Determinants of interorganizational relationships: Integration and future directions[J]. Academy of Management Review, 15(2): 241-265.

[546] Olzak S, Uhrig S N, 2001. The ecology of tactical overlap [J]. American Sociological Review, 66(5): 694-717.

[547] Olzak S, West E, 1991. Ethnic conflict and the rise and fall of ethnic newspapers[J]. American Sociological Review, 56(4): 458-474.

[548] Ovaskainen O, Meerson B, 2010. Stochastic models of population extinction[J]. Trends in Ecology & Evolution, 25(11): 643-652.

[549] Ozsomer A, Cavusgil S T, 1999. A dynamic analysis of market entry rates in a global industry: A community ecology perspective [J]. European Journal of Marketing, 33(11/12): 1038-1063.

[550] Palepu K, 1985. Diversification strategy, profit performance and the entropy measure[J]. Strategic Management Journal, 6(3): 239-255.

[551] Palmer D A, Jennings P D, Zhou X, 1993. Late adoption of the multidivisional form by large U. S. corporations: Institutional, political, and economic accounts[J]. Administrative Science Quarterly, 38(1): 100-131.

[552] Palop F, Vicente J M, 1999. Vigilancia tecnológica e inteligencia competitiva: Su potencial para la empresa española [M]. Madrid: Cotec.

[553] Parhankangas A, 1999. Disintegration of technological competencies: An empirical study of divestments through spin-off arrangements[Z]. Finnish Academy of Technology.

[554] Park D Y, Podolny J M, 2000. The competitive dynamics of status and niche width: US investment banking, 1920—1949[J]. Industrial and Corporate Change, 9(3): 377-414.

[555] Péli G, Nooteboom B, 1999. Market partitioning and the geometry of the resource space [J]. American Journal of Sociology, 104 (4): 1132-1153.

[556] Pennings J M, Lee K, van Witteloostuijn A, 1998. Human capital, social capital, and firm dissolution [J]. Academy of Management Journal, 41(4): 425-440.

[557] Pennings J M, Wezel F C, 2007. Human capital, inter-firm mobility and organizational evolution[M]. Cheltenham: Edward Elgar Publishing.

[558] Penrose E T, 1959. The Theory of the Growth of the Firm[M]. New York: John Wiley.

[559] Petersen T, Koput K W, 1991. Density dependence in organizational mortality: Legitimacy or unobserved heterogeneity? [J]. American Sociological Review, 56(3): 399-409.

[560] Peterson R A, Berger D G, 1975. Cycles in symbol production: The case of popular music [J]. American Sociological Review, 40 (2): 158-173.

[561] Pfeffer J, 1983. Organizational demography[J]. Research in Organizational Behavior, 5(2): 299-357.

[562] Pfeffer J, Salancik G K, 1978. The External Control of Organization [M]. New York: Harper and Row.

[563] Phillips D J, 2002. A genealogical approach to organizational life chances: The parent-progeny transfer among Silicon Valley law firms, 1946—1996[J]. Administrative Science Quarterly, 47(3): 474-520.

[564] Piore M, Sabel C, 1984. The Second Industrial Divide: Possibilities for Prosperity[M]. New York: Basic Books.

[565] Pirrong S C, 1993. Manipulation of the commodity futures market delivery process[J]. Journal of Business, 66(3): 335-369.

[566] Pitts R A, Hopkins H D, 1982. Firm diversity: Conceptualization and measurement[J]. Academy of Management Review, 7(4): 620-629.

[567] Podolny J M, 1993. A status-based model of market competition[J]. American Journal of Sociology, 98(4): 829-872.

[568] Podolny J M, 2001. Networks as the pipes and prisms of the market [J]. American Journal of Sociology, 107(1): 33-60.

[569] Podolny J M, Stuart T E, Hannan M T, 1996. Networks, knowledge, and niches: Competition in the worldwide semiconductor industry, 1984 — 1991[J]. American Journal of Sociology, 102(3): 659-689.

[570] Pólos L, Hannan M T, Carroll G R, 2002. Foundations of a theory of social forms[J]. Industrial and Corporate Change, 11(1): 85-115.

[571] Porac J F, Thomas H, 1990. Taxonomic mental models in competitor definition[J]. Academy of Management Review, 15(2): 224-240.

[572] Porter M E, 1980. Competitive Strategy[M]. New York: Free Press.

[573] Porter M E, 1985. Technology and competitive advantage[J]. Journal of Business Strategy, 5(3): 60-78.

[574] Porter M E, 1990. The competitive advantage of nations[J]. Harvard Business Review(March-April): 73-93.

[575] Portes A, Sensenbrenner J, 1993. Embeddedness and immigration: Notes on the social determinants of economic action [J]. American Journal of Sociology, 98(6): 1320-1350.

[576] Powell W W, Brantley P, 1992. Competitive cooperation in biotechnology: Learning through networks? [M]// Noria N, Eccles R. Networks and Organizations. Boston: Harvard Business School Press.

[577] Prais S J, Reid C, 1976. Large and Small Manufacturing Enterprises in Europe and America: Markets, Corporate Behaviour and the State[M]. Boston: Springer.

[578] Pred A R, 1966. The Spatial Dynamics of US Urban Industrial Growth 1800 — 1914: Interspective and Theoretical Essays [M]. Cambridge: The MIT Press.

[579] Preisendörfer P, Voss T, 1990. Organizational mortality of small firms: The effects of entrepreneurial age and human capital [J].

Organization Studies, 11(1): 107-129.

[580] Prescott E C, Visscher M, 1977. Sequential location among firms with foresight[J]. The Bell Journal of Economics, 8(2): 378-393.

[581] Price G N, 1995. The determinants of entry for black-owned commercial banks[J]. The Quarterly Review of Economics and Finance, 35(3): 289-303.

[582] Putnam R, 1993. The prosperous community: Social capital and public life[J]. The American Prospect, 13(4):35-42.

[583] Quinn J B, 1988. Technology in services: Past myths and future challenges[J]. Technological Forecasting and Social Change, 34(4): 327-350.

[584] Ranger-Moore J, 1997. Bigger may be better, but is older wiser? Organizational age and size in the New York life insurance industry[J]. American Sociological Review, 62(6): 903-920.

[585] Ranger-Moore J, Banaszak-Holl J, Hannan M T, 1991. Density-dependent dynamics in regulated industries: Founding rates of banks and life insurance companies[J]. Administrative Science Quarterly, 36(1): 36-65.

[586] Ranger-Moore J, Breckenridge R S, Jones D L, 1995. Patterns of growth and size-localized competition in the New York state life insurance industry, 1860—1985[J]. Social Forces, 73(3): 1027-1049.

[587] Rao H, 1994a. An ecology of emerging organizations: Incorporation and operational startup in the American automobile industry, 1893—1915[Z]. Emory University, Atlanta.

[588] Rao H, 1994b. The social construction of reputation: Certification contests, legitimation, and the survival of organizations in the American automobile industry: 1895—1912[J]. Strategic Management Journal, 15(S1): 29-44.

[589] Rao H, Neilsen E H, 1992. An ecology of agency arrangements: Mortality of savings and loan associations, 1960—1987[J]. Administrative Science Quarterly, 37(3): 448-470.

[590] Rasheed H S, 2005. Turnaround strategies for declining small business: The effects of performance and resources[J]. Journal of Developmental Entrepreneurship, 10(3): 239-252.

[591] Reddy N M, Rao M H, 1990. The industrial market as an interfirm organization[J]. Journal of Management Studies, 27(1): 43-59.

[592] Reynolds P D, 1992. Sociology and entrepreneurship: Concepts and contributions[J]. Entrepreneurship Theory and Practice, 16(2): 47-70.

[593] Rindova V P, Kotha S, 2001. Continuous "morphing": Competing through dynamic capabilities, form, and function [J]. Academy of Management Journal, 44(6): 1263-1280.

[594] Roberts E B, 1991. High stakes for high-tech entrepreneurs: Understanding venture capital decision making[J]. MIT Sloan Management Review, 32(2): 9.

[595] Robinson W T, Fornell C, 1985. Sources of market pioneer advantages in consumer goods industries[J]. Journal of Marketing Research, 22 (3): 305-317.

[596] Rogers D L, Whetten D A, 1982. Interorganizational Coordination: Theory, Research, and Implementation [M]. Ames: Iowa State University Press.

[597] Rogers E M, 1995. Diffusion of Innovations[M]. New York: The Free Press.

[598] Romanelli E, 1989. Environments and strategies of organization start-up: Effects on early survival[J]. Administrative Science Quarterly, 34 (3): 369-387.

[599] Romanelli E, Khessina O M, 2005. Regional industrial identity: Cluster configurations and economic development [J]. Organization Science, 16(4): 344-358.

[600] Romanelli E, Tushman M L, 1994. Organizational transformation as punctuated equilibrium: An empirical test[J]. Academy of Management Journal, 37(5): 1141-1166.

[601] Rosse J N, 1980. The Decline of Direct Newspaper Competition[J]. Journal of Communication, 30(2): 65-71.

[602] Roughgarden J, 1979. Theory of Population Genetics and Evolutionary Ecology: An Introduction[M]. New York: MacMillan.

[603] Rowan B, 2002. The ecology of school improvement: Notes on the school improvement industry in the United States [J]. Journal of Educational Change, 3(3): 283-314.

[604] Ruef M, 2000. The emergence of organizational forms: A community ecology approach[J]. American Journal of Sociology, 106(3): 658-714.

[605] Ruef M, 2004. The demise of an organizational form: Emancipation and plantation agriculture in the American South, 1860-1880[J]. American

Journal of Sociology, 109(6): 1365-1410.

[606] Ruef M, 2006. Boom and bust: The effect of entrepreneurial inertia on organizational populations [M]// Baum J A C, Dobrev S D, van Witteloostuijn A. Ecology and Strategy. Bingley: Emerald Group Publishing Limited: 29-72.

[607] Ruef M, Scott W R, 1998. A multidimensional model of organizational legitimacy: Hospital survival in changing institutional environments[J]. Administrative Science Quarterly, 43(4): 877-904.

[608] Rumelt R P, 1974. Strategy, Structure, and Economic Performance [M]. Boston: Harvard Business School Press.

[609] Russo M V, 2001. Institutions, exchange relations, and the emergence of new fields: Regulatory policies and independent power production in America, 1978—1992[J]. Administrative Science Quarterly, 46(1): 57-86.

[610] Sager A, 1983. The Reconfiguration of Urban Hospital Care: 1937 — 1980[M]. Beverly Hills: Sage Publications.

[611] Sahal D, 1981. Patterns of Technological Innovation[M]. Reading: Addison-Wesley Publishing Company.

[612] Salter W E G, 1966. Productivity and Technical Change[M]. Cambridge: Cambridge University Press.

[613] Samuels J M, 1965. Size and the growth of firms[J]. The Review of Economic Studies, 32(2): 105-112.

[614] Sandell R, 2001. Organizational growth and ecological constraints: The growth of social movements in Sweden, 1881 to 1940[J]. American Sociological Review, 66(5): 672-693.

[615] Sapienza H J, Parhankangas A, Autio E, 2004. Knowledge relatedness and post-spin-off growth[J]. Journal of Business Venturing, 19(6): 809-829.

[616] Saxton G D, Benson M A, 2005. Social capital and the growth of the nonprofit sector[J]. Social Science Quarterly, 86(1): 16-35.

[617] Scherer F M, 1980. Industrial Market Structure and Economic Performance[M]. Chicago: Rand McNally.

[618] Schmalensee R, 1978. Entry deterrence in the ready-to-eat breakfast cereal industry[J]. The Bell Journal of Economics, 9(2): 305-327.

[619] Schmitz H, 1995. Collective efficiency: Growth path for small-scale industry[J]. The Journal of Development Studies, 31(4): 529-566.

[620] Schneider B, 1987. The people make the place[J]. Personnel Psychology, 40(3): 437-453.

[621] Schoonhoven C B, Eisenhardt K M, Lyman K, 1990. Speeding products to market: Waiting time to first product introduction in new firms[J]. Administrative Science Quarterly, 35(1): 177-207.

[622] Schultz T W, 1975. The value of the ability to deal with disequilibria [J]. Journal of Economic Literature, 13(3): 827-846.

[623] Schultz T W, 1990. Human capital Investment in Women and Men Micro and Macro Evidence of Economic Returns[M]. San Francisco: An International Center for Economic Growth Publication.

[624] Schumpeter J A, 1934. The Theory of Economic Development: An Inquiry Into Profits, Capital, Credit, Interest and the Business Cycle [M]. Cambridge: Harvard University Press.

[625] Schumpeter J A, Nichol A J, 1934. Robinson's economics of imperfect competition[J]. Journal of Political Economy, 42(2): 249-259.

[626] Scott A J, 1988. Flexible production systems and regional development [J]. International Journal of Urban and Regional Research, 12(2): 171-186.

[627] Scott W R, 1975. Organizational structure [J]. Annual Review of Sociology(1): 1-20.

[628] Scott W R, 1987. The adolescence of institutional theory [J]. Administrative Science Quarterly, 32(4): 493-511.

[629] Scott W R, 1992. Organizations: Rational, Natural, and Open Systems [M]. 3rd ed. Englewood Cliffs: Prentice Hall.

[630] Scott W R, 1995. Institutions and Organizations[M]. Thousand Oaks: Sage.

[631] Scott W R, Ruef M, Mendel P J, Caronna C A, 2000. Institutional Change and Healthcare Organizations: From Professional Dominance to Managed Care[M]. Chicago: University of Chicago Press.

[632] Sedaitis J, 1998. The alliances of spin-offs versus start-ups: Social ties in the genesis of post-soviet alliances[J]. Organization Science, 9(3): 368-381.

[633] Seidel M D, 1997. Competitive realignment in the airline industry: A dynamic analysis of generalist and specialist organizations under different route network structures [Z]. Berkeley: University of California.

[634] Selznick P, 1948. Foundations of the theory of organization [J]. American Sociological Review, 13(1): 25-35.

[635] Selznick P, 1957. Law and the Structures of Social Action [J]. Administrative Science Quarterly, 2(2): 258-261.

[636] Selznick P, 1996. Institutionalism "old" and "new"[J]. Administrative Science Quarterly, 41(2): 270-277.

[637] Shane S, 1993. Cultural influences on national rates of innovation[J]. Journal of Business Venturing, 8(1): 59-73.

[638] Shane S, Stuart T, 2002. Organizational endowments and the performance of university start-ups[J]. Management Science, 48(1): 154-170.

[639] Silverman B S, Baum J A C, 2002. Alliance-based competitive dynamics [J]. Academy of Management Journal, 45(4): 791-817.

[640] Silverman B S, Nickerson J A, Freeman J, 1997. Profitability, transactional alignment, and organizational mortality in the U. S. trucking industry[J]. Strategic Management Journal, 18(S1): 31-52.

[641] Simon A M, 2001. Hazards in the dual banking system: Survival analysis and population ecology of Florida banks, thrifts, and credit unions[D]. Tallahassee: Florida State University.

[642] Simon H A, 1945. Review theory of games and economic behavior[J]. American Journal of Sociology, 50(6): 558-560.

[643] Simon H A, Bonini C P, 1958. The size distribution of business firms [J]. The American Economic Review, 48(4): 607-617.

[644] Simons T, Ingram P, 2003. Enemies of the state: The interdependence of institutional forms and the ecology of the kibbutz, 1910—1997[J]. Administrative Science Quarterly, 48(4): 592-621.

[645] Simons T, Ingram P, 2004. An ecology of ideology: Theory and evidence from four populations[J]. Industrial and Corporate Change, 13 (1): 33-59.

[646] Singh A, Whittington G, 1975. The size and growth of firms[J]. The Review of Economic Studies, 42(1): 15-26.

[647] Singh J V, 1990. Organizational Evolution: New Directions [M]. Newbury Park: Sage Publications.

[648] Singh J V, House R J, Tucker D J, 1986. Organizational change and organizational mortality[J]. Administrative Science Quarterly, 31(4): 587-611.

[649] Singh J V, Lumsden C J, 1990. Theory and research in organizational ecology[J]. Annual Review of Sociology, 16(1): 161-195.

[650] Singh J V, Tucker D, Meinhard A, 1988. Are voluntary social service organizations structurally inert? Exploring an assumption in organizational ecology[C]. Anaheim: Annual Meeting of the Academy of Management.

[651] Singh S P, Gepts P, Debouck D G, 1991. Races of common bean (Phaseolus vulgaris, Fabaceae)[J]. Economic Botany, 45(3): 379-396.

[652] Solé R V, Montoya M, 2001. Complexity and fragility in ecological networks[J]. The Royal Society, 268(1480): 2039-2045.

[653] Sørensen J B, 1999. The ecology of organizational demography: Managerial tenure distributions and organizational competition[J]. Industrial and Corporate Change, 8(4): 713-744.

[654] Sørensen J B, 2000. The longitudinal effects of group tenure composition on turnover[J]. American Sociological Review, 65(2): 298-310.

[655] Sørensen J B, Sorenson O, 2003. From conception to birth: Opportunity perception and resource mobilization in entrepreneurship[J]. Advances in Strategic Management, 20: 89-117.

[656] Sørensen J B, Stuart T E, 2000. Aging, obsolescence, and organizational innovation[J]. Administrative Science Quarterly, 45(1): 81-112.

[657] Sorenson O, Audia P G, 2000. The social structure of entrepreneurial activity: Geographic concentration of footwear production in the United States, 1940—1989 [J]. American Journal of Sociology, 106(2): 424-462.

[658] Sorrentino M, Williams M L, 1995. Relatedness and corporate venturing: Does it really matter? [J]. Journal of Business Venturing, 10(1): 59-73.

[659] Staber U, 1989. Organizational foundings in the cooperative sector of Atlantic Canada: An ecological perspective[J]. Organization Studies, 10(3): 381-403.

[660] Staber U H, 1992. Organizational interdependence and organizational mortality in the cooperative sector: A community ecology perspective [J]. Human Relations, 45(11): 1191-1212.

[661] Stace D A, 1996. Dominant ideologies, strategic change, and sustained performance[J]. Human Relations, 49(5): 553-570.

[662] Stalson J O, 1942. Marketing Life Insurance: Its History in America [M]. Cambridge: Harvard University Press.

[663] Stanley S M, 1981. Darwin done over: Major evolutionary change is not gradual, but proceeds by fits and starts[J]. The Sciences, 21(8): 18-23.

[664] Stanworth J, Stanworth C, Granger B, et al. , 1989. Who becomes an entrepreneur? [J]. International Small Business Journal, 8(1): 11-22.

[665] Starbuck W H, 1965. Organizational growth and development[M]// March J G. Handbook of Organizations. Chicago: Rand McNally: 451-533.

[666] Starbuck W H, 1983. Organizations as action generators[J]. American Sociological Review, 48(1): 91-102.

[667] Starr P, 1982. The Social Transformation of American Medicine[M]. New York: Basic Books.

[668] Staw B M, 1981. The escalation of commitment to a course of action [J]. Academy of Management Review, 6(4): 577-587.

[669] Stinchcombe A L, 1965. Social structures and organizations[M]// March J G. Handbook of Organizations. Chicago: Rand McNally: 142-193.

[670] Stinchcombe A L, 1998. Monopolistic competition as a mechanism: Corporations, universities, and nation-states in competitive fields[M]// Hedström P, Swedberg R. Social Mechanisms: An Analytical Approach to Social Theory. Cambridge: Cambridge University Press: 267-305.

[671] Stoneman P, 1983. The Economic Analysis of Technological Change [M]. Oxford: Oxford University Press.

[672] Strang D, Soule S A, 1998. Diffusion in organizations and social movements: From hybrid corn to poison pills[J]. Annual Review of Sociology, 24: 265-290.

[673] Stretesky P B, Huss S, Lynch M J, et al. , 2011. The founding of environmental justice organizations across US counties during the 1990s and 2000s: Civil rights and environmental cross-movement effects[J]. Social Problems, 58(3): 330-360.

[674] Stuart R W, Abetti P A, 1990. Impact of entrepreneurial and management experience on early performance[J]. Journal of Business Venturing, 5(3): 151-162.

[675] Stuart T, Sorenson O, 2003. The geography of opportunity: Spatial heterogeneity in founding rates and the performance of biotechnology firms[J]. Research Policy, 32(2): 229-253.

[676] Studer-Ellis E M, 1995. Springboards to mortarboards: Women's college foundings in Massachusetts, New York, and Pennsylvania[J]. Social Forces, 73(3): 1051-1070.

[677] Suarez F F, Utterback J M, 1995. Dominant designs and the survival of firms[J]. Strategic Management Journal, 16(6): 415-430.

[678] Sutton J, 1997. Gibrat's legacy[J]. Journal of Economic Literature, 35 (1): 40-59.

[679] Sutton J R, Dobbin F, Meyer J W, et al. , 1994. The legalization of the workplace[J]. American Journal of Sociology, 99(4): 944-971.

[680] Sutton R I, 1987. The process of organizational death: Disbanding and reconnecting[J]. Administrative Science Quarterly, 32(4): 542-569.

[681] Sutton R I, 1991. Maintaining norms about expressed emotions: The case of bill collectors[J]. Administrative Science Quarterly, 36(2): 245-268.

[682] Swaminathan A, 1995. The proliferation of specialist organizations in the American wine industry, 1941—1990[J]. Administrative Science Quarterly, 40(4): 653-680.

[683] Swaminathan A, 1996. Environmental conditions at founding and organizational mortality: A trial-by-fire model [J]. Academy of Management Journal, 39(5): 1350-1377.

[684] Swaminathan A, Delacroix J, 1991. Differentiation within an organizational population: Additional evidence from the wine industry[J]. Academy of Management Journal, 34(3): 679-692.

[685] Swaminathan A, Wade J B, 2001. Social movement theory and the evolution of new organizational forms [M]// Schoonhoven C B, Romanelli E. The Entrepreneurship Dynamic in Industry Evolution. Palo Alto: Stanford University Press.

[686] Swaminathan A, Wiedenmayer G, 1991. Does the pattern of density dependence in organizational mortality rates vary across levels of analysis? Evidence from the German brewing industry [J]. Social Science Research, 20(1): 45-73.

[687] Swanson A N, 2002. Form coherence and the fates of de alio and de

novo organizations in the United States digital computer industry: 1951—1994[Z]. Palo Alto: Stanford University.

[688] Sykes H B, 1986. The anatomy of a corporate venturing program: Factors influencing success[J]. Journal of Business Venturing, 1(3): 275-293.

[689] Teece D J, 1986. Profiting from technological innovation: Implications for integration, collaboration, licensing and public policy[J]. Research Policy, 15(6): 285-305.

[690] Teece D J, Pisano G, Shuen A, 1997. Dynamic capabilities and strategic management[J]. Strategic Management Journal, 18(7): 509-533.

[691] Terreberry S, 1968. The evolution of organizational environments[J]. Administrative Science Quarterly, 12(4): 590-613.

[692] Thompson R F, 1967. Foundations of Physiological Psychology[M]. New York: Harper and Row.

[693] Thornhill S, Amit R, 2003. Learning about failure: Bankruptcy, firm age, and the resource-based view[J]. Organization Science, 14(5): 497-509.

[694] Thornton P H, 1999. The sociology of entrepreneurship[J]. Annual Review of Sociology, 25(1): 19-46.

[695] Tilman D, Kilham S S, Kilham P, 1982. Phytoplankton community ecology: The role of limiting nutrients[J]. Annual Review of Ecology and Systematics, 13: 349-372.

[696] Tirole J, 1988. The Theory of Industrial Organization[M]. Cambridge: The MIT Press.

[697] Todd P R, Javalgi R G, Grossman D, 2014. Understanding the characteristics of the growth of SMEs in B-to-B markets in emerging economies: An organizational ecology approach[J]. Journal of Business & Industrial Marketing, 29(4): 295-303.

[698] Tovar L A R, Álvarez B V, Chavez A, 2013. Organizational Efficiency in Electric Mexican Enterprise: Luz y Fuerza del Centro (LyFC) as Reason for Extinction[J]. iBusiness, 5(4): 147-153.

[699] Trice A D, Ogden E P, Stevens W, et al. , 1987. Concurrent validity of the academic locus of control scale[J]. Educational and Psychological Measurement, 47(2): 483-486.

[700] Troske K R, 1996. The dynamic adjustment process of firm entry and

exit in manufacturing and finance, insurance, and real estate[J]. The Journal of Law and Economics, 39(2): 705-735.

[701] Tsetsekos G P, Gombola M J, 1992. Foreign and domestic divestments: Evidence on valuation effects of plant closings [J]. Journal of International Business Studies, 23(2):203-223.

[702] Tucker D J, Singh J V, Meinhard A G, 1990. Organizational form, population dynamics, and institutional changes: The founding patterns of voluntary organizations[J]. Academy of Management Journal, 33 (1): 151-178.

[703] Tuma N B, Hannan M T. 1984. Social Dynamics: Models and Methods [M]. New York: Academic Press.

[704] Tushman M L, Anderson P, 1986. Technological discontinuities and organizational environments[J]. Administrative Science Quarterly, 31 (3): 439-465.

[705] Tushman M L, Nelson R R, 1990. Introduction: Technology, organizations, and innovation[J]. Administrative Science Quarterly, 35 (1): 1-8.

[706] Tushman M L, Romanelli E, 1985. Organizational evolution: A metamorphosis model of convergence and reorientation[J]. Research in Organizational Behavior, 7: 171-222.

[707] Uzzi B, 1996. The sources and consequences of embeddedness for the economic performance of organizations: The network effect [J]. American Sociological Review, 61(4): 674-698.

[708] Uzzi B, 1997. Towards a network perspective on organizational decline [J]. International Journal of Sociology and Social Policy, 17(7/8): 111-155.

[709] Van de Velde E, Clarysse B, 2006. A model of antecedents and characteristics of corporate spin-offs[R]. Ghent University, Faculty of Economics and Business Administration.

[710] Van Wissen L, 2004. A spatial interpretation of the density dependence model in industrial demography[J]. Small Business Economics, 22(3): 253-264.

[711] Van Witteloostuijn A, Boone C, Van Lier A, 2003. Toward a game theory of organizational ecology: Production adjustment costs and managerial growth preferences [J]. Strategic Organization, 1 (3):

259-300.

[712] Venkatraman N, Henderson J C, 1998. Real strategies for virtual organizing[J]. Sloan Management Review, 40(1): 33-48.

[713] Vernon R, 1966. International investment and international trade in the product cycle [J]. The Quarterly Journal of Economics, 80 (2): 190-207.

[714] Vernon R, 1979. The product cycle hypothesis in a new international environment[J]. Oxford Bulletin of Economics and Statistics, 41(4): 255-267.

[715] Virany B, Tushman M L, Romanelli E, 1992. Executive succession and organization outcomes in turbulent environments: An organization learning approach[J]. Organization Science, 3(1): 72-91.

[716] Volterra Consulting Ltd, 2002. A complex systems approach to the extinction of firms[R]. London: Volterra Consulting Ltd.

[717] Wade J B, Swaminathan A, Saxon M S, 1998. Normative and resource flow consequences of local regulations in the American brewing industry, 1845—1918[J]. Administrative Science Quarterly, 43(4): 905-935.

[718] Wade J, 1996. A community-level analysis of sources and rates of technological variation in the microprocessor market[J]. Academy of Management Journal, 39(5): 1218-1244.

[719] Wagner W G, Pfeffer J, O'Reilly III C A, 1984. Organizational demography and turnover in top-management group[J]. Administrative Science Quarterly, 29(1): 74-92.

[720] Weber M, 1968. Economy and Society: An Interpretive Sociology[M]. New York: Bedminister Press.

[721] Weick K E, 1979. Review of resources in environment and behavior[J]. PsycCRITIQUES, 24(10): 879.

[722] Weinzimmer L G, 2000. A replication and extension of organizational growth determinants[J]. Journal of Business Research, 48(1): 35-41.

[723] Weitzel W, Jonsson E, 1989. Decline in organizations: A literature integration and extension[J]. Administrative Science Quarterly, 34(1): 91-109.

[724] West E, Olzak S, 1987. Births and deaths of ethnic newspapers in the United States [C]// Chicago: Annual Meetings of the American

Sociological Association.

[725] Westney D E, 1993. Cross-Pacific internationalization of R&D by U. S. and Japanese firms[J]. R&D Management, 23(2): 171-181.

[726] Wezel F C, 2002. Why do organizational populations die? Evidence from the Belgian motorcycle industry, 1900—1993 [Z]. Groningen : University of Groningen.

[727] Wezel F C, 2005. Location dependence and industry evolution: Founding rates in the United Kingdom motorcycle industry, 1895—1993 [J]. Organization Studies, 26(5): 729-754.

[728] Wezel F C, Cattani G, Pennings J M, 2006. Competitive implications of interfirm mobility[J]. Organization Science, 17(6): 691-709.

[729] Wezel F C, Lomi A, 2003. The organizational advantage of nations: An ecological perspective on the evolution of the motorcycle industry in Belgium, Italy and Japan, 1898—1993 [J]. Advances in Strategic Management, 20: 377-409.

[730] Whetten D A, 1987. Organizational growth and decline processes[J]. Annual Review of Sociology, 13(1): 335-358.

[731] White H C, 1981. Where do markets come from? [J]. American Journal of Sociology, 87(3): 517-547.

[732] Wholey D R, Christianson J B, Sanchez S M, 1992. Organization size and failure among health maintenance organizations [J]. American Sociological Review, 57(6): 829-842.

[733] Wholey D R, Christianson J B, Sanchez S M, 1993. The effect of physician and corporate interests on the formation of health maintenance organizations[J]. American Journal of Sociology, 99(1): 164-200.

[734] Wicker A W, Kirmeyer S L, Hanson L, et al. , 1976. Effects of manning levels on subjective experiences, performance, and verbal interaction in groups [J]. Organizational Behavior and Human Performance, 17(2): 251-274.

[735] Wiersema M F, Bantel K A, 1993. Top management team turnover as an adaptation mechanism: The role of the environment[J]. Strategic Management Journal, 14(7): 485-504.

[736] Wiersema M F, Bird A, 1993. Organizational demography in Japanese firms: Group heterogeneity, individual dissimilarity, and top management team turnover[J]. Academy of Management Journal, 36

(5): 996-1025.

[737] Williams K Y, O'Reilly III C A, 1998. Demography and diversity in organizations: A review of 40 years of research [J]. Research in Organizational Behavior, 20(1): 77-140.

[738] Williamson O E, 1975. Markets and Hierarchies: Analysis and Antitrust Implications[M]. New York: The Free Press.

[739] Winter S G, Kaniovski Y M, Dosi G, 2003. A baseline model of industry evolution[J]. Journal of Evolutionary Economics, 13(4): 355-383.

[740] Wischnevsky J D, 2004. Change as the winds change: The impact of organizational transformation on firm survival in a shifting environment [J]. Organizational Analysis, 12(4): 361-377.

[741] Woo C Y, Cooper A C, Dunkelberg W C, 1991. The development and interpretation of entrepreneurial typologies [J]. Journal of Business Venturing, 6(2): 93-114.

[742] Woo C Y, Willard G E, Daellenbach U S, 1992. Spin-off performance: A case of overstated expectations? [J]. Strategic Management Journal, 13(6): 433-447.

[743] Woodward J, 1965. Industrial Organization: Theory and Practice[M]. New York: Oxford University Press.

[744] Xu Y, 2017. Modeling the adoption of social media by newspaper organizations: An organizational ecology approach[J]. Telematics & Informatics, 34(1): 151-163.

[745] Yamaguchi K, 1991. Event History Analysis[M]. Newbury Park and London: Sage Publications.

[746] Yukalov V I, Yukalova E P, Sornette D, 2012. Extreme events in population dynamics with functional carrying capacity [J]. The European Physical Journal Special Topics, 205(1): 313-354.

[747] Zaheer S, 1995. Overcoming the liability of foreignness[J]. Academy of Management Journal, 38(2): 341-363.

[748] Zaheer S, Mosakowski E, 1997. The dynamics of the liability of foreignness: A global study of survival in financial services [J]. Strategic Management Journal, 18(6): 439-463.

[749] Zald M N, McCarthy J D, 1987. Social Movements in an Organizational

Society: Collected Essays[M]. Piscataway: Transaction Publishers.

[750] Zammuto R F, 1988. Organizational adaptation: Some implications of organizational ecology for strategic choice[J]. Journal of Management Studies, 25(2): 105-120.

[751] Zarada K, Drake J M, 2016. Time to extinction in deteriorating environments[J]. Theoretical Ecology, 10(1): 65-71.

[752] Zaring O, Eriksson C M, 2009. The dynamics of rapid industrial growth: Evidence from Sweden's information technology industry, 1990-2004[J]. Industrial & Corporate Change, 18(3): 507-528.

[753] Zimmer C, DiMaggio H, 1987. Resource mobilization through ethnic networks: Kinship and friendship ties of shopkeepers in England[J]. Sociological Perspectives, 30(4): 422-445.

[754] Zucker L G, 1977. The role of institutionalization in cultural persistence [J]. American Sociological Review, 42(50): 726-743.

[755] Zucker L G, 1983. Organizations as institutions[J]. Research in the Sociology of Organizations, 2(1): 1-47.

[756] Zucker L G, 1987. Institutional theories of organization[J]. Annual Review of Sociology, 13: 443-464.

[757] Zucker L G, 1989. Combining institutional theory and population ecology: No legitimacy, no history[J]. American Sociological Review, 54(4): 542-545.

[758] Zuckerman E W, 1999. The categorical imperative: Securities analysts and the illegitimacy discount[J]. American Journal of Sociology, 104 (5): 1398-1438.

[759] Zukin S, DiMaggio P, 1990. Structures of Capital: The Social Organization of the Economy[M]. Cambridge: Cambridge University Press.